GATTUNGSGESCHICHTE DEUTSCHSPRACHIGER DICHTUNG IN STICHWORTEN

Teil II b

Lyrik

Vom Barock bis zur Romantik

von

Ivo Braak

VERLAG FERDINAND HIRT

Über den Verfasser

Professor Dr. IVO BRAAK, geb. 1906; Studium der Germanistik in Wien, Hamburg und Kiel. Emer. Professor an der Pädagogischen Hochschule in Kiel. Leiter des Instituts für niederdeutsche Sprache in Bremen.

Weitere Veröffentlichungen: Das Gedicht, Wegweiser für die Lehrerfortbildung, Heft 2, Kiel 1954; Hebbel als Lyriker, Hebbel-Jahrbuch 1954, Heide 1954; Niederdeutsch in Schleswig-Holstein, Wegweiser für die Lehrerfortbildung, Heft 12, Kiel 1956; Niederdeutsch in der Schule, Wegweiser für die Lehrerfortbildung, Heft 20, Kiel 1958; Mitherausgeber der Gesammelten Werke von Klaus Groth, Flensburg 1954ff.; Das darstellende Spiel in der Schule, Handbuch des Deutschunterrichts, hrsg. von A. Beinlich, Emsdetten 1960; Poetik in Stichworten. Literaturwissenschaftliche Grundbegriffe. 5. Auflage, Kiel 1974.

Außerdem kulturpolitische und künstlerische Tätigkeit; Träger des Stavenhagen-Preises der FVS-Stiftung.

© 1979 by Verlag Ferdinand Hirt, Kiel
Printed in Germany
ISBN 3 554 **80375** 8

Redaktion: Verlag Ferdinand Hirt
Umschlaggestaltung: Armin Strogies
Herstellung: Universitätsdruckerei H. Stürtz AG, Würzburg

Vorwort

Eine übergreifende Darstellung der gesamten deutschen Literatur im Sinne der *traditionellen Literatur*geschichte richtet auf Grund des Umfanges ihres Gegenstandes naturgemäß das Augenmerk in erster Linie auf die großen Zusammenhänge und muß infolgedessen das Ausmaß des Angebots an präzisen Fakten und Einzelinformationen entsprechend beschränken.

Der Lernende von heute verlangt aber alle zur Verfügung stehenden Materialien *und* deren Einordnung in die gegebenen Bezüge kennenzulernen. Die Spezialisierung auf eine Darstellung nach *Gattungen* macht dies möglich.

Das Studium der Gattungsgeschichte kann selbstverständlich die Quellenlektüre nicht ersetzen, sondern soll im Gegenteil die Notwendigkeit der Eigenlektüre als erste, unabdingbare Voraussetzung des Verstehens unterstreichen.

Das Grundprinzip dieser Literaturgeschichte nach gattungsgeschichtlichen Gesichtspunkten ist ein *didaktisches;* es bestimmte Aufbau und Gestaltung.

Die drei Teile des Textes – A, B, C – gehören eng zusammen. Im Mittelpunkt steht die Entwicklung der *deutschsprachigen* Lyrik. Die Darstellung weicht auch der jüngsten Vergangenheit und der Gegenwart nicht aus; sie zieht die Fäden bis auf den heutigen Tag. – Vorangestellt ist ein Überblick über die geschichtliche Entfaltung der *antiken* und der *mittellateinischen* Lyrik, der für das Verständnis der Entwicklung der deutschen Lyrik unerläßlich ist. – Wegen der immer intensiver werdenden Verflechtung des gesamten literarischen Schaffens der *Gegenwart* bildet ein Ausblick auf die fremdsprachige Lyrik des 20. Jahrhunderts im *europäisch-amerikanischen* Raum den Abschluß.

Die Beispiele dienen der Veranschaulichung, die zum Teil synoptischen tabellarischen Übersichten der Zusammenschau, die Zitate aus der Sekundärliteratur geben Hinweise auf weiterführende Literatur.

Wertungen wurden möglichst vermieden; dennoch lassen sich gewisse subjektive Momente bei Auswahl und Einordnung nie ganz ausschalten.

Kiel, im Mai 1979

Ivo Braak

Zur Benutzung des Werkes

Einteilung: Das Werk ist eingeteilt in die 3 Teile A, B, C. Die Teile A und C geben *Übersichten* über die *antike* und die *mittellateinische* bzw. die *ausländische* Lyrik; *Hauptteil B* enthält die *deutschsprachige* lyrische Dichtung.

Verweise: Die Buchstaben der Werkteile werden nur für Verweise auf die Abschnitte A und C benutzt. Alle Verweise ohne Buchstaben (z.B. →3.1.4) meinen den Hauptteil B.

Werktitel: Es ist davon auszugehen, daß es sich bei der Nennung der Werktitel im Text im allgemeinen um eine repräsentative *Auswahl* handelt. Ergänzend zum Text sind die Tabellen heranzuziehen, die zum Teil weitere Informationen liefern.

Nachwirkungen einer Gattungsunterart, eines Werkes oder Motives sind nur dort vermerkt, wo sie von besonderer literaturwissenschaftlicher Bedeutung sind. Nennungskriterium ist nicht die Vollständigkeit der Aufzählung, sondern *Wichtigkeit* im Gesamtrahmen.

Primärquellen: Eine über die Angaben im „Quellenverzeichnis der zitierten Literatur" hinausgehende Anführung von Einzel- und Sammelausgaben ist aus Raumgründen nicht möglich.

Es sei aber – neben den jeweiligen Werkausgaben – hingewiesen auf die Neudrucke der Wissenschaftlichen Buchgesellschaft, Darmstadt, auf Übersetzungen in der Tusculum-Bücherei, der Manesse-Bibliothek, der Reihe „Epochen der deutschen Lyrik" (hrsg. von WALTHER KILLY) sowie auf Reclams Universal-Bibliothek. Im Hinblick auf die besondere Aktualität werden außerdem am Ende von Teil C einige leicht zugängliche Lyrik-Sammlungen moderner Autoren genannt.

Verzeichnis der Abkürzungen und Zeichen

A	Antike	hellen.	hellenistisch	Phil.	Philologie
Abt.	Abteilung	Herv.	Hervorhebung	provenzal.	provenzalisch
ahd.	althochdeutsch	v. Verf.	vom Verfasser	rd.	rund
allg.	allgemein		dieses Buches	rde	rowohlts deutsche
amerik.	amerikanisch	Hrsg(g).	Herausgeber		enzyklopädie
and.	altniederdeutsch	hrsg.	herausgegeben	Ren.	Renaissance
Anm.	Anmerkung(en)	Hs(s).	Handschrift(en)	revid.	revidiert
as.	altsächsisch	insbes.	insbesondere	röm.	römisch
AT	Altes Testament	insges.	insgesamt	rom.	romanisch
Ausg.	Ausgabe	Inst.	Institut	Schr.	Schrift
ausschl.	ausschließlich	ital.	italienisch	Slg.	Sammlung
Bd., Bde	Band, Bände			sog.	sogenannt
Bearb.	Bearbeitung	Jb.	Jahrbuch	span.	spanisch
bearb.	bearbeitet	Jh., Jhs.,	Jahrhundert(s) (e)	sprachl.	sprachlich
bes.	besonders	Jh(h).		Str.	Strophe
Bez(z).	Bezeichnung(en)	kirchl.	kirchlich	T.	Teil
Bibl.	Bibliothek	klass.	klassisch	u.a.	unter anderem(n),
bibl.	biblisch	KLL	Kindlers Litera-		und andere
Bsp., Bspe	Beispiel(e)		tur Lexikon	u.d.T.	unter dem Titel
bzw.	beziehungsweise	Lat.	(das) Lateinisch(e)	Übers(s)	Übersetzung(en)
christl.	christlich	lat.	lateinisch	übers.	übersetzt
Diss.	Dissertation	Lit(t).	Literatur(en)	urspr.	ursprünglich
Dr.	Druck	lit.	literarisch	UTB	Universitäts-
Dt.	(das) Deutsch(e)	lyr.	lyrisch		Taschen-Bücher
dt.	deutsch	m	männlich	V(v).	Vers(e)
Dtld.	Deutschland	MA	Mittelalter	v.	von, vor
dtv	Deutscher	ma.	mittelalterlich	Verf.	Verfasser
	Taschenbuch	md.	mitteldeutsch	veröff.	veröffentlicht
	Verlag	mhd.	mittelhochdeutsch	vgl.	vergleiche
durchges.	durchgesehen	mlat.,	mittellateinisch	Vjschr.	Vierteljahresschrift
DVJS	Deutsche Viertel-	mittellat.		w	weiblich
	jahrsschrift	mnd.	mittelnieder-	weltl.	weltlich
Frg(g).	Fragment(e)		deutsch	Wiss.	Wissenschaft
frz.	französisch	mndl.	mittelnieder-	wiss.	wissenschaftlich
Fs(s).	Fassung(en)		ländisch	Z.	Zeile
geistl.	geistlich	Mschr.	Monatsschrift	z.(gr.)T.	zum (großen) Teil
germ.	germanisch	Mz.	Mehrzahl	zit.	zitiert
Gesch.	Geschichte	n.	nach	Zschr.	Zeitschrift
gespr.	gesprochen	nd.	niederdeutsch	~	um
Ggs.	Gegensatz	ndl.	niederländisch	→, ↑	siehe
Gr.	(das) Grie-	nlat.	neulateinisch	↑a.	siehe auch
	chisch(e)	NT	Neues Testament	↑⇄	siehe unter
gr.	griechisch	österr.	österreichisch		2. Begriffsbestandteil
H.	Hälfte			*	geboren
hd.	hochdeutsch			†	gestorben

Inhaltsverzeichnis

Vorwort 3
Zur Benutzung des Werkes 4
Verzeichnis der Abkürzungen und Zeichen 5
Verzeichnis der numerierten tabellarischen Übersichten 10

4 Die Lyrik des 17. Jahrhunderts (Barock) 11

4.1 Name und zeitliche Abgrenzung 11
4.2 Geistesgeschichtlich-historischer Hintergrund 11
4.3 Grundtendenzen und allgemeine Struktur barocker Lyrik 12
4.4 Entstehung und Entwicklung barocker Lyrik 17
    4.4.1 Vorbarock (~1570–1620) 19
    4.4.2 Frühbarock (1620–1640) 26
        4.4.2.1 Dichtungstheoretische Grundlagen 29
            4.4.2.1.1 Die wichtigsten Poetiken des 17. Jahrhunderts 29
            4.4.2.1.2 Die Sprachgesellschaften 32
        4.4.2.2 Die Dichterkreise 33
    4.4.3 Hochbarock (1640–1680) 35
    4.4.4 Spätbarock (ab 1680) 36
4.5 Formtypologische Elemente barocker Lyrik 36
4.6 Gattungsunterarten 43
    4.6.1 Lied 44
        4.6.1.1 Weltliches Lied 44
        4.6.1.2 Geistliches Lied 57
    4.6.2 Sonett 57
    4.6.3 Elegie 66
    4.6.4 Schäfergedicht 67
    4.6.5 Sestine 68
    4.6.6 Madrigal 70
    4.6.7 Heroides 70
    4.6.8 Lehrgedicht 73
    4.6.9 Epigramm 76
    4.6.10 Sonderformen 80
4.7 Geistliche Lyrik 83
    4.7.1 Katholische geistliche Lyrik 84
        4.7.1.1 Formen in deutscher Sprache 84
        4.7.1.2 Formen in neulateinischer Sprache 86
    4.7.2 Evangelisches Kirchenlied 87
4.8 Epoche des Übergangs 90
    4.8.1 Hofdichtung 91

4.8.2 Bürgerliche Dichtung 92
4.8.3 Johann Christian Günther 94

5 Die Lyrik des 18. Jahrhunderts 95
5.1 Das Zeitalter der Aufklärung 95
  5.1.1 Name und allgemeine zeitliche Abgrenzung 95
  5.1.2 Geistesgeschichtlicher Hintergrund 96
      5.1.2.1 Kennzeichen der philosophischen Aufklärung
             in Deutschland 97
  5.1.3 Historisch-politischer Hintergrund 98
5.2 Die Lyrik im Zeitalter der Aufklärung (Literarische
    Aufklärung – Literarisches Rokoko – Empfindsamkeit) 99
  5.2.1 Zeitliche Abgrenzung und Einteilung 99
      5.2.1.1 Kennzeichen der literarischen Aufklärung
             in Deutschland 100
  5.2.2 Gattungstheoretische Grundlagen 101
      5.2.2.1 Ausländischer Einfluß 101
      5.2.2.2 Entwicklung in Deutschland 102
          5.2.2.2.1 Johann Christoph Gottsched 103
               5.2.2.2.1.1 Modifikationen und Gegenpositionen 104
  5.2.3 Gattungsunterarten 106
  5.2.4 Die Lyrik der literarischen Aufklärung 108
      5.2.4.1 Lehrgedicht 108
          5.2.4.1.1 Barthold Hinrich Brockes 108
          5.2.4.1.2 Albrecht von Haller 111
          5.2.4.1.3 Ewald von Kleist 114
      5.2.4.2 Philosophische Lyrik (Ode) 116
      5.2.4.3 Epigramm 118
  5.2.5 Die Lyrik des literarischen Rokoko 119
      5.2.5.1 Anakreontik 119
      5.2.5.2 Gattungsunterarten 122
          5.2.5.2.1 (Anakreontisches) Lied 122
          5.2.5.2.2 Triolett 128
              5.2.5.2.2.1 Rondel 130
  5.2.6 Die Lyrik der Empfindsamkeit 131
      5.2.6.1 Geistesgeschichtlicher Hintergrund und Entwicklung . . . 131
      5.2.6.2 Ausländischer Einfluß 132
      5.2.6.3 Friedrich Gottlieb Klopstock 134
          5.2.6.3.1 Dichtungstheoretische Grundlagen 134
      5.2.6.4 Der Göttinger Hain 139

5.2.6.5 Gattungsunterarten 140
   5.2.6.5.1 Lied 144
   5.2.6.5.2 Ode 146
   5.2.6.5.3 Elegie 155
   5.2.6.5.4 Elegische Ode 157
   5.2.6.5.5 Hymne 159
   5.2.6.5.6 Tierklaggedicht 162

5.3 Lyrik zwischen Göttinger Hain und Sturm und Drang 163
  5.3.1 Matthias Claudius 163
  5.3.2 Gottfried August Bürger 166
    5.3.2.1 Numinose Ballade 167

5.4 Die Lyrik des Sturm und Drang 171
  5.4.1 Name und zeitliche Abgrenzung 171
  5.4.2 Geistesgeschichtlicher Hintergrund 172
  5.4.3 Ausländischer Einfluß 173
  5.4.4 Dichtungstheoretische Grundlagen 175
  5.4.5 Der junge Goethe 180
  5.4.6 Gattungsunterarten 185
    5.4.6.1 Lied 185
    5.4.6.2 Hymne 191
    5.4.6.3 Ballade 194
      5.4.6.3.1 „Volks"-Ballade 194
      5.4.6.3.2 Numinose Ballade 195
      5.4.6.3.3 Politische Ballade 196
    5.4.6.4 Knittelversgedicht 197

5.5 Die Lyrik der Klassik und der Romantik 199
  5.5.1 Namen und zeitliche Abgrenzung 199
  5.5.2 Ausländischer Einfluß 201
  5.5.3 Die Lyrik der Klassik 202
    5.5.3.1 Geistesgeschichtlicher Hintergrund und Haupttendenzen . . . 202
    5.5.3.2 Historisch-politischer Hintergrund 203
    5.5.3.3 Entwicklung zum klassischen Weltbild
         Goethes und Schillers 204
    5.5.3.4 Dichtungstheoretische Grundlagen 205
    5.5.3.5 Die Weimarer Klassiker 208
      5.5.3.5.1 Der vorklassische Goethe 208
      5.5.3.5.2 Der klassische Goethe 209
      5.5.3.5.3 Der spätklassische Goethe 209
      5.5.3.5.4 Friedrich von Schiller 209
    5.5.3.6 Hölderlins Lyrik zwischen Klassik und Romantik 210
      5.5.3.6.1 Die Epochen der Hölderlinschen Lyrik 21

- 5.5.3.7 Gattungsunterarten 212
  - 5.5.3.7.1 (Gedanken-)Lied 212
  - 5.5.3.7.2 Ode 223
  - 5.5.3.7.3 Hymne 229
  - 5.5.3.7.4 Elegie 235
  - 5.5.3.7.5 Lehrgedicht 244
  - 5.5.3.7.6 Sonett 248
  - 5.5.3.7.7 Ballade 250
    - 5.5.3.7.7.1 Numinose Ballade 251
    - 5.5.3.7.7.2 Ideenballade 253
  - 5.5.3.7.8 Epigramm 256
  - 5.5.3.7.9 Spruch(gedicht) 258
- 5.5.4 Die Lyrik der Romantik 260
  - 5.5.4.1 Geistesgeschichtlicher Hintergrund und Haupttendenzen 260
  - 5.5.4.2 Historisch-politischer Hintergrund 262
  - 5.5.4.3 Einteilung der Romantik 263
  - 5.5.4.4 Dichtungstheoretische Grundlagen 263
  - 5.5.4.5 Überblick über die Lyrik der Romantik 265
    - 5.5.4.5.1 Frühromantik 265
    - 5.5.4.5.2 Hochromantik 265
    - 5.5.4.5.3 Spätromantik 265
      - 5.5.4.5.3.1 Lyrik der Freiheitskriege 266
    - 5.5.4.5.4 Spätromantische Lyrik im Übergang
      zum Biedermeier 266
      - 5.5.4.5.4.1 Der Schwäbische Kreis 266
      - 5.5.4.5.4.2 Friedrich von Rückert 267
      - 5.5.4.5.4.3 August von Platen – ein Einzelgänger 268
  - 5.5.4.6 Gattungsunterarten 268
    - 5.5.4.6.1 Lied 268
      - 5.5.4.6.1.1 Politisches Lied 273
    - 5.5.4.6.2 Ballade 275
    - 5.5.4.6.3 Romanze 279
    - 5.5.4.6.4 Hymne 280
    - 5.5.4.6.5 Sonett 282
    - 5.5.4.6.6 Glosse 283
    - 5.5.4.6.7 Ghasel 285

Quellenverzeichnis der zitierten Literatur 286
Namenregister 293
Werk- und Titelregister 299
Sachregister 310

Verzeichnis der numerierten tabellarischen Übersichten

Tab. 23	Ausländischer Einfluß und Entwicklung des deutschen Literaturbarocks	25
Tab. 24	Die barocken Dichterkreise und ihre lyrischen Hauptvertreter	34
Tab. 25	Die wichtigsten Gattungsunterarten barocker Lyrik	44
Tab. 26	Die literarischen Stile im Zeitalter der Aufklärung	99
Tab. 27	Die Gattungsunterarten der Lyrik im Zeitalter der Aufklärung	106
Tab. 28	Die wichtigsten Lehrgedichte der literarischen Aufklärung	108
Tab. 29	Die Rezeption des sog. Anakreon im deutschen literarischen Rokoko	120
Tab. 30	Die Zentren und die Hauptvertreter des deutschen literarischen Rokoko	121
Tab. 31	Die Chevy-Chase-Strophe in ihrer Entwicklung	127
Tab. 32	Die Gruppierung der Klopstockschen Lyrik nach Lebensstufen und Gattungsunterarten	141
Tab. 33	Die wichtigsten Gattungsunterarten der Lyrik des Sturm und Drang	185
Tab. 34	Die wichtigsten lyrischen Gattungsunterarten der Klassik	212
Tab. 35	Die Einteilung der Romantik, ihre Zentren und ihre Vertreter	264
Tab. 36	Die wichtigsten lyrischen Gattungsunterarten der Romantik	268

4 DIE LYRIK DES 17. JAHRHUNDERTS (BAROCK)

Raum für Zusätze

4.1 Name und zeitliche Abgrenzung

Name „Barock" urspr. abschätzig (von portug. barueco = schiefrunde Perle: unregelmäßig, verzerrt) gemeint; wurde aus der Kunstgeschichte *(Burckhardt, Wölfflin)* in die Lit.-Wiss. übernommen und auf das 17. Jh. als „Literaturbarock" angewandt.

> „Das barocke Maß wird nicht wie im Renaissancestil aus dem Mittelpunkt empfunden, sondern aus einem exzentrischen Schwerpunkt, der das Gleichgewicht keineswegs aufhebt. Der gewissermaßen quadratische Renaissancegrundriß erscheint daher verschoben, schief, eben ‚barock' im ursprünglichen Sinn des Wortes."
>
> *(Beissner, 1)*

Hauptabschnitt des dt. Literaturbarock — Frühbarock und Hochbarock — umfaßt die Jahrzehnte von 1620 bis 1680; vorangeht ab etwa 1570 das Vorbarock; Ausklang = Spätbarock bis 1720 (→auch Tab. 23).

4.2 Geistesgeschichtlich-historischer Hintergrund

Dtld. war im 17. Jh. dreifach *gespalten*: *konfessionell* in protestantisch(e Reichsstände) und katholisch(e Liga), Reformation und Gegenreformation; *ständisch* in Adel und Bürgertum; *national* in Kaisertum und Reichsstände, Kleinstaaten und Reichsstädte.

Der **30jährige Krieg** und die sich anschließenden kriegerischen Auseinandersetzungen auf dt. Gebiet prägten die Epoche, verursachten wirtschaftlichen Niedergang und tiefen Verfall sowohl des Bürgertums als v.a. der ländlichen Bevölkerung.

Zeitalter des Absolutismus war eine Periode stärkster *Beeinflussung* dt. Kultur *von außen*: Religiös-konfessionelle Beziehungen des katholischen Südens zu Italien und Spanien, des protestantischen Nordens zu den aufsteigenden Niederlanden und zu Frankreich (Hugenotten) sowie wechselseitige Einflüsse durch internationale Verwandtschaft der europäischen höfischen Gesellschaft wirkten sich bis tief in das geistige Schaffen hinein aus. Dabei war Dtld. in erster Linie *aufnehmend* auf Grund des Kulturvorsprungs der rom. Länder.

Im Ggs. zu der in Dtld. hauptsächlich vom gehobenen Bürgertum getragenen Epoche des Humanismus und der Reformation spiegelt Lit. des Barockzeitalters vorwiegend *Hofkultur*. An Stelle des Bürgers war der *Aristokrat* an den großen Höfen in Dresden, Stuttgart, München ebenso wie an den vielen kleinen in Süd- und Mittel-Dtld. der Repräsentant des Jhs.; gleichwohl wurden die wesentlichen Werke dieser Epoche von *Autoren bürgerlicher Herkunft* in den verschiedenen Kulturzentren (→auch 4.4.2.2) in Nürnberg, Leipzig, Königsberg, Hamburg etc. geschrieben.

Aber hinter der glanzvollen Fassade standen *extreme soziale Gegensätze*: v.a. die Landbevölkerung mußte den Tribut für die andauernden Kriegszüge zahlen; sie lebte in Armut, Angst und Resignation, die schließlich

Raum für Zusätze zu den Bauernaufständen des 17. Jhs. führten. Auch hiervon gibt die Lit. Zeugnis.

Kultureller Einfluß — anfangs v.a. von *Italien* — verlagerte sich schwerpunktmäßig ab Mitte des 17. Jhs. nach *Frankreich*. Nach seinem höfischen Vorbild (Versailles) baute man Residenzen, sprach man, kleidete man sich, spielte man Theater (frz. Tragödie →Bd. Ia); der Hofmann (Hofbeamte) machte seine Bildungsreise nach Paris, aber auch nach Holland und Italien.

Sprache der dt. Gebildeten war — in Fortsetzung humanistischer Tradition — noch immer bevorzugt das Lat., wie es auf den katholischen Ordensschulen und den protestantischen humanistischen Gymnasien gelehrt wurde; erst allmählich setzte sich dank der Bemühungen barocker Dichter dt. Sprache als Medium der Poesie durch.

Auf wissenschaftlichem Gebiet der gleiche Nachhang: Während in Frankreich, England und Holland Naturwiss. und Merkantilismus neue Dimensionen eröffneten und moderne Philosophie sich vom MA emanzipierte (DESCARTES, HOBBES, SPINOZA), beherrschte in Dtld. noch immer die formale Theologie die Wiss. und bestimmte auf weiten Strecken auch den geistigen Ausdruck der Lyrik, wenn auch zunehmend hinter dem geistl. Vokabelschatz weltl. Motive standen.

4.3 Grundtendenzen und allgemeine Struktur barocker Lyrik

Grundtendenzen

Ma. Reichsidee war zurückgetreten hinter fürstlicher Hausmachtpolitik. Diese galt es zu rühmen. So stand am barocken absolutistischen Hof neben dem Kriegs- oder dem Finanzminister in ähnlich wichtiger Position der beamtete Hofdichter, der dem *Repräsentationsbedürfnis* zu allen Gelegenheiten — Feldzügen, Friedensschlüssen, Hoffesten, Feiertagen, Hochzeiten, Todesfällen — textlichen Ausdruck gab. So drängte alles, was sich zur Dichtung berufen fühlte — ob Staatsdiener, freier Edelmann, Rechtsgelehrter, Mediziner oder Theologe — zu den Residenzen; deshalb war die *vorherrschende* (nicht aber die umfangmäßig stärkste) *Lyrik der Zeit die höfische* mit den ihr entsprechenden Formen — Ode, Sonett, Epigramm u.a., wobei sich weltl. und geistl. Motivation weitgehend durchdringen (→4.4) — und nicht die Volkskunst — Meistersang und Volkslied —, die zwar in *ihren* Kreisen noch durchaus lebendig war, aber mehr und mehr an Bedeutung verlor und an der höfischen Kunst keinen Anteil hatte (→aber Ausnahmen, wie z.B. GRIMMELSHAUSEN, Bd. III).

Barocke Lyrik bleibt für den modernen Menschen ohne diesen historischen Hintergrund, mehr noch ohne Kenntnis der in vielem aus diesem resultierenden geistigen Positionen unverständlich.

Eine der Grundvoraussetzungen für das Verstehen barocker Dichtung ist die Vergegenwärtigung des stets wirksamen *Ordo*-(Ordnungs-)*Gedankens:*

„Nichts ist schöner, nichts ist fruchtbarer als die Ordnung ... Die Ordnung verschafft auf dem riesigen Schauplatz der Welt allen Dingen Wert und Rang und ist gleichsam ihre Seele. Die Ordnung ist in der Kirche Gottes der Nerv des Corpus mysticus. Die Ordnung ist das stärkste Band im Staats- und Familienleben ..." *(2)*

Raum für Zusätze

So werden Mensch, Dichtung, Wiss. systematisiert, in eine feste Ordnung eingefügt, auf einen bestimmten Platz innerhalb der weltl. Hierarchie gestellt, zwischen ihnen bestehen nur graduelle Unterschiede; deshalb kann der Gelehrte zugleich Dichter, der Wissenschaftler zugleich Künstler, der Mensch zugleich Dichter und Wissenschaftler sein. Ebenso vorgegeben durch bestimmte Muster – in der Bibel, der gr., röm. und nlat. Dichtung – sind die Dichtungsformen, die Bilder und Embleme (→u.), nach denen mit mehr oder weniger Geschicklichkeit gedichtet wird, d.h. Dichtungsgebilde hergestellt, kombiniert werden, denn Dichten gilt als lehr- und lernbar. Nicht subjektiver Gefühlsausdruck, Originalität im modernen Sinne machen Wert und Qualität eines Gedichts aus, sondern der Grad der Fähigkeit, aus vorgegebenem Material mit größtem Kunstverstand und oft geradezu raffiniertem Geschick neue Gedichte zu kombinieren.

„Ein Originalitätsdenken, das die Unterscheidung von der poetischen Konvention zum Wertmaßstab der Poesie erhebt, ein Wahrheitsbegriff, der die Überzeugungskraft der Dichtung von ihrem Beichtcharakter abhängig sieht, waren dem Autor des 17. Jahrhunderts im Tiefsten fremd. Er unterwarf das private Erlebnis, die persönliche Empfindung, das individuelle Ausdrucksverlangen allgemeinen Ordnungen und überpersönlichen Formen: er fügte sich den Gesetzen der Gattung."
(Schöne, 3)

Barocke Lyrik ist öffentlich. Nicht inspirativ wird gedichtet, sondern im Auftrage, ausgebreitet vor aller Augen, gerückt ins Wahrnehmbare und ins Repräsentative: *rhetorische Grundhaltung* und *theatralische Gebärde* des Barockzeitalters.

Obwohl diese beiden Gesichtspunkte in erster Linie für die Dramatik (→Bd. Ia) wesentlich sind, erweisen sie sich auch für das Verständnis barocker Lyrik als unerläßlich.

Rhetorische Grundhaltung:

„Das Verständnis barocker Lyrik scheitert immer wieder daran, daß der Sinn barocker Form verkannt wird. Die klassische Lyrik der Deutschen, d.h. Goethes und der Romantik, bietet das Gedicht als Aussprache inneren Lebens und die Form als lebendige Oberfläche des individuellen Bekenntnisses. Seit dem 18. Jahrhundert muß sich die Barockdichtung immer wieder den Vorwurf des Schwulstes gefallen lassen, wird sie als tote Rhetorik, als das Produkt einer oft närrischen Regelpoetik bezeichnet. In der Tat: barocke Dichtung beginnt bei der Form, sie ist geübtes Handwerk, dekoratives, repräsentatives Hantieren mit oft konventionellen Bestandteilen. Sie ist spielerisch, ja oft schauspielerisch und marktschreierisch. Verfolgt man den ‚Ursprung' eines Gedichts, so stößt man nicht auf ein ‚Erlebnis' (bzw. ein solches ist nicht zu belegen), sondern auf ein literarisches Vorbild. Barocke Lyrik ist mit wenigen Ausnahmen unheilbar rhetorisch, und man verfehlt ihr Wesen, wenn man sich nur an die schlichten Gebilde des Kirchenliedes oder des Spruches hält." *(Wehrli, 4)*

Theatralische Gebärde: Gestalterisches Pathos beherrschte den barocken Künstler. Wie das katholische Kirchenbarock in Architektur, Plastik, Malerei eine Welt illusionistischer Üppigkeit entfaltete, so ist auch der barocke Dichter immer „da"; jedes seiner Gedichte kommt einem Auftritt gleich:

> „Er ist viel mehr ‚im Spiel', als es zunächst den Anschein hat. Er ist es als geschickter, sinnreicher Finder und Füger der Vergleiche ... Es ist der Scharfsinn und die Findigkeit des Dichters, der die Bilder eins ums andre herholt. Er tut es wohl, um ‚eindrucksvoll' zu sein, ‚Eindruck zu machen', durch die Sache und der Sache wegen, aber auch durch sein Geschick, solche knappen Bilder in den Vers zu fügen, — um damit auch Bewunderung zu ernten. Ständig ist ihm der Hörer gegenwärtig, dem seinerseits er, der Dichter, gegenwärtig bleiben soll ... Uns geht es seit dem Sturm und Drang, und erst recht seit der Klassik — ob sich in jüngster Zeit ein neuer Wandel anbahnt, stehe noch dahin — nicht um Bewunderung des Dichters, seiner Geschicklichkeit und Findigkeit; es geht uns um Ergriffenheit ganz anderer Art, über der wir den Dichter, der sie uns schafft, vergessen ..." *(Beck, 5)*

Weit davon entfernt, „Erlebnislyrik" zu sein, ist Barocklyrik also kunstvoll „gemachte" *Gesellschaftslyrik,* wenn auch nicht übersehen werden darf, daß sie auf ihren Höhepunkten, z.B. bei GRYPHIUS, des persönlichen Erlebnis-*Hintergrundes* nicht entbehrt; jedoch wird jede individuelle Erfahrung sogleich zum unpersönlichen Exemplum neutralisiert.

Am Ende der Epoche zeigten sich — je länger je mehr — als negative Folge der weitverzweigten „Künstlichkeit" höfischer Barocklyrik Ermüdungserscheinungen und Auswüchse. Gemeinplätze und gesuchte Vergleiche, verstiegene Wortprägungen und bizarre Bilder führten zum spätbarocken „Marinismus" (→Bd. IIa, 3.1.3), der v.a. von der nachfolgenden Aufklärung als „Schwulststil" hart abgewertet wurde.

Diese Entwicklung resultierte nicht zuletzt daraus, daß die gesellschaftliche Schicht, die die Barockdichtung trug, zahlenmäßig klein war und daher mehr und mehr um und in sich selbst kreiste.

Allgemeine Struktur

Struktur barocker Dichtung wird ebenso wie die Grundhaltung des Menschen des 17. Jhs. bestimmt von der These, daß *Gott* in den Werken seiner Schöpfung lebt und wirkt und ihnen *Verweisungscharakter* verliehen hat. Das bedeutet für den Lyriker (wie für den Dramatiker und Epiker), den verborgenen *Sinn* der Wirklichkeit herauszustellen.

> „Das Private erschien ihm [dem barocken Dichter] unwesentlich, das Individuelle zufällig und nichtig, das Persönlich-Intime belanglos, ja läppisch. Bedeutung gewann es erst, wofern es sich in Entsprechungen und Gleichungen fand, also am Typischen sich bestätigte. In solchen Analogien erkannte man die Signaturen einer ordnenden Macht, die Bekundungen Gottes, der die Welt zum emblematischen Kosmos geschaffen hatte. Aus Gründen, deren Wurzel ins Theologische

Raum für Zusätze

reicht, erschien der Dichtung dieses Zeitalters das Seiende nicht um seiner selbst willen wesentlich, sondern wurde ihm bedeutend erst, wenn es zu jenen Formen sich geläutert hatte, die das dem einzelnen Geschehene und vom einzelnen Erlebte, Gedachte, Gefühlte als objektiv wahr und richtig, als verbindlich beglaubigten und es so im Gültigen und Dauernden bargen." *(Schöne, 6)*

Raum für Zusätze

Alles, was vor Augen steht oder geschieht, ist Emblem der Totalität des Weltbildes, das trotz aller seit der Renaissance beginnenden Auflockerung noch immer im ma. Denken verankert war.

Embleme (gr. emblemata = das [in Metallarbeit] Eingefügte) sind Zeichen von bestimmtem umgrenztem Gehalt, Ausdruck des verborgenen Sinns.

Bsp. eines *sprachlichen* Emblems:

„Als ich ein andermal durch die Felder spazierte ..., sah ich unter vielen Halmen, die herabhingen und zu Boden gebeugt waren, einen, der zum Himmel sich aufreckte und stolz sich erhob.

Die Ursache dieses Unterschiedes habe ich leicht eingesehen, denn dieser eine war natürlich wegen seiner leeren Hülsen leichter, jene aber wurden durch ihre volleren Ähren beschwert.

Wir sehen daraus, daß nicht gewichtiges Wissen, sondern eingebildete Gelehrsamkeit hochmütig macht." *(7)*

Für den modernen Menschen ist der 1. Satz eine Beschreibung, der 2. ein Erklärungsangebot, der 3. Satz Spekulation. Für den Barockmenschen markierten dagegen die 3 Sätze exakt die 3fache Wahrheit: Zeugnis *(documentum* oder *inscriptio)*, Bild *(imago* oder *pictura)* und Sinngehalt *(subscriptio)*. Es galt, die *signifikative* Qualität der Dinge zu erfahren und in „Sinnen-Bildern" zu zeigen.

In der *bildenden Kunst* stellt sich ein Emblem im allg. folgendermaßen dar (→Abb. 1): Überschrift *(lemma)*, Bild *(pictura,* z.B. Ort, Tier, Pflanze, Lebensszene), z.T. mit Inschrift *(inscriptio)*, und erklärendes Epigramm *(subscriptio)*; lemma und inscriptio können auch zusammenfallen.

Zu *Abb. 1:*

Lemma: Blitze können nicht erschrecken.

Subscriptio: Die Blitze fürchte ich nicht, es bannen die Äste des Lorbeers;
So verachtet die Reinheit alle Verhöhnung des Schicksals.

Symbolgehalt geht zurück auf die seit der Antike verbreitete Vorstellung, daß der Blitz den Lorbeer nicht treffe.

Neben den vielen Poetiken (→4.4.2.1.1) standen dem barocken Dichter auch zahlreiche Emblem-Slgg. als „Handwerkszeug" für seine Dichtung zur Verfügung, aus denen er den Sinn-Gehalt bestimmter Gegenstände oder Dinge entnehmen konnte. Erste Emblem-Slg. mit 98 Holzschnitten von ALCIATUS: „Emblematum liber", gedruckt 1531. Diese Bücher dienen heute oft als Schlüssel für schwer verständliche Barock-Texte.

So hat Barock-Lyrik — wie alle barocke Dichtung — *emblematischen Charakter.*

Raum für Zusätze

Nil Fvlgvra Terrent.

Fulgura non metuo, pellunt ea germina lauri;
Fortunae insultus despicit integritas.

Abb. 1 Emblem aus Camerarius, Symbolorvm & Emblematvm Ex Re Herbaria Desvmtorvm Centvria Vna Collecta. In quibus rariores Stirpium proprietates historiae ac Sententiae memorabiles non paucae breuiter exponuntur. Nürnberg 1590

Lebensgefühl der Barockzeit, das sich auch in der Lyrik spiegelt, ist geprägt durch antithetische *dynamische Spannung.* Diesseitsgenuß und Vergänglichkeitsstimmung, fortuna et vanitas (lat. = Glück und Nichtigkeit) verspannen sich in einem auf Bewegung und Dynamik angelegten Kräftefeld; höfische Lebensbejahung und mönchische Askese, verzweifelter Lebensgenuß und mystische Hingabe an Gott stehen einander oft unversöhnbar gegenüber. Nicht umsonst ist die Antithese eines der auffälligsten Stilmittel barocker Lyrik.

„Hart neben dem Idyllischen erhebt sich das blutrünstig Schauerliche und neben demütiger Zerknirschung brutaler Zynismus, neben dem innig Schlichten das prunkvoll Repräsentative, neben wehmütiger Zartheit der derbe Übermut, neben nüchterner Kühle und zuchtvoller Strenge die rauschhafte Ekstase und das schäumende Pathos, die Wucht ungezügelter Affekte; zum grübelnden Ernst tritt das närrisch Verspielte, zur Galanterie die Obszönität, zur Ausschweifung die Askese, zum Frechen das Fromme.

… Was uns als unvereinbar gilt, hat dieses mit ungeheurer Spannkraft begabte Zeitalter komplementär begriffen und verklammert … Das Erlebnis der Vergänglichkeit setzte den Dualismus von Diesseits und Jenseits, der das Kriegs- und Pestjahrhundert regierte. Es rief den rasenden Hunger nach Macht und Liebe wach, den leidenschaftlichen Willen, das Leben auszukosten mit all seinen Genüssen, ihm Glanz und Schönheit, Prunk und Rausch zu entlocken auf jegliche Weise, — und weckte die fiebernde Leidenschaft der Versenkung in die Schauer der Verwesung, die asketische Weltverdammung, die sich zum einzig Dauernden wendet."

Raum für Zusätze

(Schöne, 8)

Ganz wesentlich bestimmend für den großen Spannungsgehalt war neben der sozialen die konfessionelle Spaltung in Reformation und Gegenreformation.

Jesuitische Agitation predigte im ganzen protestantischen Europa das „Memento mori", verurteilte die fortuna dieser Welt, wobei sie die Kunst in ihren Dienst zu stellen wußte, sowohl im Drama (vgl. z.B. Bd. Ia: die jesuitischen Märtyrerdramen) als in ihrer Lyrik. Dabei ist sie von reformierendem Bestreben weit entfernt; sie bleibt in der humanistischen Tradition, sucht ihre Vorbilder in der Antike und bedient sich vorwiegend nlat. Sprache (bedeutende Ausnahmen: die dt.-schreibenden Katholiken SPEE und SILESIUS).

4.4 Entstehung und Entwicklung barocker Lyrik

Entwicklung der Dichtung des 17. Jhs. verläuft in *4 Phasen:* Vorbarock — Frühbarock — Hochbarock — Spätbarock (→auch Tab. 23).

„Die Diskussion über den Epochen- und Stilbegriff ist wegen der Mannigfaltigkeit der literarischen Erscheinungen im 17. Jahrhundert besonders schwierig. Diese Vielfalt ist in nicht geringem Maß in den wechselvollen Erfahrungen der einzelnen Dichtergenerationen, im ständischen Denken der Epoche und in der Gattungsgebundenheit begründet.

Die Generation der Voropitzianer wuchs während der religiösen Auseinandersetzungen des Reformationszeitalters auf, ihr Schaffen fällt zum größten Teil noch in die Zeit vor dem Ausbruch des Dreißigjährigen Krieges.

Dagegen wirkte die Generation von OPITZ, deren Jugend noch in die Friedenszeit fiel, während der beiden ersten Jahrzehnte des Dreißigjährigen Krieges.

Ende der dreißiger Jahre kommt eine dritte Generation zu Wort. Diese kann sich an die Zeiten des Friedens nicht mehr erinnern, sie wurde am schwersten geprüft, erlebte das dreißigjährige Völkermorden bis zur Neige und das erste Jahrzehnt der Nachkriegsmisere. Der bedeutendste Vertreter dieser Generation ist ANDREAS GRYPHIUS.

Anfang der sechziger Jahre des Jahrhunderts erscheinen die ersten Werke von LOHENSTEIN. Als der Krieg zu Ende ging, zählte er erst dreizehn Jahre. Der Schwerpunkt seines Schaffens fällt etwa in die sechziger und siebziger Jahre des 17. Jahrhunderts, also in eine Zeit des jähen wirtschaftlichen Aufstiegs. Das Kriegserlebnis wird von den Dichtern dieser Generation dank der zeitlichen Entfernung bereits aus einer gewissen Distanz gesehen.

In den letzten beiden Jahrzehnten des Jahrhunderts kommen Schriftsteller zu Wort, die entweder zu den Epigonen zählen oder schon Vorboten der Frühaufklärung sind.

Diese Zeitangaben bedeuten natürlich keine scharfen Zäsuren. Sie bestimmen lediglich annähernd die Hauptwirkungsperioden der Generationen."
(Szyrocki, 9)

Der Boden, aus dem dt. Barocklyrik ihre künstlerischen Kräfte zog, war die humanistische Tradition der europäischen Renaissancepoesie (→Bd. II a, 3); sie knüpfte nicht an Volkslied, Meistersang und Reimkurzepik an (mit einer Ausnahme: im Kirchenlied), die weitgehend in ihren traditionellen Formen verharrten, sondern an nlat. Dichtung, bzw. sie suchte einen *Neubeginn* in Form des Nach- und Aufholens dessen, was andere europäische Länder in ruhigem organischem Wachstum bereits verwirklicht hatten.

„Diese eine Epoche muß in Deutschland eine Entwicklung vollziehen, die im westlichen Europa zwei Jahrhunderte ausfüllt. Muß die nationalsprachige Renaissancedichtung nachholen, während schon neues Leben nach Ausdruck drängt. Muß endlich eine ‚barocke' Literatur hervortreiben, während im Westen schon die Aufklärung auf dem Marsche ist." *(Viëtor, 10)*

So wandte sich dt. barocke Lyrik bereits in ihrer Vorphase von den überlieferten Vers- und Strophenformen ab und suchte im weiteren Verlauf Vorbilder und metrische Regeln in den Lehrbüchern und Poetiken Frankreichs, Italiens, der Niederlande, Englands und Spaniens (→Bd. II a, 3 und Tab. 23). Unter Einfluß der Pléiade (RONSARD), des Petrarkismus, Marinismus, der Concetti-Poesie entwickelte sich die Barockdichtung von ihren musikalischen Anfängen über die kunstvolle hochbarocke Lyrik zum spätbarocken, oft überladenen (Schwulst-)Stil, der zum Gegenschlag in der beginnenden Aufklärung führte.

Weltliche und geistliche Lyrik sind in diesem Barock-Jh. kaum voneinander zu trennen, da Weltliches nahezu bruchlos mit Überweltlichem zusammengesehen wird. So sind die beiden Bereiche miteinander und häufig ineinanderübergehend verbunden, allerdings unterschiedlich eng und mit unterschiedlichem Schwergewicht:

im Vor- und Frühbarock laufen beide Gattungsbereiche meist noch nebeneinander her: z.B. bei OPITZ und RIST;

im Hochbarock bilden sie eine kaum auflösbare Einheit: ZESEN, BIRKEN, GRYPHIUS, CZEPKO;

im Spätbarock trennen sie sich wieder, insofern eine stärkere Erfahrung der Welt wirksam wird, wenn auch mit unüberhörbarem Unterton der Vergänglichkeitsstimmung: HOFMANNSWALDAU und LOHENSTEIN.

Das Kirchenlied nimmt innerhalb der geistl. Lyrik des Barock eine Sonderstellung ein, zu ihm sind konkretere Aussagen möglich. Es ist unzutreffend, im 17. Jh. nur vom *evangelischen* Kirchenlied zu sprechen, es gibt ebenso das *katholische* Kirchenlied im dt.-sprachigen Bereich. Beide gehen auf die starken Anregungen des 16. Jhs. zurück, auf LUTHER und die Reformation, denn erstaunlicherweise gibt auch die Gegenreformation unbekümmert diese Impulse für ihre Glaubensrichtung weiter: das Lied dokumentiert das nicht aufhaltsame *Mitspracherecht der Gemeinde*. Der grundlegende Unterschied besteht allerdings darin, daß das katholische Kirchenlied nur begleitenden Charakter hat, während das evangelische Kirchenlied fest in die Liturgie eingebaut ist, also nicht einfach ausgelassen werden kann, sondern notwendig und unter allen Umständen dazugehört.

Raum für Zusätze

Die **neulateinische Dichtung** kommt als 3. Bereich der geistl. Lyrik hinzu. Lat. war noch immer die Sprache der Gebildeten. Viele Dichter standen in diesem Jh. am Anfang ihres Schaffens zwischen den Sprachen (Lat., Hd., Mundart), wählten mal diese, mal jene (→auch 4.4.2). Neulateiner, wie v.a. BALDE, wirkten auf die Vertreter *beider* Glaubensrichtungen, wurden von diesen übernommen und übersetzt, schrieben ihrerseits aber auch dt. Gedichte.

Im einzelnen →4.7.

4.4.1 Vorbarock (~1570–1620)

Etwa ~1570 erwiesen sich die alten metrischen Formen als nicht mehr genügend tragfähig. Die Diskussion um „Hebung/Senkung" oder „Silbenzahl" begann.

Erste Anstöße zu einer *neuen Kunstlyrik* gingen v.a. von der musikalischen Seite aus, die stärkste individuelle Anpassung des Wortes an die Musik verlangt. Daher erschienen vorbarocke Ansätze zur Lösung der Probleme

(1) im *geistlichen (Kirchen-) Lied,*

(2) im *weltlichen gesungenen Lied.*

(1) Geistliches Lied

Entwicklung stand unter Einfluß *französischer* Psalmen-Überss. Bedeutend v.a. die Übers. des sog., für die reformierten Calvinisten als Gesangbuch verbindlichen „Hugenottenpsalters" des französischen Humanisten MAROT (fortgeführt und vollendet von dem Schweizer DE BÈZE) von 1542 (veröffentlicht 1562 mit dazugehörigen Melodien, wobei die Franzosen ihrerseits von den Niederländern, bes. von ORLANDO DI LASSO, gelernt hatten) nach frz. silbenzählender Art.

1572 erschien der 1. Teil der *Übertragung* des dt. Neulateiners MELISSUS SCHEDE (→auch Bd. II a, 2.3.4.3.2.3):

> Got waidet mich uf der hut seiner hærde /
> Ær ist mein hirt / kainn mangel haben wærde.
> 2. Mich rasten lest uf gruner auen ranfte /
> Unt bringet mich zun stillen wassern sanfte:
> 3. Labt meine sel / unt uf gerechten wegen
> Furet ær mich / um seines namens wegen.
>
> *(Psalm 23, Str. 1)*

1573 die (wesentlich einflußreichere) des LOBWASSER in Alexandrinern bei weniger starrer Behandlung von Sprache und Vers und großer Harmonie von Text und Melodie:

Raum für Zusätze

> Mein hüter vnd mein hirt ist Gott der Herre /
> Drumb fürcht ich nicht das mir etwas gewerre /
> Auff einer grünen Awen er mich weydet /
> Zu schönem frischen wasser er mich leytet /
> Erquickt mein seel von seines namens wegen /
> Gerad er mich fürt auff den rechten stegen.
>
> *(Psalm 23, Str. 1)*

LOBWASSERS Übers. war von großer Wirkung auf die *ganze* Barocklyrik (vgl. u.a. OPITZENS Psalmen-Überss. und geistl. Lieder sowie WECKHERLINS [66] freie Psalmen-Paraphrasen), in der das geistl. Gedicht und Lied (Kirchenlied) eine bedeutende Rolle spielten; in ihnen verbinden sich nlat. Jesuitendichtung, mystisches und schließlich pietistisches Gedankengut (→4.7).

(2) Weltliches gesungenes Lied — das neue deutsche Kunstlied

Auf weltl. Gebiet wurde *italienischer und französischer Einfluß* maßgebend.

a) Italienischer Einfluß

Aus der Erlahmung der alten Formen erklärt sich die Bereitschaft, *neue Liedformen* aufzunehmen.

Musikdichter wie:

REGNART mit „Kurtzweilige Deutsche Lieder zu dreyen Stimmen, nach art der Neapolitanen oder Welschen Villanellen componirt", 1576, erweitert 1580 und 1591;

HASLER mit „Neue Teutsche Gesang nach Art der welschen Madrigalien und Canzonetten mit 4, 5, 6 und 8 Stimmen", 1596;

SCHEIN mit „Musica boscareccia, Wald Liederlein Auff Italian-Villanellische Invention ...", 1621/32;

wurden zu Anregern des neudt. Kunstliedes (das das bisherige Gemeinschaftslied ablöst) durch *Übermittlung romanischer Gedichtformen:* Villanella —Kanzonette —Madrigal.

Villanella (ital.) oder *Villanèlle* (frz. von ital. villána=ländlich, bäurisch): Hirtenliedchen, bäuerliches Tanzlied; eine Art ländliches, den Volkston nachahmendes Lied. Form anfangs unfest, dann setzte sich dreizeilige Strophe durch mit wechselndem Reimschema, wie z.B. in folgendem Lied von REGNART:

> NVn sih ich mich an dir endlich gerochen /
> darumb dein leid ich gar wol günne dir /
> das rad geht vmb / vor war die klag an mir.
>
> Du hast dein trew an mir schendlich gebrochen /
> Solch wancklmuth ist nit Jungfrawen zier /
> Das rad geht vmb / vor war die klag an mir.

> In vnser lieb hastu ein loch gestochen /
> Es ist schon auß / was trawrstu lang darfür /
> Das rad geht vmb / vor war die klag an mir.
>
> Thu was du wilt / magst weinen oder bochen* /
> Es gilt mir gleich / Ich leg dirs auff die wag /
> Das rad geht umb / wiltu jetzund so klag.

Raum für Zusätze

(1576)

Metrum: Verszeilen von je 10 bzw. 11 Silben in steigend alternierendem Tonfall. An Stelle des alten Vierhebers mit freier Senkungsfüllung (freie Taktfüllung, aber feste Taktzahl) ist ein silbenzählender Vers getreten.

Reim: hier Anreimung, d.h. alle ersten Verse der Strophen reimen miteinander und jeweils das folgende Reimpaar untereinander. Nähe zum alten Lied bleibt erhalten. Auch: Dreireim bzw. aba.

Strophe: Abwandlung der Terzinenstrophe (→u.) mit Anreimung und Refrain, der beim Liedvortrag wiederholt wird.

Bewegung: Schlußrefrain abgewandelt in Antithese (→u.): vorher war das Klagen bei mir, jetzt ist, wenn du willst, das Klagen bei dir. Pointierter Schluß. Durchgängig Antithese als Stilmittel. Widerstreit zwischen Singen und (gedanklichem) Sprechen.

Terzinenstrophe: Dreizeilige (ital. terzine = Dreizeiler), aus fünffüßigen steigenden (jambischen) Versen bestehende Strophe, im Grundschema des Sonettenterzetts, bei dem der umschlungene Vers des 1. Terzetts zum umschlingenden des 2. Terzetts wird. Da durch immer weitere Reimverschränkung unendlich fortsetzbar, setzt Wiederaufnahme des mittleren Reims in einer letzten Zeile einen Schlußpunkt, so daß statt des Terzetts ein Quartett mit Kreuzreim als Beschluß entsteht.

Schema: aba bcb cdc ded efe ... xyx yzyz

Aufgrund der Dreizahl der Zeilen inhaltlicher Aufbau oft als These – Antithese – Synthese.

Fortwirkung der Terzinenstrophe: Von Dante in „La Divina Commedia" in höchster Meisterschaft gestaltet, trat sie in dt. Dichtung erst nach Dantes Wiederentdeckung in der Romantik bei Tieck, Rückert, Platen, mit bes. Vorliebe bei Chamisso auf. In neuerer Zeit wieder aufgenommen von George und Hofmannsthal. — Strophenform der Terzine wird im Ritornell zu einer festen Gedichtform (→Bd. IIc).

Wichtig für die Vermittlung der *reinen* Terzinenstrophe wurde der von Regnart beeinflußte Österreicher Schallenberg, der eigene Leistung sonst vornehmlich in seiner nlat. Lyrik zeigte. Ins Dt. übersetzte er ital. Gedichte bzw. dichtete nach diesen Mustern ohne Verzicht auf überkommene volksliedhafte Züge:

---

* bochen = trotzen

Raum für Zusätze

Die Engelburg man enge Burg soll nennen /
Weil du dein Herz so eng mir tust verschließen
Vnd mich darein nit wirdig willst erkennen.

O Engelburg / dein Burg kann nit mit Spießen /
Mit Waffen / Gschütz noch Stärke werden gwunnen:
Amor durch seine Pfeil muß selbst beschießen.

O Engelburg / dein Glanz gleicht wohl der Sunnen /
Ja / einem Engel selbst: dein Herz ist feste
Gleichwie ein Burg / will den Sieg keinem gunnen.

Drum ich für dich kein bessern Namen weste
Als Engelburg / o Engel klar vnd reine /
O Burg / du bist ob andern all die beste.

Wie man sunst pflegt / den Feinden auch ableine
Den Paß / da sie in deine Burg begehrten —
Mir / deinem Freind / den Zugang nit verneine.

Wann alle Leit mich meiner Bitt gwährten /
Wollt ich mir wünschen dies allein auf Erden /
Daß ich sollt / Engelburg / dein Burggraf werden.

(zwischen 1580 und 1590)

Reimschema hier nach traditionellem Muster (→o.) mit Ausnahme der letzten Strophe, die nicht zum Vierzeiler umgewandelt ist: aba bcb cdc ded efe fgg.

„Der auch im Volkslied geläufige Vergleich der Geliebten mit einer uneinnehmbaren Festung wird weitergedacht und kapriziös hin und her gewendet. Da die Geliebte in ihrem Aussehen einem Engel gleicht, stellt sich die Metapher Engelburg ein; dabei wird das Wortspiel mit ‚enge Burg' nicht vermieden und das Gleichnis durch Vergegenwärtigung eines feindlichen Angriffs ergänzt. Die Antithese Freund—Feind oder Dichter—Nebenbuhler führt wieder auf das Anliegen des Sprechenden zurück. Das Hoffen auf Gewährung der eigenen Wünsche bleibt als Pointe bis zur letzten Zeile aufgespart. Auch dieser Wunsch verkleidet sich geistreich: der Dichter möchte als Burggraf über die Engelburg herrschen. Es wird willentlich das Weitherholte aufgesucht, um einen einfachen Gedanken auszusprechen. Wenn seit Goethe Natürlichkeit im Ausdruck als Zeichen des echten Gefühls gilt, empfinden Manierismus und Barock entgegengesetzt. Der Hörer ist zu intellektuellem Genießen aufgefordert, und die Beschäftigung seines Geistes gewährt ihm die Befriedigung, die aus diesem Typus kunstvoller Lyrik gezogen werden kann."

(Haller, 11)

Kanzonette (ital. canzonetta = Liedchen; vgl. Kanzone, ital. canzona von lat. cantio = Gesang): *gesungenes* Lied im Ggs. zur Ode. — Aus der altfrz. und provenzal. Dichtung des 12. Jhs. (→Bd. IIa, 1.4.2.3) wiederaufgenommen im 13./14. Jh. von der älteren ital. Lyrik: PETRARCA, DANTE, LEOPARDI.

Form kunstvoll gegliedert: *fronte* mit *piedi* (Aufgesang mit Stollen) und *sirima* (Abgesang).

Im folgenden Bsp. von REGNART sehr einfacher liedhafter Aufbau: steigende Dreiheber; 3 Reimpaare (2 Stollen und Abgesang): Paar 1 stumpf, Paar 2 und 3 klingend; Reimpaar 3 als Refrain:

		Raum für Zusätze

VEnus du vnd dein Kind /
seid alle beide blind /
vnd pflegt auch zu verblenden /
wer sich zu euch thut wenden /
wie ich wol hab erfaren /
in meinen jungen jaren.

  Amor du Kindlein bloß /
Wem dein vergifftes Gschoß /
Das hertz ein mal berüret /
Der wird als bald verfüret /
Wie ich wol hab erfaren /
In meinen jungen jaren.

  Für nur ein freud allein /
Gibstu vil tausent pein /
Für nur ein freundlichs schertzen /
Gibstu vil tausent schmertzen /
Wie ich wol hab erfaren
In meinen jungen jaren.

  Drumb rath ich jederman /
Von lieb bald abzustahn /
Dann nichts ist zuerjagen /
In Lieb / dann weh vnd klagen /
Das hab ich als erfaren /
In meinen jungen jaren.

(1576)

„Mit ‚Venus du vnd dein Kind' hat Regnart dem deutschen Lied eine Strophe vermittelt, die bis tief ins 17. Jahrhundert hinein von weltlicher und geistlicher Dichtung immer wieder angewandt wurde."   *(G. Müller, 12)*

Fortwirkung der Kanzonette: In gesprochener dt. Dichtung ohne Fortsetzung; blieb spezifisch musikalische Form.

Madrigal: Hirtenlied, Schäfergedicht (→auch 4.6.6).

Form: anfangs unfest; dann setzte sich im Zuge der Umgestaltung zum Kunstlied als *wichtigstes Merkmal* durch: *freie Taktzahl,* aber feste Taktfüllung, d.h. verschieden lange Verse, jedoch innerhalb der Verse alternierend.

HASLER übersetzte Texte aus dem Ital. (→Bsp.) und schrieb als erster auch Madrigaltexte in dt. Sprache.

    Ardi, e gela fù tua voglia
    Perfido, et impudico
    Hor amante or nemico;
    Che d'inconstante ingegno
    Poco l'amor io stimo, e men lo sdegno:
    E se 'l tuo amor fù vano
    Van fia lo sdegno del tuo cor insano.

(Tasso, 1594)

    Brinn vnd zürne nur jmmerfort /
    Mich hon betrogen dein falsche wort
    als du begerst mein treves hertz
    vnd tribst doch nur auss mir dein schertz.
    Acht du denn nichts mein lieb vnd gunst /
    Acht ich vil minder dein zorenbrunst.
    Drum brinn vnd zürne so lang du wilt /
    denn mir eins wie das andre gilt.

(Hasler, 1596)

Das folgende Gedicht von SCHEIN ist dagegen ein Madrigal nicht vom Metrum her, sondern vom Motiv:

Raum für Zusätze

> AVrora schön mit jhrem Haar
> Dem Morgen gleich vergüldet gar:
> Drauff *Febo* mit seim hellen glantz
> Den tag illuminiret gantz:
> Gott *Eolo* gesperrt hat ein
> Zu Abend spat die Winde sein:
> *Nettuno* thut zu frieden stelln
> Im Meer die starcken Wasserwelln:
> Nun helt *Diana* gute wacht
> Mit jrer schar die gantze Nacht:
> Weil *Coridon* der Edle Hirt
> Sein *Filli* zart zu Bette führt.
> *(1624)*

Welt des ital. Schäferidylls, belebt von gr. Mythologie; unaufdringlicher, aber durchgängiger Bildungsanspruch im lyr. Singen und Sprechen (Aurora, Phoebus, Aolus, Neptun, Diana).

> „Idyllische keusche Zärtlichkeit klingt hinter dem mythologischen Apparat."
> *(G. Müller, 13)*

Metrisch ein Achtsilbler in regelmäßig steigend-alternierendem Tonfall. Strophisch gegliederte Reimpaare mit fester Taktfüllung.

Weiterentwicklung des Madrigals →4.6.6.

b) Französischer Einfluß

Im Ggs. zu den Bemühungen, über ital. Dichtung mit neuen Formen bekannt zu machen, knüpfte WECKHERLIN in erster Linie an frz. Dichtung des 16. Jhs. an, vornehmlich an RONSARD und die Dichter der Pléiade (→Bd. IIa, 3.2.1). Von ihnen übernahm er Ode sowie Sestine (von WECKHERLIN „Sechster" genannt und in dt. Lyrik eingeführt) und Rondeau (von ihm als „Rund-umb" bezeichnet). WECKHERLINS Gedichte zielen bereits auf lit. *Zitierbarkeit,* nicht mehr auf Sangbarkeit (→u.).

Wie die Pléiade-Dichter, die ihre Stärke in der Anwendung der *Nationalsprache* fanden, wollte WECKHERLIN das Entstehen einer dt.-sprachigen Kunstlyrik unterstützen. Da er aber bereits in den frühen 20er Jahren des 17. Jhs. Dtld. verließ, um in England zu leben, war der Einfluß dieses bedeutenden Lyrikers relativ gering.

> „Durch meine aigne Gedichte alßbald zu beweisen ... / daß wan Wir Teutsche uns unsere Muttersprach so wol als frembde Sprachen gefallen liessen / und dieselbige (als die Frembde die Ihrige) pur unnd zierlich zu reden und zuschreiben befleissigten / Wir keinen Völckern nach zu gehen ..."
> *(Aus der Vorrede zu „Gaistliche und Weltliche Gedichte", 1641)*

WECKHERLIN strebte also ebenso wie OPITZ eine Erneuerung, eine Reform an (→4.4.2), aber anders als dieser blieb er beweglich, natürlicher, den Sprachmöglichkeiten offener (z.B. gelegentlich unter Verwendung seiner schwäbischen Mundart); er zwängte die Kunst nicht in starre Muster, sondern zügelte sie entsprechend ihren natürlichen Möglichkeiten. Allerdings — als OPITZ' „Poeterey" zur neuen „Bibel" der Dichtkunst wurde, beugte er sich und überarbeitete seine Gedichte nach den neuesten Regeln, oft unter Verlust ihrer natürlichen Frische (vgl. z.B. in 4.6.1.1 die „Ode an Benjamin Buwinckhausen von Walmerode").

Tab. 23 Ausländischer Einfluß und Entwicklung des deutschen Literaturbarocks

Periode	Zeitraum	Ausländischer Einfluß	Entwicklung in Deutschland	Hauptvertreter
Vorbarock	~1570–1620	von Italien: • über PETRARCA u.a. von Frankreich: • RONSARD, Pléiade • MAROT / DE BÈZE	→ neue Liedformen: Villanella, Madrigal, Kanzonette → neue Gedichtformen: Sestine, Rondeau → nlat.- und dt.-sprachige Psalmen-Überss.	REGNART, HASLER, SCHEIN WECKHERLIN SCHEDE, LOBWASSER
Frühbarock	1620–1640	von Frankreich: • SCALIGER, RONSARD von Holland: • HEINSIUS	→ Ausbildung einer lyr. Formensprache auf der Grundlage der an der Antike geschulten Poetiken (→Bd. IIa, 3) → Anweisungspoetik „Buch von der Deutschen Poeterey" (1624)	OPITZ und die ihm nachfolgenden Dichterkreise (→4.4.2.2) OPITZ
Hochbarock	1640–1680		nach Gewinnung der Formen individuelle Bereicherung der Vers- und Strophenformer und verstärkte Selbständigkeit	GRYPHIUS, FLEMING, ZESEN, KLAJ und der Kreis der „Pegnitzschäfer"
		von Italien: • Antike über PETRARCA von Holland: • VONDEL	→ } Ausklang humanistischer nlat. Bildungsdichtung	BALDE
Spätbarock mit	1680–	von Italien: • GUARINI, MARINO von Spanien: • GÓNGORA	→ } gesteigerte Metaphorik (Concetti-Poesie) bis zu Überladenheit	HOFMANNSWALDAU LOHENSTEIN
Übergangs-Periode	–1725	von Frankreich: • BOILEAU	→ epigonaler Ausklang (Hofdichter) → starke moralisch-pädagogische Tendenz	CANITZ, BESSER, KÖNIG WEISE
			genialer Einzelgänger	GÜNTHER

Raum für Zusätze Die im ma. Lied (fast) ausschl. bestehende, im Volkslied und im Meistersang noch ungebrochene, im hier vorgestellten Kunstlied des 16./17. Jhs. noch vorhandene *Einheit von Wort und Weise* löste sich im Laufe des 17. Jhs. auf. Dichter und Komponist traten mehr und mehr auseinander, jeder wirkte für sich allein (eine Zusammenarbeit wie die im Kirchenlied [→u.] ist traditionsbedingt, eine solche wie die von DACH und ALBERT im Königsberger Kreis [→4.4.2.2] Ausnahme). Einer der Gründe für die Trennung ist der rhetorische Grundzug des Jhs., insofern das lyr. Wort nicht mehr zur Musik strebte, sondern zum (erhöhten) Sprechen.

Am längsten hielt das Kirchenlied an der Koppelung von Wort und Weise fest, insbes. im süddt. Raum, wo sich auch die meisten Übernahmen weltl. Weisen auf religiöse Texte (Kontrafakturen) finden.

> Das *Auftreten von Gedicht-Überschriften* ist eines der äußeren Zeichen dieses Wandels; sie werden erst nötig beim Lesegedicht (nicht beim Singen).

4.4.2 Frühbarock (1620–1640)

In dieser Zeit galt als Lit. auf dem Gebiet der Lyrik mehr und mehr nur noch das (gelehrte) *Kunst*-Gedicht.

Auch weiterhin standen nebeneinander lat. und dt. Sprache, das Schwanken zwischen beiden war sogar charakteristisch, v.a. in der Zeit des Vorbarock (vgl. z.B. OPITZ und LAUREMBERG). Jedoch: je mehr sich das Hd. gegenüber den verschiedenen Dialekten und dem Nd. durchsetzte und damit auch das Lat. an Bedeutung verlor, desto mehr stieg die Einsicht in die Notwendigkeit einer *deutschen Poetik* – denn vom Dichter wurde die Beherrschung des technischen Könnens verlangt (→4.3).

Welche Aufgaben zu bewältigen waren, zeigt das folgende Bsp. von HOCK, der schon in vorbarocker Zeit die Notwendigkeit einer Sprachreform erkannt hatte:

Von Art der deutschen Poeterey.

1 DIe Deutschen haben ein bsonder art vnd weise /
   Daß sie der frembden Völcker sprach mit fleisse /
   Lernen vnnd wöllen erfahrn /
   Kein müh nicht sparn /
   In jhren Jahren.
   ......
   ......

27 Warumb sollen wir den vnser Teutsche sprachen /
   In gwisse Form vnd Gsatz* nit auch mögen machen /
   Vnd Deutsches Carmen schreiben /
   Die Kunst zutreiben /
   Bey Mann vnd Weiben.

* V. 28 Gsatz = Gesetz

> 32 So doch die Deutsche Sprach vil schwerer eben /
>   Alß ander all / auch vil mehr müh thut geben /
>   Drin man muß obseruiren /
>   Die Silben recht führen /
>   Den Reim zu zieren.
>
> 37 Man muß die *Pedes* gleich so wol *scandiren** /
>   Den *Dactilum* vnd auch *Spondeum* rieren* /
>   Sonst wo das nit würd gehalten /
>   Da sein dReim gespalten /
>   Krumb vnd voll Falten.
>   ......
>   ......
>
>   *(1601; Str. 1 u. 6—8 von 14 Strophen)*

Raum für Zusätze

HOCK übernimmt zwar von den Neulateinern die nationalen Töne, ist jedoch — paradoxerweise, da er sich über die sprachl. Misere seiner Zeit beklagt — selbst in der Form unbeholfen und noch völlig dem Meistersang verpflichtet, z.B. Wortzusammenziehungen (wie bsonder, erfahrn, sparn, gwisse, Gsatz, dReim), Unreinheit der Reime (Weise/Fleiße), Nichtbeachtung der Doppelkonsonanz, Nichtübereinstimmung der Haupthebungen mit dem Wort und Sinnakzent usw. Und wie er dichteten die meisten.

So wurden nun in einer Fülle von „Poetiken" *Regeln gesetzt* und Dichtungen nach deren Berücksichtigung bewertet. Das Suchen nach einem festen lit. Halt führte im 2. Jahrzehnt des 17. Jhs., der deduktiv verfahrenden Gelehrsamkeit der Zeit entsprechend, zu einer *normativ-systematischen Gattungspoetik.*

Das allgemeine Ziel (das auch für die Versdichtung gültig war) heißt jetzt: „unsere Muttersprach ... pur unnd zierlich zu reden" (→Zitat WECKHERLIN in 4.4.1); „pur", das heißt hd., mundartfrei, fremdwortrein, „zierlich" bedeutet elegant und geschmeidig, nicht grob und plump; und die personale Verkörperung dieses Ziels heißt OPITZ.

In seinen *Hauptwerken:*

– „Aristarchus" sive de contemptu Linguae Teutonicae", Dr. 1617;

– der von seinem Freund und Mitstreiter ZINCGREF hrsg. Gedicht-Slg. „Martini Opicii Teutsche Pöemata ... Sampt einem anhang Mehr auserleßner geticht anderer Teutscher Pöeten ...", Dr. 1624;

– v.a. aber seiner Programmschrift „Buch von der Deutschen Poeterey. In welchem alle jhre eigenschafft vnd zuegehör gründtlich erzehlet, vnd mit exempeln außgeführet wird", Dr. 1624;

findet sich alles, was auf die dt. Dichtung dieser Zeit revolutionär wirkte und noch lange auf die folgende Lit. nachwirken sollte.

---

* V. 37 Pedes scandiren = Versfüße metrisch ordnen; V. 38 rieren = mhd. rüeren, auf Saiten spielen; hier: benützen

Raum für Zusätze Das zeitgenössische Echo auf die in 5 Tagen niedergeschriebene Programmschrift war überwältigend. Aus der Fülle der Stimmen hier als Bsp. die des ZINCGREF:

In Effigiem.

... divinae mentis imago
Vivet in aeternis, quos dedit ipse, modis.
Hactenus incultam pubes Germanica credens
Linguam hanc, externos est venerata sonos:
Quisquiliasque suo peregrinas praetulit auro;
Ergo peregrinus credidit omnis idem.
Unicus ast patriam sermonis honore tuetur
Opitius nostrae gloria prima lyrae.
Nil mihi vobiscum, impuro qui lingitis ore
Romani faeces reliquiasque meri.
Cedite, dicam ipsis, Romani! cedite Graii!
Germanus, qui vos exsuperabit, adest.

(Z. 6 — Schluß)

Auf sein Bild.

... Das Bild des göttlichen Geistes [des OPITZ] wird in Ewigkeit leben in den Gesängen, die er selbst gab. Bislang hat die deutsche Jugend, die diese Sprache für unkultiviert hielt, fremde Töne verehrt: ausländischen Kehricht hat sie ihrem eigenen Gold vorgezogen. Also hat jeder Ausländer dasselbe geglaubt. Als einziger aber schützt Opitz das Vaterland in der Ehre seiner Sprache, der erste Ruhm unserer Leier. Nichts ist mit euch mir gemein, die ihr mit unreinem Mund Abschaum und Reste des römischen Weins leckt. Weicht, will ich ihnen selbst sagen, weicht Römer! weicht Griechen! der Deutsche, der euch überwinden wird, ist da.

(Prosaübers. von Kreienbrink, 14)

Und noch 100 Jahre nach OPITZ' Tod rühmt GOTTSCHED in seiner „Lob- und Gedächtnißrede auf den Vater der deutschen Dichtkunst, Martin Opitzen von Boberfeld", 1739:

„Ich werde von einer Sache reden, die auch ohne alles übrige, was man von Opitzen rühmen kann, ihn ganz allein unsterblich gemacht haben würde. Seine Verdienste um unsere Muttersprache, Dichtkunst und Beredsamkeit sind es, die ich hauptsächlich entwerfen will. Diese ganz allein werden ... diesen deutschen Petrarca so groß vor Augen stellen, daß sie keiner fernern Abschilderung seiner übrigen Beschäftigungen und Begebenheiten ... verlangen. ... Deutschland hat seit zweihundert Jahren unzählige gelehrte Männer von allerlei Arten hervorgebracht, mit welchen es allen Ländern von Europa Trotz bieten kann. Aber es hat nur einen einzigen Opitz aufzuweisen, der, da er in allen übrigen Arten der Gelehrsamkeit hätte groß werden können, dennoch die Ehre seines Vaterlandes der seinigen vorgezogen und seiner Muttersprache Dienste geleistet hat, die sie von niemanden anders so gut hätte erwarten können. Dies, dies ist das seltene Lob, welches unserm Dichter ganz eigen ist."

(15)

So ist *die* entscheidende Tatsache, nicht nur für die vorbarocke Epoche, sondern für das ganze 17. Jh.: *die deutsche Sprache tritt in die gelehrte Kunstdichtung* als Mitbewerberin neben der lat. ein und erobert sich eine Position nach der anderen.

Raum für Zusätze

Dabei befindet sich dt. *Kunst*-Lyrik im Übergang zu einer autonomen, *unabhängig von der Musik* existenzfähigen Position: zu *gesprochener* Dichtung, rhetorischer Kunst, *Vortrags- und Rezitationslyrik;* eine Einstellung von starker sozial-soziologischer Wirkung, denn sie trennte abermals (wie schon im Humanismus) „Kundige" von „Unkundigen".

4.4.2.1 Dichtungstheoretische Grundlagen

Gelehrsamkeit aus humanistischer Tradition (Antike und nlat. Renaissance-Humanismus-Dichtung) als Voraussetzung für nationalsprachige Dichtung nach barockem Ordnungsprinzip und klass. Formenstrenge — aus diesen Grundgedanken entstanden die Lehrbücher der dt. Sprache, die zahlreichen „Poetiken", sowie die Sprachgesellschaften und Dichterkreise.

4.4.2.1.1 Die wichtigsten Poetiken des 17. Jahrhunderts

Die Worte des OPITZ

> „vnd soll man auch wissen / daß die gantze Poeterey im nacháffen der Natur bestehe / vnd die dinge nicht so sehr beschreibe wie sie sein / als wie sie etwan sein köndten oder solten" *(16)*

erinnern an die des SCALIGER (→Bd. IIa, 3.2.1), die Natur des VERGIL übertreffe bei weitem die wirkliche Natur. So fand OPITZ denn auch die Grundlagen für seine Anweisungspoetik

„Buch von der Deutschen Poeterey", 1624,

in den an der Antike (bes. der röm.: HORAZ, Ars poetica) geschulten Renaissance-Poetiken in Frankreich (SCALIGER, RONSARD) und den Niederlanden (HEINSIUS) (vgl. Bd. IIa, 3.2.1 u. 3.5.2).

Die epochalen Neuerungen

a) Zur Metrik

● **Alternation:** Ablösung der üblichen Silbenzählung durch ausschl. regelmäßiges Alternieren betonter und unbetonter Silben *(akzentuierend-alternierendes Prinzip)*. Dadurch Reduzierung der Versmöglichkeiten auf die Figur ∪ / (Jambus, Steiger) und die Figur / ∪ (Trochäus, Faller). Wörter mit nichtjambischem Tonfall sind ausgeschlossen, z.B. herrliche / ∪∪; OPITZ würde hier inkonsequenterweise (in bezug auf die folgende Regel) betonen: herrliché / ∪ /.

Raum für Zusätze

- **Akzentsetzung:** Übereinstimmung von Wortbetonung und Versakzent, also *Wahrung der natürlichen Wortbetonung*. Hier kam es zu Schwierigkeiten und Inkonsequenzen, denn noch bestand keine allgemeine, verbindliche Übereinkunft, was im Streitfall „natürlich" sei. Trotzdem wurde das bisher geübte Prinzip, *nur* die Silben zu zählen ohne Rücksicht auf den natürlichen Wortakzent (wie im Meistersang) ein für allemal beseitigt (in praxi aber Reimverstöße wie gestérn/Eltérn oder Wortverstümmelungen wie gsund, Gsatz, dReim, gwiß usw.; vgl. z.B. das Gedicht von HOCK in 4.4.2).

b) Zum Vers

- **Reim:** Anerkennung nur des *Endreims*, dabei

- Empfehlung von Kreuzreim (abab), umarmendem Reim (abba) und Reimpaar (aa);
- Ablehnung alles offensichtlich Mundartlichen (nicht nur im Reim);
- Untersagung des „rührenden Reims", z.B. erzeigen/zeigen;
- Forderung des *reinen* Reims; blieb vorerst ideales Ziel, weil sprachgeschichtlich Anfang des 17. Jhs. noch unerreichbar; z.B. waren WECKHERLINS „reine" schwäbische Reime für den Schlesier OPITZ „unrein".

- **Silbenzahl:** *frei* (außer im Alexandriner), aber immer feste (einsilbige) Silbenfüllung: alternierendes Prinzip (→o.). Unterschiedlich lange Verse erlaubt.

- Unterschiedlich lange Verse *innerhalb der Strophe* nennt OPITZ *madrigalische* Verse; er ahmt sie in freier Übertragung aus dem Ital. nach in seinen Opernlibretti „Dafne" und „Judith" (→Bd. Ia, 3.8.2.2.2.4).

- **Versmaß:**

- Für den *langen* Vers (in Sonett, Elegie, Ekloge u.a.) Empfehlung des *Alexandriners* mit deutlicher Zäsur nach der 6. Silbe (männlich und reimlos), z.B.:

    > Du schöne Tyndaris / wer findet deines gleichen
    > ◡ / ◡ / ◡ / ‖ ◡ / ◡ / ◡ / ◡

    Alexandriner wurde damit zum *maßgeblichen Barockvers*.

- Zugelassen außerdem der „gemeine" Vers (frz. *vers commun*), der Zehn- bzw. Elfsilbler (je nachdem, ob Versschluß m oder w), z.B.:

    > Du sagst / es sey der Spiegel voller list
    > ◡ / ◡ / ◡ / ◡ / ◡ /
    > Was man dir sagt solt du zum besten wenden
    > ◡ / ◡ / ◡ / ◡ / ◡ / ◡

- **Versschluß:** nur noch *männlicher* (oder einsilbiger oder stumpfer) und *weiblicher* (oder zweisilbiger oder klingender) Schluß erlaubt, z.B. Gang/gehen.

Neben der OPITZschen waren folgende „Poetiken" des 17. Jhs. von weiterreichender Bedeutung: Raum für Zusätze

BUCHNER „Anleitung zur deutschen Poeterey", Dr. posthum 1665. — In der Nachfolge von OPITZ bereits ~1630 geschrieben und damals auch schon bekannt. BUCHNER setzte sich gegenüber OPITZ für die Verwendung von Daktylus und Anapäst ein (die er in seiner Oper „Orpheus", 1638, auch anwendete); dadurch Prinzip der starren Alternierung durchbrochen.

ZESEN „Hochdeutscher Helicon", Dr. 1640. — Schüler von BUCHNER. Eigenwilliger Reformer (eigene Rechtschreibung) und artistischer Experimentator in Strophen- und Versformen (verwendete ebenfalls Daktylen und Anapäste).

HARSDÖRFFER „Poetischer Trichter, Die Teutsche Dicht- und Reimkunst, ohne Behuf der Lateinischen Sprache, in VI. Stunden einzugießen", Dr. 1647/1653. — Ging von OPITZ aus, baute aber dessen VI. Kapitel „Von der zuebereitung vnd ziehr der worte" bes. in bezug auf Klang- und Lautmalerei aus. Programmschrift des „Nürnberger Dichterkreises" (→4.4.2.2).

SCHOTTEL „Teutsche Vers- oder Reim-Kunst", Dr. 1645. — Nahm die weiterführenden Ansätze von BUCHNER und ZESEN auf und systematisierte sie. — Sein Hauptwerk: „Ausführliche Arbeit von der Teutschen Haubt Sprache", 1663, eine grundlegende dt. Grammatik, die die vielen Unsicherheiten in bezug auf die deutsche Sprachformen (Stammwörter, Betonungen usw.) beseitigte, ist ein wichtiges Zwischenglied bis zu GOTTSCHEDS „Grundlegung einer Deutschen Sprachkunst", 1748, zu ADELUNGS „Versuch eines vollständigen grammatisch-kritischen Wörterbuchs der hochdeutschen Mundart", 1774/86, JACOB GRIMMS „Deutsche Grammatik", 1819/37, und zum „Deutschen Wörterbuch" der Brüder GRIMM, 1852—1961 (32 Bde).

BIRKEN „Teutsche Rede- bind- und Dicht-Kunst", Dr. 1679. — Zeigt den Autor als virtuosen Beherrscher der Vers- und Strophenformen, der Klangspiele und der Lautmalerei.

MORHOF „Unterricht Von Der Teutschen Sprache und Poesie", Dr. 1682. — Anbahnung einer anti-barocken Dichtungstheorie unter Anlehnung an BOILEAUS 1674 erschienene „L'art poétique": Beschränkung auf das „Vernünftige", Geschmackvolle und Gesunde.

WEISE „Curieuse Gedancken von Deutschen Versen", Dr. 1691. — Antibarocker Verfechter eines realistischen, didaktischen Stils. Rückte den Vers in Prosanähe.

OMEIS „Gründliche Anleitung zur Teutschen accuraten Reim- und Dicht-Kunst", Dr. 1704. — Letzter Versuch zur Verteidigung barocker Dichtkunst ohne Unterdrückung der Kritik im einzelnen.

*

Gleichzeitig mit den Bestrebungen der Theoretiker (die allerdings ausnahmslos auch dichteten) entstanden im gesamten dt.-sprachigen Raum Vereinigungen, die sich — nach Vorbild der ital. Renaissance-Akademien

Raum für Zusätze — die Pflege der reinen Nationalsprache zur Aufgabe gemacht hatten: die Sprachgesellschaften.

4.4.2.1.2 Die Sprachgesellschaften

Meist unter Leitung eines fürstlichen Mäzens bemühten sich die Sprachgesellschaften v.a. um die Sicherung der *Stellung des Hochdeutschen* (in 1. H. des 17. Jhs. war das Nd. aus allen schriftsprachl. Positionen verdrängt):

„das man die Hochdeutsche Sprache in ihrem rechten wesen und Stande / ohne einmischung frembder ausländischer Wort aufs möglichste und thundlichste erhalte / und sich sowohl der besten aussprache im reden / als der reinsten art im schreiben und Reimedichten befleißige."
(Aus der Satzung der „Fruchtbringenden Gesellschaft")

Sie pflegten daneben aber auch die *Erforschung der Sprachgesetze.*

In den Sprachgesellschaften verband sich der Adel mit dem gehobenen Bürgertum, den Gelehrten — vom Volk war man streng abgeschieden.

„Die Gründung der ‚Fruchtbringenden Gesellschaft'... fand ein Jahr vor Ausbruch des Dreißigjährigen Krieges statt — ein schwermütiges Sinnbild. Sie trug sich in Weimar zu... Bei einem Begräbnis... trafen sich eine Reihe von Fürsten, die die Verwelschung der deutschen Höfe und der deutschen Sprache als peinlich empfanden; die Übereinstimmung der Versammelten war kein Zufall. In der Dichtung des Vorbarock war ja zu beobachten, wie die Forderung nach Sprachreform wuchs. Man tat sich zu einem weltlichen Orden zusammen und verpflichtete sich zu einer Reinigung in jeder Hinsicht: sittlich und sprachlich, weil die Sprache nicht nur den Zustand des Menschen anzeigt, sondern weil sprachliche Zucht auch auf die gesamte Zucht des Menschen zurückwirkt. Die Leitung hatte ein Fürst... Fürsten, Adlige, Gelehrte und Dichter sollten die Mitglieder sein. Neben den Geburtsadel trat der Leistungsadel." *(Klein, 17)*

Die wichtigsten Sprachgesellschaften
(die sich im Anschluß an die ersten Gründungen im Frühbarock
auch im weiteren Verlauf des Jhs. konstituierten)

(1) Die „Fruchtbringende Gesellschaft" (später auch *„Palmenorden"* genannt; typisch für das Barock das Spiel mit der Allegorie in Namen und Maskerade!); 1617 in Weimar gegründet. Anfangs setzten ihre adligen Mitglieder den Bestrebungen von Bürgerlichen starken Widerstand entgegen. So akzeptierten sie z.B. OPITZ erst, als er allgemein anerkannt war — 1629 nahmen sie den inzwischen Geadelten in ihre Reihen auf. Seit den 40er Jahren des Jhs. folgten dann — neben den Theoretikern — viele der namhaften Dichter der Zeit, u.a. HARSDÖRFFER (seit 1642), LOGAU (seit 1644), RIST (seit 1647), ZESEN (seit 1648; ZESEN und RIST gründeten daneben eigene Vereinigungen, →4.4.2.2), ANDREAS GRYPHIUS (seit 1662).

Dank ihrer großen Autorität bewirkte die „Fruchtbringende Gesellschaft" weitere Zusammenschlüsse: Raum für Zusätze

(2) Die „Aufrichtige Tannengesellschaft"; gegründet 1633 in Straßburg; gewann wenig Einfluß und löste sich bald wieder auf. — Desto einflußreicher wurden:

(3) Die „Teutschgesinnte Gesellschaft"; in Hamburg 1643 entstanden mit ZESEN an der Spitze und der Österreicherin CATHARINA VON GREIFFENBERG, Verfasserin bedeutender „Geistlicher Sonette" (1662), als ihrem bekannten weiblichen Mitglied.

(4) Der „Löbliche Hirten- und Blumenorden an der Pegnitz" (auch *„Pegnesischer Blumenorden"* genannt); gegründet 1644 in Nürnberg mit den Patriziern HARSDÖRFFER, BIRKEN, KLAJ als prominentesten Mitgliedern *(„Pegnitzschäfer")* unter bes. starkem Einfluß des ital. Marinismus und span. Gongorismus (→Bd. IIa, 3.1.3 u. 3.3.2).

(5) Der „Elbschwanenorden"; in Lübeck gegründet 1656 mit RIST als führendem Kopf.

4.4.2.2 Die Dichterkreise

In diesem Zusammenhang wichtig, obwohl keine Sprachgesellschaften (aber in ihren Mitgliedern sich oft miteinander deckend), sondern nur relativ *lose* Vereinigungen (also auch keine „Schul-Bildung"!) gleichgesinnter Poeten: die Dichterkreise in zahlreichen Zentren Dtlds. (→auch Tab. 24).

(1) Der Königsberger Kreis; in ihm schlossen sich in den 20er Jahren *Bürgerliche* zusammen, an ihrer Spitze SIMON DACH. Er schrieb über 1000 Gelegenheitsgedichte, z.T. volkstümlicher Art, mit Melodien von ALBERT (der als Begründer des Sololiedes gilt). Diese Bindung von Dichtung und Musik zeichnet den Kreis aus.

(2) Der Leipziger Kreis; eine Verbindung von Studenten, die v.a. in der Jüngerschaft zu OPITZ Gesellschaftslieder (unter Einfluß bes. von SCHEIN, →4.4.1) dichteten.

Dem Kreis zuzurechnen, wenn auch dichterisch weit über ihm stehend und eine relativ isolierte Erscheinung: FLEMING, einer der bedeutendsten Lyriker des Jhs. Neben sehr eigenständigen Liebesoden voll petrarkistischer Stimmung dichtete er ebenbürtige geistl. und Kirchenlieder.

(3) Der Hamburger Kreis; wird repräsentiert v.a. durch 2 Dichter, die bald Widersacher wurden: von RIST, der die OPITZschen Reformen nach Nord-Dtld. vermittelte und sie in seinen zahlreichen geistl. Dichtungen und Liedern erprobte — er gründete 1656 den „Elbschwanenorden" (→4.4.2.1.2); und von ZESEN, der sich mit seinen Freunden zur „Teutschgesinnten Genossenschaft" 1643 zusammenschloß. Außer durch seine Liebesgedichte und geistl. Lieder, die in gekonnter Sicherheit alle formtypologischen Elemente barocker Lyrik virtuos, aber oft auch überzogen handhaben, wurde ZESEN v.a. durch seine puristische deutschtümelnde Poetik (mit eigenwilliger Rechtschreibung) „Hochdeutscher Helicon" von 1640 bekannt (→4.4.2.1.1).

Raum für Zusätze

Tab. 24 Die barocken Dichterkreise und ihre lyrischen Hauptvertreter

Vorläufer von OPITZ	REGNART, HASLER, SCHEIN (Musikdichter)
	HOCK, SCHALLENBERG
	WECKHERLIN
Im Umkreis von OPITZ	OPITZ
	ZINCGREF
	CZEPKO VON REIGERSFELD
	TSCHERNING
	TITZ
Königsberger Kreis	DACH
	ALBERT
	ROBERTHIN
Leipziger Kreis	HOMBURG
	LUND
	BREHME
	FINCKELTHAUS
	FLEMING
Hamburger Kreis	RIST
	ZESEN
Nürnberger Kreis	HARSDÖRFFER
	KLAJ
	BIRKEN
	CATHARINA VON GREIFFENBERG
Schlesischer Kreis	ANDREAS GRYPHIUS
	HOFMANN VON HOFMANNSWALDAU
	LOHENSTEIN
	MÜHLPFORT
	ASSMANN VON ABSCHATZ
	CHRISTIAN GRYPHIUS
	MÄNNLING
	NEUKIRCH
Einzelgänger	LOGAU
	GREFLINGER
	VOIGTLÄNDER
	STIELER
	SCHOCH
	SCHIRMER

(4) Der Nürnberger Kreis; entspricht in seiner Zusammensetzung im wesentlichen den patrizischen Mitgliedern des „Pegnesischen Blumenordens" (→4.4.2.1.2) zur Pflege der dt. Sprache; wandte sich in Namengebung, Gehabe und Dichtung ganz der „Schäferei" zu und hatte damit starken Einfluß auf die zeitgenössische Dichtung.

Raum für Zusätze

(5) Der Schlesische Kreis; diese Bez. zielt auf 2 zeitlich getrennte Erscheinungen: einmal auf die *frühbarocken* „schlesischen" Nachfolger von OPITZ, unter ihnen CZEPKO und TSCHERNING (beide sind keine Schlesier, sondern wurden durch Protestantenverfolgung zeitweilig nach Oberschlesien vertrieben), aber auch auf FLEMING und ANDREAS GRYPHIUS; zum anderen auf die *spätbarocken* Schlesier LOHENSTEIN und HOFMANN VON HOFMANNSWALDAU und ihre Anhänger (u.a. MÜHLPFORT, CHRISTIAN GRYPHIUS — Sohn von A. GRYPHIUS —, NEUKIRCH).

Bes. in älteren Lit.-Geschichten finden sich häufig für diese „Kreise" die Bezz. „1." und „2. Schlesische (Dichter-)Schule"; diese Benennungen treffen die Verhältnisse nicht, da es sich keineswegs um „Schulen", sondern um mehr oder weniger (örtlich) zufällige, nur lose Verbindungen handelte.

4.4.3 Hochbarock (1640 – 1680)

Die 1. Generation nach OPITZ in Dtld. erlebte am schwersten die Schrecken eines 30jährigen Krieges. Nähe des Todes, das Memento mori, bestimmte ihr Dasein. Dennoch führte dieses Lebensgefühl im allg. nicht nur zu Askese und Weltabkehr, sondern rief ebenso leidenschaftlich Lebensgier und Lebenslust wach, wirkte sich lit. aber nicht in expressiven, individualistischen Tönen aus, sondern unterwarf sich der *Form,* dem (unausgesprochen) höchsten Wert barocker Ästhetik.

Enorme *Gespanntheit,* losgelöst vom Individuellen, erhoben ins *Allgemeingültige* und gebannt in die *Objektivität der Form,* bildet deshalb den Grundzug hochbarocker Lyrik (vgl. dazu auch 4.3).

Vom Dichter wurde verlangt, daß er erfahren und unter allen Umständen gelehrt sei, das technische Können (in Aufbau, Metrik, Metaphorik, Emblematik) absolut beherrsche. Der Ton der Dichtung war ernst, die Gebärde höfisch-repräsentativ, das Ziel, den (göttlichen) „Sinn" hinter den Dingen zu entdecken und zu deuten.

Dieser *emblematische Grundzug* kennzeichnet die lyr. Sprache ebenso wie die für das Hochbarock noch typischeren Ausdrucksformen Trauerspiel (→Bd. Ia) und Roman (→Bd. III).

Der Einfluß ausländischer Litt. ging in dieser Zeit erheblich zurück. Obwohl OPITZ mit seiner normativen Poetik nach wie vor unbestritten als Autorität anerkannt wurde, gewannen die Dichter dieses Zeitraums nach Aneignung der Formen und nach Durchspielen verschiedener Möglichkeiten größere *Selbständigkeit* und *Unabhängigkeit.*

Hauptvertreter hochbarocker Lyrik in Dtld. ist GRYPHIUS (vgl. auch Tab. 23).

Raum für Zusätze

4.4.4 Spätbarock (ab 1680)

Die 2. Generation nach OPITZ hatte die Greuel des Krieges nicht mehr oder kaum noch erlebt, ihr lyr. Ton ist daher *diesseitsbezogener,* sinnlicher, galanter, wenn auch unüberhörbar mit dem Unterton der Vergänglichkeitsstimmung.

Auffällig der *steigende Einfluß von Italien und Spanien* (Marinismus, Gongorismus, →Bd. IIa, 3.1.3 u. 3.3.2), während die Wirkungen aus Frankreich und den Niederlanden weiter zurücktreten.

Stärkste Ausprägung dieses Stilwandels bei HOFMANNSWALDAU und LOHENSTEIN, die — obwohl zeitlich noch dem Hochbarock angehörend und deshalb gelegentlich auch der mittleren Periode zugerechnet — sinnvoll dem Spätbarock zuzuordnen sind; ihre größte Wirkung lag erst um die Wende zum 18. Jh. Die von ihnen virtuos gehandhabte *Verselbständigung der Stilmittel* (Figuren und Metaphorik) bis hin zur krassen Übersteigerung (v.a. bei LOHENSTEIN) führte bei schwächeren Dichtern zur (später abschätzig als „Schwulststil" bezeichneten) Concetti-Poesie.

*

Epoche des Spätbarock ist von der sich anschließenden *Übergangszeit zur Aufklärung* (bis etwa 1725) zeitlich nicht genau abzusetzen; es handelt sich — wie fast stets bei Zeitwenden — um ein allmähliches Ineinanderfließen.

Literarisch wesentlich ist die Abkehr vom spätbarocken Stil mit *Hinwendung zur Nüchternheit* unter erneutem *Einfluß Frankreichs* (→4.8.1).

4.5 Formtypologische Elemente barocker Lyrik

Charakteristisch für das barocke lyr. Sprechen (womit die *herrschende* Lyrik des 17. Jhs. gemeint ist, nicht das Kirchenlied und nicht das Volkslied, die noch weitgehend in der Tradition des 16. Jhs. standen) ist die auffällige Bevorzugung bestimmter Wort-, Satz-, Gedanken- und Klangfiguren. Ganz allgemein könnte man diese im Laufe des 17. Jhs. immer stärker werdende Neigung das energische Bemühen um die *metaphorische Verzierung der Sprache* nennen.

> „Newe wörter / ... zue erdencken / ist Poeten nicht allein erlaubt / sondern macht auch den getichten / wenn es mässig geschiehet / eine sonderliche anmutigkeit. Als wenn ich die nacht oder die Music eine arbeittrösterinn / eine kummerwenderin / ... den Nortwind einen wolckentreiber / einen felssen stürmer vnd meer auffreitzer ... nenne."
>
> *(Opitz, „Buch von der Deutschen Poeterey": „Von der zuebereitung vnd ziehr der worte"; 18)*

Nur auf diese Weise glaubte man, die dt. Sprache zu einem tauglichen Medium der Poesie machen zu können.

*

(1) Topos (gr. = Ort, Gegend; Plural topoi): Gemeinplatz, lit. Formel, inhaltliches Motiv, das in der lit. Tradition fortlebt. Die Topoi stammen fast ausnahmslos aus der Antike (vgl. z.B. den Topos vom Staatsschiff bei ALKAIOS, Bd. IIa, A 1.1.5.1.3.2), sind über mlat. Dichtung in die verschiedenen volkssprachl. europäischen Litt. gedrungen und haben sich bis in die Aufklärung und die Zeit der Empfindsamkeit gehalten. Sie geben sozusagen die lit. Kulisse. Häufig auftretendes Bsp. der sog. „Lustort": Raum für Zusätze

> „Der locus amoenus bildet von der Kaiserzeit bis zum 16. Jh. das Hauptmotiv aller Naturschilderung. Er ist ein schöner, beschatteter Naturausschnitt. Sein Minimum an Ausstattung besteht aus einem Baum (oder mehreren Bäumen), einer Wiese und einem Quell oder Bach. Hinzutreten können Vogelsang und Blumen. Die reichste Ausführung fügt noch Windhauch hinzu." *(E.R. Curtius, 19)*

(2) Metapher (gr. metaphora = Übertragung): sprachl. Verbildlichung eines abstrakten Begriffs, z.B. Redefluß, Licht der Wahrheit. Das Topos-Bsp. vom Staatsschiff (→1) ist zugleich eine Metapher:

> „Jede Metapher enthält einen Widerspruch zwischen ihren beiden Gliedern, wenn wir sie beim Wort nehmen. Das Staatsschiff — ist das nun ein Schiff oder nicht? Die Antwort muß immer lauten: Ja und nein. Der Staat als politisches Sozialgebilde ist natürlich kein Schiff, und er ist doch ein Schiff, weil die Konvention der bildhaften Sprache es so will. Dies ist der Widerspruch, der *in jeder Metapher* steckt." *(Weinrich, 20)*

Diese rhetorische Figur ist für barocke Sprache typisch; Vielfalt und Kühnheit seiner Metaphern erweisen den Dichter.

Bspe u.a. in 4.6.1.1: WECKHERLIN „Von jhrer Schönheit Wundern" und KLAJ „Kleines Bestiarium".

(3) Kreisend abwandelnde Worthäufung: Einkreisen des lyr. Punktes (z.B. Schönheit der Geliebten) durch wiederholende Abwandlung *(Amplifikation)* unter verschiedenen Gesichtspunkten bzw. aus verschiedener Perspektive. Ein Gedicht „läuft nicht ab", indem es auf mehreren Stationen der Bewegung innehält, sondern es „kreist". Solche Eigentümlichkeit der Gestaltung bezeichnet *Conrady (21)* mit einem Oberbegriff als „insistierende Nennung". Mit Vorliebe wendet sie sich an einen Partner (an die Gesellschaft oder an einen einzelnen, genannt oder ungenannt); sie verwirklicht damit 2 deutliche Merkmale der *lateinischen* Lyrik: *meditierendes* und *hinzeigendes* Sprechen, die entweder unmittelbar oder mittelbar über die nlat. bzw. ausländische, volkssprachl. Dichtung aufgenommen wurden. Um die weltanschaulichen Gründe für die Beliebtheit dieser Stilfiguren bemüht sich *Beckmann*:

> „Dieses Umkreisen ist ein Versuch, die Vielfalt der Phänomene zu erfassen, die den Menschen umgeben, ein Ergreifen der ganzen Schöpfung im Gedicht, ein Einbeziehen des ganzen Universums in die Freuden und Leiden des Liebenden. Dieses Umkreisen ist auch ein Suchen nach dem rechten Wort, dem rechten Abbild und Spiegel ... Niemals ist eine sprachliche Erscheinung nur Spiel im Barock, niemals nur Äußerliches, immer spielt das Innerliche mit." *(22)*

Bsp. →in 4.6.1.1: WECKHERLIN „Von jhrer Schönheit Wundern".

Raum für Zusätze

(4) Unverbundene (asyndetische [gr. a = un-, syndetos = verbunden]) **Worthäufung:** Erfolgt — im Ggs. zur nlat. Dichtung — vorwiegend ohne verknüpfende Bindewörter; bevorzugt Häufung von Substantiven: Nominalstil. So beginnt z.B. das GRYPHIUS-Sonett „An einen Vnschuldig Leidenden" im 1. Quartett mit der Aufzählung der Folterwerkzeuge (die dem rechten Christen nichts anhaben können):

> Ein brandt pfall vnd ein raadt / pech / folter / bley vnd zangen /
> Strick / messer / hacken / beyll / ein holtzstos vndt ein schwerdt /
> Vndt siedent öel / vndt bley / ein spies / ein glüendt pferdt /
> Sind den nicht schrecklich / die / was schrecklich nicht begangen.
> *(1643)*

(5) Korrespondierende Häufung (lat. respondere = antworten, entsprechen):

„ein bedeutender Beleg für die barocke Neigung, Beziehungen zu setzen und selbst das lyrische Gedicht einer logischen Ordnung zu unterwerfen. Aus Spanien kommend, ist die korrespondierende Häufung in Italien sehr beliebt und wird in Frankreich von der Plejade bis zu Desportes und in Deutschland von Weckherlin bis zur Neukirchschen Sammlung[1] hoch geschätzt." *(Beckmann, 23)*

Meistens werden in den Schlußzeilen die im Gedicht angesprochenen Begriffe, Gegenstände oder Bilder in unverbundener, jedoch ihnen genau entsprechender Häufung aufgezählt:

„Zierlich ist es / wann die Endreimen wiederholet / was zuvor gesagt worden / als zum Exempel:

> *Pfeile* fliegen flügelschnell /
> *Wasser*fluten rinnen hell /
> *Winde* können nirgend bleiben /
> die ihr Lauffen hastig treiben:
> Doch der Lauff der Eitelkeiten
> weiß so plötzlich fortzuschreiten /
> daß nechst ihr sehr langsam sind
> *Pfeile* / *Wasser* / und der *Wind*.

Hier ist zu merken / daß die Wiederholung in der Ordnung geschehen muß / in welcher die Wörter Anfangs gesetzt worden."
(Harsdörffer in „Poetischer Trichter", 1647/53)

Im folgenden Extremfall häuft korrespondierend die Schlußstrophe (das Gedicht hat 5 siebenzeilige Strophen) 27 Bilder von 28 vorangegangenen Verszeilen:

> Also dein leben (schnell verflogen)
> Hat sich nicht anderst dan ein Tag /
> Stern / morgenröht / seufz / nebel / klag /
> Staub / daw / luft / schnee / blum / regenbogen /

---

[1] von BENJAMIN NEUKIRCH (→auch Tab. 24) 1695—1727 hrsg. (7bändige) Slg. „Herrn von Hofmannswaldau und andrer Deutschen auserlesene und bißher ungedruckte Gedichte"

> Zweig / schaur / eiß / glaß / plitz / wasserfall /
> Strahl / gelächter / stim / widerhall /
> Zeit / traum / flug / schat vnd rauch verzogen.
> *(Weckherlin, „Vber den frühen tod Fräwleins*
> *Anna Augusta Markgräfin zu Baden", 1619)*

Raum für Zusätze

In der Forschung hat *E.R. Curtius* diese Art der Schlußgestaltung eines Gedichts „Summationsschema" genannt, *Beck* und *Szyrocki* sprechen von „Conclusionsschema".

(6) Anaphorische Häufung (gr. ana-pherein = heraufholen, zurückholen): Geschieht durch Wiederholung des Anfangs eines jeden Verses. Will der barocke Dichter sein Thema dem Hörer bes. eindringlich nahebringen (aber auch sein handwerkliches Können zeigen), verwendet er diese aufzählenden Reihen, deren Glieder anaphorisch gekettet sind:

> Hier hilfft kein recht; wir müssen weichen.
> Hier hilfft kein kraut; der mensch ist gras.
> Hier muss die schönheit selbst erbleichen;
> Hier hilfft nicht stärcke / du bist glas.
> Hier hilfft kein adel / du bist erden.
> Nicht ruhm / du musst zu aschen werden...
> *(Gryphius, „Letzte rede eines gelehrten aus seinem grabe", 1663; Str. 8)*

(7) Parallelenhäufung: Bietet sich — in Verbindung mit der anaphorischen Häufung (→6) — als vorzügliches Mittel intensiven Sprechens an. *Strich (24)* nennt so gestaltete Gedichte „Schwellgedichte"; sie sind fortsetzbar ad infinitum, die Reihung ist ohne Stufung. *Beckmann (25)* spricht von „Variationsgedichten".

> Mund! der die seelen kan durch lust zusammen hetzen /
> Mund! der viel süsser ist als starcker himmels=wein /
> Mund! der du alikant* des lebens schenckest ein /
> Mund! den ich vorziehn muß der Inder reichen schätzen /
> Mund! dessen balsam uns kan stärcken und verletzen /
> Mund! der vergnügter blüht als aller rosen schein /
> Mund! welchem kein ruhm kan gleich und ähnlich seyn,
> Mund! den die Gratien mit ihren quellen netzen;
> Mund! Ach corallen=mund / mein eintziges ergetzen!
> Mund! laß mich einen kuß auf deinen purpur setzen!
> *(Hofmannswaldau, „Auf den mund", 1695)*

„Der Zentralbegriff und Angelpunkt des Gedichtes steht als Thema anaphorisch am Anfang jedes Verses, ihm folgt parallel in den einzelnen Zeilen eine Variation über dieses Grundthema. Zentralbegriffe werden von den verschiedensten Seiten zu erfassen gesucht. Es ist, als ob ein Kristall hin- und hergewendet werde und unter immer neuer Beleuchtung immer neue Farben sprühe. Die Spannung geht in diesen Variationsgedichten nicht leicht verloren, weil sie durch die Nennung des Grundbegriffes immer wieder evoziert wird und weil das ganze Gedicht mehr auf Betrachtung als auf Steigerung angelegt ist." *(Beckmann, 26)*

---

* span. Wein aus der Umgebung der Stadt Alicante

Raum für Zusätze **(8) Antithesenhäufung:** Gibt dem typisch barocken Gedanken der *Polarität* Ausdruck; bes. der Alexandrinervers war mit seinen 2 Hälften (Zäsur nach der 3. Hebung) geeignet, These und Antithese gegenüberzustellen:

Es ist alles eitel.

> Du siehst / wohin du siehst / nur eitelkeit auf erden.
> Was dieser heute baut / reißt jener morgen ein;
> Wo ietzunrd städte stehn / wird eine wiesen seyn /
> Auf der ein schäfers=kind wird spielen mit den herden;
>
> Was ietzundt prächtig blüht / sol bald zutreten werden;
> Was ietzt so pocht und trotzt / ist morgen asch und bein;
> Nichts ist / das ewig sey / kein ertz / kein marmorstein.
> Ietzt lacht das glück uns an / bald donnern die beschwerden.
>
> *(Gryphius, 1637; Anfang)*

Sonderfall ist das sog. *teilbare Gedicht*, das durch vertikale Teilung in 2 Strophen an den Zäsurstellen der Halbverse entsteht, also sowohl horizontal als vertikal lesbar und verständlich ist. Die antithetischen Gegenüberstellungen sind als „Position" und „Negation" angeordnet, so daß vertikal die ersten Halbverse als Strophe, die zweiten als Gegenstrophe gelesen werden können, wobei die Gegenstrophe inhaltlich den Widerruf des Inhalts der 1. Halbzeilenstrophe aussagt:

Die schönheit ist ein Blitz /	die schönheit macht zu nichte /
der Reinligkeiten Sitz	ein böß' und falsch Gerüchte /
Ein Zunder zu den Günsten;	so feind der Tugend=Zier:
Reizt an mit Liebes=künsten	Zur üppigen Begier/
Der Jugend schönste zier /	zur Geilheit die beweget
und zihet mit manier	nicht einen / sondern pfleget
Gedancken / Sinn und hertzen	gantz zu vergeistern nur
mit bitter=süßen schmertzen	Sie zeiget keine spur
Auff stetig wohl=ergehn:	der hoffart schmach und schande /
muß auch zu dienste stehn	Sie legt in ihre bande
den Armen wie den Reichen /	List / Trug und Heuchelye /
mit ihr kann sich vergleichen	ist ohne falsche Treu /
mit nichten / wie man spricht /	Ihr zweg der ist genießen.
der Hellen Gluth und Licht /	und seine Lust wohl büßen.

(Zesen, 1642)

(9) Hyperbolisches Sprechen (gr. hyperbole aus hyperballein = über das Ziel hinauswerfen): Gehört zum festen Bestandteil aller Lob- und Preisdichtung, ob zum Ruhm des Herrschers oder zum Preis der Geliebten. Mit ihm agiert vornehmlich die virtuose Sprachkunst. „Aufweitung" (von GOTTSCHED als „Schwulst" und „Bombast" abgewertet) bestimmt die Gestaltung, d.h. Künstlichkeit der Aussagen überschreitet das mittlere Maß.

> „Zur Manier gewordenes hyperbolisches Sprechen, das zu dem zugrundeliegenden Anlaß in kaum mehr sinnvoller Beziehung steht, ist ein wesentlicher Bestandteil dessen, was uns als ‚Schwulst' erscheint." *(Conrady, 27)*

Im folgenden Sonett häuft HOFMANNSWALDAU 10 rhetorische Fragen im
hyperbolischen Sprechen aufeinander, die er auch noch anaphorisch ver-
kettet:

Raum für Zusätze

Er ist gehorsam.

Sol ich in Lybien die löwen=läger stören?
Sol ich in Aetnä schlund entzünden meine hand?
Sol ich dir nackt und bloß ins neuen Zembels strand* /
Sol ich der schwartzen see verdorrte leichen mehren?

Sol ich das Lutherthum in den mosqueen lehren?
Sol ich / wenn Eurus tobt / durch der Egypter sand?
Sol ich zu deiner lust erfinden neues land?
Sol ich auf Peters stul Calvin und Bezen* ehren?

Sol ich bey Zanziba die jungen drachen fangen?
Sol ich das gelbe gift verschlingen von den schlangen?
Dein wille ist mein zweck / ich bin gehorsams voll /

Es höret / geht und folgt dir ohre / fuß und willen /
Was mir dein mund befihlt / mit freuden zu erfüllen /
Nur muthe mir nicht zu / daß ich dich hassen sol.   *(1697)*

(10) Pointe: Das Gedicht von HOFMANNSWALDAU (→9) ist zugleich ein
Bsp. für die abschließende Pointe: „Nur muthe mir nicht zu / daß ich
dich hassen sol". Dieses Zielen auf den überraschenden Schluß gehört
zur Grundstruktur des Epigramms, findet sich aber auch als „Endbeschwerung" im Sonett und sogar im Lied (vgl. z.B. HOFMANNSWALDAU „WO
sind die stunden" in 4.6.1.1).

(11) Periphrase (gr. periphrazein = um etwas herumreden): Umschreibung,
die durchaus in der Ebene des „mittleren Sprechens" bleiben kann, doch,
wenn sie gekünstelt und geschraubt ist, zur Preziosität führt.

GRYPHIUS umschreibt in dem folgenden Sonett z.B. seinen angesungenen
Gegenstand mit „lichter", „fackeln", „flammen", „blumen", „wächter",
„bürgen meiner lust", „regirer vnser zeitt":

An die Sternen.

Jhr lichter die ich nicht auff erden satt kan schawen /
  Jhr fackeln die ihr stets das weite firmament
  Mitt ewren flammen ziert / vndt ohn auffhören brent;
Jhr blumen die ihr schmückt des grossen himmels awen

Jhr wächter / die als Gott die welt auff wolte bawen;
  Sein wortt die weisheit selbst mitt rechten nahmen nent
  Die Gott allein recht misst / die Gott allein recht kent
(Wir blinden sterblichen! was wollen wir vns trawen!)
  Jhr bürgen meiner lust / wie manche schöne nacht
  Hab ich / in dem ich euch betrachtete gewacht?

---

* V. 3: Novalia Semblia, Nowaja Semlja = russ. Insel im Nordpolarmeer; V. 8: Bezen = DE BÈZE, vgl. 4.4.1 (1)

Raum für Zusätze

        Regirer vnser zeitt / wen wird es doch geschehen?
        Das ich / der ewer nicht alhier vergessen kan /
        Euch / derer libe mir steckt hertz vndt Geister an
        Von andern Sorgen frey was näher werde sehen.

(1643)

(12) Invokation (lat. invocatio = Anrufung): Anruf oder Anrede (an Gottheit, Musen, Natur, Partner); dient auch als beliebtes Mittel, Häufungen nachdrücklicher und intensiver zu machen. Im folgenden Sonett von SCHOCH nimmt der Anruf an die Natur (bis auf das Schlußterzett) das ganze Gedicht ein.

Er scheut sich / Katharis Liebe / der Sylvien zu offenbahren.

See / Himmel / Lufft und Wind / ihr Hügel und ihr Klüffte /
Ihr Hölen voller Moos / ihr Wälder / ihr Fontein /
Ihr Brüche / Busch und Thal / du steigrer Felsen=Stein /
Beödte Wüsteney / ihr frischen Schäffer=Triffte /

Ihr Wiesen / und du Berg / ihr Schatten / und ihr Lüffte /
Ihr Felder / düstrer Forst / ihr Klippen / edler Rein /
Gefilde / Lachen / Bach / und du beschatter Häyn /
Ihr Auen / Anger / Saat / Gebürge / Berg=Gestüffte /

Ihr Hufen / Klee und Thau / ihr Furchen / Qvell und Weyher /
Ihr Sträucher / öder Ort / ihr wüsten Ungeheuer /
Ihr Gründe / Sümpff / und Täuch / du Platz / und du Revier /

Vmb die die Sylvia ist täglich zu befinden /
Mein sagts ihr doch für mir; ich mag michs nicht verwinden:
Ich liebte Katharis / Mein sagts ihr doch für mir.

(1660)

(13) Concetti: auf die Spitze getriebene Wortspiele mit kühnen Vergleichen und Metaphern; geistreich, witzig, häufend unter bes. starkem Einfluß dieser Dichtart in Italien und Spanien (→Bd. IIa, 3.3.1). Dt. Hauptvertreter des spätbarocken Concetti-Stils in der Nachfolge des MARINO war HOFMANNSWALDAU. In der 1. Zeile des folgenden Gedichts z.B. ein Concetto sowohl in der rhetorischen Frage als in der Antwort:

Auff ihre schultern.

Jst dieses schnee? nein / nein / schnee kan nicht flammen führen.
    Jst dieses helffenbein? bein weiß nicht weis zu seyn.
        Jst hier ein glatter schwan? mehr als der schwanen schein /
Jst weiche woll allhier? wie kan sich wolle rühren?

Jst alabaster hie? er wächst nicht bey saphiren /
    Jst hier ein liljen=feld? der acker ist zu rein.
        Was bist du endlich doch? weil schnee und helffenbein /
Weil alabaster / schwan / und liljen sich verlieren.

> Du schaust nun / Lesbie / wie mein geringer mund
> Vor deine schultern weiß kein rechtes wort zu finden /
> Doch daß ich nicht zu sehr darf häufen meine sünden /
>
> So macht ein kurtzer reim dir mein gemüthe kund:
> Muß Atlas und sein hals sich vor dem himmel biegen /
> So müssen götter nur auf deinen schultern liegen.
>
> *(1697)*

Raum für Zusätze

Die Verfechter des Natürlichen, Klaren und Vernünftigen zu Beginn des 18. Jhs. in Dtld. empfanden den Concetti-Stil als erkünstelt, leer, rein dekorativ, verkrampft, als „Schwulst".

*

Die hier vorgestellten formtypologischen Elemente sind vorzugsweise Kennzeichen des „hohen Stils". Denn wie im Drama (→Bd. Ia, 3.5) spiegelte sich auch in der lyr. Ausdrucksform *Rangordnung* der ständisch gegliederten Gesellschaft:

hoher Stil der *Hof*-Repräsentation —
mittlerer Stil des *bürgerlichen* Standes —
niederer Stil der *Bauern,* Hirten, Bediensteten.

„Denn wie ein anderer habit einem könige / ein anderer einer priuatperson gebühret / vnd ein Kriegesman so / ein Bawer anders / ein Kauffman wieder anders hergehen soll: so muß man auch nicht von allen dingen auff einerley weise reden; sondern zue niedrigen sachen schlechte / zue hohen ansehliche / zue mittelmässigen auch mässige vnd weder zue grosse noch zue gemeine worte brauchen."

(Opitz, 28)

4.6 Gattungsunterarten

Die Poetiken des 17. Jhs. geben genaue Anweisungen für die *Stilhöhe* von Form, Thematik und Sprache, wobei maßgebend sind Schwierigkeit der Form und Bedeutung des Gegenstandes, d.h.: je größer der Gegenstand, desto anspruchsvoller die Form. Entsprechend formaler und inhaltlicher Ordnung bestimmte sprachl. Differenzierung.

Hoher Stil (mit Alexandriner als bevorzugtem Versmaß) gilt v.a. für geistl. (bibl.) Thematik, bes. in der Form des Lobgedichts; *mittlerer Stil* für höfische und galante Themen und den bürgerlich-gelehrten Bereich in Ode, Elegie, Sonett, Sestine, Madrigal und Gesellschaftsgedicht (aber auch Kirchenlied!); *niederer Stil* für Gelegenheitsthematik in Epigramm, Satire, Parodie. Jedoch ist *Mischung* der Stilhöhe entsprechend der Thematik, aber auch innerhalb einer Gattungsunterart, ja eines Gedichts, möglich und durchaus üblich.

Weltl. und geistl. Dichtung des 17. Jhs. sind wohl nach Stoff/Motiv, nicht aber nach Dichtern und Dichtformen zu unterscheiden. Nahezu jeder barocke Dichter versuchte sich neben weltl. auch in geistl. Dichtung unter Verwendung verschiedener Gattungsunterarten (→auch 4.4).

Tab. 25 Die wichtigsten Gattungsunterarten barocker Lyrik

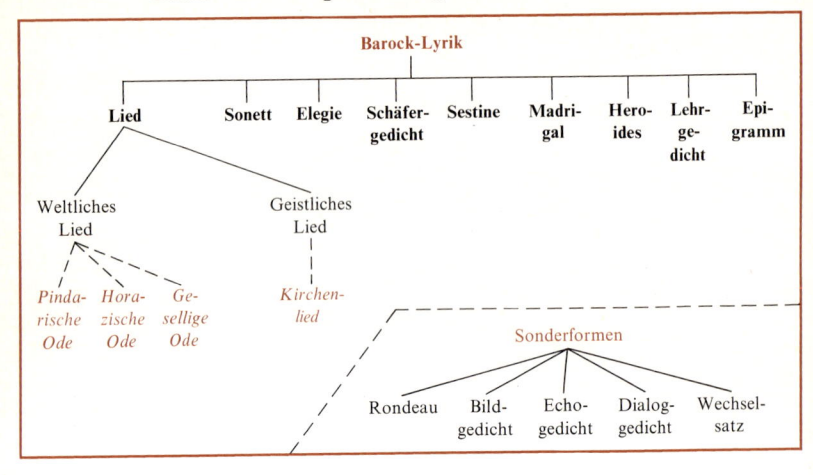

```
                                    Barock-Lyrik
         ┌─────┬───────┬──────────┬───────┬────────┬───────┬─────────┬─────────┐
       Lied  Sonett  Elegie  Schäfer-  Sestine  Madri-  Hero-   Lehr-   Epi-
                             gedicht            gal     ides    ge-     gramm
                                                                dicht
```

- Weltliches Lied
  - Pindarische Ode
  - Horazische Ode
  - Gesellige Ode
- Geistliches Lied
  - Kirchenlied

Sonderformen:
- Rondeau
- Bildgedicht
- Echogedicht
- Dialoggedicht
- Wechselsatz

Im folgenden werden die wichtigsten Gattungsunterarten der Barockzeit (→auch Tab. 25) in ihrer Definition durch OPITZ *(29)* vorgestellt und anhand einschlägiger Bspe aus den verschiedenen Entwicklungsphasen der Epoche interpretiert.

4.6.1 Lied

4.6.1.1 Weltliches Lied

OPITZ benutzt die Begriffe Lied, Ode, Carmen synonym; bevorzugter Gebrauch der lat. Bezz. zielt auf das Neue: gesellschaftlich-konventionell bedingtes (strophisches) *Kunstlied*.

„Die Lyrica oder getichte die man zur Music sonderlich gebrauchen kan / erfodern zuföderst ein freyes lustiges gemüte / vnd wollen mit schönen sprüchen vnnd lehren häuffig gezieret sein ... sie [können] alles was in ein kurtz getichte kan gebracht werden beschreiben; buhlerey / täntze / banckete / schöne Menscher / Gärte / Weinberge / lob der mässigkeit / nichtigkeit des todes / etc. Sonderlich aber vermahnung zue der fröligkeit ..."

Im Vers Fehlen der Zäsur. — Die Bez. „Ode" erhalten nur Alexandriner oder Zehnsilbler *im Wechsel* mit kürzeren Versen, nicht aber reine Alexandriner oder vers communs.

Das folgende Lied führt OPITZ im „Buch von der Deutschen Poeterey" Raum für Zusätze
als eigenes Bsp. und Muster mit folgendem Hinweis ein:

„Zue zeiten werden aber beydes Jambische vnd Trocheische verse durch einander
gemenget. Auch kan man Alexandrinische oder gemeine [d.h. vers commun, Zehn-
bzw. Elfsilbler] vor vnd vnter die kleinen setzen."

    Jhr schwartzen Augen / jhr / vnnd du / auch schwartzes Haar /
    Der frischen Flavien / die vor mein Hertze war /
        Auff die ich pflag zu richten /
        Mehr als ein weiser soll /
        Mein Schreiben / Thun vnd Tichten /
        Gehabt euch jetzund wol.

    Nicht gerne sprech' ich so / ruff' auch zu Zeugen an
    Dich / Venus / vnd dein Kind / daß ich gewiß hieran
        Die minste Schuld nicht trage /
        Ja alles Kummers voll
        Mich stündlich kränck' vnd plage /
        Daß ich sie lassen soll.

    Jhr Parcen / die jhr vns das Thun des Lebens spinnt
    Gebt mir vnd jhr das was ich jhr / vnd sie mir gönnt /
        Weil ich's ja soll erfüllen /
        soll zähmen meinen Fuß /
        Vnd wieder Lust vnd Willen
        Auch nachmals sagen muß:

    Jhr schwartzen Augen / jhr / vnnd du auch schwartzes Haar /
    Der frischen Flavien / die vor mein Hertze war /
        Auff die ich pflag zu richten /
        Mehr als ein weiser soll /
        Mein Schreiben / Thun vnd Tichten /
        Gehabt euch jetzund wol.

                              (1625)

Aufbau der Strophe: 2 Alexandriner als Reimpaar mit anschließendem
Vierzeiler, dreihebig mit Kreuzreim; also in jeder Strophe gleichmäßig
wechselnd Zwölfsilbler (Alexandriner) mit Sieben- bzw. Sechssilbern (steigenden Dreihebern); es handelt sich nicht um madrigalische Verse, sondern
um ein gleichstrophisches Lied mit gemischten Versen. Streng genommen
liegt gar keine Mischung vor, sie wird nur durch den Druck vorgetäuscht,
denn der die Strophe beschließende Vierzeiler kann auch als 2 Langzeilen
gelesen werden, allerdings dann, im Ggs. zum Alexandriner, mit überzähli-
gem erstem Dreiheber und zugleich Binnenreim (sog. Nibelungenvers).
OPITZ lehnte einen solchen Langvers in seiner Theorie ab, er kennt den
Alexandriner nur mit männlicher, reimloser Zäsur nach der 6. Silbe entsprechend seinem Anspruch: absolut regelmäßig im alternierenden Maß mit
Berücksichtigung des Betonungsgesetzes (Haupthebungen in Übereinstim-
mung mit Wort- und Sinnakzent). Im Bsp. aber leise Schwächen in V. 2
(Flávién), V. 4 (mehr áls; man ist versucht zu sprechen: mehr als ein),
V. 14.

45

Raum für Zusätze

Metrisches Schema	Reim	Versschluß	Silben	Aufbau
∪ / ∪ / ∪ / ‖ ∪ / ∪ / ∪ /	a ⎱	m ⎱	12	⎱ Aufgesang
∪ / ∪ / ∪ / ‖ ∪ / ∪ / ∪ /	a ⎰	m ⎰	12	⎰
∪ / ∪ / ∪ / ∪	b ⎱	w ⎱	7	⎱
∪ / ∪ / ∪ /	c ⎰	m ⎰	6	⎰ Abgesang
∪ / ∪ / ∪ / ∪	b ⎱	w ⎱	7	⎰
∪ / ∪ / ∪ /	c ⎰	m ⎰	6	

Nähe zum Lied bleibt gewahrt, obwohl nicht mehr zwingend (vgl. hierzu Schema Volkslied in Bd. IIa, 2.3.1).

Bei OPITZ keine eigene Nachformung antiker metrischer Strophen (die erst KLOPSTOCK in dt. Sprache nachbildete, →5.2.6.2); er erwähnt zwar einmal die Sapphischen Gesänge sowie den ALKAIOS, bringt auch 2 Bspe des RONSARD in Sapphischer Strophenform, ahmt sie aber selbst nicht nach mit der Begründung: weil sie nicht nur gesungen, sondern auch musiziert werden müßten. Sein eigentlicher Grund ist aber ein anderer: wegen seiner konsequenten Beschränkung auf den alternierenden Vers *darf* OPITZ nichtjambische Versmaße, z.B. den Daktylus, gar nicht nachbilden.

Schon *vor* OPITZ hatte die Odenform einen bedeutenden Vertreter gefunden: WECKHERLIN. Für insges. rd. 100 (=1/4) seiner gehobenen Gesellschaftsgedichte verwendete er:

(1) *höfisch-preisende,* sog. *Pindarische Oden* mit (sich wiederholender) Dreiteilung in Strophe — Antistrophe — Epode (→auch Bd. IIa, A 1.1.5.1.1);

(2) *reflektierende Horazische Oden* mit strophischer Gliederung ohne Dreiteilung (den seit OPITZ eingehaltenen Brauch, Alexandriner-Gedichte nicht als Ode zu bezeichnen, kannte WECKHERLIN noch nicht);

(die Formen (1) und (2) hatte RONSARD in die frz. Dichtung eingeführt)

(3) *gesellig-liedhafte Oden.*

(1) Pindarische Ode

Hier ein Bsp. von WECKHERLINS (6) Pindarischen Oden — entsprechend dem Vorbild der Verherrlichung eines Helden (*hier:* des 30jährigen Krieges) dienend — mit Berücksichtigung der „Glättungen" (v.a. Verstöße gegen den Wortakzent) nach Erscheinen von OPITZ' „Poeterey":

Die 8. Ode

Raum für Zusätze

An Benjamin Buwinckhausen von Walmerode, etc.

Text in der Ausgabe von 1619   *Änderungen* in der Ausgabe von 1648

Die 1. Strophe

Wach auf / meine sehl / es ist zeit /   Wach auf / du mein Gaist / es ist zeit /
Deine schuld der welt zu bezeugen;   Dich allzeit danckbar zu bezeugen;
Es ist eine schand still zuschweigen /   Dan es ist eine schand zu schweigen /
Wan die nothdurft die red gebeut.
   O Buwinckhausen / dessen gunst
Kan mich nach wunsch von sorgen freyhen /   Kan mich von manchen sorgen freyhen /
Verachte nicht die newe kunst /
So mir die neun schwestern verleihen;   So die Neun schwestern mir verleyhen;
   Sondern hör mit wie süssem klang
Meiner niemahls berührten saiten   Auff noch niemahl
Ich dein lob in meinem gesang   Ich dein lob durch ein lob=gesang
Will durch die weite welt außspraiten.   Will in der weitten welt

Antistrophe.

Obwol der süß=spihlende Got   Obwol der leuchtend=klare Got
Die zweig stehts grün vnd frisch=belaubet
Allen ab zubrechen erlaubet   Zubrechen allen gern erlaubet
Welche nichts fragen nach dem Tod: Die (khün) nichts
   Kan doch eines ieden verstand   Hat doch ein ieder den verstand
Nicht das stehts=wehrende trumb finden /   Nicht / daß stehts wehrend trumb zufinden /
Damit Er mög mit wehrter Hand
Den unverwälcklichen crantz binden;
   Sondern sehr klein ist die anzahl /   Nein. Sehr gering ist
(Darunder Ich verhoff zubleiben)
Welche in der Ewigkeit sahl   Die einen Namen in den sahl
Könden einen namen aufschreiben.   Der Ewigkeit recht könden schreiben.

Epod.

Deinen namen nu so groß /
Vnd dein lob so hoch erhaben /
Will Ich mit einem geschoß
Tief in die gedechtnus graben:
   Vnd wan ja der Musen kunst
Nicht gar eytel vnd umbsunst /
Soll nicht weniger auf erden /
Dein preiß / deine ehr und zier /   Dein preiß und dein ehr und zier /
Dan ich begehr das von dir
Meine Vers / geliebet werden.
......
......

Formal sind im Anschluß an das frz. Vorbild die dt. Gebilde zunächst
streng nach deren Muster gebaut. Alle Strophen und Antistrophen haben
unter sich und ebenso alle Epoden dieselbe Form; Verszahl der ersteren   47

Raum für Zusätze zwischen 12 und 16, der letzteren zwischen 10 und 14. In der Regel ist Epode kürzer, außerdem tritt meistens Wechsel im Rhythmus ein: steigende Vierheber gegen fallende.

OPITZ äußert sich wie folgt zur Pindarischen Ode:

„In den Pindarischen Oden / im fall es jemanden sich daran zue machen geliebet / ist die στροφή [Strophe] frey / vnd mag ich so viel verse vnd reimen darzue nemen als ich wil / sie auch nach meinem gefallen eintheilen vnd schrencken: ἀντιστροφή [Antistrophe] aber muß auff die στροφὴν [Strophen] sehen / vnd keine andere ordnung der reimen machen: ἐπoδός [Epodos] ist wieder vngebunden. Wan wir dann mehr strophen tichten wolten / mussen wir den ersten in allem nachfolgen."

Nur das wesentliche Kennzeichen wird also übernommen: der triadische Bau: Strophe — Gegenstrophe — Nachstrophe. Bezz. schon bei WECKHERLIN und nun bei OPITZ (mit gr. Buchstaben): (1., Erste) Strophe — Antistrophe — Epod, bei GRYPHIUS: Satz — Gegensatz — Zusatz.

OPITZ zeigte wenig Vorliebe für die Form, schrieb nur 2 Pindarische Oden: eine Hochzeitsode (mit 16 Versen je Strophe und Antistrophe, 12 Versen für die Epode) und das „Trawerliedt vber das absterben ..." (mit je 12 bzw. 6 Versen); er rechnete beide (ebenso wie die Ode im allg.) zum „Lied". — Matte Empfehlung in der Theorie (→o.).

„Das ‚O meine lust, Pindarisiren' des Hochzeitcarmens steht in einem grotesken Widerspruch zu der ablehnenden Haltung der theoretischen Erörterung. Es nichts als eine literarische Phrase." *(Viëtor, 30)*

Mit GRYPHIUS findet im Hochbarock die Pindarische Ode (und auch die Ode allgemein) ihre große und zugleich letzte Erfüllung.

„Das Verhältnis Mensch — Gott variiert GRYPHIUS kunstvoll und farbenreich. Sätze aus der Bibel, vor allem aus den Psalmen, macht er zum Ausgangspunkt seiner großartigen Paraphrasen und Auslegungen. Nicht die Melodie, sondern Bild und Rhythmus herrschen in ihnen vor. Die Tendenz zum Extremen äußert sich in krassen Gegenüberstellungen, im antithetischen und hyperbolischen Sprechen, in kettenartigen Variationen." *(Szyrocki, 31)*

Satz

Reiß erde! reiß entzwey! Ihr Berge brecht vnd decket
Den gantz verzagten Geist.
Den Blitz vnd ach vnd noth / vnd angst / vnd weh' erschrecket!
Vnd herbe wehmutt beist!
Ihr jmmer=lichten stätter Himmel Lichter!
Ach bescheinet meine glieder! ach bescheint die glieder nicht!
Die der Donnerkeil der schmertzen / die die krafft der Angst zubricht /
GOTT / gutter GOTT! nur mir / zu strenger Richter!
Was lässet mich dein grimm nicht sehen!
Was hör ich nicht für spott vnd schmähen?

Sind die augen mir verliehen   Raum für Zusätze
Daß ich nichts als herbe plagen / nichts als Marter schawen soll?
Täglich rufft man mir die Ohren / ja die matte Seele voll!
Kan ich! kan ich nicht entfliehen!
Kan die Hell=besternte Nacht! kan mich nicht die Sonn' erquicken:
Sol mich jede Morgenrött' jede Abendstunde drücken:

Gegensatz

Der dicke Nebel bricht in welchen sich verhüllet
Der alles hebt vnd hält,
Der aller scharffe pein vnd herbe thränen stillet /
Der Schöpffer dieser welt.
Er wendet sich vnd hört nach meinem wimmern /
Vnd bläßt mein erstarte Leichen mit ernewtem Leben an:
Daß ich / der ich schon erstummet / ihn mit jauchtzen dancken kan /
Ich spür' vmb mich sein edle Wächter schimmern.
Versteckt mich in deß abgrunds gründe,
Vnd wo ich kaum mich selber finde /
Ja in mittelpunct der Erden.
Er wird mich auß dieser Tieffen / aus der vnerschöpfften klufft,
Auß der Hellen hell' erretten / mir soll aller grüffte grufft
Noch zum ehren Schawplatz werden.
Jagt mich / wo die welt aufflört / wo die kalten lüffte ringen:
Wo das heisse Landt verbrennt, GOTT der wird mich wider bringen.

Zusatz

Der / der vns schütz' in noth /
Erweist an mir die Allmacht seiner Ehren!
Mein ach! mein Todt ist todt.
Er müsse diß was etwas anhört / hören.
Den / den was athem holt / veracht /
Schmückt er mit seiner Gütte pracht!
Der / der mir vor den Rucken wandte:
Der mich in seinem grim verbannte:
Kehret mir den süssen Mund / vnd die lieben Augen zu
Er erquickt mein Hertz mit trost vnd verspricht mir stille Ruh.
Keine pein ist dem ergetzen
Das ich fühle gleich zu schätzen.

                                                                                     (~ 1646)

Vorlage: Psalm 71, V. 20: „Denn du lässest mich erfahren viele und große Angst und machst mich wieder lebendig und holst mich wieder aus der Tiefe der Erde herauf."

Satz: Angst — *Gegensatz:* Hoffnung — *Zusatz:* Gewißheit; der einzige Halt ist Gott.

(2) Horazische (reflektierende) Ode

Ein Bsp. dieser Form, das zugleich in hervorragender Art den kunstvollen Aufbau barocken Dichtens im Sinne rhetorischer Grundhaltung und theatralischer Gebärde des Zeitalters (→4.3) vor Augen führt, gibt wiederum
WECKHERLIN:

Raum für Zusätze

Von jhrer Schönheit Wundern = Stände. [1]

SEind es haar oder garn das kraußlecht / reine gold /
Nach dessen purem schatz die Götter ein verlangen?
Ach! Es seind zarte haar / meiner lieb wehrter sold:
Nein. Es seind starcke garn / da sich die sehlen fangen.

Ein gestirn oder stirn ist dan das helfenbein /
Darauff sich Majestet / weißheit vnd zucht erfrewet?
Es ist ein glatte stirn / die hofnung meiner pein:
Nein. Es ist ein gestirn / das die freche betröwet*.

Seind es blick oder plitz der schnell vnd helle glantz /
Darab wir vns zugleich entsötzen und ergötzen?
Ach! Es seind süsse blick auß Amors starcker schantz:
Nein. Es seind scharpfe plitz / so die hertzen verlötzen.

Ist ein brust oder blust* der zwirig=böbend thron /
Darauff die Charites den Liebelein liebkosen?
Es ist ein vöste brust / da wohnet all mein wohn:
Es ist ein edle blust von erdbör=gilg=vnd=rosen.

Ist ein hand oder band der fünffgezincket ast /
Dessen schneeweisser pracht das aug vnd hertz verblindet.
Es ist ein zarte hand / erleuchtend der Lieb last:
Es ist ein hartes band / das die Freyheit verbindet.

Wie seelig bin ich doch! O haar / stirn / blick / brust / hand /
So köstlich / freindlich / klar / anmuthig vnd beglicket!
Daß ich durch solches garn / gestirn / plitz / blust vnd band /
Gefangen bin / freyh / wund / erquicket vnd verstricket!

(1641)

Aufbau: die ersten 5 Strophen bauen auf, die 6. und letzte Strophe faßt zusammen. Muster für Aufbauform und Art des Wortspiels lieferte die frz. Dichtung der Pléiade, bes. DESPORTES mit seinem Gedicht „Sont-ce dards ou regards" (Sind es Spieße oder Blicke), auch der Widerruf (revocatio) in der jeweils 4. Verszeile gehört dem Vorbild an. Sonst ist WECKHERLIN im Finden und Durchführen der Bilder selbständig.

Form: verbreiternde, häufende Metaphern-Reihe, offen, fortsetzbar, mit nicht genanntem Oberbegriff: das alles ist die Geliebte! Jeweils im 1. Vers 2 bildhaltige Substantive auf die Metapher bezogen, die in V. 2 erläutert wird; die Vv. 3 und 4 stellen sie antithetisch gegenüber mit hartem Einsatz in V. 4: „Nein". Die Schlußstrophe (Höhepunkt) bejaht selig die Gegensätze in vierfacher, asyndetischer Reihung der beiden Substantiv-Reihen,

---

[1] Überschrift in der Ausg. von 1648: „Stände", darunter: „Von jhrer Schönheit Wundern". — Will hier WECKHERLIN Stände = stanza (als Strophenform) setzen? Diese individuelle Übers. für stanza taucht noch in 4 weiteren Gedichten auf, von denen 2 wie das vorgestellte gebaut sind: vierzeilige Alexandrinerstrophen mit abwechselnd stumpfem und klingendem Reim nach dem Schema abab

* V. 8: betröwet = bedroht; V.13: blust = Blüte; zwirig-böbend = zweifach bebend

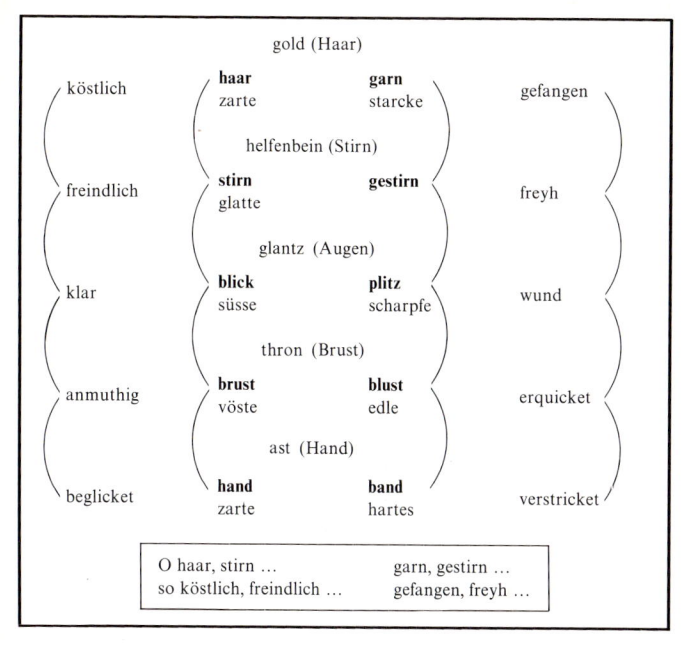

```
                    gold (Haar)                                        Raum für Zusätze
  köstlich      haar          garn             gefangen
                zarte         starcke
                helfenbein (Stirn)
  freindlich    stirn         gestirn          freyh
                glatte
                glantz (Augen)
  klar          blick         plitz            wund
                süsse         scharpfe
                thron (Brust)
  anmuthig      brust         blust            erquicket
                vöste         edle
                ast (Hand)
  beglicket     hand          band             verstricket
                zarte         hartes

  O haar, stirn ...         garn, gestirn ...
  so köstlich, freindlich ... gefangen, freyh ...
```

der Adjektiv- und der Verb-Reihen: Gespanntheit der Leidenschaften als Wesen der Liebe (→ obiges Schema).

Vers: Abweichung von der üblichen Form des Alexandriners (∪ / ∪ / ∪ / ‖ ∪ / ∪ / ∪ / ∪) jeweils in V.1: ∪∪ / ∪∪ / (seind es haar oder garn...), der mit 2 Daktylen zur Mitte des Verses eilt: rhythmischer gefühlt als die pure und sture Regelmäßigkeit (wie später bei OPITZ), die im Dt. bei der Länge von 6 Takten zum Klappern führen *muß*.

Sprache: Monologgedicht; Partner ist nur vorgestellt, gewinnt daher kein Eigenleben (Statue). Rhetorisches Pathos — rational argumentierend. Scharfsinn des Dichters will Wirkung erzielen, deshalb bewußtes Spiel mit der Sprache. Erwähnung des Liebesgottes und der Grazien (Charites) auf eine bestimmte Bildungsschicht anspielend: gesellschaftlich-höfisches Elegantia-Ideal.

(3) Gesellig-liedhafte Ode

„WECKHERLIN war der erste, welcher in Deutschland die neue gesellige Odenform begründete und ihr die gattungsmäßige Gestalt gab... Themen, Motive, Stil, Struktur und rhythmische Form der Barockode sind bei ihm im wesentlichen schon voll entwickelt und für die Folgezeit festgelegt." *(Viëtor, 32)*

Raum für Zusätze Trotzdem sind Lieder im Sinne von Chansons bei WECKHERLIN nicht sehr zahlreich, abgesehen von „Einlagen" in den Eklogen und gelegentlicher Anwendung in den Psalmen-Nachdichtungen (→4.4.1). Strophenfülle und Vorliebe für den langen Vers sind von vornherein nicht „liedhaft".

Versuche, die Liedform zu erfassen, zeigen am besten Überss.:

RONSARD

Ode XVII
A sa Maistresse

Mignonne, allons voir si la rose
Qui ce matin avoit desclose*
Sa robe de pourpre au Soleil,
A point perdu ceste vesprée*
Les plis de sa robe pourprée,
Et son teint au vostre pareil.

Las! voyez comme en peu d'espace,
Mignonne, elle a dessus la place
Las! las! ses beautez laissé cheoir!
O vrayment marastre Nature,
Puis qu'une telle fleur ne dure
Que du matin jusques au soir!

Donc, si vous me croyez, mignonne,
Tandis que vostre âge fleuronne
En sa plus verte nouveauté,
Cueillez, cueillez vostre jeunesse:
Comme à ceste fleur la vieillesse
Fera ternir vostre beauté.

(1552)

WECKHERLIN

Die 14. Ode
Schönheit nicht wehrhaft.

Text in der Ausgabe von 1619   *Änderungen* in der Ausgabe von 1648

Laßt uns in den garten gehen /
Schönes lieb / damit wir sehen /
Ob der blumen ehr / die Roß /
  So Euch ewre farb gezaiget /
Da Sie heut der Taw aufschloß /
Ihren pracht noch nicht abnaiget.

Sih doch / von wie wenig stunden
Ihr frischer schmuck überwunden /   Ihre schönheit überwunden/
Wie zu grund ligt all ihr ruhm!
  Natur / wie solt man dich ehren /   Wie solt man / Natur / dich ehren
Da du doch ein solche bluhm
Kaum einen tag lassest wehren?   Einen tag kaum

---

* V.2: desclose = rouverte; V. 4: vesprée = soir (vesper)

> Was ist es dan das ihr fliehet /   Raum für Zusätze
> In dem ewer alter blühet
> Von meiner lieb süssigkeit?
>   Genüesset nu ewrer Jahren /   Ach! genüesset ewrer jahren
>   Die zeit würt ewre schönheit
>   Nicht mehr dan dise blum spahren.   Nicht mehr dan die Rosen sparen*

Form: Bei RONSARD steigendes, bei WECKHERLIN fallendes Versmaß (Vierheber); dies — dem Thema angemessener — beweist WECKHERLINS rhythmisches Gefühl. In der Ausg. von 1648 änderte er wie angegeben, offenbar bemüht, die OPITZsche Regel der Beachtung des Wortakzents durchzuführen. So bekommt auch „Natur" (bei WECKHERLIN sonst stets auf 1. Silbe betont) den Akzent auf die 2. Silbe.

Günther Müllers vorsichtiger Wertung „Weckherlins Natur ist eben nicht die eines Liederdichters" *(33)* ist beizupflichten; dagegen ist *Viëtors* einseitige Beurteilung *(34):* „Man halte Ronsards berühmtes Liebesgedicht neben Weckherlins Verdeutschung, um leicht zu sehen, wie dem Deutschen die urbane Galanterie, seine bewegliche Eleganz und zarte Erotik abgeht, ohne daß er dafür andere geistige Qualitäten einzusetzen hätte" abwegig, wie überhaupt die *dichterische* Leistung WECKHERLINS kaum hinreichend gewürdigt ist.

*

Das spezifisch liedhafte Moment in der OPITZ-Nachfolge schuf sich v.a. in der Königsberger Dichtergruppe um SIMON DACH (→4.4.2.2) Ausdruck.

> „Der ganze Kreis, mit R. Robertin, einem Schüler Lingelsheims, als geistigem Mittelpunkt, Heinrich Albert, dem Neffen Schützes, als dem musikalischen Bindeglied und mit Simon Dach als dem bedeutendsten Dichter ist durchaus aufs Liedmäßige eingestellt. Und zwar vollzieht sich unter Dachs Vorgang eine Fortführung des Opitzschen Liedes in der Richtung des Besinnlich-Lyrischen ... Das subjektive Empfinden rankt sich um alltägliche Ereignisse und bleibt unpreziös ... In der Geschichte des neuen Liedes stellen sie das intime Stimmungslied dar, wobei unter Stimmung freilich nicht romantischer Ichgenuß oder Gefühlsschwelgerei verstanden werden darf. Das dichterische Gebilde ist auch hier wie im ganzen Barock objektiviert, ist nicht unmittelbare Ichaussprache, sondern beherrschte Formung, und zwar Formung mit den maßvoll verwendeten Mitteln des Opitzschen Liedtypus. So begrenzt, zeigt das Lied der Dach-Gruppe einen ansehnlichen Reichtum an Tönen, vom schmerzlichen Ernst bis zur lächelnden Heiterkeit. Die Extreme, sentenziöse Gespreiztheit, tragische Wucht, derber Witz, fehlen."
>
>   *(G. Müller, 35)*

>   DEr Mensch hat nichts so eigen
>   So wol steht jhm nichts an /
>   Als daß Er Trew erzeigen
>   Vnd Freundschafft halten kan;
>   Wann er mit seines gleichen
>   Soll treten in ein Band /
>   Verspricht sich nicht zu weichen
>   Mit Hertzen / Mund vnd Hand.
>   ……
>   ……

---

* sparen = verschonen

Raum für Zusätze

> Was kan die Frewde machen /
> Die Einsamkeit verheelt?
> Das gibt ein duppelt Lachen /
> Was Freunden wird erzehlt;
> Der kan sein Leid vergessen /
> Der es von Hertzen sagt;
> Der muß sich selbst auffressen
> Der in geheim sich nagt.
> ......
> ......
>
> Jch hab' / ich habe Hertzen
> So trewe / wie gebührt /
> Die Heucheley vnd Schertzen
> Nie wissendlich berührt;
> Jch bin auch jhnen wieder
> Von grund der Seelen hold /
> Jch lieb' euch mehr / jhr Brüder /
> Als aller Erden Gold.
> *(Dach, vor 1640; Str. 1, 3, 5 [Schluß])*

Einen Höhepunkt liedhafter Odendichtung (und in ihren frühen Stücken stärkster Ausdruck des Petrarkismus in Dtld.) stellt die für barocke Zeit ungewöhnlich verinnerlichte Lyrik von FLEMING dar:

> EIN getreues Hertze wissen /
> hat deß höchsten Schatzes Preiß.
> Der ist seelig zu begrüssen /
> der ein treues Hertze weiß.
> Mir ist wol bey höchstem Schmertze /
> denn ich weiß ein treues Hertze.
>
> Läufft das Glücke gleich zu zeiten
> anders als man will und meynt /
> ein getreues Hertz' hilfft streiten /
> wieder alles / was ist feind.
> Mir ist wol bey höchstem Schmertze /
> denn ich weiß ein treues Hertze.
>
> Sein vergnügen steht alleine
> in deß andern Redligkeit.
> Hält deß andern Noth für seine.
> Weicht nicht auch bey böser Zeit.
> Mir ist wol bey höchstem Schmertze /
> denn ich weiß ein treues Hertze.
>
> Gunst die kehrt sich nach dem Glücke.
> Geld und Reichthum das zerstreubt.
> Schönheit läst uns bald zurücke.
> Ein getreues Hertze bleibt.
> Mir ist wol bey höchstem Schmertze /
> denn ich weiß ein treues Hertze.
>
> Eins ist da seyn / und geschieden.
> Ein getreues Hertze hält.
> Giebt sich allezeit zu frieden.
> Steht auff / wenn es nieder fällt.
> Ich bin froh bey höchstem Schmertze /
> denn ich weiß ein treues Hertze.
>
> Nichts ist süßers / als zwey Treue /
> wenn sie eines worden seyn.
> Diß ists / das ich mich erfreue.
> Und Sie giebt ihr Ja auch drein.
> Mir ist wol bey höchstem Schmertze /
> denn ich weiß ein treues Hertze.
> *(posthum 1642)*

Formal: **Kreuzreim mit Reimpaar (als Refrain). Strophenakrostichon:** ELSGEN = FLEMINGS Braut Elsabe Niehaus (Niehusen).

„Immer wieder hat Fleming dem ‚Herzog deutscher Saiten' [OPITZ] mit überschwenglicher Ehrfurcht gehuldigt; er hat seinen Vorschriften voll Eifer nachgestrebt und war sein ganzes Leben lang des Glaubens, ein getreuer Knappe des großen Vorkämpfers für hohe Dichtung deutscher Zunge zu sein. Er *wollte* nichts anderes als solche Nachfolgeschaft; und der Gedanke, er könne selber Neues und Besseres leisten, blieb ihm fremd. Tatsächlich aber ist er Opitzianer nur in der Epoche seines Schaffens, die unter dem Zeichen der unbedingtesten Hingabe an den Petrarkismus steht: hier ist Opitz der entscheidende Motiv-Vermittler: Technik und Formgebung weisen auf ihn zurück; seine gesellschaftliche Haltung, die Persönliches nur ausgesprochen wissen will, soweit es objektive Gültigkeit besitzt, bleibt voll gewahrt. Lediglich im Bezirk des Sprachstilistischen kommt Fleming in dieser Periode der Abhängigkeit, weil er eine weit ursprünglichere und stärkere Künstlernatur ist, über Opitz ganz wesentlich hinaus. Das letzte Reifestadium, zu dem die deutsche Liebeslyrik Flemings vordringt, bedeutet dann die faktische Lösung von Opitz auch im Gehaltlichen: Bisher gebundene motorische Kräfte werden frei, die bestimmten Empfindungskreisen einen eigenen Ausdruck von solcher Intensität persönlicher Gefühlsdarstellung ermöglichen, daß innerhalb des von Opitz umschrittenen lyrischen Bereiches kein Raum mehr ist, der ihn faßt ... Mit der *Gesamt*artung seiner letzten und reifsten Liebeslyrik — das ist die Feststellung, auf die der volle Ton zu legen ist — bleibt Fleming im 17. Jahrhundert *isoliert*. Wohl mag man diesen oder jenen Wesenszug bei späteren Dichtern ähnlich wiederfinden: in ihrer komplexen Eigentümlichkeit ist diese letzte Lyrik ohne Nachfolge im ‚barocken' Jahrhundert." *(Pyritz, 36)*

Raum für Zusätze

Weit stärker noch als OPITZ hatte HARSDÖRFFER in seiner Poetik (→4.4.2.1.1) auf Fülle und Kraft der *Metaphern* in dt. Sprache hingewiesen; er gab damit dem „Nürnberger Dichterkreis" (→4.4.2.2) die Impulse, bes. auf Klang- und Wortspiele, Lautmalerei, Binnenreime, Stabreime u.ä. zu zielen. In seiner „Schutzschrift für die Teutsche Spracharbeit" heißt es:

„Sie redet mit der Zungen der Natur / in dem sie alles Getön und was nur einen Laut / Hall und Schall von sich giebet / wol verneemlich ausdrucket; sie donnert mit dem Himmel / sie blitzet mit den schnellen Wolken / stralet mit dem Hagel / sausset mit den Winden / brauset mit den Wellen / rasselt mit den Schlossen / schallet mit der Luft / knallet mit dem Geschütze / brüllet wie der Löw / plerret wie der Ochs / brummet wie der Beer / beeket wie der Hirsch / blecket wie das Schaf / gruntzet wie das Schwein / muffet wie der Hund / rintschet wie das Pferd / zischet wie die Schlange / mauet wie die Katz / schnattert wie die Gans / qwacket wie die Ente / summet wie die Hummel / kacket wie das Huhn / klappert wie der Storch / kracket wie der Rab / schwieret wie die Schwalbe / silket wie der Sperling und wer wolte doch das wunderschickliche Vermögen alles ausreden."

Das hört sich im Lied so an:

Kleines Bestiarium.

Die Blätter vom Wetter sehr lieblichen spielen /
Es nisten und pisten die Vögel im Kühlen /
Es herzet vnd scherzet das flüchtige Reh /
Es setzet vnd hetzet durch Kräuter und Klee.

55

Raum für Zusätze

> Es kirren vnd pirren die Tauben im Schatten /
> Es wachen vnd lachen die Störche in Matten /
> Es zitschert vnd zwitschert der Spatzen ihr Dach /
> Es krächzet vnd ächzet der Kraniche Wach.
>
> Es schwirren vnd schmirren die Schwalben in Lüften /
> Es klingen vnd springen die Adler in Klüften /
> Die Lerch trierieret ihr Tiretilier /
> Es binken die Finken den Buhler allhier.
>
> Die Frösche coaxen vnd wachsen in Lachen /
> Rekrecken / mit Strecken sich lustiger machen /
> Es kimmert vnd wimmert der Nachtigall Kind /
> Sie pfeifet vnd schleifet mit künstlichem Wind.
>
> *(Klaj, 1644)*

Hauptvertreter der sog. *galanten Lyrik* war der v.a. an MARINO (→Bd. IIa, 3.1.3) geschulte HOFMANNSWALDAU. Eleganz, Esprit und Frivolität mischen sich in seinen *erotischen Oden*. Im folgenden Bsp. ist die petrarkistische Liebesklage gekonnt mit dem barocken Motiv der Vergänglichkeit verknüpft:

> WO sind die stunden
>   Der süssen zeit /
> Da ich zu erst empfunden /
>   Wie deine lieblichkeit
>   Mich dir verbunden?
> Sie sind verrauscht / es bleibet doch dabey /
> Daß alle lust vergänglich sey.
>
> Das reine schertzen /
>   So mich ergetzt /
> Und in dem tieffen hertzen
>   Sein merckmahl eingesetzt /
>   Läst mich in schmertzen /
> Du hast mir mehr als deutlich kund gethan /
> Daß freundlichkeit nich anckern kan.
>
> Das angedencken
>   Der zucker=lust /
> Will mich in angst versencken.
>   Es will verdammte kost
>   Uns zeitlich kräncken /
> Was man geschmeckt / und nicht mehr schmecken soll /
> Ist freuden=leer und jammer=voll.
>
> Empfangne küsse /
>   Ambrirter safft /
> Verbleibt nicht lange süsse /
>   Und kommt von aller krafft;
>   Verrauschte flüsse
> Erquicken nicht. Was unsern geist erfreut /
> Entspringt aus gegenwärtigkeit.

> Ich schwamm in freude /
> Der liebe hand
> Spann mir ein kleid von seide /
> Das blat hat sich gewand /
> Ich geh' im leide /
> Ich wein' itzund / daß lieb und sonnenschein
> Stets voller angst und wolcken seyn.
>
> *(entst. wahrscheinlich in den 40er Jahren,
> veröff. erst in der Neukirch-Sammlung von 1695, →Fußnote in 4.5)*

Raum für Zusätze

„Für die besondere Gestaltung der Strophe ist von Wichtigkeit die Auflockerung, die eine ... reichere Pflege des Madrigals, der Versanordnung gebracht hatte. Hofmannswaldau hatte in seiner Übersetzung des ‚Pastor Fido' [Pastoraldrama von B. Guarini, Ur. 1595: ‚Pastor Fido, Oder: Trauer- und Lust-Spiel, Der getreue Schäfer genannt'; 1678] diese Form selbst ausgiebig gepflegt, und wenn er weiterhin auch am Strophenlied durchaus festhielt, so stellt er doch die dortige Technik der Mischung ungleicher Verse in dessen Dienst, auch damit eine nach Opitz einsetzende Bewegung zur Höhe führend ... so muß von den Liedern gesagt werden, daß sie den Verswechsel im allgemeinen ohne jede Schroffheit, vielmehr mit einem virtuosen Gleiten vollziehen ... [Hofmannswaldau] faßt die gestaltenden Elemente einer halbjahrhundertlangen Entwicklung zusammen, um in bewährten, geschliffenen Formen das tiefste Erleben der letzten Generationen, das ihm persönlichstes Erlebnis geworden war, hinzustellen: die ewigkeitssüchtige Wollust ... Der Lieddichter Hofmannswaldau verdient wirklich den Namen, den Lohenstein dem Verstorbenen gab: der große Pan. In Hofmannswaldau hat die Entwicklung des Opitzschen Liedtypus nach der virtuosen Seite hin einen Höhepunkt erreicht, der nicht zu überbieten war." *(G. Müller, 37)*

4.6.1.2 Geistliches Lied

Da weltl. und geistl. Lyrik in diesem Jh. weitgehend miteinander verzahnt sind (→4.4), ist *generelle* Scheidung innerhalb der Gattungsunterarten kaum möglich. Ausführungen zu *spezieller* geistl. Lyrik →4.7.

4.6.2 Sonett

Neben der Ode gehört das Sonett zu den beliebtesten Gedichtarten des Barock. Opitz definiert wie folgt:

„Die Sonet vnnd *Quatrains* oder vierversichten *epigrammata* [werden] fast allezeit mit Alexandrinischen oder gemeinen versen geschrieben / (denn sich die andern fast darzue nicht schicken) ... als diewil *Sonner* klingen oder wiederschallen / vnd *sonnette* eine klingel oder schelle heist / ... und bestehen mich in dieser meinung Holländer / die dergleichen *carmina* auff jhre sprache klincgetichte heissen: welches wort auch bey vnns kan auffgebracht werden; wiewol es mir nicht gefallen wil. Ein jeglich Sonnet aber hat viertzehen verse / vnd gehen der erste / vierdte / fünffte vnd achte auff eine endung des reimens auß; der andere / dritte / sechste vnd siebende auch auff eine. Es gilt aber gleiche / ob die ersten

Raum für Zusätze

vier genandten weibliche termination haben / vnd die andern viere männliche: oder hergegen. Die letzten sechs verse aber mögen sich zwar schrencken wie sie wollen; doch ist am bräuchlichsten / das der neunde vnd zehende einen reim machen / der eilffte vnd viertzehende auch einen / vnd der zwölffte vnd dreyzehende wieder einen."

Da das Wort Sonett im Dt. noch nicht gebräuchlich war, gibt OPITZ die Etymologie, verweist dabei auf die holländische Übers. (obwohl bereits WECKHERLIN „Kling gesang" hatte) und stellt *3 Kennzeichen* heraus:

– umarmender Reim in der Oktave (abba / abba), Terzette dreireimig (ccd / eed) oder zweireimig (cdc / dcd),

– männliche und weibliche Reime abwechselnd,

– Versmaß: Alexandriner oder Zehnsilbler.

„Theoretisch waren also die Aussichten für die Annahme des italienischen oder französischen Schemas gleich groß: Auf die italienische Waagschale legte Opitz die Gewichte des Zehnsilblers und des Sextettreimes cdc/dcd; auf der französischen Waagschale lagen die Gewichte des Alexandriners und des Sextettreimes ccd/eed. In der Praxis entschieden sich Opitz selbst und die ihm folgenden Sonettisten für die französischen Verhältnisse, die, mit wenigen Ausnahmen, für das deutsche Sonett während des Barocks gültig blieben." *(Mönch, 38)*

Daß OPITZ als Dichter bei weitem nicht gleich hohe Bedeutung wie als Theoretiker zukommt, mag folgendes Bsp. zeigen:

Sonnet.

Du schöne Tyndaris / wer findet deines gleichen /
   Vnd wolt' er hin vnd her das gantze landt durchziehn?
   Dein' augen trutzen wol den edelsten Rubin /
   Vnd für den Lippen muß ein Türckiß auch verbleichen /

Die zeene kan kein goldt an hoher farb' erreichen /
   Der Mund ist Himmelweit / der halß sticht Attstein hin.
   Wo ich mein vrtheil nur zue fellen würdig bin /
   Alecto wird dir selbst des haares halber weichen /

Der Venus ehemann geht so gerade nicht /
   Vnd auch der Venus sohn hat kein solch scharff gesicht;
   In summa du bezwingst die Götter vnnd Göttinnen.

Weil man dan denen auch die vns gleich nicht sindt wol /
   Geht es schon sawer ein / doch guttes gönnen soll /
   So wündtsch' ich das mein feind dich möge lieb gewinnen.

(1642)

Wie bei der Ode war es auch beim Sonett WECKHERLIN, der als erster, also vor OPITZ, diese Gedichtform in die dt. Lyrik einführte. Er hat 59 Sonette geschrieben und sie als „Sonnet oder Kling gesang" bezeichnet.

Nach frühen Versuchen in frz. Sonett-Form (→Bd. IIa, 3.1.1) bevorzugte er später, entgegen der allgemeinen Übung, eindeutig den *italienischen Typ*.

Das folgende Liebessonett spielt dialektisch mit den Begriffen Leben und Tod; die Antithesen in den Quartetten sind raffiniert ausgespielt, der Einsatz der Terzette bekommt durch die überraschende Wendung Tiefe, und der Schluß ist eine reizvoll-verschlüsselte Liebeserklärung.

Die Lieb ist Leben vnd Tod.

DAs Leben so ich führ ist wie der wahre Tod /
Ja über den Tod selbs ist mein trostloses Leben:
Es endet ja der Tod des menschen pein vnd Leben /
Mein Leben aber kan nicht enden diser Tod.

Bald kan ein anblick mich verlötzen auf den Tod /
Ein andrer anblick bald kan mich widrumb beleben /
Daß ich von blicken muß dan sterben vnd dan leben /
Vnd bin in einer stund bald lebendig* bald tod.

Ach Lieb! verleyh mir doch nunmehr ein anders leben /
Wan ich ja leben soll / oder den andern tod /
Dan weder disen tod lieb ich / noch dises leben.

Verzeih mir / Lieb / ich bin dein lebendig vnd tod /
Vnd ist der tod mit dir ein köstlich=süsses leben /
Vnd leben von dir fern ist ein gantz bittrer tod.

(1648)

FLEMING übertrifft — wie in der Oden-Dichtung — seinen Lehrmeister OPITZ (→Zitat 36) auch im Sonett bei weitem:

„Wenn Opitzens nüchterne Sonettenproduktion keinen hohen künstlerischen Wert besitzt, so erreicht auf seinen Bahnen Paul Fleming, sein Bewunderer, eine höhere Stufe. Er ist ungleich musikalischer als Opitz und hat schon durch den frühen Umgang mit hervorragenden Musikern in Dresden und Leipzig, wo er die Thomasschule besuchte, einen unmittelbaren Zugang zur Schwester der Musik, der Poesie. Fleming schließt seine Sonettdichtung zunächst an das Alexandriner-Sonett Opitzens an, aber verleiht der Gattung eine eigene Note. ‚Es stekket ein unvergleichlicher Geist in ihm, der mehr auff sich selbst, als auff frembder Nachahmung beruhet‘, sagt der alte Morhof von ihm im ‚Unterricht von der Teutschen Sprache und Poesie‘.

Insgesamt beläuft sich die Zahl der uns erhaltenen Sonette auf fast 200 ... Thematisch interessant sind des Dichters Reisen in Rußland und in Persien [im Gefolge des Herzogs von Holstein-Gottorp]. Manche Erlebnisse dieser abenteuerreichen

---

* hat bei WECKHERLIN stets Akzent auf 1. Silbe

Raum für Zusätze Jahre sind uns in Sonetten erhalten ... Er besang das Schiff, das die Gesellschaft in Nischni-Nowgorod aufnahm. Er fuhr unter großen Gefahren die Wolga hinauf; am 28. März 1638 kamen die Männer vor Moskau an — und Fleming, überwältigt von dem Anblick der goldglitzernden Türme, dichtete das Städtesonett auf die Zarenstadt."   *(Mönch, 39)*

Er redet die Stadt Moskaw an /
als er jhre vergüldeten Thürme vom fernen sahe.

   Du edle Keyserin der Städte der Ruthenen* /
Groß / herrlich / schöne / reich; Seh' ich auff dich dorthin /
Auff dein vergüldtes Häupt / so kömmt mir in den Sinn /
Was güldners noch als Gold / nach dem ich mich muß sehnen.

   Es ist das hohe Haar der schönen Basilenen* /
Durch welcher Trefflichkeit ich eingenommen bin.
Sie / Gantz ich / sie mein All / sie / meine Herscherin /
Hat bey mir allen Preyß der Schönsten vnter Schönen.

   Jch rühme billich dich / du Häuptstadt deiner Welt /
Weil deiner Göttligkeit hier nichts die Wage helt /
Vnd du der Außzug bist von tausendten der Reussen.

   Mehr aber rühm' ich dich / weil / was dich Himlisch Preist /
Mich an ein Göttlichs Mensch bey dir gedencken heist.
Jn welcher alles ist / was trefflich wird geheissen.

(1641)

Mit diesem Gedicht Aufnahme der von dem nlat. Humanisten HESSUS begründeten Gattungsunterart des *Städtegedichts* (→Bd. IIa, 2.3.4.3.2.2).

Hingewiesen sei auch auf FLEMINGs Sonette philosophischen und religiösen Inhalts sowie auf die Liebessonette (→folgendes Bsp.) wegen der Aufnahme des Motivs im 18. Jh. (z.B. im Lit. Rokoko [→5.2.5.2.1], in der Empfindsamkeit bei KLOPSTOCK [→5.2.6.5.1] und im Sturm und Drang bei GOETHE [„Erwache, Friederike", →5.4.6.1]):

Als Er Sie schlafend funde.

   Hier liegt das schöne Kind / in ihrer süssen Ruh /
Sie bläst die schöne Lufft / von welcher ich mich quähle
biß an die Seele selbst / durch ihre süße Kehle;
Hier liegt das schöne Kind / und hat die Augen zu.

---

* V.1: Ruthenen=Russen; V.5: Basilenen=Anagramm auf Elsabe Niehaus, FLEMINGS Braut

Streu Rosen ümm Sie her / du sannfter Zefyr* du /   Raum für Zusätze
mit Nelcken untermengt / daß ihr Geruch vermähle
mit ihrem Ahtem sich / dieweil ich leise stehle
so manchen Kuß von Jhr. Silenus* sprich kein Muh!

St! Satyr / weg / Sylvan* ! geht weit von diesem Bache
daß meine Seele nicht von eurer Stimm' erwache.
Klitzscht in die Hände nicht / ihr schlipfrigen Napeen*.

Schlaf / Schatz ich hüte dein. Schlaf / biß du selbst erwachest /
So wirst du wachend thun / was du im Schlafe machest.
Mir auch träumt itzt mit dir / als solt ich vor dir stehn.

(1642)

Mit GRYPHIUS erreichte barocke Sonettkunst in der Form des *französischen Typs* (→Bd. IIa, 3.1.1) ihren absoluten Gipfel:

Threnen des Vatterlandes / Anno 1636.

WIr sindt doch nuhmer gantz / ja mehr den gantz verheret!
 Der frechen völcker schaar / die rasende posaun
 Das vom blutt fette schwerdt / die donnernde Carthaun
Hatt aller schweis / vnd fleis / vnd vorraht auff gezehret.

Die türme stehn in glutt / die Kirch ist vmbgekehret.
 Das Rahthaus ligt im graus / die starcken sind zerhawn.
 Die Jungfrawn sindt geschändt / vnd wo wir hin nur schawn
Jst fewer / pest / vnd todt der hertz vndt geist durchfehret.

 Hier durch die schantz vnd Stadt / rint alzeit frisches blutt.
 Dreymall sindt schon sechs jahr als vnser ströme flutt
Von so viel leichen schwer / sich langsam fortgedrungen.

 Doch schweig ich noch von dem was ärger als der todt.
 Was grimmer den die pest / vndt glutt vndt hungers noth
Das nun der Selen schatz / so vielen abgezwungen.

*(2. Fs. von 1643, Leydener Ausg., des schon 1637 im Lissaer Sonettbuch u.d.T.
„Trawrklage des verwüsteten Deutschlandes" gedruckten Sonetts)*

„Das erste Quartett gibt gehäufte Bilder des Kriegselends, und in der 4. Zeile tritt kurz als Gegensatz hinzu — doch nur im Unterton, nicht als pointierte Antithese — die Andeutung des Friedens (Arbeit, Fleiß, Vorrat). Das zweite Quartett fährt mit Bildern des Krieges fort. Diesmal sind es wirklichkeitsnähere Bilder, aber nicht in der Verbindung einer augenblicklichen Impression, sondern sachlich geordnet: die Türme (die wehrhafte Sicherheit), die Kirchen (das geistliche Leben),

---

* V. 5: Zefyr (Zephir) = kühler, sanfter Westwind; V. 8: Silen (lat. Silenus) = Erzieher und Begleiter des Bacchus, im allg. mit dickem Bauch und kahlem Kopf dargestellt und betrunken; V. 9: Silvan (lat. Silvanus von silva = Wald) = Waldgott; V. 11: Napeen (Napäen, von gr. napaiai von nape = Waldtal) = Talnymphen

Raum für Zusätze

das Rathaus (weltliche Verwaltung), Männer und Frauen ... Die ganze Häufung ist also eine Zusammenschau von Motiven, die aus der Wirklichkeit als besonders sinnkräftig ausgewählt sind, vermischt mit apokalyptischen Bildern. Die Zeit selbst empfand oft ihr Elend als Anzeichen der Endzeit und sah es mit den Augen der Bibel, zumal der Offenbarung Johannis ... die ganze Bilderreihe vom Beginn bis hierher [steht] zwischen Vision und Wirklichkeit, wozu auch die verallgemeinernden Einfügungen passen ... Der Hinweis auf die Kriegsdauer von 18 Jahren führt auf die Überschrift ‚Anno 1636' zurück. Der Ring scheint sich zu schließen, nachdem alle Bilder des Grauens durchlaufen ... aber noch steht der Endreim, steht das zweite Terzett aus. Es beginnt: ‚Doch schweig ich noch von dem ...' Wovon schweigt das Gedicht? Es geht dem Ende zu; es hat, wie Barockgedichte so oft, den Gipfel für den Schluß aufgespart ... Dadurch, daß nicht einfach Beobachtungsbilder gegeben wurden, sondern eine apokalyptische Landschaft, war ganz leise schon ein Bezug aufs Religiöse darin. Und jetzt am Ende erfolgt die volle Wendung ins Geistliche, ins Innerliche, Religiöse ... Der Schatz, das Wertvollste der Seele, ist — das kann im Barock nicht anders sein — der christliche Glaube ... Nicht nur Tod, Pest, Brand und Hunger haben die Menschen vernichtet, sondern in dieser Umwelt sind sie sittlich verkommen, eigensüchtig, bösartig, seelenlos geworden. Alles andere war Schicksal, war Not, die über die Menschen kam wie ein Gewitter oder eine Lawine, wie die apokalyptischen Reiter. Hier aber ist er frei in aller Bedingtheit ... Der Mensch kann auch im höchsten Unglück Mensch bleiben und damit das, was ‚ärger als der todt', selbst überwinden ... Mit diesem Schlußgedanken erreicht das Sonett seinen Gipfel. Nach elf Zeilen grausiger, in sich kaum steigerungsfähiger Bilder, folgt diese Aufgipfelung am Ende in steiler Bewegung. Sie füllt genau das letzte Terzett." *(Trunz, 40)*

Einsamkeit.

JN dieser Einsamkeit / der mehr denn öden wüsten /
   Gestreckt auff wildes Kraut / an die bemößte See:
Beschaw' ich jenes Thal vnd dieser Felsen höh'
Auff welchem Eulen nur vnd stille Vögel nisten.

Hier / fern von dem Pallast; weit von deß Pövels lüsten /
   Betracht ich: wie der Mensch in Eitelkeit vergeh'
Wie auff nicht festem grund' all vnser hoffen steh'
Wie die vor abend schmähn / die vor dem tag vnß grüßten.

Die Höell / der rawe wald / der Todtenkopff / der Stein /
   Den auch die zeit aufffrist / die abgezehrten bein.
Entwerffen in dem Mut vnzehliche gedancken.

Der Mauren alter grauß / diß vngebaw'te Land
   Jst schön vnd fruchtbar mir / der eigentlich erkant /
Das alles / ohn ein Geist / den GOt selbst hält / muß wancken.

(1650)

„Einsamkeit in einer ‚mehr denn öden wüsten' ist die Situation, in der das Ich sich befindet. Die weitere Beschreibung dieser Örtlichkeit zeigt, daß die Natur auf eine alles im großen Sinn Schöne ausklammernde Anachoreten-Landschaft hin stilisiert ist. Die in Vers 9 und 10 genannten Dinge: Höhle, Wald, Totenschädel, Stein, Gebeine verweisen darauf. Die Wurzel dieser konsequent durchgeführten Stilisierung ist aber weder in einem ‚Erlebnis' der Natur noch in einer verhinderten subjektiven Stimmungsgestaltung zu suchen, sondern sie ist im Thema des Gedichts begründet, denn wie zur religiösen Andacht die Abkehr von allem Äußeren gehört, so ist diese Landschaft absoluter Stille mit all ihren Attributen als Ort frommer Meditation gestaltet, gekennzeichnet durch den Abstand von der Welt, im räumlichen wie im geistigen Sinne ‚fern von dem Pallast' und von ‚deß Pövels lüsten'.

Unter Betonung dieser Situation setzt im zweiten Quartett die Meditation ein. Auf das visuelle ‚Beschaw' ich jenes Thal vnd dieser Felsen höh" in Vers 3 folgt in Vers 6 das kontemplative ‚Betracht ich: wie der Mensch in Eitelkeit vergeh".

Nach der Betrachtung der Eitelkeit, Hinfälligkeit und Unbeständigkeit aller irdischen Dinge richtet sich dann im ersten Terzett der Blick wieder auf die Natur. Aber sie ist jetzt nicht mehr der bloß angeschaute Gegenstand wie zu Anfang, sondern sie gibt nun den Ansatzpunkt für weitere Meditation. Die schon erwähnten Dinge von der Höhle bis zum Skelett, das ganze unbebaute Land ‚entwerffen in dem Mut vnzehliche gedancken', so bedeutet das die im meditierenden Betrachten vernommene Sprache der Schöpfung, die dem Ich, das ‚eigentlich erkant' hat, daß alles Seiende von der Kraft des Geistes Gottes getragen ist, eine jenseits alles Sichtbaren liegende Wirklichkeit offenbart ... Auf die Betonung dieser Perspektive, die die in ihrer faktischen Beschaffenheit unfruchtbare und dem Auge keine Schönheit bietende Einöde ‚schön vnd fruchtbar' werden läßt, kommt es Gryphius an, wie der in dialektischer Antithetik herausgearbeitete Schluß des Sonetts zeigt ... Was sich hier vollzieht, ist eine von der Bibel als einer absoluten Wahrheit ausgehende spiritualisierende Naturbetrachtung." *(Jöns, 41)*

Raum für Zusätze

Was FLEMING (vgl. Zitat 36) und GRYPHIUS von ihren Zeitgenossen abhebt, ist ihre *isolierte Stellung* — sie fanden keine Nachfolger — und der durch ihre Lyrik hindurchscheinende echte *Erlebnisgehalt*.

„Gryphius ist ein Einsamer in der zu gesellschaftlichem Zusammenschluß neigenden Dichtung seiner Zeit gewesen. Er nimmt auch in der Behandlung lyrischer Formen eine Sonderstellung ein. Das ruckartig Steigende, aus der Sphäre des Körperlichen sich ins Geistige Erhebende ist es, was ihm die pindarische Ode vertraut macht. Zum Unterschied von der Produktion seiner Zeitgenossen erhalten die Sonete von Gryphius durch den fallenden Rhythmus eine ernste, getragene Stimmung. Er läßt auf die letzten Terzette einen besonderen Lichtglanz ausströmen. Über die Mystik wurde Gryphius zum Lyriker. Sein Ziel ist die Gestaltung des Jenseitserlebnisses. Dabei stößt er nie zur jubelnden Vereinigung der Seele mit Gott vor und hält die Stimmung des Triumphes fern von seiner Dichtung. Aber es ist immer das Jenseitserlebnis, das ihn in seinen Bann zieht." *(Newald, 42)*

Bekenntnishaft-mystische Aussage spricht auch aus dem Zyklus *„Geistliche Sonette"* von 1662 der bedeutendsten der im Barock dichtenden Frauen, der Österreicherin CATHARINA REGINA VON GREIFFENBERG. Die eindringliche Sprache dieser Sonette zeigt neben dem sehr persönlichen Einschlag den Einfluß des „Nürnberger Kreises" (→Tab. 24): Vokalspiel, Alliteration (z.B. „süsse Flüsse fliest") und Binnenreim (z.B. „Muht und Blut"):

Raum für Zusätze ## Gott=lobende Frülings=Lust.

    Jauchzet / Bäume / Vögel singet! danzet / Blumen / Felder lacht!
springt / ihr Brünnlein! Bächlein rauscht! spielet ihr gelinden Winde!
walle / Lust=bewegtes Träid! süsse Flüsse fliest geschwinde!
opffert Lob=Geruch dem Schöpffer / der euch frisch und neu gemacht!

    Jedes Blühlein sey ein Schale / drauff Lob=Opffer ihm gebracht /
jedes Gräslein eine Seul / da sein Namens=Ehr man finde!
an die neu=belaubten Aestlein / Gottes Gnaden=Ruhm man binde!
daß / so weit sein Güt sich strecket / werd' auch seiner Ehr gedacht.

    Du vor alles / Menschen Volck / seiner Güte Einfluß Ziele!
aller Lieblichkeit Genießer; Abgrund / wo der Wunderfluß
endet und zu gut verwendet seinen Lieb=vergulten Guß.

    Gott mit Hertz / Hand / Sinn und Stimm / lobe / preiße / dicht' und spiele.
Laß / vor Lieb' und Lobes=Gier / Muht und Blut zu Kohlen werden /
lege Lob und Dank darauff: Gott zum süssen Rauch auf Erden.

„Das Gedicht beginnt mit einer zweigliedrigen Imperativkette, die in der Aufforderung, den Schöpfer zu loben, ausklingt. Die zweite Strophe bringt originelle hyperbolische Metaphern. Die Dichterin bedient sich der dinglichen Vergrößerung, indem sie das Blümlein als Schale, das Gräslein als Säule bezeichnet. Das Verb, das in der ganzen Barockdichtung weit hinter dem Substantiv steht, trägt hier zur Verdinglichung bei. Die abstrakten Begriffe Lob-Opfer, Namens-Ehr, Gnaden-Ruhm gewinnen dank den Verben greifbare Gestalt. Die Diminutiva, deren sich die Dichterin mit Vorliebe bedient, sind nach OPITZ zu meiden. Auch GRYPHIUS hat sie in späteren Fassungen seiner Gedichte entfernt. In dem Sonett CATHARINAS haben die Verkleinerungsformen eine zusätzliche Funktion, indem sie entsprechend dem Gehalt des Gedichts noch die Proportionsverzerrung unterstreichen.

Den 12. Vers bildet ein ‚gutkomponierter Wechselsatz', der sich als eine schwierige Art der Gedichtfüllung im Barock der Hochschätzung erfreute. Das Gedicht schließt mit einer eindrucksvollen Bilderreihe, in der wiederum abstrakte Begriffe, ohne syntaktische Umformung verdinglicht, greifbar gemacht werden."

(Szyrocki, 43)

Diesseitsfreude und Lebensgenuß — die andere, lichtere Seite barocker Weltschau — klingt aus den meisterhaft eleganten, leichten Sonetten HOFMANNSWALDAUS. Formenreichtum, Metaphernspiel, Virtuosentum zeichnen ihn aus, führen aber auch oft in die Nähe einer Gekünsteltheit, die den Ausklang des Barock signalisiert.

„HOFMANNSWALDAUS Werke, vor allem seine Liebesdichtung, entsprechen neuen Kunstansichten und einer neuen Lebensauffassung. Das Vorbild ist nicht mehr die Literatur der Alten und auch nicht die Dichtung der Franzosen und Holländer, sondern die verzierte, schnörkelhafte Poesie des Italieners GIOVANNI MARINO. Der Marinismus, sein blumiger Stil, seine gewählte und manierierte Redeweise bereicherten den deutschen Wortschatz und verfeinerten die Sprache. HOFMANNSWALDAUS Freude am bildlichen Ausdruck, sein Metaphernreichtum, seine phantasievollen Vergleiche, die er in ganze Ketten reiht und zu übertriebenen Häufungen ballt, fanden unter den deutschen Dichtern der zweiten Hälfte des 17. Jahrhunderts eifrige Nachahmer." *(Szyrocki, 44)*

Raum für Zusätze

Vergänglichkeit der schönheit.

ES wird der bleiche tod mit seiner kalten hand
Dir endlich mit der zeit um deine brüste streichen /
Der liebliche corall der lippen wird verbleichen;
Der schultern warmer schnee wird werden kalter sand /

Der augen süsser blitz / die kräffte deiner hand /
Für welchen solches fällt / die werden zeitlich weichen /
Das haar / das itzund kan des goldes glantz erreichen /
Tilgt endlich tag und jahr als ein gemeines band.

Der wohlgesetzte fuß / die lieblichen gebärden /
Die werden theils zu staub / theils nichts und nichtig werden /
Denn opffert keiner mehr der gottheit deiner pracht.

Diß und noch mehr als diß muß endlich untergehen /
Dein hertze kan allein zu aller zeit bestehen /
Dieweil es die natur aus diamant gemacht.

(1697)

„Für ein einfaches Verständnis ist es ein Vergängnis-Sonett, gerichtet an eine verehrte Frau. ... Einem höheren Verständnis ist es ein galantes Sonett. Und für die eingeweihten Zunftgenossen, überhaupt für Hochgebildete, ist es schließlich ein ‚Scherz-Sonett', das den ganzen galanten Stil auf leichte Weise ironisiert und sich über Lesbia insgeheim lustig macht.

Der Diamant wechselt sein Licht je nach der Auffassung. Er bezeichnet *zuerst* wirklich das Unverwesliche, sogar jeder Befleckung Widerstehende: du stirbst — deine Seele überlebt und deine ‚Werke folgen dir nach'; dann wird nur die Kraft und Güte deines Herzens vor Gott zählen — und in diesem Sinne ist das Gedicht seit je von vielen Leuten aufgefaßt worden.

In der *zweiten* Verstehensweise ist der Diamant ein sehr geläufiges Bild des galanten Sprechens — ein Herz wie ein Stein, wie ein Diamant — und bezeichnet die Unzugänglichkeit, die spröde, diamantene Härte des umworbenen Herzens. Der Dichter *scheint* zu sagen: bekehre dich, und sagt: liebe mich. Das ist nicht frivol. Die vanitas ist eine so feste, gewohnte Größe, daß man mit ihr auch in einem solchen Zusammenhang spielen darf.

Nach der *dritten* Auffassungsweise ist der Diamant nur der gut sitzende Schlußwitz eines federleichten Scherz-Sonetts, das sich schließlich in Selbstironie aufhebt. Was von dir übrig bleiben wird, verehrte Schönheit, von allen deinen Herrlichkeiten von Kopf bis Fuß, das ist — nicht die unsterbliche Seele, die darinnen wohnt — das ist ein trauriger Stein in Herzform aus dem sprödesten Material. Hier streckt selbst die Allherrscherin Verwesung die Waffen. (Auch der alte Topos der Werbung klingt an: Dein Stolz ist Unnatur.) Der souveräne Dichter macht der verwöhnten Schönen sein Kompliment mit der bekannten erotischen Aufzählung und Liebesbitte, aber er macht es so, wie man es verblendeten Schönen

Raum für Zusätze

machen sollte, so nämlich, daß sie es gar nicht merkt, wie er sich über sie und den ganzen schmuckschweren Stil, den sie gerne hört, lustig macht. Er redet sie mit einer Übertreibung an, die etwas von Parodie hat." *(Stöcklein, 45)*

4.6.3 Elegie

Spielt in barocker Lyrik eine relativ untergeordnete Rolle, da sie in ihrer *spezifischen* Form kaum auftritt. OPITZ sieht sie wie folgt:

> „In den Elegien hatt man erstlich nur trawrige sachen / nachmals auch buhlergeschäffte / klagen der verliebten / wündschung des todes / brieffe / verlangen nach den abwesenden / erzehlung seines eigenen Lebens vnnd dergleichen geschrieben."

Er verlangt *formal* die ineinander wechselnden weiblichen und männlichen Reime der Alexandriner anstatt der Distichen: „der Griechen und Römer heroische Verse", und *inhaltlich* (widerspruchsvoll) *erstlich* nur traurige Sachen, *nachmals* auch Buhlergeschäfte, Klagen der Verliebten, Todeswunsch, Briefe... Nach *Beissner (46)* sind die beiden Adverbien *zeitlich* aufzufassen: im Beginn zwar traurig, dann aber... Die von OPITZ angegebenen Themen können ebensogut in Sonett, Ode, Lied gestaltet werden. So bleibt als eigentliches Merkmal der barocken Elegie nur das ästhetische Formmerkmal: alexandrinische Wechselreime. Die tiefere Begründung, warum elegische Gedämpftheit kaum zu spüren ist, findet sich im christl. Zukunftsglauben:

> „Das Verhältnis hat sich genau umgekehrt, die Vergangenheit erscheint nicht mehr in verklärtem Schimmer der trüben Gegenwart: aus der Elegie ist ein Hymnus geworden... So fehlt Simon Dachs Name in der Geschichte der deutschen Elegie; es fehlen auch, auf abermals andern Seiten, Angelus Silesius, Philipp von Zesen, Johann Klaj, Georg Philipp Harsdörffer und viele andre Namen; es fehlt der größte Name des deutschen Barocks: Andreas Gryphius. Er muß fehlen: denn die Gesichte der barocken Lebensangst lassen sich nicht in wehmütiger Betrachtung gestalten, sie lassen sich nur im großen Pathos der hymnischen Ode und des Trauerspiels überschwingen."   *(Beissner, 47)*

OPITZ' Bedeutung in bezug auf die Elegie liegt nicht in eigener Dichtung, sondern in der Wiedererweckung des PROPERZ in Dtld., v.a. durch seine Übers. der 1. Elegie des antiken Dichters (→Bd. IIa, A 1.2.2.3.5).

WECKHERLIN kannte die Elegie in der threnetischen Form (→Bd. IIa, A 1.1.5.1.1), als Totenklage:

An Meine Dochter / F. Elisabeth Trumbull.

Recht schön an Geists= vnd Leibs=gestalt
Bist du ein Wunder=kind gewesen /
So wol / als andre weiß vnd alt /
Drey=jährig kontest du schon lesen.

Du hast die Sprachen / welche wir
Mit müh erlernen / leicht vnd reichlich;
Vnd die gedechtnuß / welche dir
Der Himmel gab / ist kaum vergleichlich

Mit Gotsforcht / zucht / gehorsam / ehr /
Mit fleiß vnd tugent wol gezieret /
Bist du der Spiegel vnd die Lehr /
Mit welchem dein Geschlecht prachtieret.

Daher bit ich Got / daß die frewd /
Die deinen Eltern du gegeben
Du mögest ohn verdruß vnd leyd
An deinen Kindern lang erleben!

(1648)

Raum für Zusätze

4.6.4 Schäfergedicht

Es handelt sich um Gelegenheitsdichtung sehr unterschiedlicher Form in der Art der seit dem 17. Jh. in der Nachfolge des VERGIL (→Bd. IIa, A 1.2.2.3.2) vielgepflegten lit. Schäferei. OPITZ definiert:

„Die Eclogen oder Hirtenlieder reden von schaffen / geißen / seewerck / erndten / erdgewächsen / fischereyen vnnd anderem feldwesen; vnd pflegen alles worvon sie reden / als von Liebe / heyrathen / absterben / buhlschafften / festtagen vnnd sonsten auff jhre bäwrische vnd einfältige art vor zue bringen."

Also eine Variante im Rahmen der pastoralen Dichtung im gesamteuropäischen Raum. Verbindung von Bericht, Gespräch und Lyrik (hier meist in Form des Dialoggedichts). Gepflegt u.a. von OPITZ, ZESEN, HOFMANNSWALDAU, v.a. von den sog. „Pegnitzschäfern" um HARSDÖRFFER (→Nürnberger Kreis, Tab. 24).

> Willkommen / Lenz! du Freuden=wiederbringer /
>   des Jahres Mann / du Blumen=Vater du /
> du der Natur ihr Pinsel und ihr Finger /
> mit dem sie mahlt die schöne Erden=Zwinger /
>   der du zerschmelzst des Winters Eise=schuh /
>
> willkommen / Lenz! durch den die Erde jünger
> und schöner wird / du warmer Kältbezwinger /
>   du Auen=freund / du Geber neuer Ruh /
> der Flora Buhl / du Leid= und Schnee=verschlinger!
> Nim an die Ehr / die ich dir hier anthu /
> du unsrer Lust und Schäferspiel bezünger.
>   Willkommen / Lenz!

(Birken, 1673)

Typisch für die Nürnberger die verspielt-gereihten Wortvergleiche und die Klangspiele dieses im *vers commun* gedichteten Rondeau (→4.6.10).

In STIELERS Slg. barocker schäferischer Liebeslyrik (z.T. mit Melodien) „Die Geharnschte Venus" von 1660 klingt antikes Vorbild nach, v.a. HORAZ, aber auch PROPERZ und TIBULL (→Bd. IIa). In seinen für barocke Zeit erstaunlich lebenszugewandten und lebensnahen, oft aber auch recht unhöfisch-vulgären Tönen ist STIELER GRIMMELSHAUSEN (→Bd. III) vergleichbar.

Raum für Zusätze Frisch bey der Liebe!

DIe Liebe lehrt im finstern gehen /
sie lehret an der tühr uns stehen /
sie lehrt uns geben manche Zeichen
ihr süß Vergnügen zu erreichen.

Sie lehrt auff Kunst=gemachten Lettern
zur Liebsten Fenster ein zu klettern /
die Liebe weiß ein Loch zu zeigen
in ein verriegelt Hauß zu steigen.

Sie kan uns unvermerket führen
durch so viel wolverwahrte Tühren
den Tritt kan sie so leise lehren /
die Mutter solt' auff Kazzen schweeren.

Die Liebe lehrt den Atem hemmen /
sie lehrt den Husten uns beklemmen /
sie lehrt das Bette sacht auffheben /
sie lehrt uns stille Küßgen geben.

Diß lehrt und sonst vielmehr das Lieben
Doch willstu dich im Lieben üben:
so muß die Faulheit stehn bey seite /
die Lieb' erfordert frische Leute.

Wer lieben wil und nichts nicht wagen /
wer bey dem Lieben wil verzagen:
der lasse Lieben unterwegen.
Der Brate fleugt uns nicht entgegen.

„Liebe und Krieg sind die beherrschenden Themen der Sammlung. Ein unbürgerliches, soldatisch-herrisches Lebensgefühl spricht sich hier aus; es wird allerdings in eine intime, von gesellschaftlichen Konventionen freie Welt versetzt ... Liebesszenen in idyllischer (schäferlicher) Umgebung, Trennung von der Geliebten, Dazwischentreten von Neidern oder Eltern usw. ...

[STIELER] hat einen eigenen, unverwechselbaren Ton in seinen Gedichten, die zugleich keck und übermütig, unhöfisch und unbürgerlich sind. In seinen Versen die nie das barocke Leitmotiv der *vanitas mundi* anklingen lassen, entwickelt er eine heitere Liebesphilosophie, die sich ... an solche Menschen [wendet], die Gefallen am heiteren Lebensgenuß im Sinne eines *carpe diem* finden ...

Seine Verse kommen der Vertonung entgegen — ein Vorzug, der in der Barocklyrik vor allem wegen der erstarrten Formelhaftigkeit sämtlicher Ausdrucksmittel nicht eben häufig ist. Ein Teil der Liedmelodien zu seinen Gedichten stammt von ihm selber, ein Teil geht auf französische und italienische Vorbilder zurück."

(48)

4.6.5 Sestine

WECKHERLIN führte diese ital. Form (→Bd. IIa, 3.1.1) als erster in die dt. Dichtung ein. Seine Bez. „Sechster" meint nicht die sechszeilige Strophenform, sondern das Gedicht fester Bauart: 6 sechszeilige Strophen und eine dreizeilige Schlußstrophe mit sehr künstlicher Reimfolge (in Bsp. Aufnahme der Schlußwörter von Z. 1–6 der 1. Strophe). Hier die zweite der beiden Sestinen auf den Tod seiner Frau:

Sechster, oder, Stände.
Über vorgemelten Tod.[1]

Ach weh! So überschwer ist numehr mein verdruß /
So gar ohn liecht vnd trost ist meines hertzens Nacht /
Vnd mit so stehtem lauf vergieß ich meine Thränen /

---

[1] bezieht sich auf den Titel der 1. Sestine: „Über meiner Myrten Tod"

Daß sinckend tieffer stehts in meinem zeher=fluß* Raum für Zusätze
Durch meines schweren leyds vnd fünstern leydens macht
Nichts dan der Tod allein kan vnd muß alles krönen.

Demnach der schnöde Tod mich leyder! kont entkrönen /
So lieb ich nichts dan leyd / vnd will nichts dan verdruß:
Ja / daß die gantze welt seh meines schmertzens Macht
So haß ich alle Ruh / vnd lauf vmb tag vnd nacht /
Dan in den dicken wald / vnd dan zu einem fluß /
Welchen ich bald vermehr mit regen=reichen thränen.

Befind ich mich dan schier erdruncken in den Thränen /
Vnd daß ein kurtzer schlaf will meine augen krönen /
Dazu dan ihr getöß verleyhen Wald vnd Fluß /
So stillet Er doch nicht mein ellend noch verdruß /
Sondern durch den betrug der Träumen vnd der Nacht
Verbittert Er noch mehr stracks meines schmertzens Macht.

Daher empfindlicher wirt meiner Trübsal macht /
Die zwar befördern wolt durch den sturm meiner Thränen
Mein unentfliehlichen Schifbruch in finstrer Nacht:
Doch kan mich mein unglick noch mit dem Tod nicht krönen /
Weil ein vnd andrer freind geflissen / ohn verdruß
Mit aller kunst vnd gunst wolt drücknen* des Leyds Fluß.

Wan ich alßdan bedenck der frewden überfluß /
Wan ich zu hertzen führ der schönsten schönheit macht /
Den lieblichen lusts zwang / süß=sawren lieb=verdruß /
Vnd den sawr=süssen glimpf der lächlend=schönen Thränen /
Wan prächtig Amor mich mit Myrten pflag zu krönen /
Daß ich (Ach! daß ich!) war glickseelig tag vnd nacht:

Ach! daß ich (sprich ich dan) in ewiger trawr=nacht
Noch mehr auch drincken möcht auß der vergessung fluß /
Vnd meiner Lieb verlust mit mehrerm verlust krönen!
Ach! wär doch numehr gleich des Leyds krafft der Lieb macht!
Ach! wär doch numehr voll das wilde Meer der Thränen!
Die unerschöpflich nu vergiesset mein verdruß!

Alßdan solt mein verdruß mich bald nach diser nacht
Auß der Lieb über=fluß widrumb mit frewden=thränen
Durch des Tods kurtze macht mit Myrten ewig krönen.

(1641)

Dieses Bsp. zeigt sehr deutlich, daß das für modernes Gefühl Unnatürliche
— nämlich in einem Trauergedicht ein so raffiniert ausgeklügeltes Spiel
mit der Sprache zu treiben — für den Barockdichter durchaus „natürlich"
war.

Auch OPITZ und GRYPHIUS verwendeten die Sestine, aber in gegenüber
der ital. abgewandelter Form: ohne dreizeilige Schlußstrophe.

---

*V.4: zeher=fluß, vgl. mhd. zaher, zeher = Zähre, Träne; V.24: drücknen = trocknen

Raum für Zusätze

4.6.6 Madrigal

War mit den Musikdichtern des Vorbarock — REGNART, HASLER, SCHEIN (→4.4.1) — von Italien nach Dtld. gekommen und blieb zunächst eine *musikalische* Gattungsunterart.

Erst 1653 gab ZIEGLER eine für die *Wort*-Dichtung geltende theoretische Beschreibung heraus: „Von den Madrigalen", der er eigene Bspe beifügte. Schon hier, stärker noch in der Folgezeit, führte *Neigung zur Schlußpointe* in die Nähe des Epigramms:

	Reim	Silben	Schluß
Was bistu Galathee?	a	6	m
Ich muss es endlich wissen.	b	7	w
Die Wangen sehn wie Rosen und Narcissen /	b	11	w
Das Hertz wie Eis und Schnee /	a	6	m
Was machst du denn vor eine Gaukeley?	c	10	m
Du bist der Jenner und der May.	c	8	m

(Ziegler, 1653)

„Und doch ist es in erster Linie gerade die äußere Form, welche die dauernde historische Bedeutung des Madrigals ausmacht: es hat mitgeholfen, den freien Vers zur Geltung zu bringen. Mit der Erreichung dieses Ziels war seine Mission zu Ende, seine Rolle ausgespielt." *(Voßler, 49)*

Verfall und Ende der eigentlichen dt. Madrigal-Dichtung im ausklingenden Spätbarock. Weiterleben in Form des freien madrigalischen Verses in Anakreontik, Klassik und Romantik.

4.6.7 Heroides

Die „Heroides" des OVID (→Bd. IIa, A1.2.2.3.6) — wiederentdeckt in der europäischen Renaissance und in Dtld. schon einmal (erfolglos) von TITZ (→Tab. 24) nachgeahmt — waren das große Vorbild für HOFMANNSWALDAUS berühmte, zwischen Lyrik und Epik stehende 14 „Helden-Briefe" von 1679.

„HOFMANNSWALDAU bewährt in den ‚Heldenbriefen' sein außerordentliches dichterisches Talent. Seine elegischen Alexandriner sind fließend und melodisch. Der Dichter ist ein Meister der Variation, die seiner rationalen Phantasie entspringt, aber auf das Sinnliche, das Anschauliche der Bilder und Metaphern eingestellt ist. Er treibt ein tolles Spiel mit Antithese und asyndetischer Häufung im Dienste des insistierenden Nennens. Die Liebenden erwägen in langen sentenzenreichen Diskursen ihre Situation. Sie versuchen Klarheit in ihre affektbedingte Verwirrung zu bringen, doch über alle rationalen Einwände siegt schließlich die ‚Liebesbrunst', der sich, wie die geschichtlichen Beispiele beweisen, der Mensch beugen muß."
(Szyrocki, 50)

Hier ein Bsp. aus dem Briefpaar zwischen dem Grafen von Gleichen (der, von den Türken verwundet und gefangen gehalten, in Liebe zu einer Sultanstochter entbrennt) und seiner Gemahlin:

Graf Ludwig an seine Gemahlin.

1 EIn Brief aus frembder Luft doch von bekanten Händen /
Begrüßt und küßt dich itzt / so gut er küssen kan /
Es heißt die grüne Treu mich dieses übersenden /
Ich weiß du nimbst es auch mit solchen Hertzen an.
......
......

29 Ein Edles Weib von mehr als Fürstlichen Geblüthe /
(Ich weiß nicht ob sie mir Weib oder Engel ist)
Die hat vor kurtzer Zeit mit traurigem Gemüthe
Mein schweres Joch betracht / und meine Noth erkießt.
Es schien / sie ward durch mich und meine Qvaal gebunden /
Kein Striemen lief mir auf / den sie nicht auch empfand /
Die Schäden so ich trug die wurden ihr zur Wunden /
und meine Dinstbarkeit war ihr gemeines Bandt.
......
......

45 Sie half mir manchesmahl die faulen Ochsen treiben /
Wann sie zugegen war / so hatt' ich halbe Müh /
Sie ließ mich leichtlich nicht zu matt und hungrig bleiben /
Doch wünscht ich ihre Kost noch nicht so sehr als Sie.
Ihr Fürtuch hat mir oft den sauren Schweiß vertrieben /
Und ihr gemeinstes Wort war diß: Dich laß ich nicht.
Wie solt ich / liebstes Weib / nicht eine Seele lieben /
Die mich dir wiederbringt / und meine Fessel bricht?
Nicht meine / daß mich hier ein Geist der Wollust treibet
Zeit und auch Ungelück hat solches längst verjagt.
Denn wem der Tugend Stam recht an der Brust bekleibet /
Der höret leichtlich nicht / was ihm ein Laster sagt.
Itzt soll ich ihren Dienst durch meinen Leib belohnen /
Die Müntze / so sie sucht / ist meines Mundes Kuß /
Sie acht mein Hertze mehr als ihres Vatern Cronen /
Und liebst du deinen Mann so lieb auch ihren Schluß.
......
......

89 Du must / geliebtes Weib / das Hertze mit ihr theilen /
Empfähst du mich / so nim auch meinen Leitstern an /
Und dencke: daß ich kan zu Weib und Kindern eilen /
Hat diese Frembdlinge / fast mehr als ich / gethan.
......
......

Raum für Zusätze

Die Gemahlin an Ludwig.

1 ES bringt der kleine Brief dir mehr getreuer Grüsse /
  Als Freude sich itzund in meinem Hertzen regt /
  Ich schwere / daß ich dich recht in Gedancken küsse /
  Und meine Seite sich an deine Seite legt.
  Verzeihe / Liebster Schatz / doch meinen schlechten Schreiben /
  Daß Wort und Zeilen nicht in rechter Ordnung stehn;
  Wem Freud und Zuversicht die schwachen Finger treiben /
  Dem wil die Feder nicht in gleicher Wage gehn.
  ......
  ......

21 Ich schaue klar genug und küsse mein Gelücke /
  So itzt mit seiner Hand die öden Nächte stöhrt /
  Ich spühre wiederum des Himmels warme Blicke /
  Der dich mir auf das neu aus seiner Schoß verehrt.
  Was hab ich nicht bißher in Einsamkeit erlitten?
  Was hat mir nicht vor Angst gefesselt Geist und Sinn?
  Was hat mich nicht vor Furcht zu mancher Zeit bestritten?
  Daß ich / wie mich bedeucht / mir fast nicht ehnlich bin.
  ......
  ......

53 Der Kinder stetes Wort: Wo muß der Vater bleiben?
  War mir ein herber Stoß / den meine Seel empfing /
  Des Jammers ist zuviel / ich kan dir nicht beschreiben /
  Was vor ein harter Wind durch meine Geister ging.
  Itzt ziehn die Wolcken weg / mein Stern begint zu scheinen /
  Der Himmel streicht mein Hauß mit lichten Farben an /
  Und er verbeut mir fast dich ferner zubeweinen /
  Ach daß ich dich mein Schatz nicht bald umfassen kan!
  Was aber schreibest du / und trachtest itzt zuwissen /
  Ob die ErlösungsArth mir auch verdrießlich fällt?
  Wie solt ich nicht die Hand zu tausendmahlen küssen /
  So mir mein Bette füllt / und dich in Freyheit stellt?
  Ich will sie warlich nicht nur vor ein Weib erkennen /
  Die bloß in Fleisch und Bluth / wie ich und du bestehl /
  Ich will sie ungescheut stets einen Engel nennen /
  Der nur zu unserm Schutz mit uns zu Bette geht.
  ......
  ......

Jeder der 28 Heldenbriefe (= 14 Briefpaare) umfaßt genau 100 meist kreuzgereimte Alexandriner; voraus geht jeweils ein Bericht in Prosa über die Geschichte der Liebenden. Unter Anwendung aller rhetorischer Kunstmittel wird das Liebesthema immer neu variiert.

> HOFMANNSWALDAU „überwindet die Schwere des Pathos, den gelehrten Ballast und die enge Anlehnung an antike und romanische Vorbilder. Er lockert die Starrheit und setzt an ihre Stelle das Liebliche und Anmutige. ... Mittelbar steht damit im Zusammenhang das Zurücktreten der strengen moralischen Ideale des

Stoizismus und des *docere* der ars poetica des Horaz, der Triumph der Sinnlichkeit, über den man sich in so vielen Literaturgeschichten moralisch entrüstet. Man hat viele erotische Gedichte in den Giftschrank verbannt. Schon die Zeitgenossen nahmen es Hofmann übel, daß er religiöse Motive ins Weltliche umsetzte. Sie kannten den Unterschied zwischen der geistlichen Erotik in der Gefolgschaft des Hohenliedes, der himmlischen Seelenlust und der irdischen Sinnenlust, sie wußten aber nicht, daß sich der Übergang von der einen zur anderen nahezu zwangsläufig vollziehen mußte. Der Protest des 17. Jahrh.s gegen Hofmann witterte in ihm die beginnende Aufklärung und konnte sich dabei auf Askese und Erbauungsliteratur, die ewigen Gegner der antiken Freiheit, berufen."

(Newald, 51)

Mit dem ausklingenden Barock endete diese Gattungsunterart. Spätere Versuche, z.B. von A.W. SCHLEGEL, blieben erfolglos.

4.6.8 Lehrgedicht

Da „Lyrik" als eigene Gattungsgroßform neben Epik und Dramatik erst im Laufe des 18. Jhs. begriffen und bestimmt wurde (→5.4.4), liefen seit der Antike in der gebundenen, versifizierten Rede die mannigfachsten und verschiedensten Ausprägungen nebeneinander her. Während nach heutigem ästhetischem Urteil wiss. Darlegung, die nur Stoff vorträgt, nicht zur Poesie gehört, dachten die Alten darüber anders.

Das beweisen für Griechenland die Frgg. der philosophischen Systeme der Vorsokratiker (u.a. des PARMENIDES und des EMPEDOKLES), für Rom das riesige Lehrgedicht des LUCREZ „De rerum natura" (Von der Natur der Dinge), die „Georgica" des VERGIL, die „Ars poetica" (Die Dichtkunst) des HORAZ oder auch die „Ars amatoria" (Die Liebeskunst) des OVID.

Diese Auffassung setzte sich im MA und im Humanismus mit unverminderter Stärke fort. Noch die 1674 erschienene Poetik des Franzosen BOILEAU, „L'art poétique" (Die Dichtkunst), ist ein Lehrgedicht in 4 Gesängen.

„Lehrgedicht" kennzeichnet eine dichterische Form, in der an einem Motiv *das Allgemeine,* das für alle Bedeutende, aufgewiesen wird, die Erscheinungen der Wirklichkeit im tieferen Sinne *gedeutet* werden. — Gefahr: unanschauliche Begrifflichkeit.

Nach heutigem Urteil ist Lehrgedicht immer dort rein verwirklicht, wo dichterische Absicht, lehrhafte Tendenz und künstlerische Form sich die Waage halten. Zur Belehrung gehörte die Freude an der besonderen Art der Vermittlung, hier galt der alte Grundsatz: docet et delectat (lehrt und erfreut).

Die im Dtld. des 17. Jhs. auftretenden Lehrgedichte weisen in der Regel *epigrammatischen Charakter* auf bzw. sind Epigramme (=abgekürztes Lehrgedicht), oder sie sind, entsprechend dem religiösen Grundzug der Zeit, stark gedanklich geprägte, „objektivierte" Trost- und Zuspruchgedichte:

Raum für Zusätze Bei OPITZ (dessen Lehrgedichte zum stärksten seiner Produktion gehören) im Sinne eines christl. Stoizismus z.B. in dem „TrostGedichte" (2000 Alexandriner in 4 Büchern), das ein besonders eindrucksvolles Bild von den in der 1. Hälfte des 17. Jhs. herrschenden Verhältnissen gibt:

TrostGedichte In Widerwertigkeit Deß Krieges.

Das Erste Buch.

DEs schweren Krieges Last / den Deutschland jetzt empfindet /
Vnd daß GOTT nicht vmbsonst so hefftig angezündet
  Den Eyfer seiner Macht / auch wo in solcher Pein
  Trost her zu holen ist / sol mein Getichte seyn.
5 Diß hab ich mir anjetzt zu schreiben vorgenommen:
Ich bitte / wollest mir geneigt zu hülffe kommen /
  Du höchster Trost der Welt / du Zuversicht in Noth /
  Du Geist von GOtt gesandt / ja selber wahrer GOtt.
    ......
    ......

45 Wann dieser Stewermann das Ruder vns regieret /
Wann dieser sanffte West wird auff der See gespüret /
  Da kömpt man wol zu Port / es ist kein stürmen nicht /
  Kein Kieß / kein harter Grund an dem das Schiff zerbricht.
    ......
    ......

61 Das edle Deutsche Land / mit vnerschöpfften Gaben
Von GOtt vnd der Natur auff Erden hoch erhaben /
  Dem niemand vor der Zeit an Krieges≠Thaten gleich' /
  Vnd das viel Jahre her an Friedens≠Künsten reich
In voller Blühte stund / ward / vnd ist auch noch heute /
Sein Widerpart selbselbst / vnd frembder Völcker Beute.
    ......
    ......

    ... Wie manche schöne Stadt /
Die sonst das gantze Land durch Pracht gezieret hat /
125 Ist jetzund Asch vnd Staub? Die Mawren sind verheeret /
Die Kirchen hingelegt / die Häuser vmbgekehret.
Wie wann ein starcker Fluß / der vnvorsehens kömpt /
  Die frische Sääte stürtzt / die äcker mit sich nimbt /
  Die Wälder nieder reißt / läufft ausser seinen Wegen /
So hat man auch den Plitz vnd Schwefelichte Regen
  Durch der Geschütze Schlund mit grimmiger Gewalt /
  Daß alles Land vmbher erzittert vnd erschallt /
Gesehen mit der Lufft hin in die Städte fliegen:
Des Rauches Wolcken sind den Wolcken gleich gestiegen /
  Der Fewer≠Flocken See hat alles vberdeckt /
  Vnd auch den wilden Feind im Lager selbst erschreckt.
Das harte Pflaster hat geglüet vnd gehitzet /
Die Thürne selbst gewanckt / daß Ertz darauff geschwitzet;

Viel Menschen / die der Schaar der Kugeln sind entrant /   Raum für Zusätze
Sind mitten in die Glut gerathen vnd verbrant /
Sind durch den Dampff erstickt / verfallen durch die Wände:
Was vbrig blieben ist / ist kommen in die Hände
Der ärgsten Wüterey / so / seit die Welt erbawt
Von GOtt gestanden ist / die Sonne hat geschawt.
Der Alten grawes Haar / der jungen Leute Weynen /
Das Klagen / Ach vnd Weh / der grossen vnd der kleinen /
Das Schreyen in gemein von Reich vnd Arm geführt
Hat diese Bestien im minsten nicht gerührt.
Hier halff kein Adel nicht / hier ward kein Stand geachtet /
150 Sie musten alle fort / sie wurden hingeschlachtet.
Wie wann ein grimmer Wolff / der in den Schaffstall reißt /
Ohn allen Vnterscheid die Lämmer nieder beißt.
......
......

(1621, erschienen 1633)

Bei GRYPHIUS religiös vertiefter: feste Glaubensgewißheit bei stärkster Abkehr von der Welt und düsterer Grundhaltung (starke Emblematik ist gebunden in die einfache Strophenform des volkstümlichen Kirchenliedes) in:

Gedancken / Vber den Kirchhoff und Ruhestädte der Verstorbenen.

WO find ich mich? ist diß das Feld
In dem die hohe Demutt blühet?
Hat Ruh' Erquickung hir bestellt
Dem / der sich für und für bemühet?
Der heisser Tage strenge Last
Vnd kalter Nächte Frost ertragen /
Vnd mitten unter Ach und Klagen
Sorg / Angst und Müh auff sich gefast?
......
......

O Schul' / in der die höchste Kunst
Vns Sterblichen wird vorgetragen!
In der nicht Blätter voll von Dunst /
Kein Buch voll Wahn wird auffgeschlagen!
Wie übel hab ich meine Zeit
In lauter Eitelkeit verschwendet!
Wer seine Stunden hir anwendet /
Erlernt den Weg der Ewikeit.
......
......

Wie wird mir! wackelt nicht der Grund /
Auff dem ich steh'! rauscht ihr / O Linden?
Wie! reist die Erd auff ihren Schlund!
Vnd läst die Wurtzeln sich entbinden.
Hör ich das rasseln dürrer Bein?
Hör ich ein heischer menschlich Brausen?
Hör ich der Suden* holes Sausen?
Waltzt ihr euch ab ihr schweren Stein?

Ich seh und starr! ein kaltes Eiß
Beföstet Adern / Hertz und Lungen!
Von beyden Schläffen rinnet Schweiß /
Mein Leib wird auff den Platz gezwungen.
Das gantze Feld ist eine Grufft /
Vnd alle Särge stehn entdecket /
Was vor Staub / Zigel / Kalck verstecket /
Vmbgibt die allgemeine Lufft.
......
......

(1657; Str. 1, 4, 9, 10)

---
* Sude = siedende Flüssigkeit; hier bildlich für Hölle

Raum für Zusätze Bei LOHENSTEIN schließlich religiös kraftlos, vordringlich ein Beweis artistischen Könnens; die barocken Stilmittel begegnen in manierierter Fülle. Die rhetorisch maßlose Imaginierung eines banalen Vergleichs, ausgewalzt in 28 Zeilen, wirkt platt und gekünstelt zugleich:

Ο ΒΙΟΣ ΕΣΤΙ ΚΟΛΟΚΥΝΘΗ*

> Dis Leben ist ein Kürbs / die Schal' ist Fleisch und Knochen;
> Die Kerne sind der Geist / der Wurmstich ist der Tod;
> Des Alters Frühling mahlt die Blüthe schön und roth /
> Jm Sommer / wenn der Saft am besten erst sol kochen /
> So wird die gelbe Frucht von Kefern schon bekrochen /
> Die morsche Staude fault / der Leib wird Asch' und Koth;
> Doch bleibt des Menschen Kern der Geist aus aller Noth /
> Er wird von Wurm' und Tod und Kranckheit nicht gestochen.
> ......
> ......

(1680; Anfang)

Fortwirkung des Lehrgedichts: Gewann in 1. H. des 18. Jhs. im Rahmen der „rationalen" Erfahrung der Welt wieder hohen Stellenwert (BROCKES, HALLER u.a.) und entwickelte sich dann über KLOPSTOCK zum Gipfel dieser Form bei GOETHE und SCHILLER. Im 19. und 20. Jh. verwendet bzw. erneuert durch RÜCKERT, SPITTELER, MOMBERT, BRECHT u.a.

4.6.9 Epigramm

In gesamteuropäischer Barock-Lit. sehr beliebt sowohl auf weltl. wie auf geistl. Gebiet. OPITZ definiert:

„Das Epigramma [ist] eine kurtze Satyra ... denn die kürtze ist seine eigenschafft / vnd die spitzfindigkeit gleichsam seine seele vnd gestaltt; die sonderlich an dem ende erscheinet / das allezeit anders als wir verhoffet hetten gefallen soll: in welchem auch die spitzfindigkeit vornemlich bestehet. Wiewol aber das Epigramma aller sachen vnnd wörter fähig ist / soll es doch lieber in Venerischem wesen / vberschrifften der begräbniße vnd gebäwe / Lobe vornemer Männer vnd Frawen / kurtzweiligen schertzreden vnnd anderem / es sey was es wolle / bestehen / als in spöttlicher hönerey vnd auffruck anderer leute laster vnd gebrechen."

Die *antithetischen Sprüche* waren das geeignete Medium, die Spannungen der Zeit und des Denkens in kürzester Prägnanz auszudrücken.

---

* gr. Das Leben ist ein Kürbis

In dt. Barock-Lyrik von besonderer Bedeutung: Raum für Zusätze

a) *auf geistlichem Gebiet* (unter starkem Einfluß der Mystik, →4.7):

CZEPKO VON REIGERSFELD mit Epigrammen mystischen Gehalts unter Einfluß BÖHMES: *„Sexcenta monodisticha sapientium"* (Sechshundert Einzel-Sinnsprüche, entst. vor 1648, Hs. von 1723, Original verloren); z.B.:

α und ω
Anfang   Ende
im
Ende   Anfang.

Das Ende / das du suchst / das schleuß in Anfang ein /
Wilt du auf Erden weis'/ im Himmel seelig seyn.

*

Gott unterm Menschen:
Mensch unter Gott.

Mensch / wie sich Gott in dich; must du in Gott dich kleiden /
Du solt um seiner Lieb: Er wil um deiner leiden.

Von hier führt der Weg direkt zu ANGELUS SILESIUS: „Geistreiche Sinn- und Schlussreime" (Dr. 1657, später u.d.T. *„Cherubinischer Wanders-Mann"*, Dr. 1675); z.B.:

GOtt spielt mit dem Geschöpffe.

Diß alles ist ein Spiel / das Ihr die GOttheit macht:
Sie hat die Creatur umb Ihret willn erdacht.

*

Jetzt mustu blühen.

Blüh auf gefrorner Christ / der Mäy ist für der Thür:
Du bleibest ewig Todt / blühstu nicht jetzt und hier.

*

Das grosse ist im kleinen verborgen.

Der Umbkraiß ist im Punckt / im Saamen liegt die Frucht /
GOtt in der Welt: wie Klug ist der jhn drinne sucht!

*

Zufall und Wesen.

Mensch werde wesentlich: denn wann die Welt vergeht /
So fällt der Zufall weg / das Wesen das besteht.

Raum für Zusätze b) *auf geistlichem und weltlichem Gebiet:*

GRYPHIUS: *„Epigrammata* Oder Bey=Schrifften" (Dr. 1663); z.B.:

Grabschrifft eines gehenckten Seilers.

WAs diesen leib erhält; kan oft den leib verterben
Ich lebte von dem strick / vnd must am strick ersterben.

*

An Celer.

DV machst dreyhundert vers eh' als ich drey gemacht.
Ein Lorber=baum wächst spätt / ein Kürbs in einer nacht.

*

An Tusneldan.

DV willst sechs Worte nur zu guter nacht von mir;
Tusnelda, nimm sie hin: es ist nichts Guts an dir!

c) *auf vorwiegend weltlichem Gebiet:*

LOGAU mit hervorragenden zeitsatirischen Epigrammen in der Nachfolge des MARTIAL: *„Deutscher Sinn=Getichte Drey Tausend"* (Dr. 1654); z.B.:

Glauben.

Luthrisch / Päbstisch vnd Calvinisch / diese Glauben alle drey
Sind vorhanden; doch ist Zweiffel / wo das Christenthum dann sey.

*

Frage.

Wie wilstu weisse Lilien / zu rothen Rosen machen?
Küß eine weisse Galathe / sie wird erröthet lachen.

*

Der Friede.

Wir haben Friede nun / was trug der Krieg vns ein?
Durch Krieg / was ohne Krieg / sind wir / wir solten seyn.

*

Der Schweden Außzug.

Die Schweden ziehen heim; daheime wann sie blieben /
Wär Deutschland auch daheim / vnd nicht wie jetzt vertrieben.

und HOFMANNSWALDAU — äußerlich in Anlehnung an antike Tradition — mit *„Poetische Grab=Schriften"* (Dr. 1679); z.B.:

Opitzens.

Mich hat ein kleiner Ort der deutschen Welt gegeben /
Der wegen meiner wird mit Rom die Wette leben.
Ich suche nicht zu viel / ich bin genug gepriesen /
Daß ich die Venus selbst im Deutschen unterwiesen.

*

Mariae Magdalenae.

Hie ruht das schöne Haupt / hie ruht die schöne Schoß /
Auß der die Liebligkeit mit reichen Strömen floß.
Nach dem diß zarte Weib verließ den Huren=Orden /
So sind die Engel selbst derselben Buler worden.

Bezeichnend für ihn die ins Erotische zielende Pointe.

WERNICKE schließlich, ein Nachzügler, voll Kritik an der aufschwellenden Metaphernsprache des Spätbarock: „*Uberschriffte* Oder Epigrammata" (Dr. 1697, 1701, 1704); z.B.:

An unsre teutsche Poëten.

Jhr Teutschen wenn die Lieb aus eurer Feder quill't /
Jhr eure Buhlschafft wolt mit eurem Vers bedienen /
So kriegt man gleich zu sehn / *ein marmor=weisses Bild;*
Jhr Aug ist von *Achat* / die Lippen von *Rubienen* /
Die Adern von *Türckies* / die Brüst aus *Alabast:*
Die frembde Buhlschafften sind lang nicht so verhaßt.
Der Welsche betet sie als eine Göttin an /
Und sucht so offt er immer kan /
Vor ihr auf seinen Knien zu liegen;
Es macht sie der Frantzos von lauter Witz /
Zur Freundschafft fähig / ja verschwiegen /
Und folgends ein Gefäß ohn eine Ritz;
Der Englische der nichts als was natürlich thut /
Der machet sie von lauter Fleisch und Blut;
Jhr aber woll't *Pigmaljons* alle sein
Und machet sie zu *Bilder* oder *Stein*.

*

Ursprung und Fortgang der Teutschen Poësie.

Den Teutschen Pegasus setzt Opitz *erst in Lauf* /
Und Gryph *verbesserte* / was an ihm wurd getadelt;
Hernach trat Lohenstein und Hoffmanswaldau auf /
Die unsre *Dichter-Kunst* / wie ihren *Nahm geadelt;*
Die setzten *Zierd* und *Pracht* zu jenes *Eigenthum:*
Der hat den *ersten* zwar / doch die den *grösten Ruhm.*

Raum für Zusätze

4.6.10 Sonderformen

(1) Rondeau: eine in Frankreich (bei den Preziösen) beliebte Gedichtform; zum „Rundtanz" gesungenes Lied, Rundreim. Klein, meist 12- bis 15zeilig in 2 Abteilungen mit nur 2 Reimen. Die Abteilungen entstehen dadurch, daß der 2- bis 4silbige *Anfang* des 1. Verses in der *Mitte* (nach der 6. oder 8. Zeile) und am *Schluß* als eigene ungereimte (Refrain-)Zeile wiederholt wird:

Ein Ringel-gedichte / von gemeiner ahrt reimen.

Es geht rund üm. Ein trunk schmäkt auff den schinken /
Die rechte fasst das glaß / und mit der linken
   führ' ich den schlag / und singe hoch=deutsch drein /
   Ob ich schohn itzt mus mit Holländisch sein.
Nuhn setz ich an / wil nach der reihe trinken /
weil uns annoch die güldne sternlein winken;
Nühn schlagt die Laut' und blaset mit den Zinken /
   was ficht uns an die algemeine pein?
              Es geht rund üm.

Das glaß ist aus / nuhn laß ichs wider sinken /
hab' ichs folbracht / so laß' ich mich bedünken /
   Sie lebe noch von unsrem klaren Wein.
   Wohl! Nachbar / laß dier wider schenken ein;
Auf Rosemund gesundheit soltu trinken.
              Es geht rund üm.

(Zesen, 1649)

oder: Wiederholung der *vollen* 1. Zeile in der Mitte und am Schluß:

Jch schliesse das Feld![1]
Es fallen und falben die Blätter und Wasen* /
Die Winde des Winters nun rasen und blasen /
   Sie weisen den Wiesen des Reiffes Gezelt:
Noch rühmet man meinen benameten Namen /
Von bundlich= und rundlich gewundenen Samen.
Jch schliesse das Feld!
Geringe Begabung der Ringe bezirke
Die Hertzen / und liebes Beständigkeit wirke /
   Die Rundung das niemals geendte vermeldt /
So ringen / so springen nun beyde mit beyden /
Jhr Hoffen ist offen / in stetigen Freuden /
Jch schliesse das Feld!

*(aus: Harsdörffer und Klaj
„Pegnesisches Schäfergedicht", 1644)*

---

[1] In Analogie zur Benennung „Ringelgedicht" bezeichnet K<small>LAJ</small> hier die „Ringelblume gleichsam als Schlüssel / der den Herbst zu- und den Winter aufschleust"

* Wasen = Rasen

WECKHERLIN nannte die Form „Rund-umb", die „Nürnberger" bezeichneten sie als „Ringelgedicht" oder „Ringelreimung". Raum für Zusätze

Fortwirkung des Rondeau: Im 18. Jh. wieder aufgenommen in der Sonderform des Rondel (→5.2.5.2.2.1). Im 20. Jh. schuf TRAKL in dieser Form sein Gedicht „Rondel".

(2) Bildgedicht (Figurengedicht; gr. technopaignia = Technopägnion, lat. carmina figurata = bildlich gestaltete Gedichte): ein Gebilde, das im graphischen Schrift- bzw. Druckbild den inhaltlich angesprochenen Symbolgegenstand, z.B. Herz, Kreuz, Säule, Flügel, Orgel, wiedergibt.

„Die ihm zugedachte Aufgabe erfüllt es allerdings nur sehr unvollkommen, da es die Harmonie nicht symbolisch in der Struktur darstellt, sondern allegorisch in einer visuellen, also dichtungsfremden Form." *(Beckmann, 52)*

Bes. aufgeschlossen für derartige Spielereien waren ZESEN und v.a. die „Nürnberger"; hier ein Bsp. von BIRKEN:

```
          Ach!    diese    Stätt
          das          Sterbe=Bett
          von     JEsu   war   /
          der          Creutz=Altar.
     Hier er  das Opfer ward für unsre Sünden.
     Sein heiligs Haupt die Dornen must empfinden.
     Die treue Händ' und Arme voll Erbarmen
     Er breitet aus / uns Arme zu umarmen.
              Es   schreibt   uns   ein
              den    Händen    sein   /
              der     Nägel    Stich.
              Hier     öffnet    sich
              das   Herz /   die Seit:
              ist    groß    und    weit
              zur    Zuflucht=Höl   /
              für      deine     Seel.
              Hier  brief  das  Lamm
              am       Creutzes=Stamm
              in     Liebes=Glut     /
              betrieft  mit   Blut:
              es    lädt    uns    ein
              zu   Brod   und   Wein.
              Die   schwache    Knie
              sich    beugen    hie:
              weil    sein    Gebet
              für     dich    abgeht.
              Umfang    die    Füß    /
              die     gehn    gewiß
              den   Weg   dir   vor   /
              zum     Himmels=Thor:
              durch  Creutz und  Leid
              zur    Himmels    Freud.
```

(1679)

Raum für Zusätze *Fortwirkung* des Bildgedichts: Die späteren Barock-Poetiken (von MORHOF, WEISE, OMEIS, →4.4.2.1.1) lehnten das Bildgedicht ab. Wiederaufgenommen in dt. Dichtung (als Kunstscherz) von HOLZ („Dafnis", 1904) und MORGENSTERN („Galgenlieder", 1905).

(3) Echogedicht (von gr. echo=Schall; Widerhall, Nachhall): (meist separat stehendes) Reimwort am Ende der Zeile als Echowort auf das unmittelbar vorhergehende Schlußwort des Verses. (Für die Erfindung dieser Form spielt mit die gr. Fabel von einer Nymphe, die der Gram unerwiderter Liebe zu dem schönen Narziß bis zu einem Hauch verzehrte, dem nur eine erwidernde Stimme blieb.)

Im folgenden Bsp. reimt das Echowort ab V. 3 auf den Versschluß:

> Komm / Echo / komm / dich niemand nicht kan finden /
> Vnd bist doch nicht / wann man dir rufft / dahinden /
> Antworte mir auff meine Frage / frage.
> Was thue ich in des Tages hitze? Sitze.
> Daß ich mich mit dir vnderrede? rede.
> Was ists / daß mich so thut außsaugen? Augen.
> So kan mein Lieb die falsche stücke? Tücke.
> Vnd krieg ich das vor meine trewe? Rewe.
> Thut sich doch nichts so hart erweißen? Eisen.
> Wie mach ichs dann / daß ichs erleide? leide.
> Wie thu' ich / daß ich sie erbitte? bitte.
> So soll ich mich ihr vndergeben? geben.
> Was macht mich dann rechtschaffen lieben? vben.
> Muß ich die lieb auch andren schweigen? eigen.
> So wird sich ja daß blat noch wenden? enden.
> Wie mach ich es / daß ichs erwarte? warte.
> Was werd ich dann zuletzt erhalten? halten.
> Es ist genug / hab ich die Gnade. Ade.
> *(Opitz, 1624)*

Fortwirkung des Echogedichts: Während ausländische Dichtung (vorwiegend span. und frz. Lyrik) künstlerische Leistungen bes. im „Echo-Sonett" erzielte, blieb dt. Produktion — wiederum vorzugsweise von den „Nürnbergern" gepflegt — unbefriedigend und wurde gegen Ende des 17. Jhs. ganz aufgegeben.

(4) Dialoggedicht: Variante des Echogedichts insofern als die Antwort des Echos nun in mehr als einem Wort besteht. Im allg. wird die Grenze zum Dramatischen (Singspiel) nicht genügend gewahrt, so daß man z.B. bei den vielen Bspen der „Nürnberger" eher von Wechselliedern sprechen muß als von Dialoggedichten.

(5) Wechselsatz (indisch yathasankya=nach der Reihe; nlat. correlata, correlativa=in Wechselbezug stehende Begriffe oder Sätze): TITZ definiert in seiner Poetik „Zwey Bücher Von der Kunst Hochdeutsche Verse und Lieder zu machen" von 1642:

> „Correlativi sind solche Verse / in welchen die worte / sim Casu / Tempore etc. übereinkommen / in einer Ordnung beysammen stehen / hingegen aber die /

welche eine meinung machen / von einander getrennet werden / doch also / Raum für Zusätze
daß man sie leicht nach der ordnung zusammen stellen könne..."

Bsp.: Die 3 Sätze (Reihen)

> Ich Schäfer hab mit graß sorgfältig im pferch die lämblein genöhrt /
> Ich Baur hab mit pflugen mühsam im thal die äcker gebawt /
> Ich Soldat hab mit macht khün in der schlacht die feind umbracht.

werden so verschachtelt, daß je dem gleichen Wort jeder Reihe das gleiche jeder anderen zugeordnet ist:

Pastor / arator / eques / etc.

> Ich Schäfer / Baur / Soldat / hab mit graß / pflugen / macht /
> Sorgfältig / mühsam / khün / im pferch / thal / in der schlacht /
> Die Lämblein / äcker / feind / genöhrt / gebawt / umbracht.
>
> *(Weckherlin, 1641)*

WECKHERLIN — seit 1620 in England lebend — fand für diese kunstvolle Figur in der engl. Dichtung (SHAKESPEARE) reichlich Vorbilder.

Fortwirkung des Wechselsatzes blieb wegen seiner Künstlichkeit in dt. Dichtung aus.

4.7 Geistliche Lyrik

Wie vorn (→4.4) ausgeführt, lassen sich im Barockzeitalter weltl. und geistl. Lyrik nur schwer trennen.

Gleichwohl ist festzustellen, daß sich nicht wenige barocke Lyriker, vorzugsweise unter Einfluß ma. oder neugewonnenen *mystischen* Gedankengutes (das später in den Pietismus einmündet), *speziell* der geistl. Lyrik bzw. dem Kirchenlied zuwenden; und zwar sowohl auf katholischer als auf protestantischer Seite.

Die Mystik (gr. myein = sich schließen, verschließen, bes. die Augen und den Mund, urspr. den Buchstaben m mit den Lippen formen) blickt auf eine lange Ahnenreihe zurück; sie ist eine interreligiöse und internationale Erscheinung gegen als orthodox aufgefaßte Religiosität. Im europäischen Raum schon in nachklass. antiker Philosophie, im Neuplatonismus (PLOTIN), sowie in den vielen hellen. religiösen Sekten (Gnosis) wirksam. Im ma. Christentum standen v.a. AUGUSTIN, JOHANN SCOTUS ERIUGENA, BERNHARD VON CLAIRVAUX und BONAVENTURA unter ihrem Einfluß (vgl. auch Bd. IIa, Tab. 12). Der mächtigste mystische Denker des MA war MEISTER ECKART; er legte in seinen dt.-sprachigen (neben lat.) Schriften den Grund für eine mystische Begriffswelt.

Der wesentliche, weiterführende Gedanke beruht auf seiner kühnen metaphysischen Grundanschauung, daß der Wesenskern der menschlichen Seele und der des göttlichen Grundes von gleicher Artung seien. So wird zum Leitmotiv seiner Mystik (die sich in der Nachfolge des PLOTIN mit spekula-

Raum für Zusätze tivem Geist verbindet) und der seiner Nachfolger die Lehre vom Heilsweg, d.h. die Schilderung der Geburt Gottes in der Seele. Das Wunder der Einswerdung in der *unio mystica* ist der Gegenstand immer neuer Durchdringung und auch Quellpunkt seiner Ethik: für die „Gottesgeburt" im Seelengrund muß der Tempel rein sein, daher innere (nicht äußere!) *Abgeschiedenheit* von den Dingen, Einkehr in die eigene Seele, damit sie in Liebe aufgehe in Gott. Tugendhaftes Handeln ist das Wirkenlassen Gottes im Menschen: „Mensch, werde wesentlich!" (SILESIUS).

Die bedeutendsten Mystiker nach ECKART waren SEUSE, TAULER sowie der unbekannte Verf. der von LUTHER entdeckten und hrsg. „Theologia deutsch", ferner die Niederländer RUYSBROEK, GROOTE und THOMAS A KEMPIS, letzterer mit seinem weitverbreiteten Erbauungsbuch „De imitatione Christi" (Von der Nachfolge Christi, 1424, erschienen 1470).

100 Jahre nach LUTHER und von der lutherischen Orthodoxie bekämpft, erneuerte der Görlitzer Schuhmachermeister BÖHME das mystische Denken mit seinem Werk *„Morgenröthe im Aufgangk"* (Hs. seit 1612, Dr. postum 1634 u.d.T.: *„Aurora, das ist:* Morgenröthe im Aufgang und Mutter der Philosophiae"). Dieser wohl spekulativste Kopf in Dtld. um die Wende zum Barock-Jahrhundert schwankte zwischen lutherischem Dualismus und einem, dem Mystiker in ihm folgenden monistischen Trieb, die Einheit hinter allen Gegensätzen zu suchen. Unmittelbar wirkte BÖHMES Mystik nur auf einen kleinen Kreis, darunter am nachhaltigsten auf ANGELUS SILESIUS, jedoch sind andere unterschiedlich ausgeprägte Formen der Christus-Mystik bei vielen, auch protestantischen Lieddichtern zu finden.

Die *spezifisch* geistl. Lyrik der Reformation und der Gegenreformation im 17. Jh. stellt sich folgendermaßen dar:

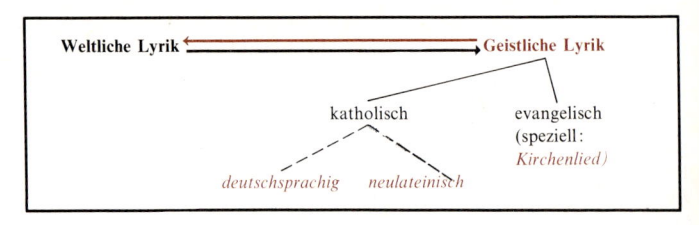

```
Weltliche Lyrik <———————————————> Geistliche Lyrik
                                              \
                        katholisch          evangelisch
                          /\                (speziell:
                         /  \               Kirchenlied)
              deutschsprachig  neulateinisch
```

4.7.1 Katholische geistliche Lyrik

4.7.1.1 Formen in deutscher Sprache

Die herausragenden Erscheinungen sind der Jesuit SPEE und der konvertierte Franziskaner ANGELUS SILESIUS.

Insbes. der Mystiker SPEE repräsentiert das spezifisch katholische Barock. In den Liedern seiner (erst 14 Jahre nach seinem Tode, 1649, erschienenen)

Slg. *"Trvtz Nachtigal,* Oder Geistlichs=Poetisch Lust=VValdlein, Deßgleichen noch nie zuvor in Teutscher Sprach gesehen" („Trutz Nachtigal" = Topos für die von SPEE beanspruchte Gleichberechtigung der geistl. gegenüber der weltl. Dichtung) verbindet er volkstümliche Weise mit mystisch-erotischen Tönen (in der Nachfolge des Hohen Lieds), mit dem Geist der Pastoraldichtung (der höchste *Hirte* = Christus; der *schöne* Gott [→Bsp. u., letzter Vers]) und mit dem Kirchenlied.

Raum für Zusätze

Trutz Nachtigal.

1.

WAn morgenröth sich zieret
   Mit zartem rosenglantz /
Vnd sitsam sich verlieret
   Der nächtlich Sternentantz:
Gleich lustet mich spatziren
   In grünen Lorberwald:
Alda dan musiciren
   Die pfeifflein mannigfalt.

2.

Die flügelreiche schaaren /
   Daß Federbürschlein zart
In süssem Schlag erfahren /
   Noch kunst noch athem spart:
Mit Schnäblein wolgeschliffen
   Erklingens wunder fein /
Vnd frisch in Lüfften schiffen
   Mit leichten rüderlein.
......
......

5.

Doch süsser noch erklinget
   Ein sonders Vögelein /
So seinen Sang vollbringet
   Bey Mond= vnd Sonnenschein.
Trutz=Nachtigal mit namen
   Eß nunmehr wird genant /
Vnd vielen Wildt= vnd Zahmen
   Obsieget vnbekandt.

6.

Trutz=Nachtigal mans nennet /
   Ist wund von süssem Pfeil:
In lieb eß lieblich brennet /
   Wird nie der Wunden heil.
Gelt / Pomp / vnd Pracht auff Erden
   Lust / Frewden eß verspott /
Vnd achtets für beschwerden /
   Sucht nur den schönen Gott.
......
......

Noch stärker vom Geist der Mystik bestimmt sind (ebenso wie seine Epigramme, →4.6.9) die Lieder des ANGELUS SILESIUS: *"Heilige Seelen= Lust* Oder Geistliche Hirten=Lieder Der in jhren Jesum verliebten Psyche" von 1657:

Sie begehret verwundet zu seyn von jhrem Geliebten.

1.

JEsu du mächtiger Liebes=Gott
   Nah dich zu mir:
Denn ich verschmachte fast biß in Tod
   Für Liebs=Begiehr:
Ergreiff die Waffen / und in Eil
Durchstich mein Hertz mit deinem Pfeil /
   Verwunde mich :/:

2.

Komm meine Sonne / mein Lebens=Licht /
   Mein Auffenthalt;
Komm und erwärme mich daß ich nicht
   Bleib ewig kalt:
Wirff deine Flammen in den Schrein
Meins halbgefrohrnen Hertzens ein /
   Entzünde mich :/:

<table>
<tr><td>

3.
O allersüsseste Seelen≠Brunst
Durch glüh mich gantz;
Und überform mich auß Gnad und Gunst
In deinen Glantz:
Blaß an das Feuer ohn Verdruß /
Daß dir mein Hertz mit schnellem Fluß
Vereinigt sey :/:

</td><td>

4.
Dann wil ich sagen daß du mich hast
Erlöst vom Tod;
Und als ein lieblicher Seelen≠Gast
Besucht in Noth:
Dann wil ich rühmen daß du bist
Mein Bräutgam / der mich liebt und küst /
Und nicht verläst:/:

</td></tr>
</table>

Bekannt wurden seine Kirchenlieder „Mir nach, spricht Christus, unser Held", „Ich will dich lieben, meine Stärke", „Liebe, die du mich zum Bilde".

Mystischer Geist, aber in sehr verfeinerter persönlich-bekenntnishafter Aussage spricht aus den *„Geistlichen Sonetten"* der CATHARINA VON GREIFFENBERG, →4.6.2.

Eine ins Krankhafte gesteigerte spätbarocke Erscheinung ist der BÖHME-Schüler und Missionar KUHLMANN, der sich selbst als neuen Messias sah. Er führte die manieristischen Sprachauswüchse in *„Der Kühlpsalter* Oder Di Funffzehngesaenge" (Dr. 1684/86) in ein geradezu vor-expressionistisch anmutendes Extrem:

......
......

Triumf! Wir sind! Triumf! aufs neu beseelt!
Triumf! Di lust! Triumf! hat uns umhalst!
Triumf! Der Nord! Triumf! gibt seine frucht!
Triumf! zum Ost! Triumf! des Jesusreichs!
Triumf! Willkomm! Triumf! im Christwillkomm!
Triumf! Willkomm! Triumf! O Gottesvolk!
Triumf! Triumf! Triumf! Wir steigen aus!
Triumf! Gottlob! Triumf! Gottdank! Gottpreis!
Triumf! Mein Christ! Triumf! hat doch gesigt!
Triumf! Sein bleibt! Triumf! doch kron und thron!
Triumf! Ich bin! Triumf! Sein knecht und kind!
Triumf! Gott thut! Triumf! Was ihm gefelt!
Triumf! Den kreis! Triumf! erschrekkt dis Neus!
Triumf! Triumf! Triumf! Es ist geschehn!
(„Der 97. Kühlpsalm" [7. Buch, Ps. 7]; Str. 20 u. 21 [Schluß])

4.7.1.2 Formen in neulateinischer Sprache

Die in erster Linie von den Jesuiten getragene nlat. geistl. Lyrik steht — im Dienste gegenreformatorischer Glaubenspropaganda — unverändert *in der Nachfolge humanistischer Tradition*. Neben der Antike (in Form und Rhetorik) sind Hohes Lied, Psalmen, Kirchenväter die Vorbilder.

Ihren Höhepunkt erreicht nlat. geistl. Lyrik des 17.Jhs. in Fortführung der im 16.Jh. bes. ausgebauten Dichtungsformen mit BALDE. Im Mittelpunkt seiner religiösen Dichtung (neben einer großen Anzahl thematisch weltl. ausgerichteter Lyrik lehrhaft-moralisierender Tendenz) stehen die *Marien-Oden;* metrisch und sprachlich nach HORAZischem Vorbild, gedanklich steht Vanitas-Mahnung im Vordergrund:

Raum für Zusätze

> ... cuius enim genae
> Pinguntur ostro? quae polito
>   Frons ebori nivibúsque certat?
>
> Quis crine vertex, quae violis comae
> Ornantur? eheu! non oculi micant
>   Fulgore natiuo, nec vsquam
>   Flamma domi ...
>
> *(„Enthvsiasmvs", 1643; V. 66—72)*

> ... Wo ist der Wangen Schnee mit Purpurrött erhöhet?
> Wo ist die glatte Stirn / vor welcher Elffen Bein
> Vnd Rosen rau / vnd / Schwartz / vnd Alabaster Stein
> Als tod vnd sonder Glantz? wo sind die göldnen Haare?
> Wohin der Haare Krantz? der teuren Perlen Wahre /
> Wo ist der Augen=Glantz? die Flamme funckelt nicht.
>
> *(Übers. von Gryphius)*

Einige in dt. Sprache abgefaßte Oden des BALDE wurden von den Zeitgenossen, z.B. von MORHOF, scharf abgelehnt.

„Da Balde, wie die Mehrzahl der geistlichen Autoren des katholischen Süden, die Reform des Opitz ablehnte, befleißigte er sich in seinen deutschen Versen, in Anlehnung an Kirchenlied und beliebte Flugblattstrophen, einer jedermann verständlichen volkstümlichen, mundartlichen Diktion, die ihm von Zeitgenossen und Nachwelt verdacht und als (kaum begreifliche) Unbeholfenheit angekreidet wurde."
(Kemp, 53)

Der Beitrag Österreichs zur nlat. geistl. Lyrik des 17.Jhs. kam von dem vorzugsweise als Dramatiker (→Bd. Ia, 3.8.4.1.2) bekannten Dominikaner RETTENBACHER. In weit über 6000 weltl. und geistl. Gedichten — bes. Horazischen Oden — folgte er antiken Vorbildern.

4.7.2 Evangelisches Kirchenlied

Die Gattungsunterart des Kirchenliedes hat im Barock-Zeitalter nicht nur für den dt.-sprachigen evangelischen und katholischen Raum erhebliche Bedeutung, sondern auch für das Ausland, das Anregungen in hohem Maße aufnahm. Grundsätzlich bleibt sie aber in den traditionellen Bahnen:

Raum für Zusätze

die inhaltlichen *Motive* stammen aus der Bibel, insbes. den Psalmen und dem Hohen Lied, der Motivkreis wird im wesentlichen vom Kirchenjahr bestimmt; *Muster* sind einerseits die lat. Hymnen und Sequenzen, andererseits das Volkslied (dies v.a. bei GERHARDT).

Neben und nach LUTHER ist PAUL GERHARDT der bedeutendste Kirchenlieddichter des Protestantismus. Zwischen diesen beiden Höhepunkten bereicherten die in der direkten Nachfolge LUTHERs Genannten (→Bd. II a, 2.3.2) sowie

NICOLAI, z.B. mit „Wachet auff / rufft vns die Stimme",

RINCKART, z.B. mit „Nun dancket alle Gott",

JOHANNES HEERMANN, z.B. mit „Hertzliebster Jesu" (übrigens mit Übernahme der Sapphischen Odenform), und schließlich

MAYFART, der Vorläufer GERHARDTs, z.B. mit „Jerusalem du hochgebawte Stadt",

den protestantischen Gemeindegesang, der in zunehmendem Maße das Mitspracherecht der Gemeinde dokumentierte.

Mit GERHARDT erfolgte Übergang vom Trutzlied zum *Andachts-* und *Erbauungslied.* Es ist üblich, diese Ich-Lyrik der Wir-Lyrik des 16. Jhs. gegenüberzustellen; dabei darf aber nicht vergessen werden, daß es sich nicht um ein isoliertes Ich handelt, sondern um das Mitglied der Gemeinde, ebenso wie das evangelische Kirchenlied (im Ggs. zum katholischen) nicht isoliert gesehen werden darf, sondern als der Liturgie unlösbar eingebunden.

Unübersehbar die barocken Stilzüge in GERHARDTs Lyrik: Anapher, Häufung, Einkreisung („insistierende Nennung") und Aufweitung.

Wohl das bekannteste seiner Lieder ist die dt. Nachdichtung eines lat. Hymnus des 13. Jhs.:

An das leydende Angesicht Jesu Christi.

1. O Häupt voll blut und wunden / Voll schmertz unnd voller hon! O häupt zu spott gebunden Mit einer dornen kron! O häupt sonst schön gezieret Mit höchster ehr unnd zier / Jtzt aber hoch schimpfiret! Gegrüsset seyst du mir.

2. Du edles angesichte / Dafür sonst schrickt unnd scheut Das grosse weltgewichte / Wie bist du so bespeyt? Wie bist du so erbleichet? Wer hat dein augenliecht / Dem sonst kein liecht nicht gleichet / So schändlich zugericht?

3. Die farbe deiner wangen / Der rothen lippen pracht Jst hin / unnd gantz vergangen: Des blassen todes macht Hat alles hingenommen / Hat alles hingerafft / Unnd daher bist du kommen Von deines leibes krafft.

......

......

5. Erkenne mich / mein Hüter / Mein Hirte / nim mich an: Von dir / quell aller güter Jst mir viel guts gethan: Dein mund hat mich gelabet Mit milch und süsser kost / Dein Geist hat mich begabet Mit mancher himmelslust.

6. Jch wil hie bey dir stehen / Verachte mich doch nicht / Von dir wil ich nicht gehen / Wann dir dein hertze bricht / Wann dein häupt wird erblassen Jm letzten todesstoß / Alsdan wil ich dich fassen Jn meinen arm und schoos.

Raum für Zusätze

......
......

10. Erscheine mir zum schilde / Zum trost in meinem tod / Unnd laß mich sehn dein bilde Jn deiner creutzesnoth / Da wil ich nach dir blicken / Da wil ich glaubensvoll Dich vest an mein hertz drücken: Wer so stirbt / der stirbt wol.

(gedruckt ~ 1655)

Auffällig daneben die *Hinwendung zur Natur,* nicht verstellt durch Bildungsfloskeln, sondern anschaulich, genau und dynamisch:

Sommergesang.

1. Geh aus / mein hertz / und suche freud Jn dieser lieben sommerzeit An deines Gottes gaben: Schau an der schönen gärten zier Vnd siehe / wie sie mir und dir Sich außgeschmücket haben.

2. Die bäume stehen voller laub / Das erdreich decket seinen staub Mit einem grünen kleide Narcissus und die Tulipan / Die ziehen sich viel schöner an / Als Salomonis seyde.

3. Die lerche schwingt sich in die luft / Das täublein fleugt aus seiner kluft / Vnd macht sich in die wälder. Die hochbegabte nachtigal Ergötzt und füllt mit jhrem schall / Berg / hügel / thal und felder.

4. Die glucke führt jhr völcklein aus / Der storch baut und bewohnt sein haus / Das schwälblein speist die jungen / Der schnelle hirsch / das leichte reh Jst froh und kömmt aus seiner höh Jns tiefe graß gesprungen.

......
......

8. Jch selbsten kan und mag nicht ruhn / Des grossen Gottes grosses thun Erweckt mir alle sinnen / Jch singe mit / wenn alles singt / Vnd lasse / was dem Höchsten klingt Aus meinem hertzen rinnen.

9. Ach denck ich / bist du hier so schön Vnd läßst dus uns so lieblich gehn / Auf dieser armen erden / Was wil doch wol nach dieser welt / Dort in dem vesten himmelszelt Vnd güldnem schlosse werden.

10. Welch hohe lust / welch heller schein / Wird wol in Christi garten seyn / Wie muß es da wol klingen / Da so viel tausent Seraphim / Mit unverdroßnem mund und stimm / Jhr Alleluja singen.

11. O wär ich da! o stünd ich schon / Ach süsser Gott / für deinem thron Vnd trüge meine palmen: So wolt ich nach der Engel weis / Erhöhen deines Namens preis Mit tausent schönen psalmen.

......
......

(gedruckt 1653)

Weitere bekannte Lieder von GERHARDT: „Wie soll ich dich empfangen", „Ich steh an deiner Krippe hier", „Nun laßt uns gehn und treten" u.v.a. (insges. 133 Lieder erhalten; mehrere wurden von J.S. BACH vertont).

Raum für Zusätze

Neben dem von GERHARDT repräsentierten, dem Volksliedhaften nahestehenden, schlicht-nüchternen evangelischen Kirchenlied steht der Typ der *sentimental-mystischen Richtung* eines FRANCK (z.B. „Du, o schönes Weltgebäude"), KNORR VON ROSENROTH (z.B. „Morgen=Glantz der Ewigkeit") und ARNOLD (→Bsp. u.), der im 18.Jh. in das pietistische Kirchenlied einmündet.

Hohelied-Thema: Wie schön sind deine brüste (oder liebes=neigungen) meine schwester / liebe braut: deine liebes=neigungen sind lieblicher / den wein.

1.

Hier schmieg ich mich / o weißheits=quell /
An deiner liebe brüste /
Die mir gantz unbetrübt und hell
Einflössen Himmels=lüste
Der unerschaffnen lieblichkeit
Die nur ein reines hertz erfreut.
   Du kanst den brunn der sünden stopffen
   Mich waschen mit der liebe tropffen.

2.

Hier schmeck ich deine süssigkeit
   Wenn sich der mund anleget /
Daß deiner Gnaden lauterkeit
   Dem Geist sein theil zuträget.
Ich saug getrost / ich ziehe scharff /
Und trinck so viel ich nur bedarff
   Von reinen Himmels=nectar=flüssen.
   Die meine menschheit gantz durchsüssen.
......
......

6.

O jungfrau schwester / liebe braut /
   Wie rein ist dein geträncke:
Dein weinberg / den du mir gebaut /
   Bringt / wo ich mich hinlencke /
Die reiffsten trauben und den wein /
Der mir so lieblich gehet ein /
   Daß ich davon offt bin wie truncken /
   Und gar im liebes=meer versuncken.

7.

Ich weiß und dencke nun nichts mehr /
   Als daß du durchaus schöne
Und lieblich kömmst vom Vater her /
   Darum ich mich so sehne /
Dein wesen gantz / nicht nur die brust /
Zu haben / daß mir nichts bewust /
   Als dein recht kluges liebe=leben /
   Ich weiß / du must mirs endlich geben!

(Arnold, 1698)

Nicht übersehen werden darf, daß außer diesen spezifischen Kirchenlied-Dichtern viele weitere barocke Lyriker neben weltl. und allg. geistl. Gedichten auch Kirchenlieder schufen, so u.a. OPITZ, DACH, BIRKEN, ZESEN, RIST und v.a. GRYPHIUS.

4.8 Epoche des Übergangs

Bezeichnet die Jahrzehnte um die Wende des 18.Jhs. im Übergang zum Aufklärungs-Zeitalter (→auch Tab. 23; oft dem Spätbarock zugerechnet).

Diese Epoche wird lit. markiert durch *3 charakteristische Erscheinungen*, die z.T. parallel verlaufen zu lit. Erzeugnissen der barocken Spätphase:

(1) das Ausklingen des Barock in der sog. *Hofdichtung;*
(2) den Beginn einer *bürgerlichen Dichtung;*
(3) das Erscheinen eines genialen vorausweisenden *Einzelgängers:* JOHANN CHRISTIAN GÜNTHER.

Raum für Zusätze

4.8.1 Hofdichtung

Wird vertreten durch die an verschiedenen Höfen wirkenden und deren Herrscher in Lob- und Preisgesängen huldigenden sog. Hofdichter CANITZ, KÖNIG, BESSER, NEUKIRCH u.a. In ihren stärker als bisher distanzierten Dichtungen nahm ital. und span. Einfluß erheblich ab; an deren Stelle trat je länger je mehr der frz.

Bes. nachhaltig wirkte die 1674 erschienene Poetik des BOILEAU „L'art poétique". Im Sinne frz. Klassik (auch Bd. Ia, A 4.4) lehnte BOILEAU alles Preziöse und Emphatische ab, strebte nach Wahrheit in der Kunst durch *Nachahmung der Natur; Vernunft* soll die entscheidende Triebkraft des Dichters sein (→auch 5.2.2.1).

Gewiß stand man in Dtld. noch in der Tradition der spätbarocken Schlesier (HOFMANNSWALDAU und LOHENSTEIN; NEUKIRCH gab ab 1695 die Gedichte HOFMANNSWALDAUS heraus, →auch Fußnote in 4.5, Punkt 5), man übernahm Motive und Formen, doch mäßigte sich deutlich die metaphorische Sprache, ja man bekämpfte Überschwenglichkeit und Unnatur entsprechend den neuen frz. Thesen. Insofern weist die sog. Hofdichtung bereits auf GOTTSCHED (→5.2.2.2.1), als sie die sprachl.-poetischen Mittel im Sinne des „vernünftigen" Maßes einschränkt. Die lyr. Sprache wird nüchterner und glatter (oft allerdings auch platter):

Auff ihre augen.

Jch weiß nicht / ob ich euch noch einmahl werde sehn /
Jhr wunder=vollen augen;
Dennoch werden meine wunden /
So ich stets von euch empfunden /
Und nicht mehr zu heilen taugen /
Ewig / ewig offen stehn.

(Neukirch, 1695)

Galante Dichtung: Bei dieser *Sondergruppe* von Gedichten der Übergangszeit der genannten Autoren handelt es sich um geistreiche, stark verstandesmäßige Gesellschaftsdichtung in den Formen der Ode, des Sonetts, Madrigals, Epigramms mit in der Regel *erotischer Thematik:*

Raum für Zusätze

1.

Nicht schäme dich / du saubere Melinde /
   Daß deine zarte reinligkeit
Der feuchte mond verweist in eine binde /
   Und dir den bunten einfluß dräut.
Der grosse belt hegt ebb' und flut /
Was wunder / wenns der mensch der kleine thut.

2.

Die röthigkeit bey deinen bunten sachen
   Hat niemahls deinen schooß versehrt.
Wie muscheln sich durch purpur theuer machen /
   So macht dein schnecken=bluth dich werth.
Wer liebt ein dinten=meer wohl nicht /
Weil man daraus corallen=zincken bricht?
......
......

5.

Laß mich darum doch keine fasten halten /
   Ein könig nimmt den schranck zwar ein /
Doch muß er fort / wann sich die wasser spalten /
   Der geist muß ausgestossen seyn.
Man geht / wie iedermann bekandt /
Durchs rothe meer in das gelobte land.

(Besser, 1695)

4.8.2 Bürgerliche Dichtung

Die sich im Spätbarock allmählich abzeichnende Wandlung ins Bürgerliche war naturgemäß verbunden mit stärkerem *Realismus,* mit *Humor* und *Satire.*

CHRISTIAN WEISE, der frühe Repräsentant dieser Richtung — bedeutender als Verf. von Dramen (→Bd. Ia, 3.8.4.2) und Romanen (→Bd. III) denn als Lyriker —, verkörperte ein *neues Lebensideal* weit ab vom Barockgefühl: nüchtern, natürlich, lebenszugewandt — und bei WEISE kommt hinzu: *pädagogisch;* Ziel der Erziehung ist *Lebenstüchtigkeit* im Sinne von „politisch sein", was zu WEISES Zeit bedeutete: weltklug unter Anwendung des gesunden Menschenverstandes (vgl. hierzu das noch heute gebräuchliche nd. Wort plietsch < politisch = schlau).

Diese Lebenshaltung tritt bei WEISE bereits in einer Zeit in Erscheinung, in der barocke Lyrik ihren manieristischen Höhepunkt hat: seine 1. Gedicht-Slg. *„Ueberflüßige Gedancken der grünenden Jugend"* erschien bereits 1668 (*„Reiffe Gedancken"* 1682, die geistl. Lieder-Slgg. zwischen 1703 und 1720); dieser frühe Zeitpunkt zeigt einen unabhängigen geistigen Ansatz des bürgerlichen Pädagogen, der zwar direkt noch nichts mit der Aufklärung zu tun hat, der aber schließlich nach der Übergangsepoche den Bürger zum Bildungsträger in der Aufklärung werden ließ.

Der Küster zu Plumpe beschreibet seinen zukünfftigen Ehestand.

Raum für Zusätze

......
......
Doch soll sie mir gefallen /
So muß sie auch in allen
Mich lassen Herre seyn /
Sie muß zu allen schweigen
Und mir Respect erzeigen /
Sonst thät ich zehnmal drein.

Sie muß sich lassen schelten /
Und muß auch diß entgelten
Was sie nicht schuldig ist.
Wann ich sie werde schlagen /
Muß sie geduldig sagen /
Schatz daß du böse bist.

Ich muß im Hause schmehlen /
Und gantz allein befehlen
Um Kleider Speiß und Tranck /
Den Hals wolt ich ihr brechen /
Wan sie nicht wolte sprechen /
Nun Gott sey Lob und Danck.

Trotz wann ichs haben wolte
Daß sie nicht sprechen solte
Die weiss Milch sey schwartz /
Sie muß gehorsam bleiben
Und mir zu Ehren gläuben
Dreck wäre Fiedel≠Hartz*.

Sollt ich gleich alls versauffen
Und in die Schencke lauffen
So geht es sie nicht an /
Gnug daß sie ihre Sachen
In Ruh und Friede machen
Und Essen kochen kan.

Ich folge meinem Kopffe
Und werffe mit dem Topffe
Nach Frauen Kind und Magd /
Wo jemand in dem Hause
Wann ich zu ofte schmause
Mir was zu wider sagt.
......
......

(1668; Str. 3–8)

Das Negativbild des polternden Küsters soll erzieherisch wirken. Auffällig, wie mühelos hier Alltagsrede in die kunstvolle Strophenform gefügt ist (in die sechszeilige Volksliedstrophe aab ccb usw.). In seiner Schrift „*Curieuse Gedancken von Deutschen Versen*" von 1691 forderte WEISE *Prosa-Konstruktion* als maßgebendes Formelement (womit er ein früher Vorfahre HEINES ist), wohl passend zu den Motiven aus dem bürgerlichen Alltag. — So beginnt sein Gedicht über die verbrannte Zunge:

> Was bedeutet das Erschrecken /
> Daß du so gen Himmel siehst /
> Und die Zung' an allen Ecken
> Nach der frischen Luft bemühst?
> Ist die Suppe nicht geschmalzen?
> Oder ist sie gar versalzen?
> ......
> ......

(1682)

Eine geistige Welt trennt diese Erzeugnisse von der gleichzeitigen Produktion der spätbarocken Hauptvertreter!

---

* Fiedel≠Hartz = Kolophonium

Raum für Zusätze

4.8.3 Johann Christian Günther

Mit diesem — weder höfischen noch bürgerlichen — genialen Einzelgänger tritt zum ersten Mal *persönliche Bekenntnisdichtung* in größerem Umfang in die dt. Lit. ein. GÜNTHER setzt damit Ansätze von FLEMING, die schon bei diesem sehr isoliert stehen, fort. Zugleich überwindet GÜNTHER mit seinem umfangreichen lyr. Werk die Grenzen des barocken Sprechens; er ist der erste Lyriker dt. Zunge, der sein inneres Erleben ganz in lyr. Sprache übersetzt.

An Leonoren [1]

MEIN Kummer weint allein um dich,
Mit mir ist's so verloren,
Die Umstände überweisen mich,
Ich sey zur Noth gebohren.
Ach, spare Seufzer, Wuntsch und Flehn,
Du wirst mich wohl nicht wiedersehn
Als etwan in den Auen,
Die Glaub und Hofnung schauen.

Vor diesem*, da mir Fleiß und Kunst
Auf künftig Glücke blühte
Und mancher sich um Günthers Gunst
Schon zum Voraus bemühte,
Da dacht ich, wider Feind und Neid
Die Palmen der Beständigkeit
Mit selbst erworbnem Seegen
Dir noch in Schoos zu legen.

Der gute Vorsaz geht in Wind;
Ich soll im Staube liegen
Und als das ärmste Findelkind
Mich unter Leuten schmiegen*.
Man läst mich nicht, man stöst mich gar
Noch stündlich tiefer in Gefahr
Und sucht mein schönstes Leben
Der Marter preiszugeben.
……
……

Ich schwur vor diesem*: Nur der Tod,
Sonst soll uns wohl nichts trennen;
Verzeih es jezo meiner Noth,
Die kan ich dir nicht gönnen;
Ich liebe dich zu rein und scharf,
Als daß ich noch begehren darf,
Daß Lorchen auf der Erde
Durch mich zur Wittwen werde.

So brich nur Bild und Ring entzwey
Und las die Briefe lodern;
Ich gebe dich dem ersten frey
Und habe nichts zu fodern.
Es küße dich ein andrer Mann,
Der zwar nicht treuer küßen kan,
Jedoch mit größerm Glücke
Dein würdig Brautkleid schmücke.

Vergiß mich stets und schlag mein Bild
Von nun an aus dem Sinne;
Mein leztes Wüntschen ist erfüllt,
Wofern ich dies gewinne,
Daß mit der Zeit noch jemand spricht:
Wenn Philimen* die Ketten bricht,
So sind's nicht Falschheitstriebe,
Er hast sie nur aus Liebe.

(1720; V. 1–25 u. 51–74 [Schluß])

„Günthers Kunst [stellt] sich als eine beinah unmittelbare Wiederaufnahme der Entwicklung an jenem Punkte dar, wo Fleming sie abgebrochen und verlassen hatte ... Auch wo er petrarkistisches Gut verwandte und sonstigen Traditionen

---

[1] geschrieben anläßlich der Lösung des Verlöbnisses mit Leonore Jachmann infolge Not und schwerer Krankheit in Lauban

* V.10 u. 51: vor diesem=früher; V.21: schmiegen=demütigen, unterwürfig sich fügen; V.72: Philimen=galanter Schäfername für GÜNTHER

verpflichtet blieb, bewahrte er sich von vornherein die Freiheit souveräner Gestaltung. Ungleich erschöpfender und modulationsreicher als bei Fleming ist die Fülle seelischer Möglichkeiten auseinandergefaltet, ohne Rücksicht und Bedenken die innere Erschütterung ausgesungen und in einer Intimität und Umrißschärfe die Gefühlsbewegung dichterisch gespiegelt, daß die Summe der lyrischen Gebilde fast wie ein poetisch erhöhtes Tagebuch erscheint. Das Lebensgefühl Günthers ist wilder und unbürgerlicher ... So ist Günther zweifellos der größere — und von der Moderne her gesehen — der ursprünglichere und lebenskräftigere Dichter, der erste Repräsentant des uns vertrauten Künstlertypus." *(Pyritz, 54)*

Raum für Zusätze

GÜNTHERS Lyrik im Übergang ins 18.Jh. blieb ohne Nachfolge bis zum Straßburger GOETHE (→5.4.6.1).

5 DIE LYRIK DES 18. JAHRHUNDERTS
5.1 Das Zeitalter der Aufklärung

„Um die Wende zum anhebenden 18.Jahrhundert beginnt sich in Deutschland eine Geistesart auszubreiten, die den vorhergehenden Kulturzustand ablöst — eine Wandlung, die nicht die Dichtung allein angeht. Die Wurzeln für diese als Aufklärung bezeichnete Haltung stammen aus dem Denken; Philosophie ist die Führerin, und von dorther erfolgt auch eine Veränderung im ästhetischen Bereich. Die dichterische Ausdrucksweise und die dichterischen Ziele, das literarische Kunstwollen, werden einer neuen Wertung unterzogen." *(Haller, 55)*

5.1.1 Name und allgemeine zeitliche Abgrenzung

Name: Übernahme der Bez. „Aufklärung" aus der Geschichte der Philosophie (→5.1.2). Das Substantiv ist vom verbalen Gebrauch herzuleiten: „aufklären"=klar machen, erhellen, Licht in eine Sache bringen. Die letztere (bildliche) Vorstellung zeigt Verwandtschaft mit der *Lichtmetapher:* fortschreitende Erhellung durch die Tätigkeit des Aufklärers. Somit wurde als Aufgabe verstanden, „das natürliche Licht der menschlichen Erkenntnis" *(56)* in der am Hergebrachten festhaltenden Welt zu verbreiten, nicht nur zum Wohle des einzelnen, sondern zum Nutzen und Glück aller. Voraussetzung zur Lösung dieser Aufgabe war die *Autonomie des vernünftigen Selbstbewußtseins;* die Methode, mit der dieses Ziel erreicht werden sollte, hieß *Kritik* — Titel und Losungswort der Arbeiten von GOTTSCHED bis KANT.

Zeitraum der *philosophischen* Aufklärung in Dtld.: von etwa 1700 bis 1780.

Raum für Zusätze

5.1.2 Geistesgeschichtlicher Hintergrund

Geschichte der Philosophie verlief seit der Renaissance in 2 getrennten Entwicklungsreihen: die eine gipfelte im 17. Jh., die andere im 18. Jh. Ausgangspunkte waren *Machtverlust von Kirche und Theologie*, durchgreifende Säkularisierung auf allen Lebensgebieten. Beide Richtungen waren sich daher einig in der Ablehnung der ma. Metaphysik und in dem Willen zur Begründung einer neuen *Methode*. Doch hier trennen sich die Wege. Die 1. Richtung geht von der mathematisch-*deduktiven*, die 2. von der *induktiven* Methode aus: es ist der sachliche Gegensatz zwischen *Rationalismus* (lat. ratio = Verstand, Vernunft) und *Empirismus* (gr. empeiria = Erfahrung).

Beide Richtungen waren auch räumlich geschieden: Rationalismus herrschte im 17. Jh. auf dem Kontinent und brachte die großen dogmatischen Systeme von DESCARTES, SPINOZA und LEIBNIZ hervor; Empirismus lebte in England und wurde Quelle der engl., frz. und dt. Aufklärung des 18. Jhs. Vereinigung beider Richtungen erfolgte in der Philosophie KANTS.

Philosophie der Aufklärung ergriff ganz Europa; erhielt im *Ausgangsland* **England** *um Wende des 17./18. Jhs.* ihre vorwiegend *empiristisch-sensualistische* Ausprägung (LOCKE, BERKELEY, HUME; in Differenzierung SHAFTESBURY). *These:* Grundlage aller Erkenntnis ist *Erfahrung.* Charakteristisch für engl. Aufklärung war die Möglichkeit der Umsetzung ihrer Ideen in die Praxis des staatlichen und gesellschaftlichen Lebens.

Nach **Frankreich** verlagerte sich der Schwerpunkt der Aufklärung *Mitte des 18. Jhs.* Hier erfuhr sie ihre glanzvollste *rationalistische* Ausprägung (VOLTAIRE, MONTESQUIEU). *These:* Grundlage aller Erkenntnis ist *Vernunft.* Ihr Spielraum reichte vom extremen Materialismus (LAMETTRIE, HOLBACH) bis zum Irrationalismus (ROUSSEAU), wobei eine sich immer mehr vertiefende Kluft entstand zwischen der idealen Welt der Vernunft und dem realen Dasein (Absolutismus in Staat und Kirche). Diese angesammelte Spannung entlud sich in der Frz. Revolution 1789.

Zuletzt erfaßte die Aufklärung **Deutschland,** wo sie die von LEIBNIZ und seiner Schule herkommenden Fäden aufnahm und sie ihrem System einschmolz. Die dt. Aufklärung kämpfte auf theologischem Gebiet nicht in erster Linie gegen die katholische Kirche wie in Frankreich, sondern wie in England gegen die Unduldsamkeit der protestantischen Orthodoxie. Diese war zur selben Zeit Hauptgegner der protestantischen religiösen Gefühlsbewegung des *Pietismus*. Durch diese Konstellation liefen – trotz völlig gegensätzlicher Einstellung zum Rationalismus – Aufklärung und Pietismus bis etwa 1740 nebeneinander her.

Nach einem genialen Anfang (Monadenlehre von LEIBNIZ: allgemeiner Zweck des Universums ist die Erhebung von der Verworrenheit zur Klarheit; „Aufklärung"= der Weg über die verschiedenen Helligkeitsstufen des Bewußtseins bis zum vernünftigen Selbstbewußtsein des Menschen) und einem Mittelstadium trockener Vernünftigkeit (WOLFF und die Berliner Aufklärer: Popularisierung der LEIBNIZschen Monadenlehre) fand die Aufklärung in Dtld. ihre *charakteristische* und *reifste Ausprägung* in KANT (→auch 5.5.3.4), dessen Standpunkt des *Kritizismus* Empirismus *und* Rationalismus umgreift. Seine 1781 erschienene „Kritik der reinen Vernunft" bedeutet Vollendung und zugleich Überwindung der Aufklärung. KANT definiert: „Aufklärung ist der Ausgang des Menschen aus seiner selbstverschuldeten Unmündigkeit" — unmündig in bezug auf die Abhängigkeit von staatlicher und religiöser Autorität, selbstverschuldet, weil die Ursache dieser Abhängigkeit nicht am Mangel des Verstandes, sondern am Mangel der Entschließung und des Mutes lag, sich seiner ohne Leitung eines anderen zu bedienen.

Raum für Zusätze

5.1.2.1 Kennzeichen der philosophischen Aufklärung in Deutschland

Philosophische Aufklärung in Dtld. war:

(1) *vernunftgläubig,* da sie im *Verstand* das alleinige Mittel der Erkenntnis sah und alles, auch ihre Ethik und Ästhetik, auf diesem Primat des Verstandes aufbaute;

(2) *wissenschaftsfreudig* unter Befreiung von der Herrschaft der Theologie, z.B. in der Begründung des *Naturrechts* durch PUFENDORF, der die sittliche Natur des Menschen zur ausschließlichen Rechtsquelle erklärte und die natürliche Vernunft als vollkommen ausreichend zu ihrer Erkenntnis („De iure naturae et gentium" [Vom Natur- und Völkerrecht], Dr. 1672);

(3) *kulturrevolutionär,* z.B. in der Durchsetzung der dt. Sprache als Universitätssprache (statt Lat.) durch THOMASIUS, damit dem Bürgertum neue Möglichkeiten eröffnend;

(4) *gesellschaftskritisch,* z.B. in der Anprangerung von Hexenwahn und Folter;

(5) *erzieherisch* in höchstem Maße, da sie nicht nur auf die Ausbildung des Verstandes, sondern auch auf die sittliche Bildung des Herzens zielte; Lehre von der *Toleranz,* der Menschlichkeit aus Menschenliebe (humanité). Aufklärung ist aus dieser Sicht die Selbstbildungsbewegung des bürgerlichen Menschen im 18. Jh. im Ggs. zur höfisch-aristokratischen Kultur des 17. Jhs.;

(6) *ungeschichtlich,* da sie aus bloßer Vernunft einen neuen Anfang setzen wollte im Hier und Jetzt; die Vergangenheit, bes. das MA, erschien ihr als finster = nicht aufgeklärt;

(7) *optimistisch* und *diesseitsfreudig* auf Grund der LEIBNIZschen Idee von der Welt als der „besten aller Welten";

(8) *weltbürgerlich,* da sie — als aktive Ergänzung, nicht im grundsätzlichen Ggs. zur vaterländischen Gesinnung — die ganze bewohnte Erde als Heimat, alle Menschen als Brüder betrachtete (eng verbunden mit dem Toleranz-Gedanken). Fortwirkung bis zu SCHILLER (Lied „An die Freude", →5.5.3.7.3) und zu KANT, der die Idee des Weltbürgertums als regulatives Prinzip einschätzte, dessen Vollendung „nur durch fortschreitende Organisation der Erdbürger in und zu der Gattung als einem System, das kosmopolitisch verbunden ist, erwartet werden kann." *(57)*

Raum für Zusätze

So zukunftsträchtig diese Ideale vom kulturhistorischen Standpunkt aus auch waren — sie waren nicht Besitz der breiten Masse. Insges. herrschte eine *starke Diskrepanz* zwischen philosophisch-lit. Theorie und empirischer Wirklichkeit:

> „Es gab in Deutschland wohl einzelne ganz große Repräsentanten der Aufklärung, wie vor allem Lessing, der vielleicht überhaupt die reinste und menschlich gewinnendste Gestalt der ganzen Bewegung ist ... die Mehrheit des Bürgertums und der Intelligenz war unfähig, die Bedeutung der Aufklärung in bezug auf ihre klassenmäßigen Interessen zu begreifen ... Sie entwickelt aus ihrer unfreiwilligen Passivität ein Ideal des idyllischen Privatdaseins, aus ihrer äußeren Gebundenheit die Idee der inneren Freiheit und der geistigen Souveränität über die gemeine, empirische Wirklichkeit. So kommt es in Deutschland zur völligen Scheidung der Literatur von der Politik ..."
> *(Hauser, 58)*

5.1.3 Historisch-politischer Hintergrund

Seit 1675 — Schlacht von Fehrbellin — erfolgte im reichsfürstentümlichen Dtld. der Aufstieg Preußens zur führenden Militärnation Europas, seit 1699 der Aufstieg Österreichs zur Großmacht unter Maria Theresia.

In Preußen errichtete Friedrich Wilhelm I., der „Soldatenkönig", einen Militär- und Beamtenstaat, in dem „Zucht und Ordnung" herrschen sollten, verfeinerte Hofkultur (wie sie zur selben Zeit im frz. Rokoko unter Ludwig XV. einen Höhepunkt erreichte) nicht mehr gefragt war, sparsame Verwaltung eingeführt, Merkantilismus und Landwirtschaft gefördert und damit Bürger und Bauern zwar nicht zu politischer Freiheit (alle Stände haben dem Staat zu dienen), wohl aber wieder zu Wohlstand geführt wurden.

Erschütterungen setzten ab 1740 durch neu ausbrechende Kriege ein: Österreichischer Erbfolgekrieg, 1. und 2. Schlesischer Krieg, Siebenjähriger Krieg. 1763, der Friede von Hubertusburg, sieht Preußen als 5. Großmacht, löst neues Nationalgefühl aus.

Zeitalter des „aufgeklärten Absolutismus" wird repräsentiert durch Friedrich II., den Großen, und seine lit. Hofszene um VOLTAIRE (Rheinsberg und Sanssouci). Religions- und Meinungsfreiheit werden proklamiert, die Menschenrechte (Naturrecht, Völkerrecht) eingesetzt — dennoch bleibt der Bürger politisch rechtlos, zieht sich unpolitisch in sein Privatdasein zurück.

Gleichzeitig wird die Epoche geprägt durch die im 17. Jh. erneut erfolgter weltweiten geographischen *Entdeckungen* sowie die wiss. und technischer *Erfindungen*, die ein neues Verhältnis zu den Naturwiss. und ein *neues Weltbild* (KOPERNIKUS, KEPLER, GALILEI, NEWTON, DESCARTES) hervorriefen.

5.2 Die Lyrik im Zeitalter der Aufklärung

(Literarische Aufklärung — Literarisches Rokoko — Empfindsamkeit)

5.2.1 Zeitliche Abgrenzung und Einteilung

Zeitliche Abgrenzung für die *literarische* Aufklärung in Dtld.: von rd. 1730 bis 1770.

Im Bereich der *Lyrik* ein früherer, vor-gottschedscher Beginn als im Bereich des Dramas: ~ 1720.

Einteilung: Für den Gesamtzeitraum ist die „Literarische Aufklärung" *Epochenstil*[1]. Eingebettet in diesen sind als Reaktionen auf die verstandesmäßige Haltung der Aufklärung die dem Gefühl und der Phantasie zugewandten *Zeitstile* des „Literarischen Rokoko" und der „Empfindsamkeit" sowie des „Sturm und Drang": Zwischenspiele und Strömungen, die zeitweise die lit. Szene zwischen 1740 und 1780 beherrschen (→Tab. 26).

Bezeichnung „Rokoko" wurde übernommen aus der Kunst- und Kulturgeschichte. *Hier* ausdrücklich mit dem Zusatz „literarisch", um nicht zu verkennen,

> „daß auch noch im 18.Jahrhundert die bildenden Künste und die Literatur eigenen Gesetzen und Traditionen folgen, daß sie verschiedenen sozialen und soziologischen Schichten zugehören, daß es vor allem nicht dieselben Menschen sind, die Schlösser und Kirchen bauen, Gärten anlegen, Opern und Symphonien komponieren und Gedichte und Romane schreiben."
> *(Anger, 59)*

Bezeichnung „Empfindsamkeit" beruht auf einer von Lessing vorgeschlagenen Lehnübersetzung des engl. sentimental=empfindsam; sie wurde

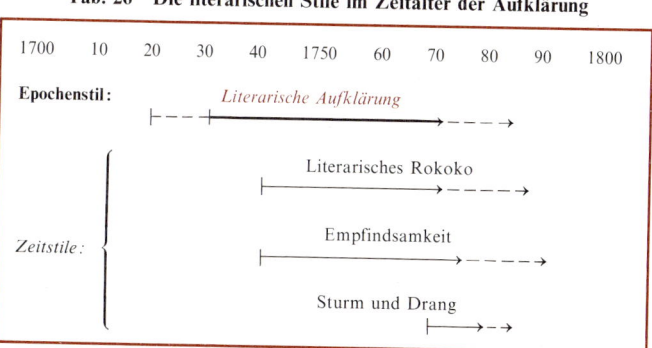

Tab. 26 Die literarischen Stile im Zeitalter der Aufklärung

```
1700    10    20    30    40    1750    60    70    80    90    1800
```

Epochenstil: *Literarische Aufklärung*
├ ─ ─ ┤━━━━━━━━━━━━━━━━━━━━━━━━→ ─ ─ ─ →

Zeitstile:
  Literarisches Rokoko
  ├━━━━━━━━━→ ─ ─ ─ →

  Empfindsamkeit
  ├━━━━━━━━━→ ─ ─ ─ →

  Sturm und Drang
  ├━━→ ─ →

[1] „Von einem Epochenstil sprechen wir, wenn er ein ganzes Zeitalter beherrscht, von einem Zeitstil, wenn sich ein Stil bei mehreren Dichtern einer bestimmten Periode zeigt."
(Anger, 60)

Raum für Zusätze schon von den Zeitgenossen als Schlagwort für den „Gefühlskult" gebilligt: Freiraum für die von der Aufklärung unterdrückte und vom Pietismus (→5.2.6.1) genährte Gefühls- und Empfindungswelt.

Bezeichnung „Sturm und Drang" →5.4.1.

5.2.1.1 Kennzeichen der literarischen Aufklärung in Deutschland

Ausprägungen lit. Aufklärung entsprechend ihrer Mehrschichtigkeit (→Tab. 26) und ihrer soziologischen Diskrepanz (→Zitat 58) von unterschiedlicher Art und sehr unterschiedlichem Niveau:

(1) *diesseitsgläubig:* Nach der Jahrhundertwende hatten sich die geistigen Schwerpunkte wesentlich verschoben. Die barocke Spannung Diesseits: Jenseits war aufgehoben, das Diesseits triumphierte; Glauben und Wissen, Theologie und Philosophie trennten sich weitgehend. Die *aufgeklärte Lehrdichtung* preist die beste aller möglichen Welten.

(2) *bürgerlich:* Der aufgeklärte Mensch urteilte in überlegener vernünftiger Selbstsicherheit; Tugend und Moral (→3) waren die Richter über Handeln und Denken des einzelnen. Der Bürger — nun gesellschaftlich und wirtschaftlich zu Selbstbewußtsein gelangt, politisch aber weiter von kleinstaatlichem Despotismus gedrückt — lebte in relativ zufriedenem Mittelmaß, aber uninteressiert an politisch-sozialen Fragen. Nicht mehr der Hof allein war Mittelpunkt künstlerischer Betätigung, sondern die Handelsstädte Zürich, Leipzig, Hamburg wurden zu geistigen Zentren, und ihr lit. Ausdruck war *galante rokokohafte Kleinkunst*.

(3) *tugendhaft-moralisch:* Der Bildungsgedanke mit seiner praktisch-ethischen Ausrichtung führte zum Aufblühen der sog. *Moralischen Wochenschriften*. In Nachahmung der in England verbreiteten, von STEELE und ADDISON redigierten Zschr. „Tatler" (1709/11) und „Spectator" (1711/12) erschienen

in Hamburg: „Der Patriot", 1724/26, hrsg. von BROCKES;

in Zürich: „Discourse der Mahlern", 1721/23, hrsg. von BODMER und BREITINGER;

in Leipzig: „Die vernünftigen Tadlerinnen", 1725/26, und „Der Biedermann", 1727/29, hrsg. von GOTTSCHED.

Der Inhalt der Beiträge war belehrend, dabei interesseweckend und eingängig dargestellt, ausgerichtet auf optimistische Lebenshaltung mit Anweisungen für ein sinnvolles, tugendhaftes Dasein. Um Mitte des 18.Jhs. waren bereits 180, um die Jahrhundertwende über 500 derartige Wochenschriften auf dem Markt: Spiegel eines immer breiter werdenden Bildungsbewußtseins des Bürgertums (Schulpflicht in Preußen seit 1717).

„Die Moralischen Wochenschriften sind, als Ganzes gesehen, eine Erscheinung, die vielleicht nicht einmal so sehr ideengeschichtlich als vielmehr soziologisch für die Frühaufklärung kennzeichnend ist. Durch sie wird die Popularphilosophie der Aufklärung pädagogisch in die Breite getragen, kann sie bildend werden im umfassenden Sinne. Ihr Publikum ist der kleine Beamte, der Lehrer, Pfarrer oder Arzt, das fromme Gemeindeglied so gut wie — zum ersten Mal als solche angesprochen — die Frau, die Gutsfamilie auf dem Lande, aber auch ebenso der Kaufherr in der Stadt. Die Aufklärung wird durch sie zuerst eine Bildungsmacht ohne aristokratische Vorbehalte." *(Kohlschmidt, 61)*

(4) *rationalistisch:* Aus *intellektuellem* Rationalismus entstanden — ähnlich den Sprachgesellschaften im Barock — die *literarischen Kreise* um GOTTSCHED in Dtld., um BODMER und BREITINGER in der Schweiz, die in der *Pflege der hochdeutschen* (lutherisch-meißnerischen) *Sprache* sowie in einer *Dichtungsreform* (→auch Bd. I a) — wenn auch z.T. mit unterschiedlichen Ansätzen und Zielsetzungen — ihre Aufgabe sahen. Die marinistische spätbarocke Lyrik wird von ihnen schonungslos als „Schwulst" abgewertet.

(5) *emotional:* Gegen den Rationalismus der Zeit standen diejenigen Bewegungen, die eine Entwicklung vom Objekt zum Subjekt, von der ratio zum Gefühl, von außen nach innen anstrebten: in erster Linie die religiöse Bewegung innerhalb des Protestantismus, der *Pietismus,* der seinen lit. Ausdruck in der *Empfindsamkeits-Lyrik* mit ihrem *Freundschaftskult* fand. Höhepunkt der Dichtung der 1. H. des 18.Jhs. durch das Werk KLOPSTOCKS, in dem Gefühl und persönliches Bekenntnis die prägenden Momente sind. Mit ihm stößt die Aufklärung in eine neue lit. Epoche vor.

5.2.2 Gattungstheoretische Grundlagen

Für Dtld. war das wichtigste *Ergebnis* gattungstheoretischer Auseinandersetzungen *im Laufe des 18.Jhs.* die *triadische Einteilung* der Poesie in *Epos, Lyrik* und *Drama.* Der Oberbegriff „Lyrik" faßte zum erstenmal die verschiedenen lyr. Formen zusammen und stand damit als gleichberechtigte Hauptgattung neben Epos und Drama.

5.2.2.1 Ausländischer Einfluß

Die Anfangspositionen der Gattungstheorie waren in Dtld. ebenso wie die fortschreitende Diskussion weitgehend abhängig vom Ausland, weniger von Italien (das bereits im 16.Jh. die Dreiteilung der Dichtkunst kannte und ~1700 allgemein anerkannte), desto stärker, gemäß dem Einfluß der philosophischen Strömungen, von *Frankreich* und von *England*.

Frankreich

Wurde wirksam durch die theoretischen Abhandlungen von BOILEAU und BATTEUX.

BOILEAUS lehrhaftes Versgedicht in 4 Gesängen „**L'art poétique**" (Die Dichtkunst, Dr. 1674) knüpft an HORAZENS „Ars poetica" (→Bd. II a, A 1.2.2.3.3.1) an; als antibarocke Dichtungstheorie basiert es (→auch 4.8.1) auf *Vernunft* als beherrschendem Prinzip, was für BOILEAU heißt:

Raum für Zusätze Nachahmung der Natur im Sinne antiker Dichtung. Damit wurde er zum absoluten Vorbild für GOTTSCHED (→5.2.2.2.1). Eine Dreiteilung der Gattungen kannte BOILEAU noch nicht.

BATTEUX' theoretische Schriften von Mitte des 18.Jhs., **"Les beaux-arts réduits à un même principe"** (Zurückführung der schönen Künste auf einen einzigen Grundsatz, Dr. 1746) und **"Cours de belles lettres,** distribué par exercises" (Kursus über die schöne Literatur, aufgeteilt in Übungen, Dr. 1747/50), vertreten — sich v.a. auf ARISTOTELES' „Poetik" berufend — ebenfalls das Nachahmungsprinzip und wurden, mehr als im eigenen Lande, in Dtld. viel diskutiert und übersetzt, das erstgenannte u.a. von GOTTSCHED: „Auszug aus des Herrn Batteux Schönen Künsten aus dem einzigen Grundsatze der Nachahmung hergeleitet ...", Dr. 1754. Die von BATTEUX vorgeschlagene Drei- bzw. Vierteilung der Poesie in lyrisch, episch, dramatisch, didaktisch wurde von GOTTSCHED noch nicht berücksichtigt.

> „Gottscheds Batteux-Übersetzung erschien drei Jahre nach der vierten und letzten Auflage der ‚Critischen Dichtkunst', in der er seine frühere Reihung der Gattungen noch erheblich erweitert und umgruppiert hatte. Batteux' triadische Gliederung wurde ihm also erst zu einem Zeitpunkt zugänglich, als er keine Veranlassung mehr sah, seine dichtungskritischen Arbeiten, die er als abgeschlossen betrachtete, noch einmal aufzunehmen und zu modifizieren."
> *(Scherpe, 62)*

England

Hier kannte man die Dreiteilung der Poesie ebenfalls seit über 100 Jahren. MILTON stellte in seinem **„Treatise of education"** (Traktat über Erziehung, Dr. 1644) als gleichberechtigt nebeneinander: „lyric, dramatic and epic poems", und DRYDEN benutzte in der bedeutenden literarkritischen Abhandlung **„Of Dramatick Poesie:** An Essay" (Über dramatische Dichtung. Ein Essay, Dr. 1668) die triadische Einteilung beim Vergleich der Leistungen engl. und antiker Autoren.

> „Es zeigt sich, daß in der englischen Theorie des 17.Jahrhunderts die umfassenden Gattungsbezeichnungen ‚lyric', ‚epic' und ‚dramatic', die sich in der deutschen Poetik nicht fanden, bereits fest etabliert sind ... Doch bleibt auch in der englischen Dichtungstheorie die Anerkennung der lyrischen Poesie nicht unbestritten."
> *(Scherpe, 63)*

Einfluß der engl. Lit. auf die „Moralischen Wochenschriften" →5.2.1.1, auf das Lehrgedicht →5.2.4.1.1.

5.2.2.2 Entwicklung in Deutschland

Erstaunlich früh — 1735 — erschien in Dtld. die Dreiteilung in BAUMGARTENS Dissertation „Meditationes philosophicae de nonnullis ad poema pertinentibus" (Philosophische Studien über manche Bereiche des Gedichts). Sie blieb aber isoliert und vorerst ohne Nachfolge, da GOTTSCHED sie nicht berücksichtigte.

Erst mit HERDER wurde sie allgemein üblich (→5.4.4); er spricht von "idealen Urformen", GOETHE von "Naturformen":

> "Es gibt nur drei echte Naturformen der Poesie: die klar erzählende, die enthusiastisch aufgeregte und die persönlich handelnde: Epos, Lyrik und Drama. Diese drei Dichtweisen können zusammen oder abgesondert wirken."
>
> *(Aus: „Noten und Abhandlungen zu besserem Verständnis des West-östlichen Divans", 1827)*

5.2.2.2.1 Johann Christoph Gottsched

Seit 1730 Professor der Poesie, Logik und Metaphysik in Leipzig (Anhänger der Philosophie WOLFFs). Bedeutender Theoretiker der Dichtkunst; Förderer des dt. Schauspielwesens; Sprachwissenschaftler: *„Grundlegung einer Deutschen Sprachkunst"*, Dr. 1748. Seit 1735 verheiratet mit LUISE ADELGUNDE KULMUS („Gottschedin").

GOTTSCHED war auf lit. Gebiet das Pendant zu dem Philosophen WOLFF (der philosophische Sinn des Fragens fehlte beiden, denn sie glaubten, sie hätten die Wahrheit!). WOLFFs Lehre beruhte auf LEIBNIZ, er systematisierte dessen Gedanken und verflachte sie erheblich. GOTTSCHED berief sich auf die klassizistische frz. Dichtungstheorie des 17. Jhs., insbes. auf BOILEAU (→5.2.2.1). Hier fand er die These, daß der Dichtung deshalb ein Platz im System der Wiss. gebühre, weil sie ein Instrument sei, allgemeine Wahrheiten und moralische Grundsätze zu verdeutlichen. So schuf er in dem Bestreben, auch in Dtld. die Dichtkunst aufzuwerten (ähnlich wie 100 Jahre vor ihm OPITZ), seine *Muster- und Regelpoetik*:

„Versuch einer Critischen Dichtkunst vor die Deutschen", Dr. 1730 (weitere Auflagen 1737, 1742, 1751).

GOTTSCHED ging von *2 Axiomen* aus: dem Glauben an die *Vernunft* (Rationalismus) und dem Glauben an die *Erziehbarkeit* der Menschen (pädagogischer Optimismus). Dichtung soll erziehen, ihr Wert mißt sich an der Moral, die sie verkündet.

Der *Nachahmungs-* und *Wahrscheinlichkeits-Grundsatz* ist für GOTTSCHED das übergreifende Ordnungsprinzip für *alle* Dichtung; nicht zu verstehen als bloßes Kopieren der Natur, sondern als nachschaffende Erfindung einer der *wirklichen* Wirklichkeit möglichst ähnlichen dichterischen Wirklichkeit. „Wirkliche" Wirklichkeit wird vom Aufklärer GOTTSCHED als Vernunft-Wirklichkeit gesehen = Natur, die geordnet ist nach einem vernünftigen Plan und daher vollkommen. Raum dichterischer Erfindung wird somit durch das Gebot des *Wahrscheinlichen* begrenzt, denn nur das Wahrscheinliche gewährleistet Annäherung von Vorbild und Abbild und schließt alles Phantastische und übertrieben Wunderbare aus.

Das bedeutet für das Gebiet der Lyrik, daß auch Gedichte Nachahmungen sind. Obwohl nicht als Nachahmung von *Handlungen* (wie in Epos und Drama) zu begreifen, spricht in ihnen der Dichter selbst und ahmt eigene oder fremde *Empfindungen* nach:

Raum für Zusätze

„Man macht z.E. ein verliebtes, trauriges, lustiges Gedichte im Namen eines andern; ob man gleich selbst weder verliebt noch traurig, noch lustig ist. Aber man ahmet überall die Art eines in solchen Leidenschaften stehenden Gemüthes so genau nach, und drückt sich mit so natürlichen Redensarten aus, als wenn man wirklich den Affect bey sich empfände." *(64)*

Daraus ergibt sich die Notwendigkeit des *Artifiziellen*, des Künstlichen beim „Machen" eines Gedichts; denn nach GOTTSCHEDS Forderung darf das Gedicht niemals spontan aus dem Affekt entspringen, sondern muß immer *Distanz* wahren zwischen Affekt und Ausdruck des Affekts:

„Denn so viel ist gewiß, daß ein Dichter zum wenigsten dann, wenn er die Verse macht, die volle Stärke der Leidenschaft nicht empfinden kan. Diese würde ihm nicht Zeit lassen, eine Zeile aufzusetzen, sondern ihn nöthigen, alle seine Gedanken auf die Größe seines Verlusts und Unglücks zu richten. Der Affect muß schon ziemlich gestillet seyn, wenn man die Feder zur Hand nehmen, und alle seine Klagen in einem ordentlichen Zusammenhange vorstellen will." *(65)*

GOTTSCHEDS Theorie beherrschte die 30er Jahre des 18.Jhs. absolut, und so blieben auch diese beiden Positionen — Nachahmung und Künstlichkeit — für die lyr. Produktion in der 1. H. des 18.Jhs. maßgeblich.

5.2.2.2.1.1 Modifikationen und Gegenpositionen

GOTTSCHEDS Werk erweist sich als letzter rückblickender Abschluß einer lit. Entwicklung. Die bald darauf einsetzenden und in den Vordergrund strebenden Gegenpositionen — in der Lyrik ebenso wie in der Dramatik (→Bd. Ia, 4.1.3.1.2) — weisen in die Zukunft, gehören dem sich bildenden Reich der Subjektivität an und der Begründung der Künste aus ihm.

Dabei geht es in erster Linie um die Ausweitung des Begriffs „Nachahmung" bzw. seine völlige Ersetzung durch „Erfindung" und um die genauere Bestimmung der Bandbreite des „Affekts". Der Weg führt — unter Vernachlässigung der Neben- und Umwege — von der *kunstvoll dargestellten*, „gemachten", zur *spontan ausgedrückten* „Empfindung", vom *Gesichtseindruck* zum *Gefühlsausdruck*.

G. Müller bezeichnet Anfang und Ende dieses Weges mit „Distanzhaltung" und „Ausdruckshaltung" *(66)*, *Böckmann* mit „Sprache des Witzes"[1] und „Ausdruckssprache" *(67)*.

Modifikationen der GOTTSCHEDschen Theorie wurden vertreten von BODMER und BREITINGER, BAUMGARTEN, JOHANN ELIAS SCHLEGEL, JOHANN ADOLF SCHLEGEL, GELLERT, GLEIM u.a., *Gegenpositionen* durch KLOPSTOCK und GERSTENBERG (auf dem Gebiet des Dramas durch LESSING, →Bd. Ia, 4.1.3.2).

---

[1] Witz (von wissen) bedeutet im 18.Jh. Verstand, Klugheit, Geist; entspricht: ingenium, geistreiche Einfalls- und Erfindungsgabe

Modifikationen Raum für Zusätze

Bodmer: „**Critische Abhandlung von dem Wunderbaren** in der Poesie und dessen Verbindung mit dem Wahrscheinlichen", Dr. 1740; „**Critische Betrachtungen über die Poetischen Gemählde Der Dichter**", Dr. 1741.

Breitinger: „**Critische Dichtkunst**" (mit einem Vorwort von Bodmer), Dr. 1740; Hauptwerk der schweizerischen Ästhetik. Durch Heranziehung der engl. Dichtungstheorie und der empirischen Psychologie Lockes Übergang von der deduktiven zur *induktiven Methode:* zuerst Beobachtung der Erscheinungsformen des Dichterischen, dann Aufstellung allgemeiner Regeln.

Wesentlichster Ggs. zu Gottsched: nicht getreue Naturnachahmung allein macht das Wesen der Kunst aus; hinzukommen muß die *Einbildungskraft des Dichters,*

> „weil nun in dieser Verbindung des Wunderbaren mit dem Wahrscheinlichen die vornehmste Schönheit und Kraft der Poesie bestehet."
> *(Breitinger, „Critische Dichtkunst", Kap. 6)*

Baumgarten setzte mit seinem Hauptwerk „**Aesthetica**" (Dr. 1750/58) die Ästhetik als eine neue, selbständige, erst auszubildende philosophische Disziplin ein und sprach vom „ästhetischen Reichtum" und von „ästhetischer Größe" dichterischer Gegenstände, eine Einstellung, die in Rokoko und Empfindsamkeit – unter Einfluß von Shaftesburys Ästhetik – zu stärkerer Wirkung kommen sollte.

Johann Elias Schlegel notierte: „Die allerfeinste Erfindung ... ist vergeblich, wenn dadurch nur der Verstand und nicht zugleich das Herz eingenommen wird." *(68)*

Johann Adolf Schlegel (Bruder von Johann Elias und Vater von August Wilhelm und Friedrich) kritisierte die Anwendung der Nachahmungstheorie auf die Lyrik, denn: die Oden sind keine „Reihe nachgemachter Empfindungen", sondern „oft die Ausdrücke der wirklichen Empfindungen unseres Herzens". *(69)*

Unterstützt wurden diese, dem Gefühl weit stärker als bisher zuneigenden Bestrebungen durch die *pietistische Lyrik:*

> „Darf Gellert oder Klopstock in ihren *geistlichen Liedern,* dürfen andre Dichter in den *erhabensten Oden, darinnen die Materien der Religion besungen,* nicht die Empfindungen ihrer eignen Herzen ausgedrückt haben? Und, wenn sie sie ausgedrückt, sind sie dann weniger Dichter? Oder sollten wenigstens die Leser sie bloß als nachgemachte Empfindungen betrachten?" *(J.A. Schlegel, 70)*

Gegenpositionen

Durch Klopstock und sein Werk wird die normativ-systematische Gattungspoetik erledigt, indem er ihre Basis zerstört: nicht die Regeln stehen an erster Stelle, sondern diese sind aus den dichterischen *Schöpfungen des Genies* abzuleiten (ähnlich argumentierte Lessing in bezug auf das

Raum für Zusätze Drama, vgl. Bd. Ia, 4.1.3.2). Nur empirische Beobachtung dieser Werke kann zu Gattungsgrundsätzen führen. Weiter schied KLOPSTOCK *Darstellung* von *Abhandlung* oder, anders ausgedrückt, *Ausdruckssprache* von *Mitteilungsrede*. Formal führte er für die Ode die antiken Vers- und Strophenmaße ein, erfand eigene Vers- und Strophenformen und schuf in den freirhythmischen Hymnen ein neues Ausdrucksmittel (→5.2.6.3 u. 5.2.6.5).

> „Vor allem aber ist es Klopstocks eigene Dichtung, die die Kritiker vor ein Phänomen stellte, das sie mit herkömmlichen Vorstellungen nicht deuten konnten und das sie zwang, die Deutung dem Ausdruckswillen der Dichtung anzupassen." *(Gerth, 71)*

KLOPSTOCKS Dichtung und Dichtungstheorie wurden ab 2. H. des 18. Jhs. wirksam.

Ähnliches wie KLOPSTOCK forderte der mit diesem befreundete GERSTENBERG in seiner theoretischen Schrift **„Briefe über Merkwürdigkeiten**[1] **der Litteratur"** (Dr. 1766/70). GERSTENBERG bezeichnete in der 3. Slg. im 20. Brief das Wesen des Lyr. als die *Auflösung der Empfindung in Töne,* sei es in den Gesang oder in den Klang der Worte. Lyrik wird zum „simplen und einfachen Gesang der Natur" (→5.4.4).

Des Merkens würdige Vorwegnahme der Position HERDERS (→5.4.4).

5.2.3 Gattungsunterarten

Entsprechend der philosophisch-kritischen Grundhaltung der Aufklärung und der nüchtern-didaktischen Ausrichtung GOTTSCHEDS traten auf dem speziellen Gebiet der lit. Aufklärung nur relativ wenige Formen auf, die erst durch Rokoko und Empfindsamkeit wieder vermehrt wurden (→auch Tab. 27):

Tab. 27   Die Gattungsunterarten der Lyrik im Zeitalter der Aufklärung[2]

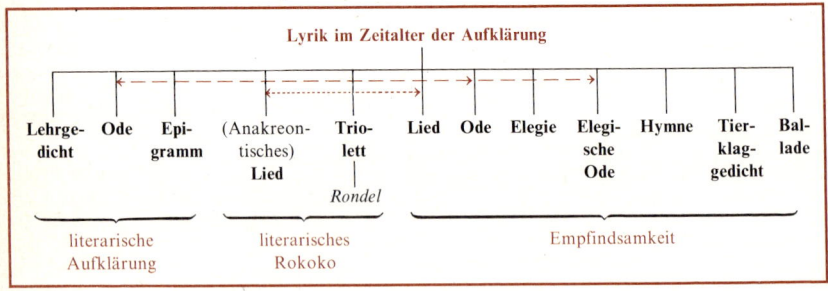

\<--- literarische Aufklärung ---\>	\<--- literarisches Rokoko ---\>	\<--- Empfindsamkeit ---\>
Lehrgedicht, Ode, Epigramm	(Anakreontisches) Lied, Triolett, Rondel	Lied, Ode, Elegie, Elegische Ode, Hymne, Tierklaggedicht, Ballade

---

[1] im Sinne von: „des Merkens Würdiges"
[2] Übersicht Gattungsunterarten des Sturm und Drang →Tab. 33

Lehrgedicht und **Ode,** wobei Ode die geläufige Bez. für die philosophische Lyrik der Zeit, für die Gattungsform als solche also unbedeutend ist. Die philosophische Aufklärungsode unterscheidet sich von den Lehrgedichten eigentlich nur durch Begrenzung auf ein bestimmtes Problem und die strophische Form. — Bei KLOPSTOCK Rückgriff auf antike Formen und eigene Nachschöpfungen.

Raum für Zusätze

Lied tritt in der Anakreontik hinzu. Dabei zu beachten, daß Lied und Ode, Ode und Psalm, Ode und Hymne bis zum Ende des 18.Jhs. austauschbare Termini bleiben. KLOPSTOCK setzte erste Zeichen der Unterscheidung, aber noch HERDER verwendete überwiegend den Begriff Ode. Dennoch ist eine allmähliche, stetige Aufwertung des Begriffs „Lied" zu beobachten. Bereits GERSTENBERG übernahm eine üblich gewordene Scheidung von „erhabenen" und „sanften" Empfindungen und bezeichnete sie mit „Ode" und „Lied". Der Theoretiker ESCHENBURG vollzog 1783 die Zweiteilung endgültig:

„Ueberhaupt aber lassen sich *zwey Hauptgattungen* lyrischer Gedichte absondern, die sich durch Inhalt und Vortrag merklich unterscheiden; nämlich, die eigentliche *Ode* und das *Lied*. Jene hat erhabnere Gegenstände, stärkere Empfindungen, höhern Schwung der Gedanken und des Ausdrucks; dieses wird gewöhnlich durch leichtere und sanftere Gefühle veranlaßt, und hat daher auch einen leichtern, gemässigtern Ton."
(72)

Elegie und **Hymne** werden von KLOPSTOCK verwandt; Bedeutungswandel von Hymne →5.2.6.5.5.

Mischgattungen und **Kleinformen** kennzeichnen die Lyrik des lit. Rokoko.

Fabel und *Idylle* können — sofern man in gebundenen Sprachgebilden den epischen Bestandteilen mehr Gewicht gibt als den lyr. und dramatischen — der Epik zugerechnet werden (gleiche Entscheidung ist grundsätzlich auch bei der Ballade möglich). Diese Gattungsunterarten, die in der Dichtung von Aufklärung, lit. Rokoko und Empfindsamkeit eine jeweils unterschiedliche, aber durchaus bedeutende Rolle spielen (HAGEDORN, GLEIM, GESSNER, LESSING, VOSS u.a.), werden deshalb in Bd. III behandelt.

Die *allgemeine geistliche Lyrik* verbindet sich Mitte des 18.Jhs. womöglich noch stärker als im Barock der weltl.; sie verliert jeglichen Sondercharakter, ist bei einem Dichter wie KLOPSTOCK nicht mehr von weltl. Lyrik zu trennen.

Die *spezielle geistliche Lyrik,* eingeengt auf *Gesangbuchlyrik* (Kirchenlied), wird zunehmend *lehrhaft,* z.B. GELLERT *„Geistliche Oden und Lieder",* Dr. 1757; die Berücksichtigung bibl. Poesie wird verstärkt durch das Vorbild von BATTEUX (der die *hebräische Dichtung* „unendlich weit über alle weltlichen Gesänge stellte"), z.B. in LANGES Übers. „Die Oden Davids", Dr. 1760, und CRAMERS „Poetische Uebersetzung der Psalmen mit Abhandlungen über dieselben", Dr. 1755/64.

Raum für Zusätze

5.2.4 Die Lyrik der literarischen Aufklärung

5.2.4.1 Lehrgedicht

Die wichtigsten Werke in 1.H. des 18.Jhs. →Tab. 28. Von nachhaltiger Wirkung v.a. die Lehrgedichte von BROCKES, HALLER und EWALD V. KLEIST.

Tab. 28 Die wichtigsten Lehrgedichte der literarischen Aufklärung

1721	BROCKES „Irdisches Vergnügen in Gott, bestehend in verschiedenen aus der Natur und SittenLehre hergenommenen Gedichten", 9 Bde (bis 1748)	beschreibende, „malende" teleologische Naturbetrachtungen
1732	HALLER „Die Alpen"	kulturphilosophisches Lehrgedicht
1737	PYRA „Der Tempel Der Wahren Dichtkunst"	didaktische Allegorese
1749	EWALD V. KLEIST „Der Frühling"	beschreibendes Landschaftsgedicht mit idyllischen Zügen
1752	WIELAND „Die Natur der Dinge oder Die vollkommene Welt"	philosophisches Lehrgedicht

5.2.4.1.1 Barthold Hinrich Brockes

BROCKES'[1] dichterische *Anfänge* standen noch unter Einfluß des spätbarocken Marinismus: so sein Passions-Oratorium „Der für die Sünden der Welt gemarterte und sterbende Jesus", Dr. 1712, seine Übers. von MARINOS Epos „La Strage degli Innocenti" (1632) u.d.T. „Verteutschter Bethlehemischer Kinder-Mord des Ritters Marino", Dr. 1715, so seine Gründung einer „Teutschübenden Gesellschaft" in Hamburg in Fortsetzung der Gesellschaften von ZESEN und RIST (→4.4.2.1.2).

Wende erfolgte unter Einfluß der engl. Philosophie, insonderheit des von NEWTON (und von LEIBNIZ) formulierten Gedankens (der zum Lieblingsgedanken der Aufklärung wurde), daß die hohe Vollendung des Weltmechanismus, die die Notwendigkeit außerordentlicher Eingriffe ausschließe, um so sicherer auf die Tätigkeit eines „Weltbaumeisters" hinweise. Dieser auf Vernunftschluß basierenden religiösen Überzeugung die dichterische Weihe zu geben, „Spuren der Gottheit" in jedem, auch dem kleinsten Gebilde der Welt zu entdecken, war und blieb einziges Motiv von BROCKES' 9bändigem Riesengedicht: *„Irdisches Vergnügen in Gott"*, 1721/48.

---

[1] gespr.: Brokes

Diese „Physikotheologie" (= auf Rühmung Gottes zielende Naturbetrachtung) wurde ihm u.a. nahegelegt durch die Werke des Engländers DERHAM, dessen „Astrotheology" und „Physico-Theology" von BROCKES' Freund FABRICIUS 1728 bzw. 1730 ins Dt. übertragen wurden. *Raum für Zusätze*

Bestätigt fand BROCKES den Impetus seiner Arbeit außerdem in der engl. didaktisch-intellektuellen Dichtung: er übersetzte 1740 das berühmte Lehrgedicht *„An Essay on Man"* (Ein Versuch über den Menschen, Dr. 1733/34) von POPE, das das Bild des Menschen innerhalb des von Gott in Vollkommenheit gestalteten Universums entwirft, sowie 1745 die pastorale Dichtung *„The Seasons"* (Die Jahreszeiten, Dr. 1730) von THOMSON (1801 von HAYDN vertont).

„Irdisches Vergnügen in Gott" ist die bündigste Absage an barocke Vanitas-Stimmung. Die Frage:

> „Sind uns die Sinnen hier im Leben
> Denn nur fürs Künftige gegeben?"

wird mit einem klaren „Nein" beantwortet; vielmehr sieht BROCKES die Aufgabe seines Werkes darin, Gott zu erweisen aus der Schönheit und Zweckmäßigkeit der Natur.

Das ist *teleologische Naturbetrachtung* (gr. telos = Ziel, Zweck), d.h. der Schluß von der Zweckmäßigkeit der Welt auf das Sein eines Zwecke setzenden göttlichen Welturhebers, die säkularisierte Religiosität der Aufklärung.

„Die ganze Brockes'sche Naturpoesie ist ein gereimter physikotheologischer Beweis."
(David Friedrich Strauß, 73)

„Naturpoesie" verharrt aber nicht — ebensowenig wie bei den engl. Vorbildern — in weltflüchtiger pastoraler Beschaulichkeit, sondern heißt Beobachtung[1] jeder Kleinigkeit in der Natur (vgl. folgendes Bsp.), um daraus zu schließen, wie nützlich Gott die Welt für den Menschen angelegt hat (bes. dieser Punkt führte gelegentlich zu Trivialitäten, wie überhaupt die Ausweitung des Motivs über 7 Bde hin [posthum ergänzt auf 9 Bde!] je länger je mehr Schwächen zeigen mußte):

Der gestirnte Baum

> Die Zweige, welche sonst durch grünes Laub verdecket,
> Sind auch anitzt aufs neu verstecket.
> Ein rauher Reif, der alles itzt erfüllet,
> Hat auch die kleinsten Zweig umgeben und verhüllet,
> So daß der Bäume Wipfel sich
> In ihren groß- und kleinen Zweigen,
> Absonderlich von weitem, eigentlich
> Als wären sie aufs neu belaubet, zeigen:

---

[1] Der Einfluß des allgemein fortschreitenden naturwiss. Denkens dokumentiert sich in genau erklärenden Fußnoten z.B. zu geographischen oder botanischen Bildern

Raum für Zusätze

> Zumal wenn sich der Reif mit Sternen-förmgem Schnee,
> Der mit den Spitzen sich an seine Teilchen hänget
> Und ihn dadurch noch luckrer macht, vermenget.
>   Ich habe solchen Baum einst wunder-wunderschön
> In einer Winter-Nacht gesehn:
> Als der entwölkte Mond auf die gefrornen Spitzen,
> Indem es eben stark gereift
> Und der gefrorne Schnee sich überall gehäuft,
> Mit hellem Schimmer fiel. Man sah ein helles Blitzen
> So kräftig, stark und hell, daß sie nicht anders schienen
> Als Sterne erster Größ an den saphirnen Bühnen.
>   Ich ward recht in der Tat dadurch betrogen.
> Denn, wie ich mein Gesicht von unten aufwärts wandt',
> Um durch den Baum des Himmels blauen Bogen
> Bewundernd anzusehn, und ihn voll Sterne fand,
> Die ich sonst nie gesehn; erstaunt ich, bis ich klar
> Erblickte wie die glatten Spitzen
> Vom hart gefrornen Schnee mit einem hellen Blitzen
> Der neuen Sternen Ursprung war.
>   Zwar wird mein Auge fast in diesem hellen Schein
> Geblendet und verwirrt, allein
> O großes All! laß' die Kreatur
> Uns oft, wenn wir mit Lust derselben Schmuck verspüren,
> Auf solche Art verwirrt, auf die gewünschte Spur
> Von deiner Wunder – Größe führen!

(1727)

Sprachlich eine geradezu minutiöse Schilderung; sie forderte Schulung der Sinne, Schärfe, Treffsicherheit der Beobachtung und Differenziertheit des Ausdrucks. Von den Sinnen wird vornehmlich das Auge geübt, BROKKES' Jugendwunsch, Zeichner zu werden, fand in der Dichtung seine Erfüllung:

> „Ich verspürte der Zeit bey mir eine besondere Lust zum Zeichnen, und ob mir gleich dieselbe Kunst einen großen Teil meiner damahligen Zeit kostete ... bin ich der Meinung, daß wie ich mich, obgleich länger als 20 Jahren hernach, auf die Poesie gelegt, mir dieses alte eine bequeme und leichte Thüre dazu eröfnet ..."
> *(Selbstbiographie; 74)*

Strukturell durchgängiger Aufbau: auf analysierende Beschreibung – lang, ausgedehnt, detailliert; in bezug auf Farbe, Licht und Schatten Impressionistisches vorwegnehmend – folgt kurze lehrhafte Ausdeutung. Logische Konjunkte wie „so daß", „zumal", „indem", „zwar", „fast", Relativsätze und einfache Reihung zeichnen die Beschreibung aus, Hypotaxe die Ausdeutung: rationaler Schlußpunkt.

Vers und Reim: Der Alexandriner wird nicht mehr durchgängig angewandt; Ablösung durch jambische und trochäische Verse gleicher und ungleicher Länge (die vorher auf das Rezitativ der Kantate beschränkt waren). Im Bsp. ist V. 1 ein Alexandriner, V. 5 ein Achtsilbler, V. 10 ein vers commun; diese Mischung wurde bezeichnet als *vers libres*. Im Grunde rhythmisierte

Prosa, doch dagegen wirkte der Reim: Paarreim im Wechsel mit Kreuzreim und umarmendem Reim (auch Waisen).

Nachwirkung von BROCKES' Werk auf die gesamte Lyrik der Folgezeit stark: von HALLERS „Alpen" über GESSNERS „Idyllen" (1756; →Bd. III) und KLOPSTOCKS Oden bis zur Lehrdichtung GOETHES und SCHILLERS.

5.2.4.1.2 Albrecht von Haller

Universaler Gelehrter im gesamten Bereich der damaligen Naturwiss. (Anatomie, Physiologie, Chirurgie, Botanik, Zoologie, Geologie, Mineralogie, Astronomie, Physik, Chemie) aus Bern; der 1736 erfolgte Ruf an die Universität Göttingen beendete seine dichterische Tätigkeit (1725 – 1736); nur im letzten Jahrzehnt seines Lebens noch einmal Dichtung als Instrument für seine politische Überzeugung in Form des Staatsromans (→Bd. III).

Begründet wurde sein Ruhm durch „Versuch Schweizerischer Gedichten" von 1732 (später von ihm wiederholt überarbeitet und erweitert), darin am bekanntesten:

„Die Alpen": Gedicht in 50 zehnzeiligen gereimten Alexandrinerstrophen; geschrieben als 21jähriger 1729.

„Es war die Frucht der großen Alpenreise, die ich An. 1728 mit dem jetzigen ... Professor Geßner in Zürch getan hatte ... Man sieht auch ohne mein Warnen noch viele Spuren des Lohensteinischen Geschmacks darin." *(Vorrede; 75)*

Selbstkritik des letzten Satzes zeigt, daß HALLER — wie BROCKES — am Beginn seines Schaffens noch unter spätbarockem Einfluß stand; seine Grundeinstellung war aber von Anfang an aufklärerisch-optimistisch. Zudem ist das ganze Objekt der Alpen-Dichtung — die *Schönheit* der Gebirgslandschaft — völlig unbarock; der barocke Mensch hatte im Gebirge etwas Unordentliches, Anarchisches, Furchterregendes gesehen.

Unterschiede zu BROCKES macht folgendes Bsp. bes. deutlich:

> Hier herrscht kein Unterschied, den schlauer Stolz erfunden,
> Der Tugend untertan und Laster edel macht;
> Kein müßiger Verdruß verlängert hier die Stunden,
> Die Arbeit füllt den Tag, und Ruh besetzt die Nacht;
> Hier läßt kein hoher Geist sich von der Ehrsucht blenden,
> Des morgens Sorge frißt des heutes Freude nie.
> Die Freiheit teilt dem Volk aus milden Mutter-Händen,
> Mit immer gleichem Maß Vergnügen, Ruh und Müh.
> Kein unzufriedner Sinn zankt sich mit seinem Glücke,
> Man ißt, man schläft, man liebt und danket dem Geschicke.
> *(V. 71–80)*

(1) *im Vers:* BROCKES wählt den freien Vers *(vers libre),* HALLER behält den Alexandriner bei mit zweimaligem Kreuzreim und abschließendem Reimpaar:

Raum für Zusätze   „Die zehenzeilichten Strophen, die ich brauchte, zwangen mich, so viele besondere Gemälde zu machen als ihrer selber waren, und allemal einen ganzen Vorwurf mit zehen Linien zu schließen. Die Gewohnheit neuerer Zeiten, daß die Stärke der Gedanken in der Strophe allemal gegen das Ende steigen muß, machte mir die Ausführung noch schwerer."
(76)

HALLER spielt hier an auf die hochbarocke Manier, Strophen epigrammatisch zu schließen: das Gewicht ruht auf dem letzten Reimpaar. (Ähnlich GOETHE in der verkürzten Stanze der Marienbader „Elegie", →5.5.3.7.4.)

(2) *in der Komposition:* BROCKES reiht Betrachtungen nacheinander (isoliert, selbständig), HALLERS Strophen stehen unauswechselbar in einem übergreifenden Gesamtplan.

(3) *in der Verbindung von Naturdichtung und kulturphilosophischer Dichtung:* BROCKES kennt nach der Rühmung nur die rein optimistische Ausdeutung, HALLERS Hauptthema dagegen ist — ROUSSEAU vorwegnehmend — die Gegenüberstellung von Überfluß (=sittenlose städtische Zivilisation) und Armut (=sittenreines Leben der Menschen in den Alpen):

„Die mäßige Natur allein kann glücklich machen."
(V.450)

„Die unangetastete Natur ist für Haller von vornherein gut — genauso a priori gut, wie die Stadt schlecht ist — und alles, was direkt aus der Natur abgeleitet werden kann, damit sinnvoll und richtig."
(Gültlingen, 77)

Idyllische Züge finden sich bei HALLER in der Schilderung der Landbewohner und ihrer Sitten, bes. in der Liebe:

Die Sehnsucht wird hier nicht mit eitler Pracht belästigt!
Er liebet sie, sie ihn, dies macht den Heirats-Schluß.
Die Eh wird oft durch nichts als beider Treu befestigt,
Für Schwüre dient ein Ja, das Siegel ist ein Kuß.
Die holde Nachtigall grüßt sie von nahen Zweigen,
Die Wollust deckt ihr Bett auf sanft geschwollnes Moos,
Zum Vorhang dient ein Baum, die Einsamkeit zum Zeugen,
Die Liebe führt die Braut in ihres Hirten Schoß.
O dreimal seligs Paar! Euch muß ein Fürst beneiden,
Denn Liebe balsamt Gras und Ekel herrscht auf Seiden.
(V. 141—150)

[Verse], „die unverkennbare Züge einer stilisierten Bukolik tragen und sich auf teilweise jahrhundertealte literarische Klischees verlassen, zumal solche des barokken Schäferspiels. Indem Haller in diese vorgeformten, zum lyrischen Bestand zählenden Topoi verfällt, gesteht er unbewußt ein, daß die Welt, die er aufbaut, eine ersehnte, eine utopische Wunschwelt ist. Die Sehnsucht nach der ‚verlorenen' Natur schafft sich an der idealisiert-idealen Welt der Alpen ein Sinnbild."
(Gültlingen, 78)

(vgl. in V. 145 die typischen Züge des locus amoenus, des „Lustortes", →4.5).

Dennoch verharrt HALLER nicht in dieser Traum-Wirklichkeit; sein „Land" weist eindeutig über das Idyll hinaus in Richtung auf eine anzustrebende *politische* Wirklichkeit demokratischer Art, denn:

Raum für Zusätze

> Der Freundschaft himmlisch Feur kann nie bei euch entbrennen,
> Wo Neid und Eigennutz auch Brüder-Herzen trennen.
> *(V. 459/60)*

Sprachlich handelt es sich um beschreibende, „malende" Naturdichtung (vgl. hierzu die Kritik LESSINGS in 5.2.4.1.3):

> Hier zeigt ein steiler Berg die mauergleichen Spitzen,
> Ein Wald-Strom eilt hindurch und stürzet Fall auf Fall.
> Der dick beschäumte Fluß dringt durch der Felsen Ritzen
> Und schießt mit gäher Kraft weit über ihren Wall.
> Das dünne Wasser teilt des tiefen Falles Eile,
> In der verdickten Luft schwebt ein bewegtes Grau,
> Ein Regenbogen strahlt durch die zerstäubten Teile
> Und das entfernte Tal trinkt ein beständigs Tau.[1]
> Ein Wandrer sieht erstaunt im Himmel Ströme fließen,
> Die aus den Wolken fliehn und sich in Wolken gießen.
> *(V. 351—360)*

aber auf-klärende Nüchternheit ist immer mit im Spiel: in der 1. und der 2. Auflage lauten die beiden letzten Zeilen (→o.):

> Die Gemsen sehn erstaunt im Himmel Ströme fließen,
> Die Wolken überm Kopf, und Wolken unter Füßen.

Bei späterer Überarbeitung Streichung der Gemsen aus Gründen der Naturwahrheit:

> „Die Gemsen in den ersten Auflagen, wenn sie schon Menschen wären, [würden] ein tägliches Schauspiel nicht bewundern ... daß endlich, wann oben am Berg die Wolken liegen, der Staubbach[2] aber durch seinen starken Fall einen Nebel erregt, als wovon hier die Rede ist, der letzte Vers allerdings nach der Natur gemalt scheint. Ein Oberamtsmann in dem Teile der Alpen, wo der hier beschriebene Staubbach ist. hat diesen Ausdruck besonders richtig gefunden, da er ihn mit der Natur verglichen hat ..."
> *(Einzeldruck, 1773; 79)*

Vers: gekonnte Handhabung des Alexandriners. In den Bewegungswörtern „dringt", „weit", „schwebt", „trinkt" überspielt der Rhythmus das Metrum (metrische Senkung wird zur rhythmischen Hebung) und versinnlicht so, was die Wörter meinen: „Flúß drińgt", „Kráft wéit", „Lúft schwébt", „Tál trińkt".

*

---

[1] „Den Regenbogen habe ich gesehn und bin stundenlang stillgestanden, die seltene Erscheinung zu betrachten." *(Einzeldruck, 1773; 80)*

[2] Der hier gemeinte Lauterbrunner Staubbachfall inspirierte GOETHE am 9./11. Oktober 1779 zum „Gesang der Geister über den Wassern" (→5.5.3.7.3)

Raum für Zusätze   HALLERS *weitere Lehrgedichte* stehen in engem Zusammenhang mit der *philosophischen* Lyrik der Zeit (→5.2.4.2), zu deren Initiatoren er gehörte: „Gedanken über Vernunft, Aberglauben und Unglauben" von 1729 und „Die Falschheit menschlicher Tugend" von 1730 im Rahmen der „Schweizerischen Gedichte", „Über den Ursprung des Übels" von 1734, eine Umsetzung der LEIBNIZschen Theodizee in Verse, und „Unvollkommenes Gedicht über die Ewigkeit" von 1736 (unvollkommen = Frg. geblieben).

Der *rhetorische Stil* der HALLERschen Lehrgedichte ist zunehmend knapp und abstrakt, dicht, sentenzenhaft, gelegentlich dunkel auf Grund der Kürze.

> „Haller vervollkommnet einen lapidaren, abstrakten Stil, der sich für die Behandlung philosophischer und didaktischer Themen als geeignet erweist."
>
> *(Blackall, 81)*

HALLERS *Sprache*, die Einfluß der Umgangssprache seiner schweizerischen Heimat zeigt, war z.T. heftigen Angriffen ausgesetzt, anfangs bes. von seiten GOTTSCHEDS. HALLER verbesserte sie von Auflage zu Auflage, z.B. Titel: „Versuch Schweizerischer Gedichten" in 1. Auflage wurde zu „Versuch Von Schweizerischen Gedichten" in 2. und zu „Versuch Schweizerischer Gedichte" in 3. Auflage.

> „In meinem Vaterlande, jenseits der Gränzen des deutschen Reichs, sprechen selbst die Gelehrtesten in einer sehr unreinen Mundart; wir haben auch in unsern symbolischen Büchern und in den Staatsschriften andre Declinationen, andre Wortfügungen. Diese Unarten mußte ich nach und nach ablegen, und da meine anderweitigen Arbeiten mir nicht zuließen, meine Stunden auf die Muttersprache zu wenden, so blieb mir allemahl eine gewisse Armuth im Ausdruke, die ich schon damals am besten fühlte, wenn ich mich gegen die Leichtigkeit des Günthers verglich."   *(Aus einem Brief Hallers an Gemmingen, März 1772)*

5.2.4.1.3 Ewald von Kleist

Der im Dienste Friedrichs II. stehende preußische Offizier war bekannt mit BODMER, BREITINGER, GESSNER, befreundet mit GLEIM und bes. mit LESSING (war Vorbild für dessen Tellheim in „Minna von Barnhelm", 1766/67, und Adressat der „Briefe die neueste Litteratur betreffend", 1759/65).

„Der Frühling", sein umfangreiches beschreibendes Naturpoem von 1749, ist der 1. Teil eines geplanten größeren Werkes: „Die Landlust". Einflüsse von BROCKES, HALLER und bes. von THOMSONS „The Seasons" (1745 von BROCKES übersetzt) sind unübersehbar. Titel auf Anraten von GLEIM. — Das Gedicht verharrt auf weiten Teilen (es umfaßt insges. 398 Verse!) in „malender" Beschreibung:

Der Frühling   Raum für Zusätze

Empfang mich, schattigter Hain voll hoher grüner Gewölbe!
Empfang mich! Fülle mit Ruh und holder Wehmut die Seele!
Führ mich in Gängen voll Nacht zum glänzenden Throne der Tugend,
Der um sich die Schatten erhellt! Lehr mich, den Widerhall reizen
Zum Ruhm verjüngter Natur! Und ihr, ihr lachenden Wiesen,
Ihr holde Täler voll Rosen, von lauten Bächen durchirret,
Mit euren Düften will ich in mich Zufriedenheit ziehen
Und, wenn Aurora euch weckt, mit ihren Strahlen sie trinken.
Gestreckt im Schatten, will ich in güldne Saiten die Freude,
Die in euch wohnet, besingen. Reizt und begeistert die Sinnen,
Daß meine Töne die Gegend wie Zephirs Lispeln erfüllen
Und wie die rieselnden Bäche!
......
......

(Anfang)

erhebt sich jedoch auch zur typisch aufklärerisch-philosophischen Betrachtung:

......
......

Durch dich ist alles, was gut ist, unendlich wunderbar Wesen,
Beherrscher und Vater der Welt! Du bist so herrlich im Vogel,
Der niedrig in Dornstauden hüpft, als in der Feste des Himmels,
In einer kriechenden Raupe, wie in dem flammenden Cherub.
See sonder Ufer und Grund! Aus dir quillt alles; du selber
Hast keinen Zufluß in dich. Die Feuermeere der Sterne
Sind Widerscheine von Pünktchen des Lichts, in welchem du leuchtest.
Du drohst den Stürmen, sie schweigen, – berührst die Berge, sie rauchen;
Das Heulen aufrührischer Meere, die zwischen wässernen Felsen
Den Sand des Grundes entblößen, ist deiner Herrlichkeit Loblied.
Der Donner, mit Flammen beflügelt, verkündigt mit brüllender Stimme
Die hohen Taten von dir. Vor Ehrfurcht zittern die Haine
Und widerhallen dein Lob. In tausend harmonischen Tönen,
Von dem Verstande gehört, verbreiten Heere Gestirne
Die Größe deiner Gewalt und Huld von Pole zu Pole.
Doch wer berechnet die Menge von deinen Wundern? Wer schwingt sich
Durch deine Tiefe, o Schöpfer? Vertraut euch Flügeln der Winde,
Ruht auf den Pfeilen des Blitzes, durchstreicht den glänzenden Abgrund
Der Gottheit, ihr endlichen Geister, durch tausend Alter des Weltbaus.
Ihr werdet dennoch zuletzt kein Pünktchen näher dem Grunde
Als bei dem Ausfluge sein. Verstummt denn, bebende Saiten!
So preist ihr würdger den Herrn. –
......
......

(V. 286–307)

Raum für Zusätze

„Die Naturbilder sind durchflochten mit allgemeinen Betrachtungen und Gefühlsäußerungen des Dichters, der sich ein ruhiges Leben in bukolischer Landschaft ersehnt. Mit dem Preis dessen, der diese Welt erschaffen hat, kommt das Gedicht zu seinem vorläufigen Abschluß. Dieser religiöse Grundgedanke erfährt jedoch gegenüber Brockes seine wesentliche Veränderung dadurch, daß die Nützlichkeit der Natur nicht mehr mitgerühmt wird. Die ländliche Szenerie erscheint als die wahre Gottesnatur, die allein durch ihre Schönheit dem Menschen Frieden und Glück gewährt." *(Haller, 82)*

Formale Besonderheit: Hexameter *mit Auftakt*

∪ | / ∪ ∪ | / ∪ ∪ | / ∪ | / ∪ | / ∪ ∪ | / ∪ |

Diese Form wahrscheinlich erstmalig in einem gleichnamigen Gedicht von Uz, 1742.

Kritik LESSINGS richtete sich gegen alle handlungslose („malende") Dichtung:

„Die ausführlichen Gemälde körperlicher Gegenstände, ohne den ... Homerischen Kunstgriff, das Koexistierende derselben in ein wirkliches Sukzessives zu verwandeln, [sind] jederzeit von den feinsten Richtern für ein frostiges Spielwerk erkannt worden, zu welchem wenig oder gar kein Genie gehöret. Wenn der poetische Stümper, sagt Horaz, nicht weiter kann, so fängt er an, einen Hain, einen Altar, einen durch anmutige Fluren sich schlängelnden Bach, einen rauschenden Strom, einen Regenbogen zu malen ... Von dem Herrn von Kleist kann ich versichern, daß er sich auf seinen Frühling das wenigste einbildete. Hätte er länger gelebt, so würde er ihm eine ganz andere Gestalt gegeben haben. Er dachte darauf, einen Plan hineinzulegen, und sann auf Mittel, wie er aus dem unendlichen Raume der verjüngten Schöpfung, auf Geratewohl, bald hier, bald da, gerissen zu haben schien, in einer natürlichen Ordnung vor seinen Augen entstehen und aufeinander folgen lassen wolle. Er würde ... aus einer mit Empfindungen nur sparsam durchwebten Reihe von Bildern eine mit Bildern nur sparsam durchflochtene Folge von Empfindungen gemacht haben."
(„Laokoon" XVII)

5.2.4.2 Philosophische Lyrik (Ode)

Obwohl von den Autoren meistens als Ode gekennzeichnet, bringt sie für diese als Gattungsunterart nichts ein; sie unterscheidet sich von den Lehrgedichten oft kaum, es sei denn (z.T.) in der strophischen Einteilung und in der *thematischen Einengung* in private, moralische und philosophisch-religiöse Gedichte.

(1) *Private Gedichte, Anlaßgedichte;* hier als Bsp. einige der 16 achtzeiligen Strophen aus HALLERS

Trauer-Ode
Beym Absterben Seiner geliebtesten
Mariane gebohrnen Wyß.
Novembr. 1736

Raum für Zusätze

Soll ich von Deinem Tode singen?
  O Mariane! welch ein Lied!
Wann Seufzer mit den Worten ringen /
  Und ein Begriff den andern flieht.
Die Lust / die ich an Dir gefunden /
  Vergrössert jetzund meine Noth;
Ich öffne meines Herzens Wunden /
  Und fühle nochmahls Deinen Tod.
......
......

Im dicksten Wald / bey finstern Buchen /
  Wo niemand meine Klagen hört /
Will ich Dein holdes Bildnüß suchen /
  Wo niemand mein Gedächtnüß stört.
Ich will Dich sehen / wie Du giengest /
  Wie traurig / wann ich Abschied nahm;
Wie zärtlich / wann Du mich umfiengest;
  Wie freudig / wann ich wieder kam.

Auch in des Himmels tieffen Fernen /
  Will ich im Dunkeln nach Dir sehn;
Und forschen / weiter als die Sternen /
  Die unter Deinen Füssen drehn.
Dort wird jetzt Deine Unschuld glänzen
  Vom Licht verklärter Wissenschaft:
Dort schwingt sich / aus den alten Gränzen /
  Der Seele neu-entbundne Kraft.

Dort lernst Du GOttes Licht gewöhnen /
  Sein Raht / wird Seligkeit für Dich;
Du mischest mit der Engel Tönen /
  Dein Lied / und ein Gebet für mich.
Du lernst den Nutzen meines Leidens /
  GOtt schlägt des Schicksahls Buch Dir auf:
Dort steht die Absicht unsres Scheidens /
  Und mein bestimmter Lebens-Lauf.

Vollkommenste! die ich auf Erden
  So stark / und doch nicht gnug geliebt /
Wie liebens-würdig wirst Du werden!
  Nun Dich ein himmlisch Licht umgiebt.
Mich überfällt ein brünstig Hoffen /
  O! sprich zu meinem Wunsch nicht nein!
O! halte Deine Armen offen!
  Ich eile / ewig Dein zu seyn.

(1736; V. 1–8, 102–Schluß)

Raum für Zusätze Dieses Gedicht anläßlich des Todes von HALLERS erster Frau zeigt, daß auch die Aufklärung — wie das Barock (vgl. 4.6.5 WECKHERLINS Sestine), wenn auch unter anderem Vorzeichen — für heutiges Gefühl „konstruierte" Gedichte anläßlich des Todes durchaus natürlich fand.

„Das berühmte Gedicht ... ist, abgesehen von zwei Stellen, die nebelhaft den Straßburger Goethe vorwegnehmen (V. 106/110) [gemeint ist ‚Willkommen und Abschied'] zu sehr ein Gedicht *über* Gefühle, um wirklich erschüttern zu können. ... Es ist bezeichnend, daß Haller ein zweites Gedicht über das gleiche Thema zu schreiben vermochte, ‚Über eben dieselbe' [1737], denn für ihn war es ein Gegenstand, der wie jeder andere *behandelt* werden konnte."   *(Blackall, 83)*

(2) *Moralische Gedichte;* z.B. GISEKE „Der Winter", 1753.

(3) *Philosophisch-religiöse Gedichte;* z.B. HALLER, →5.2.4.1.2; Uz „Theodizee", 1755; E. V. KLEIST „Lob der Gottheit", 1745; GELLERT „Preis des Schöpfers":

> Wenn ich, o Schöpfer, deine Macht,
> Die Weisheit deiner Wege,
> Die Liebe, die für alle wacht,
> Anbetend überlege,
> So weis ich, von Bewundrung voll,
> Nicht, wie ich dich erheben soll,
> Mein Gott, mein Herr und Vater!

(1757; Str. 1)

5.2.4.3 Epigramm

Zeit der aufgeklärten Vernünftigkeit brachte erneute Vorliebe für diese dichterische Aussage in pointierter Kürze in der Nachfolge des MARTIAL (→Bd. IIa, A 1.2.2.4.2).

Neben HAGEDORN, E. V. KLEIST, HÖLTY, VOSS u.a. war v.a. LESSING ein Meister dieser Form. Er beschäftigte sich eingehend mit den antiken Epigrammatikern und befürwortete das Epigramm auch theoretisch: *„Zerstreute Anmerkungen über das Epigramm",* 1771: streng antithetischer Bau mit Erwartung und Aufschluß, Spannung und Lösung.

An die Galathee

> Die gute Galathee! Man spricht, sie schwärzt ihr Haar;
> Da doch ihr Haar schon schwarz, als sie es kaufte war.

(1753)

*

Der Schuster Franz

> Es hat der Schuster Franz zum Dichter sich entzückt,
> Was er als Schuster tat, das tut er noch: er flickt.

(1759)

Die Vorliebe für das Epigramm in dieser Zeit hatte zahlreiche Übersss. gr. und röm. Epigrammatiker zur Folge, v.a. Übertragungen des MARTIAL.

5.2.5 Die Lyrik des literarischen Rokoko   Raum für Zusätze

Nur für eine relativ dünne *Oberschicht* war das 18.Jh. ein Jahrhundert der Dichter und Denker — und echte „Aufklärung" herrschte nur in wenigen Köpfen (vgl. Zitat 58).

Die Masse des *Bürgertums* und des *niederen Adels* suchte in der Kunst nicht so sehr hohe Erbauung und philosophische Bildung, wie sie z.b. das Lehrgedicht bot (→5.2.4.1), als vielmehr unverbindliche Freude, Anmut, Zufriedenheit; sie fand sie (außer in den „Moralischen Wochenschriften", →5.2.1.1) in der Lyrik des Rokoko.

> „Die Wertbegriffe und Haltungen, die diese Dichtung bestimmen, sind Freunde, Fröhlichkeit, Leichtigkeit und Munterkeit, Scherz und Spiel, Vergnügen, Mäßigkeit und Zufriedenheit, das Kleine, Antiheroische und Antipathetische, Naive, Ungezwungene, Nachlässige und Natürliche, die sinnliche Anmut, der sinnliche Reiz, das Lüsterne und das Halbverhüllte, Zärtlichkeit und Intimität, feinere Gesellschaftssatire, tändelnder Witz, das Grazienideal, heitere Weltweisheit und lächelnde Ironie."
> *(Anger, 84)*

Die Kunst soll ergötzen (delectare). Unter Einfluß einerseits der frz. Hofkultur (z.B. Rokoko-Malerei von WATTEAU, BOUCHET u.a.), andererseits der engl. Ästhetik SHAFTESBURYscher Prägung (der der Ästhetik erstmals auch einen philosophischen Eigenwert zuerkannte), drang die Rokoko-Richtung ~1740 nach Dtld. ein und erlebte sogleich eine erstaunliche Blüte, die vor dem Hintergrund neu einsetzender Kriegsereignisse (→5.1.3) allmählich wieder verblaßte.

So steht lit. neben dem großen Lehr- bzw. philosophischen Gedicht die kleine Form der Rokoko-Lyrik mit ihrem Rückgriff auf die Antike und der Wiederbelebung der Schäferdichtung. Gesamttendenz geht auf das Kleine, Witzige, Private, fort vom Heroischen, Repräsentativen, Ernsten.

Trotz mancher Ähnlichkeiten aber keine Nachahmung der „galanten Lyrik" der Jahrhundertwende (→4.8.1). Die Sprache ist jetzt einfach, kurz, fast metaphernlos, oft gepaart mit Witz (Scharfsinn), die Vorbilder sind in England und Frankreich zu suchen, insbes. die frz. *poésie fugitive,* die „flüchtige Dichtung", wird nachgeahmt; es treten die *Kleingattungen* auf (→5.2.5.2).

Innerhalb des lit. Rokoko entwickelte sich als seine reinste Verwirklichung eine Sonderströmung der lyr. Dichtung: die Anakreontik.

5.2.5.1 Anakreontik

Lyrik nach Art und Weise der fälschlich unter dem Namen des altgr. Dichters ANAKREON (→Bd. IIa, A 1.1.5.1.3.4) gehenden Lieder, deren 1. Slg. HENRICUS STEPHANUS 1554 im gr. Urtext mit lat. Übers. herausgab (sog. *Pseudoanakreontische Sammlung*). Mit dem Lyriker des 6.Jhs. v.Chr. hatten diese Lieder nichts zu tun, sie stammen vielmehr aus hellen. bzw. spätröm. Zeit: lyr., mit Witz und Anmut geformte Gebilde aus dem Motivkreis von Wein und Liebe, Natur und Kunst.

Raum für Zusätze   Diese Slg. hatte starke Wirkung ausgeübt auf ital. sowie frz. (RONSARD) und engl. Renaissancedichtung; im dt. Barock anakreontische Züge nur auf dem Untergrund des Vanitas-Gedankens; eigentliche Ausprägung erst im dt. lit. Rokoko (→Tab. 29). Neben dem Pseudo-Anakreon (der auch vielfach ins Dt. übers. wurde) war Vorbild v.a. HORAZ, der Sänger des carpe diem (lat. = genieße den Tag), formal der Verfechter *reimloser* Dichtung, die bes. von den Pietisten PYRA und LANGE (→5.2.6.2) propagiert wurde.

**Tab. 29   Die Rezeption des sog. Anakreon
im deutschen literarischen Rokoko**

1733	GOTTSCHED	„**Versuch einer Übersetzung des Anakreons** in reimlosen Versen"
1742	HAGEDORN	„**Sammlung Neuer Oden und Lieder**", 1. Teil
1746	Uz und GÖTZ	„**Anakreon: Die Oden** in reimlosen Versen"
1766	GLEIM	„**Lieder nach dem Anakreon**" (mit Melodien)

Charakteristika anakreontischer Dichtung in Dtld.:

a) *thematisch:* Liebe und Wein, Geselligkeit und Freundschaft. *Spielerische Verbindung* von antiker Mythologie und ungriechischer Bildungswelt in modischem Schäfer- und Zecherkostüm.

b) *formal:* Hettners Urteil: „erlogene anakreontische Heiterkeit" *(85)* ist abwegig, da vom Standpunkt der kommenden „Erlebnislyrik" her gefällt. Das „Erlebnis" der Anakreontik ist *die Form; Fiktionsdichtung* (→c) — Bei innerer und äußerer Leichtigkeit *weitere Abstufung und Differenzierung der sprachlich-lyrischen Mittel;* der dt. Vers — nun *oft reimlos* — gewinnt Anmut und Grazie. Dagegen war dem Bemühen, in Gedichten an Bacchus die altgr. Dithyrambe zu erneuern, der Erfolg versagt.

c) *soziologisch: Gesellschafts-Dichtung.* Im Ggs. zu Frankreich, wo der höfische Hintergrund noch lebendig war, in Dtld. gesellschaftlich-lit. Konvention mehr erwünscht und angestrebt als aus ihr heraus dichtend; so den *Fiktionscharakter* dieser Richtung noch unterstreichend: *heiterbürgerliches Idyll* unter Verleugnung oder Verharmlosung der immer kriegerischer werdenden Gegenwart. Als *Bildungsdichtung* beschränkt auf den Kreis des gebildeten Bürgers oder niedrigen Adligen; z.B. war Kenntnis gr. und röm. Mythologie Voraussetzung für das Verständnis anakreontischer Gedichte.

Literarische Zentren mit dem für diese Zeit typischen Freundschaftskult ihrer Mitglieder in Hamburg, Halle, Leipzig (→Tab. 30).

Tab. 30 Die Zentren und die Hauptvertreter des deutschen literarischen Rokoko

Raum für Zusätze

Hauptzentren von 1740 bis ~1750 in

Hamburg: HAGEDORN
  (1729 „Versuch einiger Gedichte …")
  1742 „**Sammlung Neuer Oden und Lieder**" 1. Teil;
    1744 2. Teil; 1752 3. Teil

Halle: GLEIM
  1744 „**Versuch in Scherzhaften Liedern**" 1. Teil
  1756 „**Romanzen**"
  1758 „**Preussische Kriegslieder** in den Feldzügen 1756 und 1757 von einem Grenadier"

  UZ
  1749 „**Lyrische Gedichte**"

  GÖTZ
  1745 ff. „**Versuch eines Wormsers in Gedichten**"

Hauptzentrum von 1750 bis 1770 in

Leipzig: LESSING
  1751 „**Kleinigkeiten**"

  GERSTENBERG (→5.4.4)
  1759 „**Tändeleyen**"

  MATTHIAS CLAUDIUS (→5.3.1)
  1763 „**Tändeleyen und Erzählungen**"

  GOETHE (→5.4.5)
  1767 „**Annette**" (Hs.)
  1767 „**Lieder mit Melodien**" (Hs.)
  1769/70 „**Neue Lieder**, in Melodien gesetzt von Bernhard Theodor Breitkopf"

„Fast jeder deutsche Autor der fünfziger und sechziger Jahre versuchte sich an Versen dieser Art. Die meisten von ihnen wuchsen bald über sie hinaus. Doch die Faszination der Mode war, so lange sie währte, unwiderstehlich."

(Blackall, 86)

Die wenigsten der namhaften Dichter waren *nur* Anakreontiker, selbst der in dieser Richtung am stärksten verpflichtete, GLEIM, nicht, aber die Stiltendenz als solche blieb bis in die letzten Jahrzehnte des Jhs. wirksam.

Raum für Zusätze

5.2.5.2 Gattungsunterarten

Spezifisch für die Zeit des lit. Rokoko ist das *Auftreten von Mischgattungen*. Nebeneinander von (anakreontischem) Lied, Triolett, Rondel, lyr. Spielformen, ferner von Briefgedicht, erzählendem und liedhaftem Epigramm sowie Hinzurechnung auch von kleinen Fabeln und Idyllen (→Bd. III) führte zum **Genre melé** (frz. genre = Gattung, méler über lat. miscere = mischen).

5.2.5.2.1 (Anakreontisches) Lied

Von starker Wirkung bis hin zum jungen GOETHE die Lied-Slgg. von HAGEDORN und GLEIM (→Tab. 30), wobei HAGEDORN mit seinen leichten Gesellschaftsliedern zweifellos der bedeutendere ist. Die folgenden Bspe zeigen, daß trotz unterschiedlicher Thematik alle diese Gedichte in eine Richtung zielen:

> „Für diese Dichter war Dichten ein Zeitvertreib und wollte auch niemals etwas anderes sein ... Diese Dichtung erhebt keinen Anspruch auf Wahrhaftigkeit oder Spontaneität. Sie ist bewußt artifizielle Dichtung, die an ihrer eigenen Künstlichkeit Gefallen findet."
> *(Blackall, 87)*

Die Alster

Beförd'rer vieler Lustbarkeiten,
Du angenehmer Alsterfluß!
Du mehrest Hamburgs Seltenheiten
Und ihren fröhlichen Genuß.
Dir schallen zur Ehre,
Du spielende Flut,
Die singenden Chöre,
Der jauchzende Mut.

Der Elbe Schiffahrt macht uns reicher;
Die Alster lehrt gesellig sein!
Durch jene füllen sich die Speicher;
Auf dieser schmeckt der fremde Wein.
In treibenden Nachen
Schifft Eintracht und Lust,
Und Freiheit und Lachen
Erleichtern die Brust.

Das Ufer ziert ein Gang von Linden
In dem wir holde Schönen sehn,
Die dort, wann Tag und Hitze schwinden,
Entzückend auf und nieder gehn.
Kaum haben vorzeiten
Die Nymphen der Jagd
Dianen zur Seiten
So reizend gelacht.

O siehst du jemals ohn' Ergetzen,
Hammonia! des Walles Pracht,
Wann ihn die blauen Wellen netzen
Und jeder Frühling schöner macht?
Wann jenes Gestade,
Das Flora geschmückt,
So manche Najade
Gefällig erblickt?

Ertönt, ihr scherzenden Gesänge,
Aus unserm Lustschiff um den Strand!
Den steifen Ernst, das Wortgepränge
Verweist die Alster auf das Land.
Du leeres Gewäsche,
Dem Menschenwitz fehlt!
O fahr' in die Frösche,
Nur uns nicht gequält!

Hier lärmt in Nächten voll Vergnügen
Der Pauken Schlag, des Waldhorns Schall;
Hier wirkt bei Wein und süßen Zügen
Die rege Freiheit überall.
Nichts lebet gebunden,
Was Freundschaft hier paart.
O glückliche Stunden!
O liebliche Fahrt!

(Hagedorn, 1769)

Metrisches Schema	Reim	Vers-schluß	Sil-ben	Aufbau	
∪ / ∪ / ∪ / ∪ / ∪	a	w	9	} 1. Stollen	Auf-gesang
∪ / ∪ / ∪ / ∪ /	b	m	8		
∪ / ∪ / ∪ / ∪ / ∪	a	w	9	} 2. Stollen	
∪ / ∪ / ∪ / ∪ /	b	m	8		
∪ / ∪∪ / ∪	c	w	6		
∪ / ∪∪ /	d	m	5		Abgesang
∪ / ∪∪ / ∪	c	w	6		
∪ / ∪∪ /	d	m	5		

Raum für Zusätze

Formal: souveräne Beherrschung der Mittel; bes. reizvoll der Wechsel von Steigern im Aufgesang und Doppelfallern im Abgesang, dabei gleichzeitig Wechsel der Silbenzahl von 9/8 zu 6/5: madrigalische Verse.

Sprachlich: klarer, logischer Satzbau, vornehmlich parataktisch. Verwendung einfacher Figuren: Ausruf, Symmetrie (Str. 2), rhetorische Frage (Str. 4), Anapher, Apostrophe („Hammonia", Stadtgöttin von Hamburg) Mehr Nominal- als Verbalstil, legt Bedeutung in die Hauptwörter.

Thematisch-gehaltlich: programmatisch für das Lebensgefühl der Anakreontiker: Fröhlichkeit, Wein, Geselligkeit, Eintracht und Freiheit, Lust und Lachen, holde Schöne, Frühling und noch einmal Freiheit und Freundschaft gegen steifen Ernst, Schönredelei und leeres Gewäsch ohne Witz. Hamburgische Urbanität: unphilinströse, weltmännische Lebensart.

An eine Schläferin

Erwache, schöne Schläferin,
Falls dieser Kuß nicht zu bestrafen;
Doch wenn ich dir zu zärtlich bin,
Schlaf' oder scheine mir zu schlafen.

Die Unschuld, die nur halb erwacht,
Wenn Lieb' und Wollust sie erregen,
Hat öfters manchen Traum vollbracht,
Den Spröde sich zu wünschen pflegen.

Was du empfindest, ist ein Traum;
Doch kann ein Traum so schön betrügen?
Gibst du der Liebe selbst nicht Raum,
So laß dich dann ihr Bild vergnügen.

(Hagedorn, 1742)

Formal: steigende Vierheber mit Kreuzreim im Wechsel (stumpf/klingend).

Sprachlich: ohne überflüssigen Wortschmuck und ohne Metaphern aufgebaute, flüssige, klar-logische Sätze; spielender, scherzhafter Ton; zwanglos flüsterndes Sprechen.

Raum für Zusätze *Thematisch-gehaltlich:* traditionelles Motiv der Anakreontik (aber auch schon im Barock, →4.6.2): Auffinden der schlafenden Geliebten durch den verliebten Dichter. Aufforderung, zu erwachen, wird sofort zurückgenommen, nachdem das sprechende Ich als Agierender in die Szene aufgenommen ist, jetzt: „schlaf" oder scheine mir zu schlafen". Überwindung der „Sprödigkeit" durch Spiel. Partner verständigen sich, als „Traum" zu nehmen, was in Wirklichkeit geschieht. — Laszives Thema mit Grazie gemeistert.

Dasselbe Motiv findet sich u.a. auch beim jungen LESSING:

Die schlafende Laura

Nachläßig hingestreckt,
Die Brust mit Flohr bedeckt,
Der jedem Lüftchen wich,
Das kühlend ihn durchstrich,
Ließ unter jenen Linden
Mein Glück mich Lauren finden.
Sie schlief, und weit und breit
Schlug jede Blum ihr Haupt zur Erden,
Aus mißvergnügter Traurigkeit,
Von Lauren nicht gesehn zu werden.
Sie schlief, und weit und breit
Erschallten keine Nachtigallen,
Aus weiser Furchtsamkeit,
Ihr minder zu gefallen,
Als ihr der Schlaf gefiel,

Als ihr der Traum gefiel,
Den sie vielleicht jezt träumte,
Von dem, ich hoff es, träumte,
Der staunend bey ihr stand,
Und viel zu viel empfand,
Um deutlich zu empfinden,
Um noch es zu empfinden,
Wie viel er da empfand.
Ich ließ mich sanfte nieder,
Ich segnete, ich küßte sie,
Ich segnete, und küßte wieder:
Und schnell erwachte sie.
Schnell thaten sich die Augen auf.
Die Augen? — nein, der Himmel that sich auf.

(1753)

Vgl. hierzu auch „Das Rosenband" von KLOPSTOCK (5.2.6.5.1).

An BODMERS These, ein anakreontisches Gedicht müsse *ohne Reim*, scherzhaft und verliebt sein, die PYRA (→5.2.6.2) an GLEIM und seine Freunde vermittelte, hielten sich im ersten Punkt die Anakreontiker nur nachlässig; auch GLEIM selbst reimte weiter. Eines der dichterischen Ergebnisse des Streits ist das folgende Gedicht:

Anakreon

Anakreon, mein Lehrer,
Singt nur von Wein und Liebe;
Er salbt den Bart mit Salben
Und singt von Wein und Liebe;
Er krönt sein Haupt mit Rosen
Und singt von Wein und Liebe;
Er paaret sich im Garten
Und singt von Wein und Liebe;
Er wird beim Trunk ein König
Und singt von Wein und Liebe;

Er spielt mit seinen Göttern,
Er lacht mit seinen Freunden,
Vertreibt sich Gram und Sorgen,
Verschmäht den reichen Pöbel,
Verwirft das Lob der Helden
Und singt von Wein und Liebe;
Soll denn sein treuer Schüler
Von Haß und Wasser singen?

(1742)

Formal beugt sich GLEIM zwar der Mode, doch scheint die sechsmalige Wiederkehr derselben Verszeile den fehlenden Reim zu ersetzen.

Raum für Zusätze

Sprachlich wird die rhythmische Hinbewegung auf die Schlußpointe anfangs gebremst durch die Reihung paralleler Aussagen, danach im Tempo angezogen durch die Verben „spielt", „lacht", „vertreibt", „verschmäht", „verwirft".

Thematisch wird die volle Skala anakreontischen Lebensgefühls — auch im Sinne der BODMERschen These — angesprochen.

Das folgende Gedicht von GLEIM zeigt:

thematisch die traditionelle Schäferszenerie: die Geliebte wartet mit Veilchen und Rosen unter einer Linde auf ihren Schäfer. „Schwärmender, sanfter Hauch" in „zarten Zweigen" *weist* aber bereits *in die empfindsame Richtung:* ein Schritt weiter, und die anakreontische Grundlage wird in einem wesentlichen Punkt verlassen: gespielte Natürlichkeit im Übergang zur gelebten (vgl. auch hierzu KLOPSTOCK „Das Rosenband" in 5.2.6.5.1):

Daphne an den Westwind

Komm, Zephir, komm, in diesen Büschen
Soll mich dein sanfter Hauch erfrischen;
Du kannst mit angenehmem Lärmen
In dieser schönen Linde schwärmen.

Du kannst auf ihren zarten Zweigen
Gemach zu mir heruntersteigen
Und mich mit deinen Flügeln kühlen
Und mit mir in dem Schatten spielen.

Du kannst (was brauchst du denn zu scheuen?)
Die Blumen auseinander streuen.
Ich will schon frischere Violen,
Ich will schon bess're Rosen holen.

Denn mich wird hier mein Schäfer finden;
Drum muß ich bess're Kränze binden,
Drum muß ich frischere Violen,
Drum muß ich bess're Rosen holen.

Doch eil erst, Zephir, mich zu kühlen!
Du magst mit meinen Locken spielen,
Du magst um meinen Busen wehen,
Und Daphnis, Daphnis mag es sehen.

(1744)

formal regelmäßige steigende Vierheber mit weiblichen Versschlüssen und dem Reimschema ab ab, also einfache Reimpaare;

Raum für Zusätze   *sprachlich* schlichte, klare Diktion, durchsichtigen Satzbau. Erzählende sechsfache Reihung: was der Wind soll und kann. Logisch begründendes „denn" in der vorletzten Strophe nicht störend, da stark gefühlsgebunden: erst jetzt erfaßt man voll das Spiel zwischen „du" und „ich" in den vorangegangenen Strophen. In der Schlußstrophe herrscht wieder das „du", in der letzten Zeile wird endlich der eigentlich Gemeinte genannt. Gefühlsakzent durch die doppelte Nennung: Scham und Jubel. Lebendiges Spiel mit anaphorischen Verseingängen („du kannst", „ich will", „drum muß ich", „du magst"), im letzten Fall außerdem bezeichnend der Übergang von „kannst" zu „magst". Rollengedicht. Monologischer Dialog (der angeredete Partner bleibt stumm).

*

GLEIM versuchte sich in vielen Bereichen der lyr. Sprache, außer in anakreontischen auch in „volkstümelnden": „Romanzen" (Dr. 1756), „Preussische Kriegslieder ..." (Dr. 1758), „Lieder für das Volk" (Dr. 1772) sowie — in der Nachfolge der Schweizer — in Nachbildungen des Minnesangs: „Gedichte nach den Minnesingern" (Dr. 1773), „Gedichte nach Walter von der Vogelweide" (Dr. 1779).

Hier als Bsp. für GLEIMS Ausbruch aus der Anakreontik in das *politische Tageslied* (das außerdem von E. V. KLEIST und von RAMLER vertreten wird) das erste Gedicht der Slg. „Preussische Kriegslieder in den Feldzügen 1756 und 1757 von einem Grenadier" (zur Verherrlichung der Kämpfe im Siebenjährigen Krieg unter Friedrich II.):

Bey Eröfnung des Feldzuges 1756

Krieg ist mein Lied! Weil alle Welt
  Krieg will, so sey es Krieg!
Berlin sey Sparta! Preussens Held
  Gekrönt mit Ruhm und Sieg!

Gern will ich seine Thaten thun;
  Die Leyer in der Hand,
Wenn meine blutgen Waffen ruhn,
  Und hangen an der Wand.

Auch stimm ich hohen Schlachtgesang
  Mit seinen Helden an,
Bey Paucken und Trompeten Klang,
  Im Lärm von Roß und Mann;

Und streit', ein tapfrer Grenadier,
  Von *Friedrichs* Muth erfüllt!
Was acht ich es, wenn über mir
  Kanonendonner brüllt?

Ein Held fall ich; noch sterbend droht
  Mein Säbel in der Hand!
Unsterblich macht der Helden Tod,
  Der Tod fürs Vaterland!

Auch kömmt man aus der Welt davon,
  Geschwinder wie der Blitz;
Und wer ihn stirbt, bekömmt zum Lohn,
  Im Himmel hohen Sitz!

Wenn aber ich, als solch ein Held,
  Dir, Mars, nicht sterben soll,
Nicht glänzen soll im Sternenzelt:
  So leb' ich dem Apoll!

So werd aus *Friedrichs* Grenadier,
  Dem Schutz, der Ruhm des Staats;
So lern er deutscher Sprache Zier,
  Und werde sein Horatz.

Dann singe Gott und *Friederich*,
  Nichts kleiners, stolzes Lied!
Dem Adler gleich erhebe dich,
  Der in die Sonne sieht!

(1758)

Was die ansonsten schwachen „Preussischen Kriegslieder" lit.-wiss. interessant macht, ist ihr *formales Prinzip:* die Verwendung der Chevy-Chase-Strophe nach dem Vorbild von ADDISON und KLOPSTOCK (vgl. Tab. 31). GLEIM verwendete diese Strophe also nicht als erster, doch als erster in solcher Ausschließlichkeit für eine ganze Slg., die die Form allbekannt machte.

Raum für Zusätze

Chevy-Chase-Strophe (Strophenform der meisten engl.-schottischen Volksballaden): 4 Kurzverse (steigender Vier- und Dreiheber im Wechsel). *Hauptkennzeichen:* stumpfer Ausgang aller 4 Verse.

Metrisches Schema: ᴗ / ᴗ / ᴗ / ᴗ /
ᴗ / ᴗ / ᴗ / ᴗ
ᴗ / ᴗ / ᴗ / ᴗ /
ᴗ / ᴗ / ᴗ / ᴗ

Im Bsp. oben rhythmische Verschiebung nur in V. 1.

Kreuzreim: ab ab.

Tab. 31 Die Chevy-Chase-Strophe in ihrer Entwicklung

1709	ADDISON „Jagd auf den Cheviotbergen" (nach einer schottischen Volksballade des 16.Jhs.; Vv. 2 und 4 reimen)
1739	GOTTSCHEDIN macht die Strophe durch Überss. in Dtld. bekannt (reimlos)
1749	KLOPSTOCK „Kriegslied, zur Nachahmung des alten Liedes von der Chevy-Chase-Jagd" (reimlos)
1758	GLEIM „Preussische Kriegslieder in den Feldzügen 1756 und 1757 von einem Grenadier" (Kreuzreim ab ab)
1765	PERCY „Reliques of Ancient English Poetry" (Kreuzreim)
1771	KLOPSTOCK „Heinrich der Vogler" (neue Fs. des „Kriegslied" von 1749) (Kreuzreim)
1778	GOETHE „Der Fischer" (Doppelstrophe mit doppeltem Kreuzreim)
1787	SCHUBART „Kaplied" (5zeilige Variante; a b cc b)
1797	KLOPSTOCK „Das Wiedersehn" (reimlos)
1835	J.N. VOGL „Heinrich der Vogler" (Kreuzreim)
1847	STRACHWITZ „Das Herz von Douglas" (Kreuzreim)
1852	GROTH „Min Modersprak" (Kreuzreim)
1861	FONTANE „Archibald Douglas" (Kreuzreim), „Gorm Grymme" (Doppelstrophe mit doppeltem Kreuzreim)
1927	BRECHT „Legende vom toten Soldaten" (Kreuzreim)

Und als der Krieg im vierten Lenz
Keinen Ausblick auf Frieden bot
Da zog der Soldat seine Konsequenz
Und starb den Heldentod

(Anfang)

(Bei STRACHWITZ, FONTANE und BRECHT mit freier Senkungsfüllung.)

Raum für Zusätze

Für GLEIM wurde die Veröffentlichung der „Kriegslieder" verhängnisvoll in zweifacher Hinsicht: sie brachte ihm eine falsche Popularität und sie machte den Riß zwischen Künstlichkeit und Wirklichkeit vollends offenbar.

Hettner fällte vor 100 Jahren folgendes Urteil:

> [Lieder,] „welche zwar auch ihrerseits noch störend an dem Schwulst und dem gelehrten Firlefanz der gleichzeitigen hochfliegenden Odenpoesie leiden, dennoch aber bereits eine so individuelle Wahrheit und Lokalfärbung und so derbe Volkstümlichkeit haben, daß die Zeitgenossen von ihnen aufs tiefste überrascht und ergriffen wurden." *(88)*

Dem stehen heute nur ablehnende Urteile gegenüber:

> „Gleim, der nicht sehr zuchtvoll mit dem Worte umging, geschwätziger als Hagedorn und in mehr Sätteln gerecht, sucht auch seine Pointen krampfhafter."
> *(Kohlschmidt, 89)*

> „Da schlug er einen Ton an, zu dem er nicht befugt war ... Gleim gab diesem angeblich einfachen Grenadier eine Kenntnis der Mythologie, die beachtlich war [hier: ‚Berlin sei Sparta!', ‚So leb' ich dem Apoll!', ‚Und werde sein Horaz'] und diesem Kriege einen religiösen Sinn, den er nie gehabt hat [hier: ‚Dann singe Gott und Friederich'], am wenigsten in den Augen Friedrichs des Großen. Darum war die stete Versicherung, daß Gott mit den preußischen Waffen sei, peinlich. Die große Wirkung, die diese — wie man damals meinte — männlichen Kriegsgedichte taten, erlosch mit ihrer Zeit." *(Klein, 90)*

> „Aber auch sie [die patriotische Gesinnung] vermag Gleim nicht über die Grenzen seines Dichtens hinwegzuheben. Es erklärt zugleich, weshalb gutgemeinte Lyrik, gleichviel von welchem außerkünstlerischen Impuls bestimmt, selten über den Durchschnitt hinausragt. Erst wenn der Enthusiasmus sich gleichermaßen auf die dichterischen Mittel erstreckt, entsteht Außerordentliches. Bei Klopstock begegnet dieser Fall." *(Haller, 91)*

Dennoch — obwohl GLEIMS „Kriegslieder" keine Vorstellung der politischen Lyrik, die „Romanzen" nach Art des span. Bänkelsangs noch keine Vorstellung von der älteren span. Romanze geben (dies erfolgte erst durch HERDER, →5.5.4.6.3) und die „Lieder für das Volk" keinen Sinn für das eigentliche Volkslied haben, übten sie als *Richtungsweiser* in neue, bisher unerschlossene Gebiete erhebliche Wirkung aus; vgl. im Sturm und Drang die Kunstballade (BÜRGER, GOETHE), das politische Lied (SCHUBART) und (auch in der Romantik) das Volkslied.

5.2.5.2.2 Triolett

Name (ital. trio=drei) bezieht sich auf dreimalige Wiederholung der 1. Zeile in dieser Gedichtform von (mindestens) 8 Zeilen; sie kehrt in der Mitte wieder und wird zusammen mit Zeile 2 am Schluß der Strophe (evtl. im Dt. mit geringen Abwandlungen) noch einmal aufgenommen.

Auf nur 2 Reimen aufgebaut. Steigende Vierheber mit 5 männlichen und 3 weiblichen Versschlüssen. Raum für Zusätze

Reimschema: AB aA ab AB (Großbuchstaben = identische Verszeilen).

Form wirkt leicht und elegant, v.a. im frz. Original (Triolett kam von Frankreich — dort v.a. von RANCHIN gepflegt — nach Dtld.), das in seinem reinen Aufbau im Dt. nicht immer erreicht wird.

Fortwirkung des Trioletts über die GOETHE-Zeit hinaus bis in die Romantik.

Le premier jour du mois de Mai	A
Fut le plus beau jour de ma vie.	B
Le beau dessein que je formai	a
Le premier jour du mois de Mai!	A
Je vous vis et je vois aimai.	a
Si ce dessein vous plut, Sivie,	b
Le premier jour du mois de Mai	A
Fut le plus beau jour de ma vie.	B

(Ranchin)

Über dieses frz. Gedicht urteilte MÉNAGE: „Un triolet si joli qu'on peut l'appeller le roi des triolets."

Neben der gekonnten Übers. von HAGEDORN:

Der erste May

Der erste Tag im Monat May	A
Ist mir der glücklichste von allen.	B
Dich sah ich und gestand dir frei,	a
Den ersten Tag im Monat May,	A
Daß dir mein Herz ergeben sei.	a
Wenn mein Geständnis dir gefallen,	b
So ist der erste Tag im Monat May	A
Für mich der glücklichste von allen.	B

(1742)

steht die wesentlich plumpere Nachahmung von GLEIM:

Raum für Zusätze

Der erste May

Den ersten Tag im Monat May Hat Liebchen mir ins Herz geschrieben.	A B
Sie fragte mich, was Liebe sei	a
Den ersten Tag im Monat May!	A
Sie liebt mich nun, sie ist mir treu Seit dreißig Tagen schon geblieben.	a b
Den ersten Tag im Monat May Hat Liebchen mir ins Herz geschrieben.	A B

(1775)

„... ein bezeichnendes Beispiel dafür, wie fabrikmäßig Gleim in späteren Jahren die Ausbeutung poetischer Motive trieb ..." *(Munker, 92)*

Doch findet man bei GLEIM auch schlackenlos Geglücktes, wie z.B. folgende raffinierte Variation des Trioletts:

Letztes Lied

Meine Blumen sind verblüht!
Sing es, kleines Lied!
Meine Blumen sind verblüht,
Aber andre, hoff ich, werden
Schöner blühn auf schönern Erden,
Wo die kleinste nicht verblüht.
Sing es, kleines Lied!

(1772)

Formal: fallendes Versmaß; korrespondiert mit Ausdruck persönlicher Resignation.

Sprachlich: klingende Vokalmusik mit langen u, ü, i, ö; Alliteration: Blumen/verblüht, schöner/schönern (mit Binnenreim).

Rhythmisch: Widerspiel mit anapästischen und trochäischen Verseingängen.

Strophenform: madrigalisch. Silben: 7,5,7,8,8,7,5.

Reimschema: kunstvoll, ABA cca B.

5.2.5.2.2.1 Rondel

Variation des Trioletts, aber auch des Rondeau (→4.6.10); ebenfalls frz. Gedichtform, im allg. aus 14 Zeilen bestehend.

Erstes Rondeau[1]
*(nach einem französischen Dichter
aus dem 14. Jahrhundert)*

| Des schönen Frühlings Hoffurier
Bereitet wieder das Quartier |

Und spreitet über unser Gosen
Tapeten von beliebter Zier,
Durchstickt mit Veilchen und mit Rosen.

| Des schönen Frühlings Hoffurier
Bereitet wieder das Quartier. |

Cupido lag als wie erstarrt
Im Schnee des Februar verscharrt;
Itzt tanzt er unter Aprikosen,
Und alles ist in ihn vernarrt.
Ein jedes Herz, ihm liebzukosen,
Ruft: Rauher Winter, fleuch von hier;

| Des schönen Frühlings Hoffurier
Bereitet wieder das Quartier. |

Zweites Rondeau   Raum für Zusätze

| Den Rock von Regen, Wind und Schnee
Hat nun die Jahrszeit ausgezogen. |

Ihr ist ein schönerer von Klee
Und Sonnenstrahlen angeflogen.
Myrtill singt mit der Galathee:

| Den Rock von Regen, Wind und Schnee
Hat nun die Jahrszeit ausgezogen. |

Das junge Tal, die lichte Höh
Stehn glänzender als Regenbogen.
Demanten trägt auch selbst der Schlee;
Es funkeln alle Wasserwogen
In prächtig-silberner Livree.

| Den Rock von Regen, Wind und Schnee
Hat nun die Jahrszeit ausgezogen. |

(Götz; erschienen 1785)

Das 1. Rondel (15 Zeilen) auf 3 Reimen aufgebaut.

Reimschema: a¹A² bab A¹A² / ccbcba A¹A².

Das 2. Rondel (14 Zeilen) hat, dem frz. Vorbild entsprechend, nur 2 Reime.

Reimschema: AB aba AB / ababa AB.

Charakteristisch

- für das *Rondeau:* Wiederholung des Anfangs von V. 1 in der Mitte und am Schluß als ungereimte (Refrain-)Zeile;
- für das *Rondel:* Wiederholung der Vv. 1 und 2 in der Mitte und am Schluß als Refrain; ähnlich dem Triolett, mit dem Unterschied, daß bei diesem in der Mitte *nur* V. 1 wiederkehrt, Anfang und Schluß dagegen wie im Rondel gefügt sind.

5.2.6 Die Lyrik der Empfindsamkeit

5.2.6.1 Geistesgeschichtlicher Hintergrund und Entwicklung

Die lit. Empfindsamkeit ist nicht denkbar ohne die innerhalb der Aufklärung gegen den theoretisierenden orthodoxen dogmatischen Protestantismus verlaufende Bewegung des Pietismus (→auch 5.2.1), der auf der

---

[1] hier fälschlich für Rondel

Raum für Zusätze — Grundlage mystischen Gedankengutes (→4.7) eine persönlichkeitsbezogene, gefühlsbetonte, auf dem innerlichen Gott-Erlebnis beruhende Frömmigkeit anstrebte, also nicht eine allgemeine „reformatio", sondern eine persönliche Wiedergeburt.

Pietismus (lat. pius=fromm), getragen von den Pietisten, den „Stillen und Frommen im Lande", mündete in vielen Zügen in die Empfindsamkeit, diese deshalb auch als „verweltlichte" Form des Pietismus bezeichnet im Sinne einer Verweltlichung des im Pietismus verwirklichten Gefühlschristentums.

SPENER, Begründer des Pietismus um die Jahrhundertwende in Halle, forderte im Sinne praktischer Aufklärung ein Christentum der Tat voll duldsamer Menschenliebe (Seelsorge, Bibel-Studium, Predigt, erbauliche Schriften).

AUGUST HERMANN FRANCKE verwirklichte diese Forderungen in seinen Hallenser Erziehungsanstalten (Stiftungen); zugleich verstärkte sich eine — auch zur Unduldsamkeit neigende — Bekehrungstendenz (Erweckungserlebnisse, harte Erziehung, Missionierung).

ZINZENDORF gründete 1722 im oberlausitzischen Herrnhut seine Brüdergemeinde (missionarische Ausrichtung über Dtld. hinaus). Von hier erfuhren geistl. Lyrik bzw. Kirchenlied starke Impulse: ZINZENDORF „*Sammlung Geist- und lieblicher Lieder*", Dr. 1725 (z.B. „Jesu, geh voran") und TERSTEEGEN „*Geistliches Blumen-Gärtlein* Inniger Seelen", Dr. 1729 (z.B. „Ich bete an die Macht der Liebe").

5.2.6.2 Ausländischer Einfluß

Zu dieser im wesentlichen inner-dt. Bewegung des Pietismus trat hinzu eine *europäische Tendenzwende* von der ratio zum Gefühl, v.a. in England und Frankreich sowie in der Schweiz.

Einfluß von **England** vorherrschend und auf vielen Gebieten (u.a. Lebensstil, Architektur, Gartenkultur) wirksam, auf lit. Feld bes. durch:

a) die Dichtungen von POPE und THOMSON (→5.2.4.1.1) sowie bes. von YOUNGS „The Complaint, or **Night Thoughts** on Life, Death and Immortality" (Die Klage oder Nachtgedanken über Leben, Tod und Unsterblichkeit), Dr. 1742/45, dt. 1760/69. Dieses epische Gedicht in 9 Gesängen war Gegenstück zur heiteren Welt der Anakreontik: schwermütige Stimmungen (Nacht — Einsamkeit — Tod), die im christl. Geist bestanden werden.

YOUNGS Gesänge wirkten *allgemein* durch die Aufdeckung des seelischen Bereichs der Melancholie ganz außerordentlich und weitreichend (Empfindsamkeit bis zur Romantik) auf die lit. Szene, *im besonderen* auf die elegische Ode (→5.2.6.5.4) sowie auf Mond- und Grabpoesie KLOPSTOCKS ein.

Ferner die „Nachtgedanken" bedeutsam durch die Einführung des Blankverses in die engl. Lyrik.

Blankvers (engl. blanc verse): reimloser fünfhebiger (jambischer) Vers.

Metrisches Schema: ◡ –́ ◡ –́ ◡ –́ ◡ –́ ◡ –́ (◡)

Ursprüngliche Form: der noch reimende vers commun, der *in Frankreich* vom Alexandriner verdrängt wurde; Weiterleben v.a. *in England:* 1. reimlose Anwendung in der Aeneis-Übers. des EARL OF SURREY (1542); im Drama: SACKVILLE (1565), Vollendung durch SHAKESPEARE (→Bd. Ia) und MILTON („Paradise Lost", 1667; →Bd. III).

In Deutschland Blankvers seit Mitte 18.Jhs. eingeführt, anfangs in Überss., dann in BRAWES „Brutus" (1757) und WIELANDS „Lady Johanna Gray" (1758) (→Bd. Ia, 4.1.3.3). Seit LESSINGS „Nathan" (1779) gebräuchlich und den Alexandriner verdrängend bis in die Gegenwart.

b) die „Moralischen Wochenschriften" (→5.2.1.1).

c) den *sentimentalen Roman* (→Bd. III; 1740 Erscheinen von RICHARDSONS „Clarissa Harlowe").

d) die Ästhetik SHAFTESBURYS (→auch 5.4.3).

Einfluß von **Frankreich** im ganzen zurücktretend, speziell lit. aber wirksam durch:

a) die *Comédie larmoyante* und die bürgerliche Dichtung DIDEROTS (→Bd. Ia, 4.1.4.1.3 u. 4.1.4.2.2).

b) ROUSSEAUS *„La Nouvelle Héloïse"* (→Bd. III).

Einfluß von der **Schweiz** stark durch:

BODMER (und BREITINGER), der unter Ablehnung der GOTTSCHEDschen Thesen für „das Wunderbare" in der Dichtung eintrat (→5.2.2.2.1.1). Wende zur Empfindsamkeit wurde vorbereitet durch seine Übers. von MILTONS „Paradise Lost" (1667): „Johann Miltons Verlust des Paradieses", Dr. 1732, eine Ehrenrettung von Gefühl und Phantasie. Von bedeutender Einwirkung auf KLOPSTOCK und WIELAND.

*

So erfährt unter gesamteuropäischen und pietistischen Einflüssen die gesellschaftliche Konventionsdichtung des Rokoko in Dtld. eine vertiefende Verfeinerung, ihre Gefühlsschwärmerei geht über in das empfindsame, in seinen Höhepunkten echte Pathos.

Dabei ist zu vergegenwärtigen, daß empfindsame Lyrik bis zum Übergang ins 19.Jh., d.h. neben Sturm und Drang, neben (Weimarer) Klassik, neben Frühromantik lebendig bleibt (vgl. z.B. MATTHISSONS elegische Ode „Adelaide" von 1788 [→5.2.6.5.4], KLOPSTOCKS Lied „Das Wiedersehn" von 1797 [→5.2.6.5.1] sowie seine letzte Ode „Die höheren Stufen" von 1802 [→5.2.6.5.2]), ja den Hauptteil der seinerzeit publizierten Lyrik ausmacht.

Raum für Zusätze   *Am Beginn* des dt. lit. Gefühlsaufbruchs aus dem Geist des Pietismus stehen die Hallenser Freunde (und Anhänger der Schweizer) PYRA und LANGE. In einem an HALLER (→5.2.4.1.2) anknüpfenden religiösen Pathos verherrlichte PYRA in seinem großen Lehrgedicht in Alexandrinern *„Der Tempel Der Wahren Dichtkunst"* schon 1737 in reimlosen Versen (denn der Reim ist ihm sinnlicher Schmuck, der dem hohen Gegenstand religiöser Dichtung nicht ziemt) die „wahre Poesie", was heißt: die christl.-religiöse Poesie.

> PYRA ist „einer der ersten, der die epische Gestaltung biblischer Stoffe theoretisch propagiert und am praktischen Beispiel vorführt. Damit gehört er zu den führenden Repräsentanten jener vom Pietismus und den Schweizern BODMER und BREITINGER angeregten orientalisierenden [= hebräischen] Dichtung, für die sich später HAMANN und HERDER einsetzen sollten."
> *(Hoffmann, 93)*

Von hier führt der Weg zu dem genialen Hauptrepräsentanten der empfindsamen Dichtung, KLOPSTOCK, und dem Kreis seiner Jünger, dem „Göttinger Hain".

> „Nicht zuletzt hat auch KLOPSTOCK den Stoff für seinen *Messias* unter dem Einfluß von Pyras Lehrgedicht gewählt."
> *(Hoffmann, 94)*

5.2.6.3 Friedrich Gottlieb Klopstock

> „Mit FRIEDRICH GOTTLIEB KLOPSTOCK beginnt eine neue Epoche in der Geschichte der deutschen Dichtung. ... Klopstock macht die bisherige Auffassung von Poesie unwirksam und verkörpert eine neue Art des Dichters. Es meldet sich der Irrationalismus zu Wort. Lyrik erscheint als Gefühlsausdruck des besonderen Individuums, das sich in der Dichtung gewissermaßen selbst reproduziert. Einerseits ist die Originalität dieses Neubeginns zu zeigen, andererseits die Abhängigkeit Klopstocks von verjährten Anschauungen, seiner Verwurzelung in einer Zeitperiode, die manchen fremdartig anmutenden Wesenszug erklärt."
> *(Haller, 95)*

5.2.6.3.1 Dichtungstheoretische Grundlagen

KLOPSTOCK hat eine neue Zeit der dt. Lyrik eingeleitet durch 3 entscheidende und von ihm in eigener Leistung unterstrichene *Forderungen:*

(1) Originalität des Dichters;
(2) darstellende dichterische Sprache;
(3) nach- und eigenschöpferische, an der Antike orientierte lyr. Ausdrucksform.

(1) Originalität des Dichters

Der Dichter ist kein einsamer Sänger, kein meditativ in sich Versunkener, kein Grübler, sondern *emphatischer Künder* des wohl individuell erfahrenen, jedoch überindividuell gearteten Glaubensgutes.

„Laß du dich kein Regulbuch irren, wie dick es auch sei, und was die Vorred auch davon bemelde, daß ohne solchen Wegweiser keiner, der da dichtet, könne auch nur *einen* sichern Schritt tun. Frag du den Geist, der in dir ist, und die Dinge, die du um dich siehst und hörest, und die Beschaffenheit des, wovon du vorhast zu dichten; und was die dir antworten, dem folge."

Raum für Zusätze

(Klopstock, „Die deutsche Gelehrtenrepublik", Dr. 1774:
„Aus dem goldnen Abc der Dichter")

Mit der Absage an alle geistlose Nachahmung und mit dem Appell an die Erkenntnis im eigenen Inneren ist die seit OPITZ geltende und von GOTTSCHED im Geiste der Aufklärung erneuerte *Anweisungspoetik außer Kraft gesetzt.*

„Ist die Reizbarkeit der Empfindungskraft etwas größer als die Lebhaftigkeit der Einbildungskraft; und ist die Schärfe des Urtheils im ungleichen Abstande von beiden größer als sie: so sind dieß vielleicht die Verhältnisse, durch welche das poetische Genie entsteht." *(„Gelehrtenrepublik": „Das poetische Genie")*

Merkmale des originalen Dichters sind: lebhafte Einbildungskraft, stärkere (reizbarere) Empfindungskraft, Schärfe des Urteils (des ästhetischen, nicht des philosophischen; das ästhetische Urteil beweist sich in der Schärfe des dichterischen Ausdrucks).

„Wenn der Dichter die Sache besser gedacht hat, als er sie sagt; so hilft ihm dies bessere Denken zu nichts. Denn auf die Zuhörer wirkt nur das, was gesagt wird. Wenn er sie durch Darstellung täuschen will: so muß er reden; und nicht lallen, oder stammeln."

(„Ästhetische Schriften": „Von der Darstellung", Dr. 1779)

Daher:

● **Ablehnung**

– der nur *beschreibenden* („malenden") Dichtung (schon von LESSING im „Laokoon" kritisiert, →5.2.4.1.3),

– der nur *erörternden* (philosophisch-moralischen) Dichtung,

– der nur *alternierenden* Verssprache wegen Einschränkung der vielfältigen Ausdrucksmöglichkeiten,

– der absoluten Geltung des *Reims als dominierendem Stilelement* der Verssprache:

> Red' ist der Wohlklang, Rede das Silbenmaß;
> Allein des Reimes schmetternder Trommelschlag,
>   Was der? was sagt uns sein Gewirbel,
>   Lärmend und lärmend mit Gleichgetöne?
> *(Ode „An Johann Heinrich Voß", 1784; Str. 3)*

● **Forderung**

– nach *Darstellung der Leidenschaften,* der wechselnden seelischen Zustände im erlebenden Ich. Lösung des Bannes über „der Leidenschaften Ausdruck":

Raum für Zusätze

> Dank euch noch einmal, Dichter! Die Sprache war
> Durch unsern Jambus halb in die Acht erklärt,
> Im Bann der Leidenschaften Ausdruck,
> Welcher dahin mit dem Rhythmus strömet.
>
> *(wie oben; Str. 6)*

So sehr derartige Forderungen dem folgenden Geniekult des „Sturm und Drang" Impulse vermittelten, so wenig ist dieser KLOPSTOCK gemäß. Alle enthusiastische Leidenschaft unterliegt bei ihm der geistigen Beherrschtheit.

Ziele der Dichtung sollen sein:

– *Rührung* und

– *Erhebung;* alle Dichtung dient letztlich dem Ruhme Gottes.

Hier zeigt sich die *Verbindung* KLOPSTOCKS *mit den Zeitströmungen:*

● mit dem *Pietismus* verbindet ihn:

– die schwärmerische *Inbrunst des Gefühls* (allerdings ohne frömmlerische Askese, ohne Zerknirschung und Erweckungs-Erlebnis, ohne sektenhafte Absonderung);

● mit der *Aufklärung:*

– *die optimistische Lebensfreude* (nichts faszinierte die Umwelt mehr als seine Verbindung des Gefühlspathos mit dem Männlichen, z.B. in der Ode „Der Eislauf");

● aus *beiden* wird gespeist:

– sein religiös begründetes *Selbst-* und *Sendungsbewußtsein:* alles am Menschen ist Staub, nur die von Gott gegebene Seele nicht!

> Staub, und auch ewig! denn die Unsterbliche,
> Die du mir, Gott, gabst, gabst du zur Ewigkeit!
> Ihr hauchtest du, dein Bild zu schaffen,
> Hohe Begierden nach Ruh und Glück ein!
>
> *(Ode „An Gott", 1748; Str. 11)*

Gegenstand der Dichtung daher

– das *Erhabene,* wozu außer Gott auch Vaterland, Liebe und Freundschaft zählen. Damit endgültige Aufhebung des (noch geltenden) Unterschiedes zwischen geistl. und weltl. Dichtung.

„Klopstock hat sich eine geistige Unabhängigkeit errungen, wie sie vorher kein deutscher Dichter besaß. Unsere Klassiker zehren von dieser Errungenschaft, auch wenn sie die heilig-christliche Grundlage abstreifen. Bei Klopstock half auch das antike Vorbild von Horaz und Pindar: von dort schreibt sich seine Auffassung des Dichtertums her." *(Haller, 96)*

(2) Darstellende dichterische Sprache

Darstellung: Zentralbegriff der Dichtungstheorie KLOPSTOCKS.

Jede Sprache hat *2 Seiten,* die streng zu scheiden sind: Raum für Zusätze
- eine *ausdrucksprachliche,* die **Darstellung,** die dem *Dichter* zugeordnet ist: **Dichtersprache;**
- eine *erkenntnissprachliche,* die **Abhandlung,** die dem *Forscher* gehört: **Gebrauchssprache** (= Mitteilungsrede).

„Ein abhandelndes Werk geht unter, sobald ein besseres über eben diesen Inhalt erscheint. Ein Werk der Darstellung, (wenn es sonst zu bleiben verdient,) bleibt auch nach Erscheinung eines bessern über eben den Inhalt. Wir sagen nur, daß es bleibe, und leugnen damit nicht, daß es nicht etwas von seinem Werte verliere."
("Gelehrtenrepublik": „Von den Zünften")

Wortschatz

„Die Poesie soll überhaupt vielseitigere, schönre und erhabnere Gedanken, als die Prosa, haben. Wenn wir sie ausdrücken wollen; so müssen wir Wörter wählen, die sie ganz ausdrücken ... Die Sprache hat also für den Poeten weniger Wörter, und dies ist der erste Unterschied der Poesie und der Prosa ... Wie werden wir diesen Mangel ersetzen?... Die deutsche Sprache, die nun anfängt gebildet zu werden, hat noch neue Wörter nötig."
("Ästhetische Schriften": „Von der Sprache der Poesie", Dr. 1758)

Neubildungen oder Schattierungen des Ausdrucks sollen der dichterischen Sprache das Gepräge des Besonderen geben:

- *Neubildungen* durch Zusammensetzung von Substantiven, z.B. „Flammenwort", „Frühlingsschatten", „Silbergelispel", von Partizipien, bes. des Partizip Präsens, z.B. „freudigstaunend", „dankweinend";

- *Intensivierung des Simplex* durch Auflösung verbrauchter Komposita, z.B. „fernen" statt „entfernen": „Der Weltraum fernt mich weit von dir" (Anfang des Liedes „Das Wiedersehn");

- *Dynamisierung* des Stils durch Verbindung intransitiver Verben mit zielstrebigen Präpositionen und anschließend transitiver Gebrauch, z.B. „das Leben durchweinen", „das Flammenwort hinströmen", „den Sieg herbeiherrschen", „den Fall tönen";

- *Verstärkung* des Begriffs durch Gebrauch des absoluten Komparativs (sonst zur Vergleichung benutzt), z.B.: „edlere Taten", „beseelterer Gang";

- *Bevorzugung hyperbolischer Wörter* und Wendungen, z.B. „in die Seele donnern";

- *Vernachlässigung nur logischer Satzglieder* wie Artikel, Konjunktionen;

- *Neuverwendung alter Formen* und Wörter, z.B. „geußt", „Hain".

Satzbau

Aufgabe der gerade errungenen Position der sog. „Natürlichkeit" der lyr. Sprache (z.B. bei BROCKES, HAGEDORN) mit klaren, verständlichen prosanahen Sätzen (auch im Gedicht; erst HEINE knüpft hier wieder an) zugunsten von:

Raum für Zusätze — langen, strömenden *Perioden* (nicht nur Vers-Enjambement, sondern auch Strophen-Enjambement, z.T. über mehrere Strophen) im Wechsel mit

- kurzen, knappen *Hauptsätzen:* emphatische Ausrufe, rhetorische Fragen, Wiederholungsfiguren, Anreden, Anrufungen;
- *Klammersätzen,* z.B. „Nun ist, wie dürstete sie! Die Erd' erquickt" (aus „ODE über die ernsthaften Vergnügungen des Landlebens" [später: „Die Frühlingsfeyer"]);
- starker *Abweichung von der Prosawortstellung:* Hyperbaton (gr. hyperbainein = überschreiten); Stellung der Worte außerhalb ihrer natürlichen Ordnung, z.B. statt: Wer das siebzigste schon überlebt hat „Wer überlebt das siebzigste schon hat" (aus Str. 1 des Liedes „Das Wiedersehn");

— völliger *Freiheit der poetischen Wortstellung,* um Affektausdruck, Spannung, Überraschung, Wohlklang zu erzielen.

„Der Dichter hat vornehmlich vier Ursachen, warum er die Wortfolge ändert:
1. Er will den Ausdruck der Leidenschaft verstärken;
2. etwas erwarten lassen;
3. Unvermutetes sagen;
4. dem Perioden gewisse kleine Nebenschönheiten geben, wodurch er etwa mehr Wohlklang, oder leichtere und freiere Wendungen beköммт."

(„Ästhetische Schriften": „Von der Wortfolge", Dr. 1779)

Klang

Starke Vorliebe für *musikalische Wirkungen,* daher häufiger Gebrauch von Klangverben, z.B. „tönen", „lispeln", „rauschen", „wehen".

Rhythmus

Dynamisch, *frei vom Gesetz.* Wortfolge, Satzverschränkung dienen rhythmischen Zwecken. 1. freirhythmische Hymne: 1758 „Die Allgegenwart Gottes".

Bild

Tritt zurück, gelegentlich dunkel bis zur Unklarheit und Verschwommenheit. KLOPSTOCK findet die (ästhetische) Wahrheit weniger im Sehen denn im *Hören:*

> ... und die Unendlichkeit
> Bebt durch den Umkreis ihrer Gefilde nach
> Dein hohes Lob ...
> *(Aus Str. 1 der Ode „Dem Erlöser")*

(3) Nach- und eigenschöpferische, an der Antike orientierte, lyrische Ausdrucksform

KLOPSTOCK machte Ernst mit der auch bei anderen seiner Zeit üblichen (z.B. HORAZ-Übers. von PYRA und LANGE) Nachahmung der antiken Vers-

und Strophenmaße. Jahre intensivsten Studiums, subtilster Auslegung und strengster Einübung befähigten ihn zur Nachschöpfung. 1. Bsp. eigener Strophenform 1752 mit der Ode „An Sie".

Im einzelnen →5.2.6.5.2.

5.2.6.4 Der Göttinger Hain

1772 gründeten junge begeisterte Studenten der Universität Göttingen den Dichterbund des Göttinger Hain. Das altertümliche, aber zugleich anheimelnde Wort „Hain" wurde angeregt durch die Anfangsstrophe der Ode „Der Hügel und der Hain" (von 1767) ihres Vor- und Leitbildes KLOPSTOCK; gemeint ist nicht der antike Lustort, sondern der germanische Hain der Barden.

> „Der germanische Eichenhain war das Gegenbild zum griechischen Parnaß. Neben Klopstocks Christlichkeit spielte gerade dessen verschwommener Nationalgedanke bei diesen jugendlichen Schwärmern eine erhebliche Rolle." *(Haller, 97)*

Von der Gründungsversammlung gibt Voss einen bezeichnenden Bericht:

> „Der Abend war außerordentlich heiter und der Mond voll. Wir überließen uns ganz den Empfindungen der schönen Natur. Wir aßen in einer Bauernhütte eine Milch und begaben uns darauf ins freie Feld. Hier fanden wir einen kleinen Eichengrund, und zugleich fiel uns allen ein, den Bund der Freundschaft unter diesen heiligen Bäumen zu schwören. Wir umkränzten die Hüte mit Eichenlaub, legten sie unter den Baum, faßten uns alle bei den Händen, tanzten so um den eingeschlossenen Stamm herum — riefen den Mond und die Sterne zum Zeugen unseres Bundes an und versprachen uns eine ewige Freundschaft. Dann verbündeten wir uns, die größte Aufrichtigkeit in unsern Urteilen gegeneinander zu beobachten und zu diesem Endzwecke die schon gewöhnliche Versammlung noch genauer und feierlicher zu halten. Ich ward durch Los zum Ältesten erwählt. Jeder soll Gedichte auf diesen Abend machen und ihn jährlich begehen." *(98)*

Lit. Organ des Bundes war der (schon 1770 von BOIE gegründete) „Göttinger Musenalmanach".

Repräsentiert wurde die Vereinigung zuerst von den Bürgersöhnen Voss und Hölty; doch bald, 1773, traten hinzu — keine Selbstverständlichkeit in einer Zeit, in der es an der Universität noch besondere „Grafenbänke" gab! — die in enger Verbindung zu KLOPSTOCK stehenden Reichsgrafen FRIEDRICH LEOPOLD und CHRISTIAN STOLBERG. Damit erfolgte eine Akzent-Veränderung nach vorn:

> „Bekannt ist die Feier von Klopstocks Geburtstag am 2. Juli 1773, bei der man einen leeren Stuhl für den Meister mit Blumen schmückte und auf das Andenken von Hermann [dem Cherusker] und Luther, auf Klopstocks und Eberts, Herders und Goethes Wohl trank. Im Oktober 1772, vor dem Beitritt der Grafen, hatte man — außer Klopstock und Gerstenberg — Gleim, Uz, Ramler, Weiße, Lessing, Geßner hochleben lassen. Die Veränderung in der Wahl der Gefeierten läßt eine gewisse Verschiebung nach dem Sturm-und-Drang hin erkennen." *(Schumann, 99)*

Raum für Zusätze Trotz des Vorherrschens empfindsamer, oft sentimentaler Elemente weist der „Hain" also auch Züge auf, die ihn mit dem Sturm und Drang verbinden, so z.B. der gemeinsame Kampf gegen das lit. Rokoko, insbes. gegen WIELAND, jedoch auch die Hinwendung zur dt. Vergangenheit unter Einfluß HERDERS sowie das Bekenntnis zum Ideal der Freiheit mit dem ersten Keimen eines Patriotismus (v.a. ausgeprägt bei F.L. STOLBERG), der sich aber noch oft, bes. bei KLOPSTOCK, in Form stark christl. inspirierter Rollenlyrik (Bardenlyrik) ausdrückt.

Hervorzuheben die nun verstärkt einsetzende und bis an die Grenze zum neuen Jh. reichende *Übersetzungs-Tätigkeit* des Jüngerkreises um KLOPSTOCK. Sie galt zunächst der röm. Lyrik, insbes. HORAZ, dann auch den Elegikern sowie der altgr. Lyrik.

Als wichtigste Übersetzer sind zu nennen:

UZ und GÖTZ mit: „Anakreon: Die Oden in reimlosen Versen", Dr. 1746 (in 2. Aufl. hinzugefügt die Übers. der SAPPHOschen Oden);

HÖLTY mit: „Übersetzungen nach dem Griechischen" (ANAKREON), Dr. 1770/71;

F.L. STOLBERG mit: „Homeros: Ilias", Dr. 1778;

CHR. STOLBERG mit: „Gedichte aus dem Griechischen übersetzt", Dr. 1782;

WIELAND mit: „Horazens Satyren", Dr. 1786;

Voss mit: „Homeros Odüßee", Dr. 1781; „Homeros Ilias", Dr. 1789/90; „P. Virgilius Maro: Werke", Dr. 1799; „Qu. Horatius Flaccus: Werke", Dr. 1806; ferner Überss. des THEOKRIT, TIBULL, PROPERZ, OVID;

RAMLER mit: „Oden aus dem Horaz", Dr. 1769 und 1787; „Anacreons auserlesene Oden und die zwey noch übrigen Oden der Sappho", Dr. 1801. – Mehr als durch diese nach seinem Tod erschienenen Überss. wirkte RAMLER in 2. H. des 18.Jhs. durch die überaus betonte Strenge seiner nach röm. Vorbild erkannten Versmaße; er schreckte dabei nicht vor eigenmächtigen Veränderungen von Versen anderer Dichter zurück.

Der Bund hatte keinen längeren Bestand, jedoch blieben seine namhaften Mitglieder als Vertreter empfindsamer Lyrik bis an die Jh.-Wende Repräsentanten der gängigen Lit.

5.2.6.5 Gattungsunterarten

Die für die weitere Entwicklung dt.-sprachiger Lyrik des 18.Jhs. wichtigsten Gattungsunterarten der Empfindsamkeit werden im folgenden im wesentlichen an Bspen von KLOPSTOCK interpretiert; jedoch kommen auch die bedeutendsten Vertreter des „Göttinger Hain" zu Wort.

Tab. 32 zeigt die Verzweigung KLOPSTOCKscher Lyrik in die Untergattungsformen **Lied** (am geringsten), **Ode** (am stärksten, z.T. in Form des *Lehrgedichts*) und **Elegie** sowie ab 1. Jahrzehnt der mittleren Periode **Hymne;** ferner die thematische Aufteilung der Alterslyrik; schließlich die bedeutende Zunahme eigener Strophenformen ab 1764 nach dem Zwischenspiel der freirhythmischen Hymnen.

Tab. 32 Die Gruppierung der Klopstockschen Lyrik nach Lebensstufen und Gattungsunterarten (mit jeweils für die Gruppen charakteristischen Beispielen)

[A=Alkäische Strophe — AS=Asklepiadeische Strophe — ASa=Abwandlung a der Asklepiadeischen Strophe — ASb=Abwandlung b der Asklepiadeischen Strophe — S=Sapphische Strophe — D=distichische Strophen — EF=eigene Strophenformen; 1–3=Abwandlungen der jeweiligen Form]

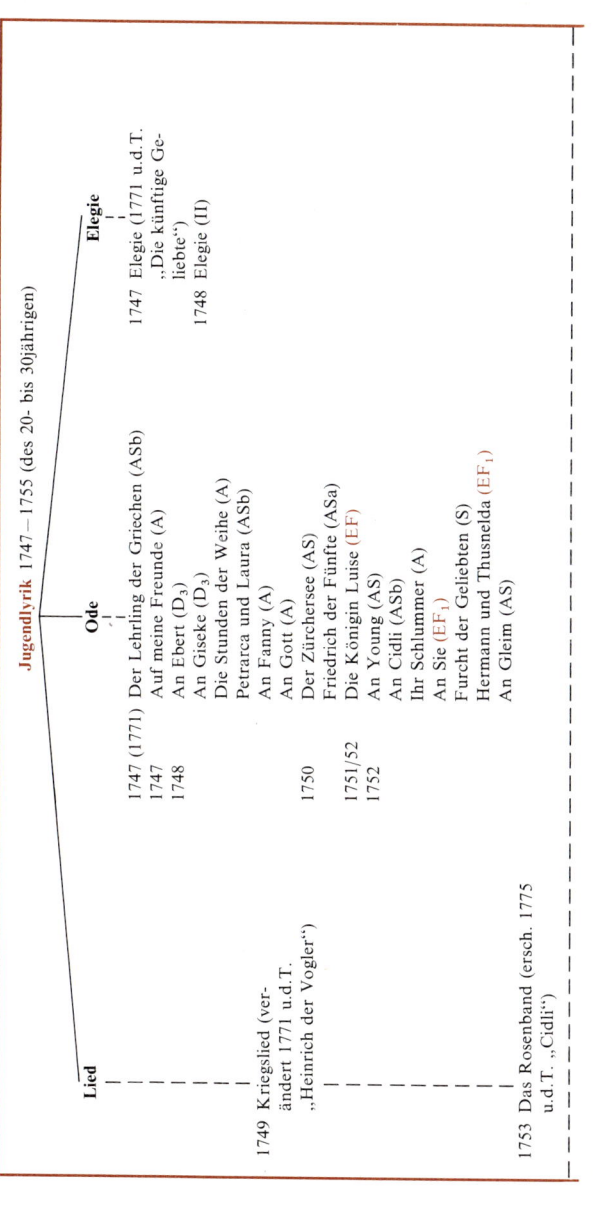

Jugendlyrik 1747–1755 (des 20- bis 30jährigen)

Ode

1747 (1771)	Der Lehrling der Griechen (ASb)
1747	Auf meine Freunde (A)
1748	An Ebert (D_3)
	An Giseke (D_3)
	Die Stunden der Weihe (A)
	Petrarca und Laura (ASb)
	An Fanny (A)
	An Gott (A)
1750	Der Zürchersee (AS)
	Friedrich der Fünfte (ASa)
1751/52	Die Königin Luise (EF)
1752	An Young (AS)
	An Cidli (ASb)
	Ihr Schlummer (A)
	An Sie (EF_1)
	Furcht der Geliebten (S)
	Hermann und Thusnelda (EF_1)
	An Gleim (AS)

Elegie

1747	Elegie (1771 u.d.T. „Die künftige Geliebte")
1748	Elegie (II)

Lied

1749 Kriegslied (verändert 1771 u.d.T. „Heinrich der Vogler")

1753 Das Rosenband (ersch. 1775 u.d.T. „Cidli")

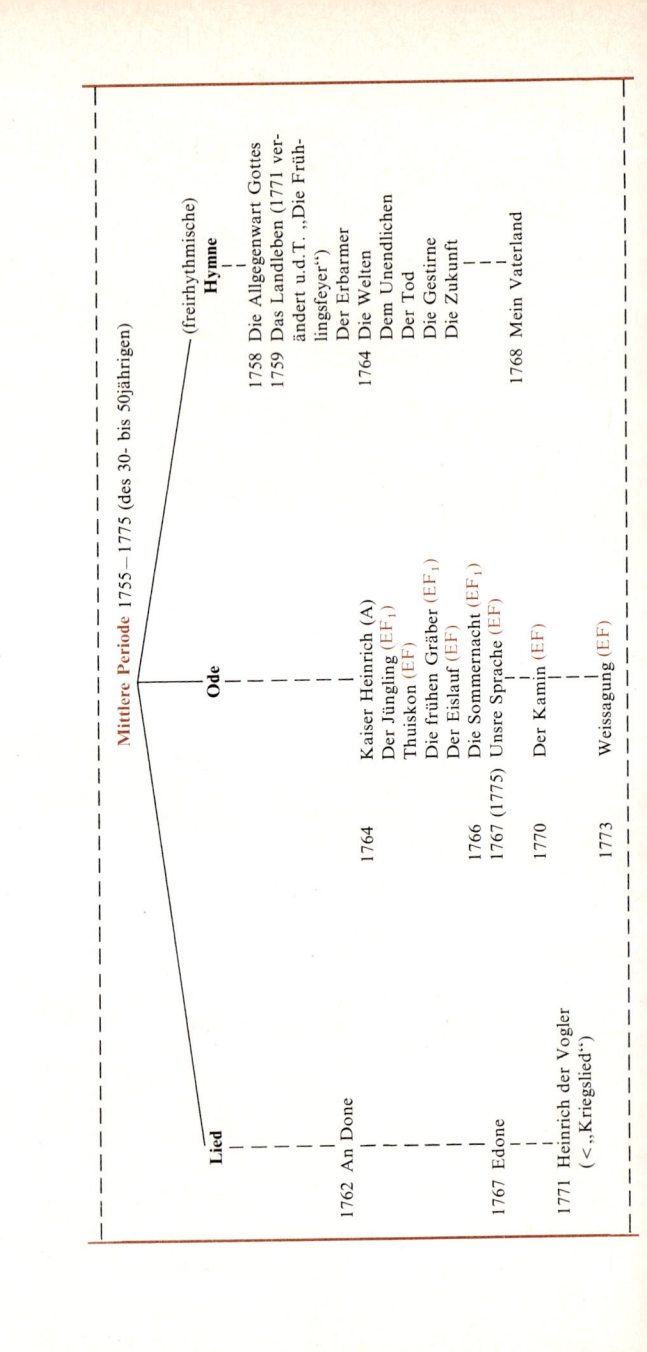

Mittlere Periode 1755–1775 (des 30- bis 50jährigen)

Lied — **Ode** — (freirhythmische) **Hymne**

Jahr	Lied	Ode	Hymne
1758			Die Allgegenwart Gottes
1759			Das Landleben (1771 verändert u.d.T. „Die Frühlingsfeyer")
			Der Erbarmer
1762	An Done		
1764		Kaiser Heinrich (A)	Die Welten
		Der Jüngling (EF₁)	Dem Unendlichen
		Thuiskon (EF)	Der Tod
		Die frühen Gräber (EF₁)	Die Gestirne
		Der Eislauf (EF)	Die Zukunft
1766		Die Sommernacht (EF)	
1767 (1775)		Unsre Sprache (EF)	
1767	Edone		
1768			Mein Vaterland
1770		Der Kamin (EF)	
1771	Heinrich der Vogler (<„Kriegslied")		
1773		Weissagung (EF)	

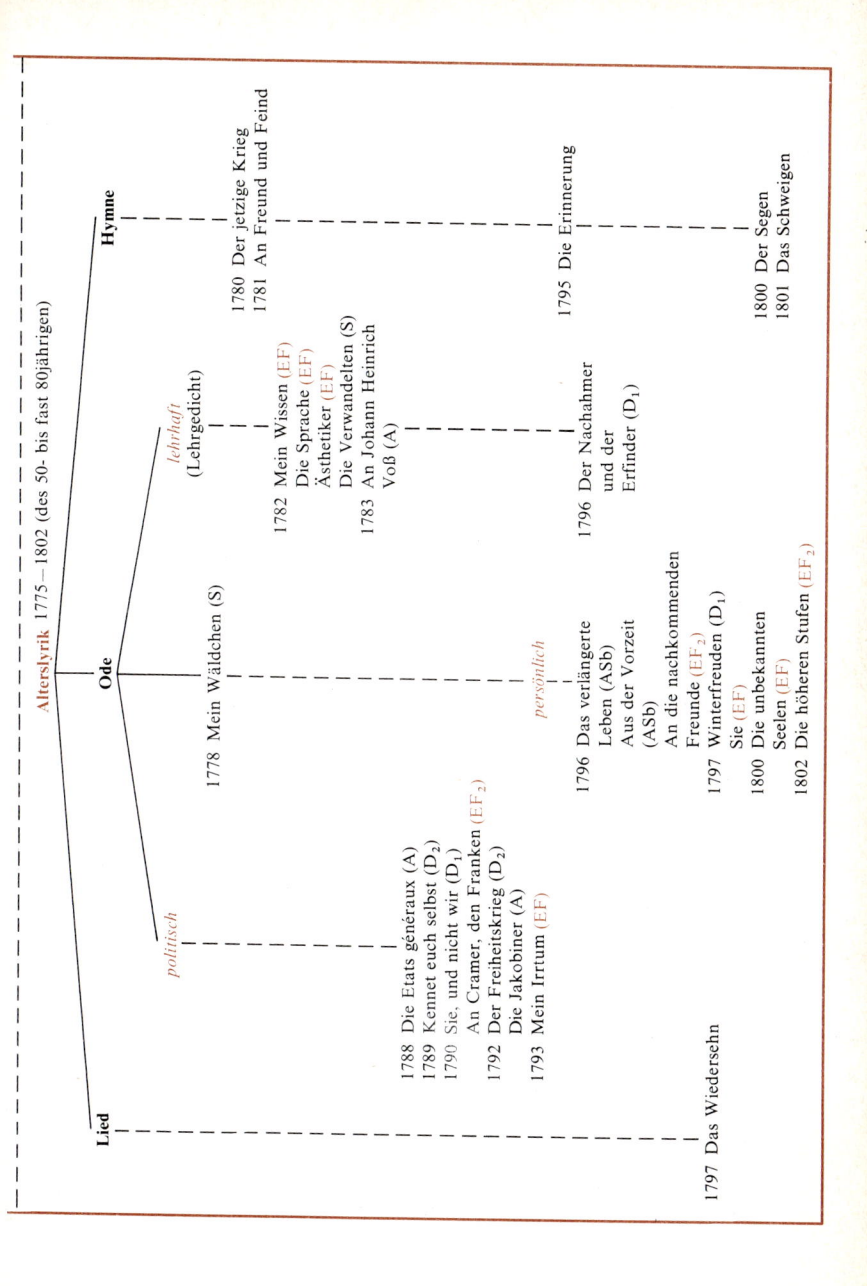

Alterslyrik 1775–1802 (des 50- bis fast 80jährigen)

Hymne

- 1780 Der jetzige Krieg
- 1781 An Freund und Feind
- 1795 Die Erinnerung
- 1800 Der Segen
- 1801 Das Schweigen

Ode

1778 Mein Wäldchen (S)

lehrhaft (Lehrgedicht)

- 1782 Mein Wissen (EF)
  - Die Sprache (EF)
  - Ästhetiker (EF)
  - Die Verwandelten (S)
- 1783 An Johann Heinrich Voß (A)
- 1796 Der Nachahmer und der Erfinder (D₁)

persönlich

- 1796 Das verlängerte Leben (ASb)
  - Aus der Vorzeit (ASb)
  - An die nachkommenden Freunde (EF₂)
- 1797 Winterfreuden (D₁)
  - Sie (EF)
- 1800 Die unbekannten Seelen (EF)
- 1802 Die höheren Stufen (EF₂)

politisch

- 1788 Die Etats généraux (A)
- 1789 Kennet euch selbst (D₂)
- 1790 Sie, und nicht wir (D₁)
  - An Cramer, den Franken (EF₂)
- 1792 Der Freiheitskrieg (D₂)
  - Die Jakobiner (A)
- 1793 Mein Irrtum (EF)

Lied

1797 Das Wiedersehn

Raum für Zusätze **5.2.6.5.1 Lied**

KLOPSTOCKS Dichtung ist im ganzen gesehen liedfern, er schrieb nur wenige Lieder; einige patriotische: „Schlachtlied" (1767), „Vaterlandslied" (1770), „Kriegslied" (letzteres zunächst, 1749, an Friedrich d.Gr. gerichtet, dann, 1771, umgearbeitet u.d.T. „Heinrich der Vogler") sowie einige (meisterliche) Liebeslieder: „Das Rosenband" (1753, →u. [auch u.d.T. „Das schlafende Mägdchen"]; gedruckt erst 1775 u.d.T. „Cidli"), „An Done" (1762), „Edone" (1767), „Das Wiedersehn" (1797).

Das Rosenband

IM Frühlingsschatten fand ich sie;
Da band ich sie mit Rosenbändern:
Sie fühlt es nicht und schlummerte.

Ich sah sie an; mein Leben hieng
Mit diesem Blick an ihrem Leben:
Ich fühlt es wohl, und wußt es nicht.

Doch lispelt ich ihr sprachlos zu,
Und rauschte mit den Rosenbändern:
Da wachte sie vom Schlummer auf.

Sie sah mich an; ihr Leben hieng
Mit diesem Blick an meinem Leben:
Und um uns wards Elysium.

(1753)

Bekannt und mit Recht anerkannt die Interpretation von *Wolfgang Kayser (100)*. Er ordnet die Indizien, die der Text bietet, in *4 Gruppen*:

(1) *Inhaltliches:* Entdeckung der schlafenden Geliebten als traditionelles Motiv der Anakreontik[1].

(2) *Formales:* ungewöhnlich die dreizeilige Strophe, kunstvoll gebaut (1 und 2:3) und reimlos; steigende Vierheber, wobei der weibliche Versschluß von 2 männlichen Versschlüssen eingerahmt wird.

Der Dichter hat sich von der üblichen Anakreontik entfernt, kein intimes, sinnliches Flüstern, sondern leises, aber fast feierliches Sprechen. Der Kampf um den Reim ist Kennzeichen der Situation in der Lyrik um die Mitte des 18.Jhs.

(3) *Sprachlich-Stilistisches:* persönliche Konstruktion von „rauschen"; auffällig im Wortschatz: „Frühlingsschatten", „Rosenbänder", „Elysium", nicht: Cupido und Venus.

(4) *Gedanklich-Gehaltliches:* nicht mehr spielerischer, scherzhafter Ton, sondern durchaus ernst genommen. Verzicht auf Kostüm und lit. Szenerie, die Geliebte hat alle Koketterie der Chloen und Galatheen verloren. Hier sind 2 Menschen in ihrer Tiefe ergriffen, das offenbart sich unmittelbar: im Blick! Fazit: Ersetzung der spielerischen Haltung durch Ausdruckshaltung, Entsinnlichung und Verseelung.

---

[1] vgl. dasselbe Motiv aber schon im Barock bei FLEMING (→4.6.2)

„Das ‚Rosenband' ist ... inhaltlich ganz auf dem gleichmäßigen Aussingen eines Motivs aufgebaut, von durchaus liedmäßiger Geschlossenheit. Dieses Stück und einige im nächsten Jahrzehnt entstandene sind die ersten Seelenlieder des neuen Erlebnistypus, unverkennbare Früchte der Empfindsamkeit, Aussprache des Ich, weihevoll gefühlsam, aber ohne das Pathos der Ode." *(G. Müller, 101)*

Raum für Zusätze

In seinem letzten Lied, „Das Wiedersehn" von 1797 — man beachte den langen Zeitraum von KLOPSTOCKs Wirken und Wirksamkeit bis in die Frühromantik hinein! —, nimmt der Dichter die schon einmal, fast 40 Jahre früher im „Kriegslied" gebrauchte Chevy-Chase-Strophe wieder auf:

Das Wiedersehn

DER Weltraum fernt mich weit von dir,
So fernt mich nicht die Zeit.
Wer überlebt das siebzigste
Schon hat, ist nah bei dir.

Lang sah ich, Meta, schon dein Grab,
Und seine Linde wehn;
Die Linde wehet einst auch mir,
Streut ihr Blum' auch mir,

Nicht mir! Das ist mein Schatten nur,
Worauf die Blüte sinkt;
So wie es nur dein Schatten war,
Worauf sie oft schon sank.

Dann kenn' ich auch die höhre Welt,
In der du lange warst;
Dann sehn wir froh die Linde wehn,
Die unsre Gräber kühlt.

Dann... Aber ach ich weiß ja nicht,
Was du schon lange weißt;
Nur daß es, hell von Ahndungen,
Mir um die Seele schwebt!

Mit wonnevollen Hoffnungen
Die Abendröte kommt:
Mit frohem, tiefen Vorgefühl,
Die Sonnen auferstehn!

(1797)

„Der Eingangsvers fordert sogleich das unendlichste Vorstellungsvermögen auf — eine echt Klopstockische Stimmung kosmischer Fernen ... Klopstockisch eigentümlich ist die Setzung des Simplex *fernen* an Stelle des üblichen Kompositums [entfernen]. Dem Versausgang *weit von dir* korrespondiert als Epiphora das *nah bei dir* des vierten Verses — besonders wirkungsvoll durch den Kontrast der Aussage, der ja die ganze Strophe baut ... Daß *weit* und *Zeit* zusammenklingen, ist gewiß nicht ohne verbindende Wirkung. Die folgenden anderthalb Verse kann man bei aller Verehrung wohl in keiner Beziehung glücklich nennen, vielleicht mag man sie entschuldigend einer gewissen Altersumständlichkeit zugute halten ... War die erste Strophe auf die Antithese fern — nah gebaut, so setzt die zweite Metas Grab gegen das zukünftige, das sich der greise Dichter an ihrer Seite wünscht. Darum klingen V. 7 und 8 epiphorisch mit dem triumphierenden *auch mir* aus. Was die folgende Strophe wie anaphorisch und scharf elliptisch gefaßt widerruft: *Nicht mir!* Denn es ist nur ein *Schatten*, der ins Grab sinkt. Die sparsame Ökonomie des dichterischen Ausdrucks erreicht in dieser Strophe ihre höchste Möglichkeit, sie ist antithetisch gebaut wie die beiden vorangehenden ... Der strenge Parallelismus, den man durchs ganze Gedicht verfolgen kann, bewirkt mit, daß die schlichte Form doch würdig, groß und ernst klingt. Mit der vierten Strophe setzt der Dichter durch ein dreimaliges anaphorisches *Dann* zu kühnem Andrang in *die höhre Welt* jenseits des Grabes an. In der Mitte dieser Strophe ertönt das frohe *wir* der Vereinten, die nun aus Weltraumfernen auf die kühlwehende Linde über den Gräbern hinunter- und zurückschauen. Mit dem Beginn

Raum für Zusätze   der fünften Strophe aber bricht des Dichters Andrang in die Unendlichkeit nach dem dritten *Dann* ... in eindrucksvoller Aposiopese ab. Er kehrt in die Wirklichkeit seines Greisenalters zurück, bescheidet sich an der Grenze, die er noch nicht überschreiten darf ... schließt mit einem wunderbar poetischen Bild seiner Alters-Situation, dieser aus stark und voll erfülltem Diesseits und innig sehnlich erschautem Jenseits so seltsam gemischten Stimmung der hohen Jahre. Dieser Schluß gehört zum Schönsten, was Dichtermund im Greisenalter je ausgesprochen hat."

(Kelletat, 102)

*

Die Dichter des Göttinger Hain pflegten vorzugsweise die leichte Form des Liedes, wobei zu beachten ist, daß gegenüber der anakreontischen Lyrik nun *volksliedhafte Züge* stärker hervortreten; hier in einem Bsp. von MILLER:

Aufmunterung zur Freude

Wer wollte sich mit Grillen plagen,
　Solang uns Lenz und Jugend blühn?
Wer wollt in seinen Blütentagen
　Die Stirn in düstre Falten ziehn?

Die Freude winkt auf allen Wegen,
　Die durch dies Pilgerleben gehn;
Sie bringt uns selbst den Kranz entgegen,
　Wenn wir am Scheidewege stehn.

Noch rinnt und rauscht die Wiesenquelle,
　Noch ist die Laube kühl und grün,
Noch scheint der liebe Mond so helle,
　Wie er durch Adams Bäume schien.

......
......

O wunderschön ist Gottes Erde
　Und wert, darauf vergnügt zu sein;
Drum will ich, bis ich Asche werde,
　Mich dieser schönen Erde freun!

(1783; Str. 1–3 u. 6 [Schluß])

5.2.6.5.2 Ode

Wurde für KLOPSTOCK das bevorzugte Ausdrucksmittel, da er sie als den hohen Gegenständen seiner Lyrik am gemäßesten empfand. Nun aber nicht mehr nur formal gestaltet, wie im Barock, sondern ergriffen gefühlt und immer neu variiert.

Innerhalb des folgenden Überblicks über die verwendeten antiken und eigenen Odenmaße wird je ein Bsp. aus den 3 Schaffensperioden KLOPSTOCKS (→Tab. 32) eingehend behandelt: „Die Stunden der Weihe" – „Die Sommernacht" – „Die höheren Stufen".

Die von Klopstock verwendeten antiken und eigenen Odenmaße

Raum für Zusätze

(1) Alkäische Strophe (A) (vgl. Bd. IIa, A 1.1.5.1.3.2)

Metrisches Schema: ∪ / ∪ / ∪ / ∪ ∪ / ∪ /
  ∪ / ∪ / ∪ / ∪ ∪ / ∪ /
  ∪ / ∪ / ∪ / ∪ / ∪
  / ∪ ∪ / ∪ ∪ / ∪ / ∪

Die Stunden der Weihe

EUCH Stunden, grüß ich, welche der Abendstern
Still in der Dämmrung mir zur Erfindung bringt,
　O geht nicht, ohne mich zu segnen,
　　Nicht ohne große Gedanken weiter!

Im Tor des Himmels sprach ein Unsterblicher:
'Eilt, heilge Stunden, die ihr die Unterwelt
　Aus diesen hohen Pforten Gottes
　　Selten besuchet, zu jenem Jüngling,

Der Gott, den Mittler, Adams Geschlechte singt!
Deckt ihn mit dieser schattigen kühlen Nacht
　Der goldnen Flügel, daß er einsam
　　Unter dem himmlischen Schatten dichte.

Was ihr gebaret, Stunden, das werden einst,
Weissaget Salem, ferne Jahrhunderte
　Vernehmen, werden Gott, den Mittler
　　Ernster betrachten, und heilig leben.'

Er sprachs. Ein Nachklang von dem Unsterblichen
Fuhr mir gewaltig durch mein Gebein dahin;
　Ich stand, als ging' in Donnerwettern
　　Über mir Gott, und erstaunte freudig.

Daß diesem Ort kein schwatzender Prediger,
Kein wandelloser Christ, der Propheten selbst
　Nicht fühlt, sich nahe! Jeder Laut, der
　　Göttliche Dinge nicht tönt, verstumme!

Deckt, heilge Stunden, decket mit eurer Nacht
Den stillen Eingang, daß ihn kein Sterblicher
　Betrete, winkt selbst meiner Freunde
　　Gerne gehorchten, geliebten Fuß weg!

Nur nicht, wenn Schmidt will aus den Versammlungen
Der Musen Sions zu mir herübergehn;
　Doch, daß du nur vom Weltgerichte,
　　Oder von deiner erhabnen Schwester,

Dich unterredest! Auch wenn sie richtet, ist
Sie liebenswürdig. Was ihr empfindend Herz
　In unsern Liedern nicht empfunden,
　　Sei nicht mehr! was sie empfand, sei ewig!

(1748)

Raum für Zusätze   *Darstellung der Erweckung* zum (religiösen) Dichter, dem Sänger des „Messias".

Strophe 1: Invokation. Anrufung der dichtungsgünstigen Stunden der Abenddämmerung, mit der Bitte, ihn, den Sprecher, mit der Gabe der Dichtkunst („Erfindung") zu segnen.

Strophe 2 und folgende: Ein Engel (Salem = Engel der Liebe) befiehlt den „heilgen Stunden" (nun personifiziert wie die gr. Horen = Göttinnen der Zeit), den Jüngling abzuschirmen, „daß er einsam unter dem himmlischen Schatten dichte". Religiöse Weihe der Inspiration und kühne Prophetie über die Leistung („werden einst ... ferne Jahrhunderte vernehmen"). Der Erschütterung folgt freudiges Erstaunen. Jegliches Sündenbewußtsein fehlt: Gott ist gewaltig, aber er vernichtet nicht, er gibt vielmehr in seiner Gnade dem Jüngling Auftrag und Gabe, ihn zu singen. Voraussetzung dafür: Einsamkeit des Orts und Stille der beginnenden Nacht; Heiligkeit beider. Daher Zurückweisung rationalistischer Kanzeldisputanten und Wortchristen, deren Christentum sich nicht im Wandel, in der Tat beweist. Anschließend bruchlos für den Dichter und vielleicht für seine Zeit (nicht mehr für heutige Zeit, da komisch wirkend) Übergang zur Preisung mitfühlender und mitarbeitender Freundschaft (der Freund dient ebenfalls mit seinem Werk über das „Weltgericht" der christlichen Muse, seine Schwester ist mit ihrer Empfindungskraft Richterin über den Grad des Erreichten, denn nur „was sie empfand, sei ewig").

Ebenso im Alkäischen Odenmaß: „An Fanny"; „An Gott"; „Ihr Schlummer"; „Kaiser Heinrich"; „An Johann Heinrich Voß"; „Die Etats généraux"; „Die Jakobiner" u.a.

(2) Asklepiadeische Strophe (AS) (vgl. Bd. IIa, A 1.1.5.3.1.2)

Metrisches Schema: / ∪ / ∪ ∪ / ‖ / ∪ ∪ / ∪ /
/ ∪ / ∪ ∪ / ‖ / ∪ ∪ / ∪ /
/ ∪ / ∪ ∪ / ∪
/ ∪ / ∪ ∪ / ∪ /

Bsp.: Anfangsstrophe von „Der Zürchersee" (1750):

> Schön ist, Mutter Natur, deiner Erfindung Pracht,
> Auf die Fluhren verstreut; schöner ein froh Gesicht,
>   Das den großen Gedanken
>   Deiner Schöpfung noch *einmahl* denkt.

Ebenso: „An Young"; „An Gleim" u.a.

● *Abwandlung a* (ASa): an die Stelle des 3. Verses, des Pherekrateus, tritt ein asklepiadeischer Vers (wie V. 1 und 2).

Metrisches Schema: / ∪ / ∪ ∪ / ‖ / ∪ ∪ / ∪ /
/ ∪ / ∪ ∪ / ‖ / ∪ ∪ / ∪ /
/ ∪ / ∪ ∪ / ‖ / ∪ ∪ / ∪ /
/ ∪ / ∪ ∪ / ∪ /

Bsp.: Anfangsstrophe von „Friedrich der Fünfte" (1750):   Raum für Zusätze

> Welchen König der Gott über die Könige
> Mit entweihendem Blick, als er geboren ward,
> Sah vom hohen Olymp, dieser wird Menschenfreund
>   Sein, und Vater des Vaterlands!

● *Abwandlung b* (ASb): Nur ein asklepiadeischer Vers verbunden mit dem 4. Vers, dem Glykoneus.

Metrisches Schema: / ∪ / ∪ ∪ / ‖ / ∪ ∪ / ∪ /
                     / ∪ / ∪ ∪ / ∪ /

Bsp.: Anfangsstrophe von „Petrarca und Laura" (1748):

> Andern Sterblichen schön, kaum noch gesehn von mir,
> Ging der silberne Mond vorbei.

Ebenso: „Der Lehrling der Griechen"; „An Cidli"; „Das verlängerte Leben"; „Aus der Vorzeit" u.a.

3) Sapphische Strophe (S) (vgl. Bd. IIa, A 1.1.5.1.3.3)

Originales metrisches   / ∪ / ∪ / ∪ ∪ / ∪ / ∪
Schema: / ∪ / ∪ / ∪ ∪ / ∪ / ∪
                         / ∪ / ∪ / ∪ ∪ / ∪ / ∪
                         / ∪ ∪ / ∪

Bei KLOPSTOCK |/ ∪ ∪| / ∪ / ∪ / ∪ / ∪
Abwandlung zu:
                 / ∪ |/ ∪ ∪| / ∪ / ∪ / ∪
                 / ∪ / ∪ |/ ∪ ∪| / ∪ / ∪
                 / ∪ ∪ / ∪

Der im Regelfall an 3. Stelle stehende eingeschobene Daktylus wandert bei KLOPSTOCK treppenartig von der 1. Stelle in V. 1 zur 2. Stelle in V. 2 und zur 3. in V. 3.

Bsp.: Anfangsstrophe von „Furcht der Geliebten" (1752):

> Cidli, du weinest, und ich schlummre sicher,
> Wo im Sande der Weg verzogen fortschleicht;
> Auch wenn stille Nacht ihn umschattend decket,
>   Schlummr' ich ihn sicher.

Ebenso: „Mein Wäldchen"; „Die Verwandelten" u.a.

4) Distichische Strophen (D; Auswahl) (vgl. Bd. IIa, A 1.1.4.2)

Hexameter und Pentameter (D_1) (= elegisches Distichon; →Bd. IIa, A 1.1.5.3.1)

Raum für Zusätze *Metrisches Schema:* / — ◡ / — ◡ ◡ / — ◡ ◡ / — ◡ / — ◡ ◡ / — ◡
　　　　　　　　　　　/ — ◡ / — ◡ ◡ / ‖ / — ◡ ◡ / — ◡ ◡ /

Bsp.: 1. Distichon von „Winterfreuden" (1796):

>	Also muß ich auf immer, Kristall der Ströme, dich meiden?
>	Darf nie wieder am Fuß schwingen die Flügel des Stahls?

Ebenso: „Sie, und nicht wir" u.a.

b) Hexameter und verkürzter Hexameter (D₂)

Metrisches Schema: / — ◡ / — ◡ / — ◡ ◡ / — ◡ / — ◡ ◡ / — ◡
　　　　　　　　　　　/ — ◡ / — ◡ ◡ / — ◡ ◡ /

Bsp.: 1. Distichon der Ode „Kennet euch selbst" (1789):

>	Frankreich schuf sich frei. Des Jahrhunderts edelste Tat hub
>	Da sich zu dem Olympus empor!

Ebenso: „Der Freiheitskrieg" u.a.

c) Hexameter und halber Pentameter (D₃)

Dem Hexameter folgt als 2. Zeile die 2. Hälfte des Pentameters (→4a)

Metrisches Schema: / — ◡ / — ◡ ◡ / — ◡ / — ◡ / — ◡ ◡ / — ◡
　　　　　　　　　　　/ — ◡ ◡ / — ◡ ◡ /

Bsp.: 1. Distichon von „An Giseke" (1748):

>	Geh! Ich reiße mich los, obgleich der männlichen Tugend
>	Tränen zu weiblich nicht sind.

Ebenso: „An Ebert" u.a.

(5) Eigene Strophenformen (EF; Auswahl)

a) Völlig eigene Strophen (EF₁)

● *Metrisches Schema:* / — ◡ / — ◡ ◡ / — ◡ / — ◡ / — ◡
　　　　　　　　　　　　/ — ◡ / — ◡ ◡ / — ◡ / — ◡ / — ◡
　　　　　　　　　　　　/ — ◡ / — ◡ ◡ / — ◡
　　　　　　　　　　　　/ — ◡ ◡ / — ◡ ◡ /

Bsp.: Str. 3 von „An Sie" (1752):

>	Auf den Flügeln der Ruh, in Morgenlüften,
>	Hell vom Taue des Tags, der höher lächelt,
>	Mit dem ewigen Frühling,
>	Kommst du den Himmel herab.

Ebenso: „Hermann und Thusnelda".

• *Metrisches Schema:* / ⏑ / ⏑⏑ / ⏑⏑ / ⏑
　　　　　　　　　　⏑ / ⏑⏑ / ⏑ / ⏑ /
　　　　　　　　　　/ ⏑ / ⏑ / ⏑⏑ / ⏑
　　　　　　　　　　⏑ / ⏑⏑ / ⏑⏑ /

Raum für Zusätze

Bsp.: Anfangsstrophe von „Der Jüngling" (1764):

　　　Schweigend sahe der Mai die bekränzte
　　　Leichtwehende Lock' im Silberbach;
　　　Rötlich war sein Kranz, wie des Aufgangs,
　　　Er sah sich, und lächelte sanft.

　　　　　　　　　　*

• *Metrisches Schema:* 　⏑ / ⏑⏑ / ⏑⏑ /
　　　　　　　　　　　　/ ⏑ / ⏑⏑ / ⏑ /
　　　　　　　　　　　⏑⏑ / ‖ / ⏑ / ‖ / ⏑ / ⏑ /
　　　　　　　　　　　/ ⏑⏑ / ⏑⏑ / ‖ / ⏑⏑ /

Bsp.: Anfangsstrophe von „Die frühen Gräber" (1764):

　　　Willkommen, o silberner Mond,
　　　Schöner, stiller Gefährt der Nacht!
　　　Du entfliehst? Eile nicht, bleib, Gedankenfreund!
　　　Sehet, er bleibt, das Gewölk wallte nur hin.

　　　　　　　　　　*

• *Metrisches Schema:* ⏑⏑ / ⏑ ‖ ⏑⏑ / ⏑ ‖ ⏑⏑ /
　　　　　　　　　　　⏑⏑ / ⏑ ‖ ⏑⏑ / ‖ ⏑⏑ / ⏑
　　　　　　　　　　　⏑⏑ / ⏑ ‖ ⏑⏑ / ⏑
　　　　　　　　　　　⏑⏑ / ⏑⏑ /

Die Sommernacht

　　Wenn der Schimmer von dem Monde nun herab
　　　In die Wälder sich ergießt, und Gerüche
　　　　Mit den Düften von der Linde
　　　　In den Kühlungen wehn;

　　So umschatten mich Gedanken an das Grab
　　　Der Geliebten, und ich seh in dem Walde
　　　　Nur es dämmern, und es weht mir
　　　　Von der Blüte nicht her.

　　Ich genoß einst, o ihr Toten, es mit euch!
　　　Wie umwehten uns der Duft und die Kühlung,
　　　　Wie verschönt warst von dem Monde,
　　　　Du o schöne Natur!

(1766)

„Ein reines Seelenlied, vom tiefen Gefühl der wehmütigen Rückerinnerung an die Toten durchströmt. Von Gesichtseindrücken bleibt nur der unbestimmte Schimmer des Mondlichts, in dem alle festen Konturen sich auflösen. Auch die akustischen Wahrnehmungen fehlen in diesem Gedicht, stattdessen werden —

Raum für Zusätze

vorromantisch — Gerüche und Hautgefühle feinnervig einbezogen. Die Sprache zeigt Wandlung des Wortes von der klaren begrifflichen Bezeichnung zum Stimmungsträger. Die Substantive sind durchweg gefühlsträchtige Komplexe, die Assoziationen wecken: *Mondschimmer, Wälder, Gerüche* und *Düfte* von der *Linde, Kühlungen* (typische Klopstockische Plurale, welche die verschwommene Allgemeinheit noch vermehren), *Blüte, Grab der Geliebten* — lauter magische Zauberformeln, besonders deshalb, weil alles in der ‚Rückerinnerung‘ des ‚einst‘ verklärt erscheint. Die Verben bezeichnen meist eine sanfte Bewegung des Mondlichtes oder des Nachtwindes: *sich herab ergießen, wehen, herwehen, umwehen,* dazu das metaphorische *Gedanken umschatten:* eine leise Dynamisierung des Ganzen, die dem seelischen Grundgefühl zarter, elegischer Trauer entspricht."

(Langen, 103)

Diesem Stimmungsgehalt ist die Metrik angepaßt. Ohne das von KLOPSTOCK vorgegebene Maß würde man zunächst skandieren:

/ ∪ / ∪ / ∪ / ∪ / ∪ /
/ ∪ / ∪ / ∪ / ‖ / ∪ / ∪
/ ∪ / ∪ / ∪ / ∪
/ ∪ / ∪ ∪ /

Dieses Bsp. zeigt deutlich, daß KLOPSTOCK zunehmend gar keine Metra mehr meinte, sondern *rhythmische Schemata*. Die KLOPSTOCKsche Aufzeichnung ergibt sehr genau das rhythmische Sprechen und läßt zugleich die rhythmischen Figuren hervortreten, die Kola, das Zusammenspiel der Figuren, z.B. anaphorisch in den ersten 3 Versen, epiphorisch in V. 2 und 3.

b) Zusammensetzungen mit dem Hexameter (EF$_2$)

● Hexameter verbunden mit daktylischem Vers, wechselnd lang

Metrisches Schema: / ∪ / ∪ ∪ / ∪ ∪ / ∪ ∪ / ∪ ∪ / ∪
  / ∪ ∪ /
  / ∪ / ∪ ∪ / ∪ ∪ / ∪ / ∪ ∪ / ∪
  / ∪ ∪ / ∪ ∪ /

Bsp.: Anfang von „An die nachkommenden Freunde" (1796):

  Unter Blumen, im Dufte des rötlichen Abends, in frohes
  Lebens Genuß,
  Das, mit glücklicher Täuschung, zu jugendlichem sich dichtet,
  Ruh ich, und denke den Tod.
              *

● Hexameter verbunden mit einem neugeschaffenen Vers

Metrisches Schema: / ∪ ∪ / ∪ / ∪ ∪ / ∪ / ∪ ∪ / ∪
  ∪ / ∪ / ∪ / ∪ ∪ /

Bsp.: Anfang von „An Cramer, den Franken" (1790):

  Wunderbar wars, war neu, es geschah, was nie noch geschehn ist:
  Ein Riese sank danieder, und starb.
              *

● Hexameter verbunden mit drei neugeschaffenen Versen   Raum für Zusätze

Metrisches Schema: / ⏑ ⏑ / ⏑ / ⏑ / ⏑ ⏑ / ⏑ ⏑ / ⏑
       / ⏑ / ⏑ ⏑ / ‖ / ⏑ ⏑ /
       / ⏑ / ⏑ ⏑ / ‖ / ⏑ ⏑ / ⏑ /
       / ⏑ / ⏑ ⏑ / ⏑ ⏑

Bsp.: Anfangsstrophe der folgenden Ode:

Die höheren Stufen

OFT bin ich schon im Traume dort, wo wir länger nicht träumen.
 Auf dem Jupiter war, eilet' ich jetzt
  In Gefilde, wie sonst niemals mein Auge sah?
   Nie Gedanken mir bildeten.

Rings um mich war mehr Anmut, als an dem Wald' und dem Strome
 Auf der Erd ist. Auch quoll Feuer herab
  Von Gebirgen, doch wars mildere Glut, die sich
   Morgenrötlich ins Tal ergoß.

Wolken schwanden von mir; und ich sahe lebende Wesen
 Sehr verschiedner Gestalt. Jede Gestalt
  Wurd' oft anders; es schien, daß sie an Schönheit sich
   Übertraf, wenn sie änderte.

Dieser Unsterblichen Leib glich heiteren Düften, aus denen
 Sanfter Schimmer sich goß, ähnlich dem Blick
  Des, der Wahres erforscht, oder, Erfindung, sich
   Deiner seligen Stunde freut.

Manchmal ahmten sie nach Ansichten des Wonnegefildes,
 Wenn sie neue Gestalt wurden. Die sank,
  Zur Erquickung, auch wohl dann in das Feuer hin,
   Das dem Haupte der Berg' entrann.

Sprachen vielleicht die Unsterblichen durch die geänderte Bildung?
 War es also; wie viel konnten sie dann
  Sagen, welches Gefühl! redeten sie von Gott;
   Welcher Freuden Ergießungen!

Forschend betrachtet' ich lang die erhabnen Wesen, die ringsher
 Mich umgaben. Itzt stand nah mir ein Geist,
  Eingehüllet in Glanz, menschlicher Bildung, sprach
   Tönend, wie noch kein Laut mir scholl:

Diese sind Bewohner des Jupiter. Aber es wallen
 Drei von ihnen nun bald scheidend hinauf
  Zu der Sonne. Denn oft steigen wir Glücklichen
   Höher, werden dann glücklicher.

Sprachs, und zwischen den auf und untergehenden Monden
 Schwebten die Scheidenden schon freudig empor.
  Jener, welcher mit mir redete, folgt'; und ich
   Sah erwachend den Abendstern.

(1802)

Raum für Zusätze

Traumerzählung; Vorahnung des eigenen nahen Todes. Letztes Gedicht KLOPSTOCKs, 1804 posthum gedruckt.

„Eins wird an dieser Ode endgültig deutlich, daß nämlich die Gefühle und Empfindungen, die angesprochen werden, nicht psychologischer Natur sind. Verse wie die, in denen von Leibern die Rede ist, die heitern Düften glichen, ‚aus denen sanfter Schimmer sich goß, ähnlich dem Blick des, der Wahres erforscht', lassen sich nicht psychologisch relativieren. Die Phänomene, die sprachlich verdichtet werden, sind absolut und überindividuell. Gleichzeitig bewegt die Sprache sich an einer Grenze, an der diese Verabsolutierung schon fast nicht mehr möglich scheint. – Hier geschieht der Umschwung. Ein Abstand von wenigen Jahrzehnten, ja vielleicht nur Jahren, genügte, um die Verse Klopstocks unfreiwillig komisch erscheinen zu lassen. Einer neuen Generation, deren größte Entdeckung es war, daß jedes Gefühl, jede seelische Regung Anlaß und Ursprung im individuellen Erleben hatte, mußte die Übersteigerung der Klopstockschen Gedichte bombastisch vorkommen. Die Perspektive veränderte sich entscheidend. Sie richtete sich auf die Gestalt des Menschen allein, auf seine Entwicklung, die Welt erschien als Konzeption des menschlichen Selbstbewußtseins, Metaphysik wurde zur bloßen Kategorie in der Entfaltung des menschlichen Geistes ... Im Werk Klopstocks dokumentiert sich eines der letzten metaphysischen Konzepte des Abendlandes aus christlichem Geist, flüchtig schon, fast ein Schattenbild." *(Heißenbüttel, 104)*

*

Der bedeutendste Odendichter des Göttinger Hain war HÖLTY. Von den antiken Strophen (→Bd. II a, A 1.1.4.2) bevorzugte er die *Asklepiadeische Form;* hier ein bes. gelungenes Bsp. seiner meist von Schwermut überhauchten Lyrik (→auch 5.2.6.5.4):

Die Mainacht

Wenn der silberne Mond durch die Gesträuche blickt
Und sein schlummerndes Licht über den Rasen geußt
   Und die Nachtigall flötet,
     Wandl ich traurig von Busch zu Busch.

Selig preis ich dich dann, flötende Nachtigall,
Weil dein Weibchen mit dir wohnet in einem Nest,
   Ihrem singenden Gatten
     Tausend trauliche Küsse gibt.

Überschattet von Laub, girret ein Taubenpaar
Sein Entzücken mir vor; aber ich wende mich,
   Suche dunkle Gesträuche,
     Und die einsame Träne rinnt.

Wann, o lächelndes Bild, welches wie Morgenrot
Durch die Seele mir strahlt, find ich auf Erden dich?
   Und die einsame Träne
     Bebt mir heißer die Wang herab.

(1774)

Ganz anders — und damit die 2., die den Sturm und Drang anklingenlassende Seite des „Hainbunds" dokumentierend — die *Alkäischen Strophen* des FRIEDRICH LEOPOLD STOLBERG:

Genius

Den schwachen Flügel reizet der Äther nicht,
Im Felsenneste fühlt sich der Adler schon
   Voll seiner Urkraft, hebt den Fittich,
     Senkt sich und hebt sich und trinkt die Sonne.

Du gabst, Natur, ihm Flug und den Sonnendurst!
Mir gabst du Feuer! Durst nach Unsterblichkeit!
   Dies Toben in der Brust! Dies Staunen,
     Welches durch jegliche Nerve zittert,
......
......

Du gabst mir Schwingen hoher Begeisterung!
Gefühl des Wahren, Liebe des Schönen, du!
   Du lehrst mich neue Höhen finden,
     Welche das Auge der Kunst nicht spähet!
......
......

(1774; V. 1, 2 u. 4)

5.2.6.5.3 Elegie

KLOPSTOCKS erste Beschäftigung mit der Elegie in der Nachfolge des TIBULL (→Bd. IIa, A 1.2.2.3.4) und seine ersten Versuche in dieser Form fallen in die Zeit seiner Jugendlyrik (1747—55).

Der 23jährige dichtete 1747 seine „Elegie" in antiken Distichen (vgl. 5.2.6.5.2, Punkt (4), Form D_1) und veröffentlichte sie 1748 erstmals in den „Bremer Beiträgen"[1]) (in denen er in demselben Jahr auch die ersten 3 Gesänge seines „Messias" [→Bd. III] erscheinen ließ, wodurch diese Lit.-Zschr. erst ihre Bedeutung erhielt). 1771 gab er die „Elegie" in leicht veränderter Fs. u.d.T. „Die künftige Geliebte" heraus.

Elegie

1 DIR nur, liebendes Herz, euch, meine vertraulichsten Tränen,
   Sing ich traurig allein dieses wehmütige Lied.
Nur mein Auge soll es mit schmachtendem Feuer durchirren,
   Und, an Klagen verwöhnt, hör es zärtliches Ohr!
Bis, wie Byblis* einst in jungfräuliche Tränen dahinfloß,
   Mein zu weichliches Herz voller Empfindung zerfließt.

---

[1]) eig.: „Neue Beiträge zum Vergnügen des Verstandes und Witzes" (1744—57)
* in Anlehnung an OVID, Metamorphosen IX; Byblis, Tochter des Miletus und einer Nymphe, zerfließt aus unglücklicher Liebe zu ihrem Zwillingsbruder in Tränen und verwandelt sich in eine Quelle

Raum für Zusätze   Ach! warum, o Natur, warum, unzärtliche Mutter,
           Gabst du zur Empfindung mir ein zu biegsames Herz?
        Und ins biegsame Herz die unbezwingliche Liebe,
           Ewiges Verlangen, keine Geliebte dazu?
        ......
        ......
     25 Ach! wo such ich dich doch? Wo werd ich endlich dich finden?
           O du, die meine Begier stark und unsterblich verlangt!
        Wo ist der Ort, der dich hält? Wo fließt der segnende Himmel,
           Welcher dein Aug umwölbt, heiter und lächelnd vorbei?
        Dürft ich mein Auge zu dir einst, seliger Himmel, erheben,
           Und umarmet die sehn, die du von Jugend auf sahst!
        Aber ich kenne dich nicht! ....
        ......
        ......
     77 Eilet, Winde, mit meinem Verlangen zu ihr in die Laube,
           Schauert durch den Wald hin, rauscht, und verkündigt mich ihr!
        In bin redlich! Mir gab die Natur Gefühle zur Tugend;
           Aber zur Liebe gab sie noch ein gewaltigers mir;
        Zu der Liebe, der schönsten der Tugenden, wie sie's den Menschen
           In der Jugend der Welt edler und mächtiger gab.
        ......
        ......
     91 Ach, wie will ich dich, Göttliche, lieben! Das sagt uns kein Dichter,
           Selbst wir entzückt im Geschwätz trunkner Beredsamkeit nicht.
        Kaum daß noch die Unsterbliche selbst, die fühlende Seele,
           Ganz die volle Gewalt dieser Empfindungen faßt!
                                                       (1. Fs. von 1748)

Mit dem Erscheinen des „Messias" setzte sich der Hexameter als Vers
des dt. Epos durch. Ähnliche Anregung versprach sich KLOPSTOCK, als
er das distichische Maß (→Bd. IIa, A 1.1.4.1) für die Elegie ausbildete
Er verzichtete damit auf den bis dahin üblichen Wechselreim, der sich
wohl noch eine Zeitlang behauptete, dann aber allmählich ausklang. Jedoch traten der Durchsetzung der distichischen Form Schwierigkeiten entgegen.

„Die eigentliche Wirkung der Elegien Klopstocks aber beginnt erst mit den beiden
Sammlungen von 1771. Sie müssen sich, soweit die formale Seite in Betracht
kommt, gegen den gleichzeitig einsetzenden starken Einfluß behaupten, den die
in der Form unbestimmte englische Dichtung auf die empfindsame Elegie ausübt

Dem Gehalt nach widersetzen sich Klopstocks Elegien keineswegs dem Zeitgeschmack. Auch der threnetischen Elegie ‚Rothschilds Gräber' und gerade ihr
ist die empfindsame Art eigentümlich — mehr noch einigen Oden, wie etwa
den ‚Frühen Gräbern' (1764), so daß Klopstock in gewisser Hinsicht auch inhaltlich auf die nicht distichischen ‚Elegien' der Empfindsamkeit eingewirkt hat.'
                                                         (Beissner, 105)

Thematisch beeinflußten KLOPSTOCKS Elegien weit über ihre Zeit hinaus
Sie preisen, weniger erotisch als die Elegien TIBULLS, eine reine Liebe

der Seelen, eine „intransitive Liebe" *(106)*; hier fanden v.a. HÖLDERLIN („Menons Klagen um Diotima", →5.5.3.7.4) und RILKE (dieser auch formal: „Duineser Elegien", →Bd. IIc) ihre Anregungen.

Formal dagegen führte die Tendenz, ob nun eingeleitet durch Nachahmung der engl. elegischen Form (z.B. GRAY „Elegy Written in a Country Churchyard" [Elegie, geschrieben auf einem Dorfkirchhof], 1745; stellt Beginn der europäischen Kirchhof-Poesie dar) oder durch KLOPSTOCKS eigene Elegien in Odenform (z.B. „Die frühen Gräber", 1764), zunehmend zu einer Vernachlässigung der distichischen Form und zu einer Bevorzugung der sog. „elegischen Ode".

Raum für Zusätze

5.2.6.5.4 Elegische Ode

Verbindet Odenmaße mit elegischem Stimmungsgehalt; von Ode einerseits und Elegie andererseits daher meist nur bedingt abzusetzen.

Hauptvertreter waren die Hainbündler HÖLTY, CHRISTIAN und FRIEDRICH LEOPOLD STOLBERG, VOSS sowie MATTHISSON. Bei allen finden sich mehr oder weniger starke Anklänge an die Anakreontik. Hier ein Bsp. von HÖLTY:

Elegie
auf ein Landmädchen

Schwermuthsvoll und dumpfig hallt Geläute
Vom bemoosten Kirchenthurm herab.
Väter weinen, Kinder, Mütter, Bräute;
Und der Todtengräber gräbt ein Grab
Angethan mit einem Sterbekleide,
Eine Blumenkron' im blonden Haar,
Schlummert Röschen, so der Mutter Freude,
So der Stolz des Dorfes war.
......
......

Wie ein Engel, stand, im Schäferkleide,
Sie vor ihrer kleinen Hüttenthür.
Wiesenblumen waren ihr Geschmeide,
Und ein Veilchen ihres Busens Zier;
Ihre Fächer waren Zephyrs Flügel,
Und der Morgenhain ihr Puzgemach;
Diese Silberquellen ihre Spiegel,
Ihre Schminke dieser Bach.
......
......

Schlummre sanft, du gute, fromme Seele,
Bis auf ewig dieser Schlummer flieht!
Wein' auf ihrem Hügel, Philomele,
Um die Dämmerung, ein Sterbelied!
Weht, wie Harfenlispel, Abendwinde,
Durch die Blumen, die ihr Grab gebar!
Und im Wipfel dieser Kirchhoflinde
Nist' ein Turteltaubenpaar!   *(1774; Str. 1, 3, 8 [Schluß])*

Raum für Zusätze „[Hölty macht] viel ausgiebiger von dem Schäferapparat Gebrauch, denn Höltys elegisch-idyllisches Erlebnislied ist solchen Symbolen gemäß. Er verschmilzt und belebt sie mit einer etwas odenhaft gemäßigten Empfindsamkeit, von der alles Preziöse abgestreift ist ... Von Sturm und Drang im engeren Verstand ist bei Hölty nichts zu spüren, aber die neue Welle ‚natürlichen' Erlebens, die seine Altersgemeinschaft trägt, bestimmt auch ihn ganz. Der Frühverstorbene fügt den vorhandenen Elementen nichts wesentlich Neues hinzu, aber als einziger der Generation vermag er das, was ihm von diesen Elementen zugehört, so rein und rückstandslos zu gestalten."
(G. Müller, 107)

MATTHISSON knüpfte — außer an KLOPSTOCK — in seinen Landschaftsschilderungen v.a. an HALLER an. Er

„fand noch den Beifall Bürgers, weil er sich auf sprachlichen Wohlklang verstand. Er hatte die Zustimmung Schillers, auf dessen große Elegie ‚Der Spaziergang' [→5.5.3.7.4] Matthisson eingewirkt hat. Beethoven vertonte Matthissons sentimentales Lied ‚Adelaide'; Lieder Matthissons wurden in allen Salons gesungen. Er wirkte später auf Uhland, Schwab, Justinus Kerner [→5.5.4.5.4.1], vor allem auf Lenau und schließlich Emanuel Geibel, dessen auf Glätte bedachte Lyrik entfernt verwandte Züge hat. Von den drei Elegikern, die von Klopstocks Wirkung ausgegangen waren, reicht Matthissons Einfluß am weitesten: bis an die Schwelle des 20. Jahrhunderts, aber sie erstreckte sich nur auf eine bestimmte gebildete Schicht."
(Klein, 108)

Adelaide

Einsam wandelt dein Freund im Frühlingsgarten,
Mild vom lieblichen Zauberlicht umflossen,
Das durch wankende Blütenzweige zittert,
    Adelaide!

In der spiegelnden Flut, im Schnee der Alpen,
In des sinkenden Tages Goldgewölken,
Im Gefilde der Sterne strahlt dein Bildnis,
    Adelaide!

Abendlüftchen im zarten Laube flüstern,
Silberglöckchen des Mais im Grase säuseln,
Wellen rauschen, und Nachtigallen flöten:
    Adelaide.

Einst, o Wunder! entblüht, auf meinem Grabe,
Eine Blume der Asche meines Herzens;
Deutlich schimmert auf jedem Purpurblättchen:
    Adelaide.

(1788)

Form: Sapphische Odenstrophe mit dem Daktylus an 2. Stelle.

5.2.6.5.5 Hymne   Raum für Zusätze

Vor KLOPSTOCK traten in dt. lyr. Dichtung des 18. Jhs. hymnische Elemente nur gelegentlich auf, so z.B. im Mittelteil des Frg. „Gedicht über die Ewigkeit" von HALLER (1736) oder in den bereits von KLOPSTOCK beeinflußten (gereimten und strophischen) religiösen Lehroden von Uz wie „Theodizee" (1755) und „Gott der Weltschöpfer" (1768).

Erst KLOPSTOCK begründete – v.a. im 1. Jahrzehnt seiner mittleren Schaffensperiode ab 1758 – die Hymne als eine moderne Gattungsunterart, die mit der antiken (chorischen) Hymne (→Bd. IIa, A 1.1.5.1.1) nur die gefühlsmäßige Ergriffenheit gemein hat.

Abgrenzung gegen die Ode durch 2 Kennzeichen:

(1) Gehobenheit der Sprache wird noch *enthusiastischer,* schwungvoller, Ergriffenheit des lyr. Sprechens noch verstärkt;

(2) Freiheit in der Metrik, Unregelmäßigkeit im Bau der Teile führt zu *freien Rhythmen.*

„Wie Pyra, Lange und die Anakreontiker orientiert sich Klopstock am antiken Vers, aber nicht mehr nur die Reimlosigkeit, sondern vor allem die Möglichkeit der freien rhythmischen Entfaltung ist für ihn dabei maßgebend, wobei wie später vom Sturm und Drang der große Schatten Pindars beschworen wird. Während die Vorläufer auch im reimlosen Vers meist ein alternierendes jambisches Metrum beibehalten, nutzt Klopstock die Kombination verschiedenartiger Versfüße in den antiken Strophen zur Gewinnung starker rhythmischer Bewegungen und Kontraste, die zwar von den antiken Metren ausgehen, sie aber häufig in einer entfesselten Sprachdynamik überspülen ... So wird ihm die antike Metrik und Strophik, zusammen mit den freirhythmisch verstandenen alttestamentlichen Psalmen, Wegbereiterin zu seiner Erfindung der freien Rhythmen, die er vor allem in den großen religiösen Hymnen der Jahre 1758/59, in ihrer Mitte die *Frühlingsfeyer,* ausbildet."
(Kaiser, 109)

Diese Hymne von 1759 u.d.T. „ODE über die ernsthaften Vergnügungen des Landlebens" wurde 1771 umgearbeitet und mit neuem Titel versehen: „Die Frühlingsfeyer"; sie ist das 1. Bsp. des neuen Stils. Für die große Wirkung auf die Zeitgenossen hier als bekanntestes Zeugnis die Szene zwischen Werther und Lotte (nach einem Gewitter) aus dem „Brief vom 16. Junius":

„Wir traten ans Fenster. Es donnerte abseitwärts, und der herrliche Regen säuselte auf das Land, und der erquickendste Wohlgeruch stieg in aller Fülle einer warmen Luft zu uns auf. Sie stand auf ihrem Ellenbogen gestützt, ihr Blick durchdrang die Gegend; sie sah gen Himmel und auf mich, ich sah ihr Auge tränenvoll, sie legte ihre Hand auf die meinige und sagte: ‚Klopstock!' — Ich erinnerte mich sogleich der herrlichen Ode, die ihr in Gedanken lag, und versank in dem Strome von Empfindungen, den sie in dieser Losung über mich ausgoß. Ich ertrug's nicht, neigte mich auf ihre Hand und küßte sie unter den wonnevollsten Tränen. Und sah nach ihrem Auge wieder — Edler! hättest du deine Vergötterung in diesem Blicke gesehen, und möcht' ich nun deinen so oft entweihten Namen nie wieder nennen hören!"
(Goethe, „Die Leiden des jungen Werthers", 1. Fs. 1774)

Raum für Zusätze   *Form:* Die freien Rhythmen der Ur-Fs. (→u.: Abschnitte von 7, 3, 3, 6, 5 und 4 Zeilen) verwandelte KLOPSTOCK 1771 in vierzeilige, doch in sich völlig freie und unabhängige Strophen: *Scheinstrophen.* In der Neu-Fs. ferner zu beobachten ein *Aufquellen der Metaphorik* (z.B. ergibt die Wassermetapher für Licht eine ganz neue Strophe; Wogensturz = die 3 Sterne im Gürtel des Orion, Stufen des Lichtwasserfalls) und *rhythmische Dynamisierung* (vgl. Fs. 1, V. 12/13 gegenüber Fs. 2, V. 7/8: Stellung des „auch").

ODE
über die ernsthaften Vergnügungen des Landlebens

NICHT in den Ocean
Der Welten alle
Will ich mich stürzen!
Nicht schweben, wo die ersten Erschaffnen,
Wo die Jubelchöre der Söhne des Lichts
Anbeten, tief anbeten,
Und in Entzückung vergehn!

Nur um den Tropfen am Eimer,
Um die Erde nur, will ich schweben,
Und anbeten!

Halleluja! Halleluja!
Auch der Tropfen am Eimer
Rann aus der Hand des Allmächtigen!

Da aus der Hand des Allmächtigen
Die grössern Erden quollen,
Da die Ströme des Lichts
Rauschten, und Orionen wurden;
Da rann der Tropfen
Aus der Hand des Allmächtigen!

Wer sind die tausendmal tausend,
Die myriadenmal hundert tausend,
Die den Tropfen bewohnen?
Und bewohnten?
Wer bin ich?
Halleluja dem Schaffenden!
Mehr als die Erden, die quollen!
Mehr, als die Orionen,
Die aus Strahlen zusammenströmten!
......
......

(1759; Anfang)

Die Frühlingsfeyer

NICHT in den Ozean der Welten alle
Will ich mich stürzen! schweben nicht,
Wo die ersten Erschaffnen, die Jubelchöre der Söhne
                                              des Lichts,
Anbeten, tief anbeten! und in Entzückung vergehn!

Nur um den Tropfen am Eimer,
Um die Erde nur, will ich schweben, und anbeten!
Halleluja! Halleluja! Der Tropfen am Eimer
Rann aus der Hand des Allmächtigen auch!

Da der Hand des Allmächtigen
Die grösseren Erden entquollen!
Die Ströme des Lichts rauschten, und Siebengestirne
                                              wurden,
Da entrannest du, Tropfen, der Hand des Allmächtigen!

Da ein Strom des Lichts rauscht', und unsre Sonne
                                              wurde!
Ein Wogensturz sich stürzte wie vom Felsen
Der Wolk' herab, und den Orion gürtete,
Da entrannest du, Tropfen, der Hand des Allmächtigen!

Wer sind die tausendmal tausend, wer die Myriaden alle,
Welche den Tropfen bewohnen, und bewohnten? und
                                              wer bin ich?
Halleluja dem Schaffenden! mehr wie die Erden, die
                                              quollen!
Mehr, wie die Siebengestirne, die aus Strahlen
                                              zusammenströmten! —
......
......

(1771; Anfang)

„Diese Feier vollzieht sich in der Natur. Ihr Anlaß ist das Landleben, sie spielt also in einem Lebensumkreis des Menschen. Sie ist aber zugleich kosmische Feier, denn Klopstock versteht Natur nicht mehr naiv geozentrisch-anthropozentrisch [wie Brockes]; sein Weltbild ist entschieden das der Naturwissenschaft seiner Zeit und hat die unendliche Bewegtheit und Weite des Kosmos in sich aufgenommen. Klopstock grenzt zwar anfänglich sein Vorhaben ab (1 und 2), er singt die Welt und nicht das Weltall und auf dieser Welt nur ein Gewitter und die Begegnung mit einer kleinen Kreatur, aber es gehört zu diesen Erlebnissen ein Schauer der Unendlichkeit, ein untergründig gegenwärtiges Gefühl kosmischer Größenordnungen, in denen der Mensch nur ein Staubkorn, die Erde nur ein Tropfen am Eimer gegenüber dem ‚Ozean der Welten' (1) ist. So wird in zwei Anfangsstrophen (3 und 4) ein grandioses Fresko der Kosmogonie entworfen und damit ein Maß aufgerichtet für das im menschlichen Raum bleibende eigentliche Geschehen des Gedichts. Klopstock will nicht Idyllik des Frühlings, intime oder romantisch-sentimentale Stimmung. Jeder Vorgang, noch die Wendung zum Frühlingswürmchen, vollzieht sich auf kosmischer Bühne, im Angesicht des Alls... [Die Feier] hat ihre Einheit im freien Schwingen des Gefühls... Hier liegt auch die innere Begründung der freien Rhythmik des Hymnus. Die ‚Frühlingsfeyer' ist zwar noch nicht unbedingtes Ausströmen einer subjektiven Innenwelt wie der freie Rhythmus des Sturm und Drang. Die Feier bleibt — wenn auch enthusiastische — Wahrnehmung, und ihre einzelnen Gegenstände: Kosmos, Frühlingswürmchen, Gewitter können herausgehoben werden... Dennoch stehen diese Erscheinungen... nicht für sich da. Sie sind in die Einheit eines Erlebnisses eingeschmolzen."

Raum für Zusätze

(Kaiser, 110)

*

Neben der Kunst KLOPSTOCKS können die Versuche seiner jüngeren Zeitgenossen nur sehr bedingt bestehen.

F.L. STOLBERG verwendete für seine Hymnen neben dem Hexameter (u.a. „An die Sonne", 1779) auch freie Rhythmen; z.B. im folgenden, ein Schlagwort des „Sturm und Drang" (STOLBERG begleitete u.a. GOETHE auf seiner Genie-Reise durch die Schweiz 1775) — „Begeisterung" — aufnehmenden Gedicht:

Die Begeisterung

Sie ist da! die Begeistrung, da!
Heil mir! Und reden kann die trunkne Lippe!
Von schneeichten Alpen
Schwebt auf der Abendröte Flügel sie zu mir herab,
Weilet nicht, fleugt auf,
Atmet, ihr blendendes Gewand
Gegürtet mit Regenbogen,
Umwunden ihr Haar mit gestirntem Diadem,
Atmet feinere Lüfte,
Himmelslüfte!
Zieht mich ihr nach,
Tränket mit Tau des näheren Himmels mich!
......
......

Raum für Zusätze

So staunt an der Maulwurf das gezeigte Licht;
So staunt an der Pöbel,
Pöbel in Purpur und gehüllt in Schulstaub,
Den erdehöhnenden Gesang
Der Begeistrung und des Dichters, den nur sie gebar!

(1779; Anfang u. Schluß)

Dem dynamischen Gefühl entspricht die Dynamik des lyr. Ausdrucks nur sehr eingeschränkt.

5.2.6.5.6 Tierklaggedicht

Diese von CATULL begründete Gattungsunterart (→Bd. IIa, A 1.2.2.3.1) kam den elegischen Strömungen der Zeit bes. entgegen, sie wurde daher geradezu „Mode" in der Empfindsamkeits-Dichtung.

Hauptvertreter waren GLEIM, RAMLER (z.B. „Nänie auf den Tod einer Wachtel", 1770) und HÖLTY; von diesem hier ein bes. gelungenes Bsp.:

Elegie auf eine Nachtigall

Sie ist dahin, die Maienlieder tönte,
  Die Sängerin,
Die durch ihr Lied den ganzen Hain verschönte,
  Sie ist dahin.
Sie, deren Lied mir in die Seele hallte,
  Wenn ich am Bach,
Der durchs Gebüsch im Abendgolde wallte,
  Auf Blumen lag.

Sie schmelzete die Wipfel in Entzücken.
  Der Wiederklang
Entfuhr dem Schlaf auf blauer Berge Rücken,
  Wenn ihr Gesang
Im Wipfel floß. Die ländlichen Schalmeien
  Erklangen drein,
Es tanzeten die Elfen ihre Reihen
  Darnach im Hain.

Dann lauschten oft die jugendlichen Bräute
  Auf einer Bank
Von Rasen an des trauten Lieblings Seite
  Dem Zauberklang.
Sie drückten sich bei jeder deiner Fugen
  Die Hand einmal
Und hörten nicht, wenn deine Schwestern schlugen,
  O Nachtigall.

Sie lauschten, bis der Hall der Abendglocke
  Im Dorfe schwieg
Und Hesperus mit silberfarbner Locke
  Dem Meer entstieg.
Und gingen dann im Wehn der Abendkühle
  Dem Dörfchen zu
Mit einer Brust voll zärtlicher Gefühle,
  Voll süßer Ruh.

(1. Fs. 1771)

5.3 Lyrik zwischen Göttinger Hain und Sturm und Drang

Raum für Zusätze

Zwischen den beiden Strömungen „Hain" und „Sturm und Drang", die parallel verlaufen, stehen 2 Dichter, die weder der einen noch der anderen Strömung voll zuzurechnen sind, aber mit ihrem lyr. Werk sowohl zur einen wie zur anderen gehören: MATTHIAS CLAUDIUS und BÜRGER; der erstere macht wesentliche Fortschritte auf dem Gebiet des *Liedes* in Richtung auf die Ausdruckslyrik, der andere auf dem Gebiet der *Ballade* in Richtung auf die Kunstballade.

5.3.1 Matthias Claudius

Der Norddeutsche CLAUDIUS — einerseits verbunden den Hainbündlern, andererseits aber auch HAMANN und HERDER (→5.4.4) — pflegte v.a. das **Lied**. Nicht das vorwiegend intellektuell gemachte „gewitzte" Lied, wie es in der Aufklärung üblich war — obwohl CLAUDIUS selten einen aufklärerischen Zug, den didaktisch-pädagogischen, unterdrücken konnte —, sondern das *aus der Empfindung* entstandene; jedoch nicht das gehobenpriesterlich-feierliche, auch nicht das elegisch-sentimentale, vielmehr das pietistisch eingefärbte, im besten Sinne des Wortes „einfältige", schlichte, gütige, fromme Lied.

Dieser einheitliche Grundton klingt — trotz inhaltlicher Mannigfaltigkeit — überall durch; in den geistl. Liedern ebenso wie in seinen Wiegen-, Abend-, Mädchen-, Bauern-, Trinkliedern, ja seinen epigrammatischen Strophen. Die Bedeutung von CLAUDIUS' Lyrik liegt nicht in der Form (er folgte im allg. der vierzeiligen Reimstrophe des evangelischen Kirchenliedes, bes. GERHARDT), sondern im Wort und seinem Gehalt.

„Gedichte wie die von Matthias Claudius leisten die wichtige soziologische Aufgabe, der Entfremdung entgegenzuarbeiten, die heute zwischen der hohen, schweren Dichtung und der leichten literarischen Unterhaltung besteht. Sie sind nämlich wie die vielfach stümperhafte Unterhaltungsliteratur jedermann zugänglich und gehören doch ohne Vorbehalt in das Reich der Kunst." *(Schneider, 111)*

Nicht immer wird die volle lyr. Harmonie erreicht — oft wird die Stellung CLAUDIUS' *zwischen* den Epochen — Aufklärung und Klassik, Hainbund und Sturm und Drang — deutlich spürbar:

„Claudius kommt später [am Beginn seiner lit. Produktion stehen noch die „Tändeleyen und Erzählungen" von 1763 (→Tab. 30) aus dem Geiste des Rokoko!] dieser schlichten, ausgeglichenen Innigkeit nah, ohne doch im ganzen den völligen Einklang der äußeren und inneren Form zu erreichen. Die Durchdringung des bürgerlichen Alltagslebens mit einem gedämpften Pietismus ist eben doch nicht ganz vollziehbar. Auch bleibt oft ein kleiner Aufklärungsrest unfügsam und verleitet nicht selten zu einer Ausführlichkeit, die wohl der begrifflichen Erschöpfung des Themas dient, der Tragkraft der Stimmung aber nicht entspricht."

(G. Müller, 112)

Raum für Zusätze Ein gutes Bsp. für dieses Urteil *Müllers* bietet u.a. das 9strophige Lied: „*Als der Sohn unseres Kronprinzen,* gleich nach der Geburt, gestorben war", das in seinen ersten 6 Strophen störend logisch argumentiert, dann aber in den letzten 3 Strophen „reines" lyr. Niveau erreicht:

......
......

> Wo wir hin aufs Ungewisse wandeln,
>   Und in Nacht und Nebel gehn,
> Nur nach Wahn und Schein und Täuschung handeln
>   Und das Licht nicht sehn;
>
> Wo im Dunkeln wir uns freun und weinen
>   Und rund um uns, rund umher,
> Alles, Alles, mag es noch so scheinen,
>   Eitel ist und leer.
>
> O du Land des Wesens und der Wahrheit,
>   Unvergänglich für und für!
> Mich verlangt nach dir und deiner Klarheit;
>   Mich verlangt nach dir.   *(Dr. 1791)*

„Selten ist ein einzelnes Wort an sich dichterisch, das Geheimnis seiner Verzauberung liegt in den Beziehungen zu den übrigen Worten und zum Ganzen. In unserm Gedicht brauchen diese Beziehungen nicht ergrübelt zu werden, sie liegen offen zutage."   *(Schneider, 113)*

Am bekanntesten das „Abendlied": „*Der Mond ist aufgegangen*" (von HERDER in seine Volkslied-Slg. aufgenommen) mit dem schönen „werdenden" Bild am Schluß der 1. Strophe:

......
......

> Der Wald steht schwarz und schweiget,
> Und aus den Wiesen steiget
>   Der weiße Nebel wunderbar.
>   (1779)

Es ist üblich geworden, die lyr. *Sprache* von CLAUDIUS mit dem Prädikat „natürlich" zu kennzeichnen. Nichts ist aber schwieriger, als im ästhetischen Bereich die Verwendung dieser Bez. eindeutig festzulegen. Soll damit die durch Kunst erreichte „Natürlichkeit" der Sprache gemeint sein, die gleich weit entfernt ist von banaler Rede wie von abstrakter Darlegung, so ist in der Tat CLAUDIUS auf diesem Wege ein gutes Stück vorangekommen. Er füllte das „natürliche", aber überwiegend vom Verstand gesteuerte „gewitzte" Aufklärungsgedicht mit schlichter Herzlichkeit, wobei nicht übersehen werden soll, daß auch bei ihm gelegentlich Verse mit „gespielter" Naivität stören.

Der Gefahr, moralisch strapaziös zu wirken, entging CLAUDIUS,

(1) weil seine Moral fest in einen *Glauben* eingebettet war, der ihn immer wieder über das Diesseits hinauswies. Hierfür als Bsp. eines der schlackenlosesten Gedichte der Frühzeit:

Der Tod und das Mädchen

Raum für Zusätze

Das Mädchen

Vorüber! Ach, vorüber!
Geh, wilder Knochenmann!
Ich bin noch jung, geh Lieber!
Und rühre mich nicht an.

Der Tod

Gib deine Hand, du schön und zart Gebild!
Bin Freund, und komme nicht, zu strafen.
Sei gutes Muts! ich bin nicht wild,
Sollst sanft in meinen Armen schlafen!

(1775)

Das *Todesmotiv* durchzieht das ganze Werk von CLAUDIUS. Aber welch ein gewaltiger Unterschied zur barocken „Todesmetaphorik" oder zur betrachtenden „Todesphilosophie" der Aufklärung (→z.B. 5.2.4.2)!

„Man muß zum Vergleich an das Todesbild des Barock zurückdenken. Dort war es der oft sogar als Hyperbel dargestellte Vergänglichkeits-, ja Vernichtungsgedanke. Die Welt erschien dem Gerippe und der Verwesung ausgeliefert, das Bild des Lebens erschien dabei als flüchtig, vom Metaphysischen her nicht ernst zu nehmen ... Dagegen halte man die wundervoll innige Kurzform des alten Totentanzmotivs bei Claudius' *Der Tod und das Mädchen:* in der ersten Strophe das fast wilde Sich-Wehren der Kreatur ‚Vorüber, ach vorüber / Geh wilder Knochenmann' und die beschwörende Berufung auf die holde Jugend, die er vernichten will, und dazu, in der abschließenden Strophe, die zarte Behutsamkeit des Todes, der sein Opfer ‚Du schön und zart Gebild' anredet, Träger einer jenseits des Menschlichen ruhenden Liebe, die das Mädchen zum sanften Schlaf in ihre Arme aufnimmt, gütig-innig, nicht grauenhaft, wie die Tradition des Totentanzes es will, auch nicht grotesk, nicht einmal majestätisch, sondern brüderlich ... Der Tod erscheint als in die Reihe der Haus- und Familiengeister aufgenommen. Und das ist die Wurzel des Claudiusschen Humors [→3]." *(Kohlschmidt, 114)*

Jedoch ist ihm auch der schwere unabwendbare Ernst des Todes keineswegs fremd; er ist kaum eindrucksvoller auszudrücken als in der Kürze des späten epigrammatischen Spruchs:

Der Tod

Ach, es ist so dunkel in des Todes Kammer,
Tönt so traurig, wenn er sich bewegt
Und nun aufhebt seinen schweren Hammer
Und die Stunde schlägt.

(1797)

(2) weil er — bei aller Nähe und voller Nachbarschaft zum Tode, zum „Freund Hein" — von einer uneingeschränkten *Lebensbejahung* erfüllt war:

Ich danke Gott und freue mich
Wie's Kind zur Weihnachtsgabe,
Daß ich bin, bin! Und daß ich dich,
Schön menschlich Antlitz! habe

(„Täglich zu singen", 1777; Str. 1)

Raum für Zusätze (3) weil eine ganz andere, aber ausgeprägte Seite seines Wesens ihm strikt verbot, rigoristischen Forderungen nachzugeben: sein *Humor;* durch ihn wurde ihm auch das Geringste und Kleinste wichtig:

Motetto
als der erste Zahn
durch war

Victoria! Victoria!
Der kleine weiße Zahn ist da.
Du Mutter! komm, und groß und klein
Im Hause! kommt, und kuckt hinein
Und seht den hellen weißen Schein.

Der Zahn soll Alexander heißen.
Du liebes Kind! Gott halt' ihn Dir gesund,
Und geb' Dir Zähne mehr in Deinen kleinen Mund,
Und immer was dafür zu beißen!

(1778)

Während CLAUDIUS' Lebenszeit kamen und gingen lit. Epochen; CLAUDIUS nahm an, was ihm gemäß war, aber er änderte sich nicht, er ruhte in sich selbst, blieb als Mensch und Dichter derselbe (vgl. z.B. die bes. gelungenen späten Gedichte „Christiane" von 1796 und „Die Sternseherin Lise" von 1803). Dennoch war die für seine Lyrik charakteristische Ineinanderschmelzung von Bild, Klang und Rhythmus für die kommende Lyrik stark bestimmend.

5.3.2 Gottfried August Bürger

In enger, auch örtlicher Verbindung zu den Hainbündlern stehend, geistig aber stärker unter dem Einfluß von HERDER und PERCY (→5.4.3 u. 5.4.4), schuf BÜRGER — nach verschiedenen tastenden Versuchen z.B. von GLEIM und HÖLTY auf diesem Gebiet — 1773 mit „Lenore" die 1. dt. **Kunstballade,** die zugleich den Ruhm des Dichters (der auch den üblichen Gattungsunterarten der Empfindsamkeit Tribut zollte) begründete.

Aufstieg der Kunstballade vollzog sich gleichzeitig mit dem Abstieg der Volksballade, die im Laufe der Zeit herabgesunken war zum Bänkelsang. Ballade und Bänkelsang verhalten sich zueinander (nach einem Wort *Kommerells, 115*) wie Dichtung und Zeitung.

Die Ballade hat als dichterisch eigenständige Mischform an allen 3 Aussageweisen: dem Lyrischen, dem Epischen, dem Dramatischen Anteil.

„Die Ballade hat etwas Mysteriöses, ohne mystisch zu sein; diese letzte Eigenschaft eines Gedichts liegt im Stoff, jene in der Behandlung. Das Geheimnisvolle der Ballade entspringt aus der Vortragsweise. Der Sänger nämlich hat seinen prägnanten Gegenstand, seine Figuren, deren Taten und Bewegung so tief im Sinne, daß er nicht weiß, wie er ihn ans Tageslicht fördern will. Er bedient sich daher aller drei Grundarten der Poesie, um zunächst auszudrücken, was die Einbildungskraft erregen, den Geist beschäftigen soll; er kann lyrisch, episch, dramatisch beginnen und, nach Belieben die Formen wechselnd, fortfahren, zum Ende hineilen oder es weit hinausschieben. Der Refrain, das Wiederkehren ebendesselben Schlußklanges, gibt dieser Dichtart den entschiedenen lyrischen Charakter ... Übrigens ließe sich an einer Auswahl solcher Gedichte die ganze Poetik gar wohl vortragen, weil hier die Elemente noch nicht getrennt, sondern wie in einem lebendigen Ur-Ei zusammen sind, das nur bebrütet werden darf, um als herrlichstes Phänomen auf Goldflügeln in die Lüfte zu steigen." *(Goethe, 116)*

Raum für Zusätze

5.3.2.1 Numinose Ballade

BÜRGERS *„Lenore"* stellt den besonderen Stiltyp der „Numinosen" Ballade dar. Im Ggs. zur späteren „Ideenballade" SCHILLERS (→5.5.3.7.7.2), die, von wenigen Ausnahmen abgesehen, weitgehend im menschlich-ethischen Bereich bleibt, erfährt der Mensch in der Numinosen Ballade die Begegnung mit dem „ganz Anderen", dem Doppelcharakter des Anziehenden und Abschreckenden. *Otto (117)* prägte für dieses ganz außerhalb des menschlich Faßbaren und Vertrauten Liegende den Begriff des Numinosen: *fascinosum et tremendum* (fesselnd, lockend und furchterregend zugleich).

Motivisch stammt das Sujet der „Lenore" aus dem Umkreis der Volkssage: Heimholung der Braut durch den toten Geliebten; Ritt in das Totenreich. Als Quelle nennt BÜRGER die Bemerkung eines Hausmädchens, doch ist sicher auch PERCYS Slg. „Reliques of Ancient English Poetry" (Fragmente altenglischer Lyrik, dt. z.T. schon 1770/71; →5.4.3) heranzuziehen.

„Ich habe eine herrliche Romanzengeschichte aus einer uralten Ballade aufgespürt. Schade nur, das ich an den Text der Ballade selbst nicht gelangen kann." *(118)*

Genial rückte BÜRGER die volksballadische Vorlage in die damalige Gegenwart (1773, zur Zeit der Abfassung des Gedichts, lag die Prager Schlacht von 1757 erst 16 Jahre zurück), denn

„das Lenoren-Motiv [ist ein] Sturm-und-Drang-Motiv katexochen. Nicht nur, daß es sich um ein ganz aktuelles Thema handelt: ein Thema aus dem erst ein Jahrzehnt zurückliegenden Siebenjährigen Krieg. Nicht nur, daß wie im *Julius von Tarent* [Trauerspiel von LEISEWITZ von 1776; →Bd. Ia, S. 198] das Außer-sich-Sein der Leidenschaft zur Lästerung führt, daß es also um die Unbedingtheit des Sinnlichen geht; im Geiste Herders erweist sich auch die Vergleichzeitigung des Aktuellen mit dem Geschichtlichen. Denn Lenorens verzweifelte Trauer um den in der Prager Schlacht verschollenen Geliebten führt ja dann auf dem wilden Ritt mit dem Geist des Gefallenen ins gemeinsame Grab als Brautbett (das alte Bild der Volksballade) auch zu einem ganz realistisch gegenwärtig gemachten Totentanz. Ihm kann man schließlich das Motiv der so gesühnten Gotteslästerung zuordnen. Nimmt man noch dazu, daß die verdoppelte Chevy-Chase-Strophe unmittelbar auf die mit Herder gemeinsame Quelle Percy zurückgeht, daß auch der Stil mit den zahlreichen Interjektionen, ‚Sprüngen und Würfen' wie eine Realisierung des Herderschen Ideals anmutet, so wird die Bürgersche Ballade als ein Ereignis auch der Geschichte des Sturm und Drang faßbar." *(Kohlschmidt, 119)*

Raum für Zusätze *Strophenform:* Jede der 32 Strophen ist achtzeilig mit dem Reimschema ab ab cc dd: Verwandtschaft mit der achtzeiligen Volksliedstrophe (→Bd. IIa, 2.3.1), dem geistl. Lied (→4.7.2; z.B. „O Häupt voll blut und wunden") sowie in den ersten 4 Zeilen mit der Chevy-Chase-Strophe (→5.2.5.2.1), jedoch stehen in der „Lenoren-Strophe" im 2. Teil 2 Paarreime: cc dd.

Metrisches Schema	Reim	Versschluß	Versfüße (Hebungen)
1. ∪ / ∪ / ∪ / ∪ /	a	m	4
2. ∪ / ∪ / ∪ / ∪	b	w	3
3. ∪ / ∪ / ∪ / ∪ /	a	m	4
4. ∪ / ∪ / ∪ / ∪	b	w	3
5. ∪ / ∪ / ∪ / ∪ /	c	m	4
6. ∪ / ∪ / ∪ / ∪ /	c	m	4
7. ∪ / ∪ / ∪ / ∪	d	w	3
8. ∪ / ∪ / ∪ / ∪	d	w	3

Lenore

Lenore fuhr ums Morgenrot
Empor aus schweren Träumen:
‚Bist untreu, Wilhelm, oder tot?
Wie lange willst du säumen?' —
Er war mit König Friedrichs Macht
Gezogen in die Prager Schlacht
Und hatte nicht geschrieben,
Ob er gesund geblieben.
......
......

‚O Mutter, Mutter! Hin ist hin!
Verloren ist verloren!
Der Tod, der Tod ist mein Gewinn!
O wär' ich nie geboren!
Lisch aus, mein Licht, auf ewig aus!
Stirb hin, stirb hin in Nacht und Graus!
Bei Gott ist kein Erbarmen.
O weh, o weh mir Armen!' —
......
......

So wütete Verzweifelung
Ihr in Gehirn und Adern,
Sie fuhr mit Gottes Vorsehung
Vermessen fort zu hadern;
Zerschlug den Busen und zerrang
Die Hand bis Sonnenuntergang,
Bis auf am Himmelsbogen
Die goldnen Sterne zogen.

Und außen, horch! ging's trapp trapp trapp,   Raum für Zusätze
Als wie von Rosseshufen;
Und klirrend stieg ein Reiter ab
An des Geländers Stufen;
Und horch! und horch! den Pfortenring
Ganz lose, leise, klinglingling!
Dann kamen durch die Pforte
Vernehmlich diese Worte:

‚Holla, Holla! Tu auf, mein Kind!
Schläfst, Liebchen, oder wachst du?
Wie bist noch gegen mich gesinnt?
Und weinest oder lachst du?' —
‚Ach, Wilhelm, du? — So spät bei Nacht? —
Geweinet hab ich und gewacht;
Ach, großes Leid erlitten!
Wo kommst du hergeritten?' —
......
......

‚Laß sausen durch den Hagedorn,
Laß sausen, Kind, laß sausen!
Der Rappe scharrt; es klirrt der Sporn,
Ich darf allhier nicht hausen.
Komm, schürze, spring und schwinge dich
Auf meinen Rappen hinter mich!
Muß heut noch hundert Meilen
Mit dir ins Brautbett eilen.'
......
......

(Str. 1, 9, 12, 13, 14, 16)

Stilistisch auffallend die starke Verwendung mimischer Gebärden (z.B. Ausdrucksgebärde bereits in den ersten 3 Zeilen), die sich steigert vom suchenden Auf- und Ablaufen am zurückkehrenden Soldatenzug (Str. 4) bis zum wilden Ritt und schließlich zur Schlußpantomime auf dem Kirchhof, der Verwandlung des Reiters in den Tod:

......
......
Schön Liebchen schürzte, sprang und schwang
Sich auf das Roß behende;
Wohl um den trauten Reiter schlang
Sie ihre Lilienhände;
Und hurre hurre, hop hop hop!
Ging's fort in sausendem Galopp,
Daß Roß und Reiter schnoben
Und Kies und Funken stoben.
......
......

Raum für Zusätze

    Rasch auf ein eisern Gittertor
    Ging's mit verhängtem Zügel.
    Mit schwanker Gert' ein Schlag davor
    Zersprengte Schloß und Riegel.
    Die Flügel flogen klirrend auf,
    Und über Gräber ging der Lauf.
    Es blinkten Leichensteine
    Rundum im Mondenscheine.

    Ha sieh! Ha sieh! im Augenblick,
    Huhu! ein gräßlich Wunder!
    Des Reiters Koller, Stück für Stück,
    Fiel ab wie mürber Zunder,
    Zum Schädel, ohne Zopf und Schopf,
    Zum nackten Schädel ward sein Kopf;
    Sein Körper zum Gerippe,
    Mit Stundenglas und Hippe.

    Hoch bäumte sich, wild schnob der Rapp',
    Und sprühte Feuerfunken;
    Und hui! war's unter ihr hinab
    Verschwunden und versunken.
    Geheul! Geheul aus hoher Luft,
    Gewinsel kam aus tiefer Gruft.
    Lenorens Herz, mit Beben,
    Rang zwischen Tod und Leben.
    ......
    ......

(Str. 19, 29, 30, 31)

Außerdem erheblicher Einsatz der dramatischen Mittel des *Dialogs* und des *Monologs:* Dialog zwischen Mutter und Tochter geht über 7 Strophen (Str. 5–11), Monolog des Reiters (eig. Dialog mit stummem Partner) steigert sich jeweils bei Verwandlung der Szenerie.

Leitmotivisch werden Strophen an Handlungshöhepunkten mit steigerndem Effekt wiederholt, z.B. die Str. 20 und 24:

    Zur rechten und zur linken Hand,
    Vorbei vor ihren Blicken,
    Wie flogen Anger, Heid' und Land!
    Wie donnerten die Brücken! —
    ‚Graut Liebchen auch? — Der Mond scheint hell!
    Hurra! die Toten reiten schnell!
    Graut Liebchen auch vor Toten?' —
    ‚Ach nein! — Doch laß die Toten!' —
    ......
    ......

> Wie flogen rechts, wie flogen links
> Gebirge, Bäum' und Hecken!
> Wie flogen links und rechts und links
> Die Dörfer, Städt' und Flecken! —
> ‚Graut Liebchen auch? — Der Mond scheint hell!
> Hurra! die Toten reiten schnell!
> Graut Liebchen auch vor Toten?' —
> ‚Ach! Laß sie ruhn, die Toten!' —

Raum für Zusätze

Sprachlich wird mittels raffinierter Technik unter Anwendung von Alltagssprache, Natürlichkeit, Prosanähe und Klangmalerei ein für diese Zeit unerhörter, fast naturalistischer Ausdruck erreicht.

„Dieser eigentümliche Naturalismus will mit aller ihm zur Verfügung stehenden Kraft auf die sinnliche Anschauung wirken: er schreckt nicht vor dem Äußersten an grellen Effekten zurück und nimmt auch theoretisch kühn die Erweiterung der literarischen Themen und Stoffe vorweg, welche erst die Naturalisten des 19. Jahrhunderts brachten." *(Haller, 120)*

Der „Lenore" im Gattungscharakter verwandt die Ballade von „Des Pfarrers Tochter von Taubenhain" von 1781, die das im Sturm und Drang vielbehandelte Kindsmord-Motiv (→Bd. Ia, 4.2.5) lyr. gestaltet.

5.4 Die Lyrik des Sturm und Drang

5.4.1 Name und zeitliche Abgrenzung

Name dieses in das Jahrhundert der Aufklärung eingebetteten Zeitstils (→Tab. 26) wurde geprägt durch den Schweizer „Kraftapostel" KAUFMANN, der dem 1776 von KLINGER u.d.T. „Der Wirrwarr" geschriebenen Drama (→Bd. Ia, 4.2.5) diesen bezeichnenden Titel gab; er wurde von der Lit.-Geschichte für die 1. H. der 70er Jahre des 18. Jhs. zwischen Ausklingen der Aufklärung und Heraufziehen der Klassik übernommen und zielt auf den Kreis um HERDER und GOETHE mit LENZ, KLINGER, WAGNER u.a. in Straßburg und Frankfurt. Zu beachten ist, daß es sich dabei um eine historische Aufgliederung aus der Sicht des späten 19. Jhs. handelt (→auch 5.4.2).

Sturm-und-Drang-Dichtung wird in erster Linie repräsentiert durch das Drama; in den wenigen Jahren der eigentlichen Sturm-und-Drang-Periode — 1770 bis 1776 — entstanden die Dramen des jungen GOETHE, von LENZ, WAGNER und KLINGER (→Bd. Ia, 4.2.5). SCHILLERS Jugendwerke erschienen erst zu Beginn der 80er Jahre.

Das etwa gleiche Bild bietet die Lyrik: GOETHE ist der Hauptvertreter; neben ihm zu nennen als charakteristisch für die Zeit: LENZ und SCHUBART. SCHILLERS Jugendlyrik — nur bedingt echter Sturm und Drang — zieht nach, sie wird daher später behandelt (→5.5.3.5.4).

Raum für Zusätze

5.4.2 Geistesgeschichtlicher Hintergrund

Die junge, spontan einsetzende Geistesbewegung des Sturm und Drang entstand in Auseinandersetzung mit den beiden voran- bzw. parallellaufenden Geistesströmungen: Aufklärung und Empfindsamkeit. Auf den ersten Blick scheint die Abwehr gegen beide das Bild des Sturm und Drang zu beherrschen, jedoch ergibt sich bei näherer Betrachtung ein differenzierteres Bild:

– *gegen die Aufklärung* gerichtet, insbes. gegen ihre Muster- und Regelpoetik, war seine allein von der Natur des „Originalgenies" bestimmte Position;

– *mit* der Aufklärung gingen seine gesellschaftskritischen, pädagogisierenden und wiss. Tendenzen;

– *über* die Aufklärung hinaus revolutionäre Züge (SCHUBART, SCHILLER): Kampf gegen den Despotismus, Entwürfe neuer Gesellschaftsordnungen, Anknüpfen an KLOPSTOCKs vaterländischen Sinn;

– *gegen* die *Empfindsamkeit,* insbes. ihr passives Verharren in elegischen Stimmungen, wandte sich seine leidenschaftliche Unbedingtheit, seine Frische, sein Bekenntnis zum Ursprünglichen und Originalen;

– *mit* der Empfindsamkeit war er einig in der Beurteilung der Inspiration als religiöse Weihe, in der Scheidung der Gebrauchssprache von der Dichtungssprache (= Empfindungssprache), im Kult der Freundschaft.

Eigentlicher *Feind* war die „Kunstdichtung" des *literarischen Rokoko;* hier herrschte nach Auffassung der Stürmer und Dränger „Mache", d.h. Bildungs- und Fiktionsdichtung statt Erlebnis- und Ausdrucksdichtung aus der „Fülle des Herzens". Obwohl alles andere als prüde, verabscheute man die Verbindung von Geist und Laszivität. Daher wurden LESSING und KLOPSTOCK anerkannt, WIELAND dagegen wurde verachtet.

Trotzdem war der Sturm und Drang keine revolutionäre Bewegung im eigentlichen Sinne.

Politisch blieben die Stimmen „in tyrannos" (gegen die Tyrannen) in der Minderzahl (SCHUBART, SCHILLER; gelegentlich und im wesentlichen lit.-theoretisch auch BÜRGER, BOIE, VOSS u.a.). Das Aufbegehren gegen despotische Herrschaftsformen der zahlreichen kleinen Territorialfürsten blieb weitgehend verbal — man arrangierte sich; dennoch reichen die Wurzeln moderner politischer Lyrik in diese Zeit zurück.

Die *geistige Revolution* dagegen hatte weitreichende Folgen: Individualität — Intuition — Genialität — Natürlichkeit waren die Schlagwörter der Zeit, die insbes. die Dichter für sich und ihre Werke in Anspruch nahmen. Gefühle sollten befreit, Formen zerbrochen werden.

Soziologisch interessant, daß die Söhne der Kleinbürger (HERDER, MALER MÜLLER, KLINGER u.a.) zunehmend in die Phalanx der dichtenden Theologen und Großbürger einbrachen; auch hierin zeigte sich emanzipatorisches Selbstbewußtsein.

„In jedem Fall erkennt man den Anspruch, gegenüber der erstarrenden Formkultur des spätbarocken Stils und den herrschenden Überzeugungen in moralischen, ästhetischen und theologischen Fragen das Recht des einzelnen und seiner Subjektivität auf Selbstbestimmung zu verfechten."   *(Karthaus, 121)*

Dennoch: den Zeitgenossen wurde das Neue nicht sogleich als „Neues" deutlich. Am ehesten noch auf *dramatischem* Gebiet: da wurden sozialkritische Fragen aufgeworfen (SCHILLER, LENZ, WAGNER u.a., →Bd. Ia, 4.2.5); da gab GOETHES „Götz" ein weithin sichtbares Signal (Ur. 1774) — jedoch von dem, was heute „Urfaust" heißt (er entstand zwischen 1772 und 1775), wußte die Zeit nichts.

Auf *epischem* Gebiet wurde der „Werther" (ersch. 1774) am raschesten und nachhaltigsten bekannt, aber hier erinnerte auf den ersten Blick vieles an die Empfindsamkeit, wenn auch die schwermütig-düsteren Bilder der „Ossian-Lieder" (→5.4.3) am Schluß des Buches eine ganz andere Welt anzeigten als die des „silbernen Monds" (vgl. z.B. bei KLOPSTOCK und HÖLTY). Der 2. große Roman GOETHES, „Wilhelm Meisters theatralische Sendung", der in der Sturm-und-Drang-Zeit konzipiert und begonnen wurde, blieb damals unveröffentlicht (ersch. erst 1795/96, Dr. 1910; →Bd. III).

Die *Lyrik* des Sturm und Drang wird heute im wesentlichen nach den großen Hymnen des jungen GOETHE beurteilt; aber auch diese waren den Zeitgenossen weitgehend unbekannt.

„Viele Gedichte also, und zwar schöne, durchseelte, wurden den Zeitgenossen nicht bekannt; andere erschienen erst lange nach ihrem Entstehen. ... Infolge von Goethes Schaffenskraft und des Reichtums seiner Möglichkeiten entstanden aber immer auch Gedichte, die leicht eingängig und im Hinblick auf die Leser seiner Zeit geschrieben waren. Diese wurden bekannt, nach ihnen wurde er beurteilt. ... [So löste] die Lyrik weniger Erstaunen aus. (Sie hätte es ausgelöst, wenn er seine Sturm-und-Drang-Gedichte in den Frühformen bald nach ihrem Entstehen gedruckt hätte.)"   *(Trunz, 122)*

5.4.3 Ausländischer Einfluß

Ebenso wie Aufklärung und Empfindsamkeit gewann der Sturm und Drang viele seiner Impulse aus ausländischer Dichtung und Wiss.: aus England und aus Frankreich.

England

Auf literarisch-ästhetischem Gebiet wirkten in erster Linie — bes. auf HERDER und in der Klassik auf GOETHE und SCHILLER — die Gedanken SHAFTESBURYS ein, die — ähnlich denen LEIBNIZ' — durch eine poetisch-harmonische Grundhaltung gekennzeichnet sind:

„[In der] Harmonie aller Lebensäußerungen gründet die Glückseligkeit. Es liegt SHAFTESBURY völlig fern, mit einem möglichen Zwiespalt zwischen Pflicht und Neigung zu rechnen. Um so enger knüpft sich ihm das Band zwischen dem

Raum für Zusätze

Guten und dem *Schönen*. Tugend ist sittliche und als solche die vollkommenste Schönheit. Es ist die Kalokagathie der Griechen, die in SHAFTESBURY ihren unübertroffenen Lobredner findet, und das stufenweise sich steigernde Trachten nach dem Schönen erinnert zuweilen fast wörtlich an Diotimas Enthüllungen im PLATONischen ‚Gastmahl', nur daß die Schau sich nicht ins Übersinnliche versteigt, sondern in der ‚Glückseligkeit des Ganzen' sich erfüllt." *(Knittermeyer, 123)*

Auf dramatischem Gebiet war SHAKESPEARE das Leitbild (→Bd. Ia, 4.2.3.1):

„So kann ich Ihnen schwerlich ganz beschreiben, wie sehr ich dieses Lieblingsgenie der mütterlichen Natur bewundere, liebe, mit Entzücken liebe... Wo Genie ist, da ist Erfindung, da ist Neuheit, da ist das Original; aber nicht umgekehrt."
(Gerstenberg, 124)

Auf epischem Gebiet hatten die psychologischen Romane von RICHARDSON, FIELDING, STERNE und GOLDSMITH durchschlagenden Einfluß (→Bd. III).

Auf lyrischem Gebiet wirkten, wie schon in der Empfindsamkeit (→5.2.6.2), YOUNGS Gesänge sowie durch die Anregung, auf heimischer Liedtradition neu aufzubauen (Volkslied, Volksballade), die Lieder- und Balladen-Slgg. altengl. Lyrik von PERCY und MACPHERSON:

PERCY **„Reliques of Ancient English Poetry"** (Fragmente altenglischer Lyrik, Dr. 1765, dt. z.T. schon 1770/71). Slg. engl. Lieder und Balladen vom ausgehenden MA an, die u.a. einige bis dahin noch unbekannte Balladen(stoffe) sowie besondere Strophenformen (so z.B. die Chevy-Chase-Strophe, →5.2.5.2.1 u. Tab. 31) übermittelte. Wirkung in Dtld. war außerordentlich, u.a. erhielt HERDER von PERCY die Anregung zur Slg. seiner Volkslieder (→5.4.4).

MACPHERSON **„Fingal.** An Ancient Epic Poem in Six Books, Together with Several Other Poems Composed by Ossian, The Son of Fingal, Translated from the Gaelic Language" (Fingal, ein altes englisches Gedicht in sechs Büchern, nebst verschiedenen anderen Gedichten verfaßt von Ossian, dem Sohne Fingals, aus dem Gälischen übersetzt), Dr. 1762, dt. 1764. Von MACPHERSON also als Übers. gälischer Originale aus keltischer Vorzeit ausgegeben; obwohl Echtheit in England von Anfang an bezweifelt wurde, gelang der schlüssige Beweis der Fälschung erst Ende des 19. Jhs.

„Die sogenannten Werke des Ossian knüpfen lose an Handschriften und mündlich tradierte Versionen dieser und ähnlicher Heldenballaden und -sagen an, sind aber größtenteils ein Produkt der Phantasie MacPhersons." *(MacInnes, 125)*

Das Erscheinen des Werkes führte zu einem wahren „Ossian-Rausch", bes. in Dtld.:

„Das Resultat ist hier nicht nur jene vage Mythologie von Klopstock bis zur Übersetzung Macphersons, sondern die konkrete Entdeckung jener Ausdrucks- und Gefühlswerte, die in alter Volksdichtung überhaupt, vor allem in Volkslied und Volksballade unausgemünzt lagen und nun eine lyrische Strömung auslösen, die dem Kult des schöpferischen Genies nach langer antikisierender Dürre endlich gerecht zu werden scheint. Sie führt über Herder und Bürger zur Goetheschen

Hymnik und frühen Balladendichtung und wird noch zu Beginn des neuen Jahrhunderts die Romantik faszinieren und zur Fortsetzung aufrufen."

(Kohlschmidt, 126)

Frankreich

Über alle Gebiete hinweg strahlte das Bild ROUSSEAUS. Er gab dem Sturm und Drang die Leitworte: Natur — Leidenschaft — Freiheit, v.a. mit seinem Briefroman ,,**Lettres de deux amans** habitans d'une petite ville au pied des Alpes" (Briefe zweier Liebender aus einer kleinen Stadt am Fuß der Alpen), 1761; 1764 veröffentlicht u.d.T. ,,Julie ou La Nouvelle Héloïse" (Julie oder Die neue Héloïse). Dieser Briefroman ist der stärkste Angriff auf die intellektuell verspielte Lit. des Rokoko; er stellt

,,den Konflikt zwischen subjektiver Empfindung und gesellschaftlicher Moral in den Zusammenhang einer radikalen Gesellschaftskritik. Der Bürger Rousseau macht sich zum Anwalt des unbedingten Gefühls, weil er im Prozeß der Intellektualisierung eine der wesentlichen Ursachen der sozialen Ungleichheit und aller ihrer im moralischen Sinne verwerflichen Folgen erkannte." *(Karcher, 127)*

5.4.4 Dichtungstheoretische Grundlagen

Wurden geschaffen von KLOPSTOCK, GERSTENBERG, HAMANN und HERDER.

KLOPSTOCKS ,,**Ästhetische Schriften**" (Dr. 1755/59) und ,,**Die deutsche Gelehrtenrepublik**" (Dr. 1774) fordern *Originalität des Dichters* und ,,darstellende" dichterische Sprache, d.h. dargestelltes seelisches Erleben, Leidenschaft, nicht nur beschreibende oder erörternde Darlegung (→5.2.6.3.1):

,,Wer nur andrer Meinung, oder Geschmack hat, oder wer nur nachahmt, ist ein K n e c h t. Wer selbst denkt, und selten nachahmt, ist ein F r e i e r. Wer als Entdecker oder Erfinder eine gewisse Höhe erreicht hat, ist ein E d l e r."
(,,Die deutsche Gelehrtenrepublik": ,,Von den Knechten, Freien und Edlen")

,,Klopstocks herrliches Werck hat mir neues Leben in die Adern gegossen. Die Einzige Poetick aller Zeiten und Völcker. Die einzige Regeln die möglich sind! Das heisst Geschichte des Gefühls wie es sich nach und nach festiget und läutert und wie mit ihm Ausdruck und Sprache sich bildet; und die biedersten Aldermanns Wahrheiten, von dem was edel und knechtisch ist am Dichter. Das alles aus dem tiefsten Herzen, eigenster Erfahrung mit einer bezaubernden Simplizität hingeschrieben! ... hier fliesen die heiligen Quellen bildender Empfindung lauter vom Trone der Natur." *(Der 25jährige Goethe an Schönborn, 10. Juni 1774)*

GERSTENBERGS ,,**Briefe über Merkwürdigkeiten** (=des Merkens Würdiges) **der Litteratur**" (Dr. 1766/70; nach ihrem Erscheinungsort auch ,,Schleswigsche Literaturbriefe" genannt) feiern SHAKESPEARES universale Schöpfungskraft. Allein maß- und regelgebend ist das freischaffende, schöpferische, ,,originale" Genie.

GERSTENBERG hatte ein besonderes Gespür für die *Eigenposition des Lyrischen*:

Raum für Zusätze

„‚Das Lyrische' ist ein eigener ‚Charakter des Ausdrucks' und darf nicht mit dem ‚Prosaischen' verwechselt werden." *(128)*

Diese Position findet sich allerdings kaum in der Praxis (hier folgte er einerseits der anakreontischen Modeströmung, z.B. in seiner Slg. „Tändeleyen" von 1759 [→Tab. 30], andererseits legte er unter Einfluß von Ossians Liedern mit dem „Gedicht eines Skalden" [1766] den Grund für die spätere Bardendichtung; am ehesten noch im Drama, wo er unter Einfluß seines Vorbildes KLOPSTOCK dem Lyrischen weit mehr Raum gab als bisher üblich), dafür um so mehr in der Theorie. *Gerth* beschreibt den von GERSTENBERG erreichten Standpunkt in der Theorie der Lyrik so:

„Er erfaßt die Lyrik als eine eigene Gattung, die durch die Wesensmerkmale des Lyrischen bestimmt wird. Als übergattungsmäßige Stilform kann das Lyrische auch im Drama herrschen oder die ‚Sprache des Volkes' kennzeichnen. Als Gattung erschöpft sich die Lyrik nicht in der horazischen oder pindarischen Ode, sondern umfaßt antike, biblische, nordische und zeitgenössische lied- oder odenhafte Dichtung. Weil sie am stärksten emotional ist, rückt sie an die Spitze der Gattungen." *(129)*

Feststehende Gattungsbegriffe lehnte GERSTENBERG als Zwangsjacke des Genies ab, alle Kunst befindet sich in natürlicher Bewegung:

„Folglich drückt sich nicht jeder Gegenstand der Empfindung durch den Gesang aus; sondern die Empfindung selbst, in welche die verschiedenen Gegenstände zusammenfließen, löst sich in Töne auf, und wird der simple und einfache Gesang der Natur." *(130)*

Das Lyrische wird also nicht

„als Singbarkeit, Versifikation oder ‚Dichtung über Empfindung', sondern als Auflösung der Empfindung in Töne charakterisiert. Die wahre Empfindung schafft sich eine organische Form; die ‚innere Form' des echten Empfindungsausdrucks bestimmt Gehalt und Gestalt. Dieses ‚Wie' des Ausdrucks, und nicht ein stoffliches ‚Was', macht ein Gedicht lyrisch. Das ist eine entscheidende Verlagerung des Schwergewichts vom Inhalt zur Form. Die Nachahmungstheorie ist hier endgültig überwunden. Gerade wegen ihres nicht nachahmenden, sondern ausdruckshaften Charakters rückt die Lyrik in das Zentrum der Gerstenbergschen Poetik und macht wiederum deutlich, daß ‚Natur', ‚Wahrheit' und ‚Ausdruck' im Mittelpunkt stehen." *(Gerth, 131)*

Zu bedenken ist, daß ähnliche theoretische Ansätze HERDERS zu dieser Zeit noch nicht bekannt waren.

HAMANNS **„Kreuzzüge des Philologen"** (Dr. 1762), Slg. verschiedener Bruchstücke, Hauptstück „Aesthetica in nuce" (in der Nuß, d.h. in Kürze), stellte die rasch aufgenommene und bald schärfer formulierte These auf, daß alle menschliche Schöpferkraft Abglanz der göttlichen Schöpfung sei. Das „unwissende, rein intuitiv schöpferische Genie" erhält seine *dichterische Eingebung* gleich einer *Offenbarung;* daher ist es sein Vorrecht, Kunstregeln zu übertreten und in seiner individuellen Schöpfung neue zu schaffen: *prometheische Subjektivität*.

Diese neue Weltschau (als solche wurde sie von seinen Jüngern, insbes. von HERDER, begeistert gesehen) wurde in einer Fülle von Bildern mit rhapsodischer Kraft vorgetragen, streifte allerdings häufig die Grenze zur Unverständlichkeit. *3 Grundzüge:*

Raum für Zusätze

(1) *Die Welt ist Symbol des Göttlichen;* besonderen Symbolcharakter hat die *Sprache:*

> „Nicht Leyer! — noch Pinsel! — eine *Wurfschaufel* für meine Muse, die *Tenne* heiliger Literatur zu fegen! — — (Heil dem Erzengel über die *Reliquien* der *Sprache* Kanaans! — *auf schönen Eselinnen* siegt er im *Wettlauf;* — aber der weise Idiot Griechenlands borgt *Euthyphrons* stolze Hengste zum philologischen Wortwechsel.) Poesie ist die *Muttersprache* des menschlichen Geschlechts; wie der *Gartenbau,* älter als der Acker: *Malerei,* — als Schrift: *Gesang,* — als Deklamation: Gleichnisse, — als Schlüsse: Tausch, — als Handel. Ein tieferer Schlaf war die Ruhe unserer Urahnen; und ihre Bewegung ein taumelnder Tanz. *Sieben Tage* im Stillschweigen des Nachsinns oder Erstaunens saßen sie; — — und *thaten* ihren Mund auf — zu *geflügelten* Sprachen. ... *Sinne* und *Leidenschaften* reden und verstehen nichts als *Bilder.*"
>
> *(Hamann, 132)*

Der entscheidende Satz des Zitats: „Poesie ist die Muttersprache des menschlichen Geschlechts."

Entscheidend auch die Diktion der HAMANNschen Sprache für den ganzen „Sturm und Drang":

> „Der rätselvolle, mit Andeutungen und Zitaten beladene Stil Hamanns ist im Inhalt dieser Botschaft begründet. Hamann, ein Stotterer, ist unfähig, ein begrenztes Thema im Nacheinander logischer Schritte abzuhandeln. Er will, von jedem Einzelnen intuitiv-assoziativ aufs Ganze ausgreifend, zentrale Anschauung, totale Mitteilung, und er stellt sich damit in eine Stiltradition, die auf Mystik und jüdische Kabbala zurück- und auf Herders leidenschaftlich erweckende Sprache vorweist. Das Stammeln wird so zum Vorzug, zum Siegel der Inspiration: auch Moses stammelte — ein Motiv, das über Herder zum jungen Goethe läuft."
>
> *(Kaiser, 133)*

(2) *Der Künstler ist der beste Erfasser der Symbolsprache;* nicht in rationalistischer Erforschung, sondern in expressiver Ausdeutung.

> „Reden ist *übersetzen* — aus einer *Engelsprache* in eine *Menschensprache,* das heißt, Gedanken in Worte, — Sachen in Namen, — Bilder in Zeichen."
>
> *(Hamann, 134)*

> „Der Autor ist der beste Ausleger seiner Worte; er mag durch Geschöpfe — durch Begebenheiten — oder durch Blut und Feuer und Rauchdampf reden, worin die *Sprache des Heiligtums* besteht."
>
> *(Hamann, 135)*

(3) *Der Künstler ist zugleich Schöpfer neuer Symbole,* das ist sein Genie.

> „Wodurch sollen wir aber die ausgestorbene *Sprache der Natur* von den Toten wieder auferwecken?... Durch Wallfahrten nach dem glücklichen Arabien, durch Kreuzzüge nach den Morgenländern, und durch die Wiederherstellung ihrer *Magie.*"
>
> *(Hamann, 136)*

	"Das freie Gebäude, welches sich Klopstock, dieser große Wiederhersteller des lyrischen Gesanges, erlaubet, ist vermutlich ein Archaismus, welcher die rätselhafte Mechanik der *heiligen Poesie* bei den Hebräern glücklich nachahmt."
Raum für Zusätze	

(Hamann, 137)

HERDER legte seine Ansichten dar in: **„Über die neuere Deutsche Literatur"** (Dr. 1767/68) — **„Kritische Wälder.** Oder Betrachtungen, die Wissenschaft und Kunst des Schönen betreffend, nach Maasgabe neuerer Schriften" (Dr. 1. bis 3. Wäldchen 1769, 4. Wäldchen erst 1846) — **„Abhandlung über den Ursprung der Sprache"** (Beantwortung einer von der Berliner Akademie 1769 gestellten Preisfrage; Reinschrift 1770, Dr. 1772) — **„Von deutscher Art und Kunst.** Einige fliegende Blätter" (Dr. 1773; 5 programmatische Abhandlungen). Er ist Hrsg. des letztgenannten Bandes und Verf. der beiden darin enthaltenen Abhandlungen „Auszug aus einem Briefwechsel über Ossian und die Lieder alter Völker" (1771) und „Shakespeare" (1771); die 3. Abhandlung verfaßte GOETHE: „Von deutscher Baukunst" (1772), die 4. war eine Übersetzung aus dem Ital. nach PAOLO FRISI: „Versuch über die gotische Baukunst" (1772), die 5. stammt von JUSTUS MÖSER: „Deutsche Geschichte" (1772, aus der Vorrede zu dessen „Osnabrückischer Geschichte").

„Von deutscher Art und Kunst" wurde das eigentliche *Manifest* des Sturm und Drang. Bereits die Titelgebung löste trotz oder wegen ihrer Verschwommenheit (deutsch=„volkstümlich" und „nordisch") Faszination aus. In HERDERs Shakespeare-Aufsatz war der neue historische und entwicklungsgeschichtliche Ansatz gewonnen: nicht nach einem für alle Zeiten und Völker einheitlichen, den Griechen abgenommenen Maßstab ist zu messen, sondern jede Kunst ist *original* (=merkwürdig und ursprünglich) in ihrer räumlich-zeitlichen Gebundenheit zu verstehen, d.h. für das Genie der Gegenwart, das „Originalgenie": ursprüngliche Neuschöpfung, Primat von Gefühl und Intuition vor dem kritischen Geist, regelfreie individuelle Ausdrucksdichtung.

Ohne Zweifel wurde HERDER zum wichtigsten Anreger und Umwälzer in der dt. Geistesgeschichte der mittleren 2.H. des 18.Jhs. Er gab dem, was nachmals „Sturm und Drang" genannt wurde, die geistige Grundlage; sie ist durch folgende *Positionen* (die er später abschwächte in einer mühsamen und für ihn schmerzlichen Auseinandersetzung mit der antikisierenden Klassik) gekennzeichnet:

(1) *Antirationalismus wird Irrationalismus:* Ablehnung der alleinigen Kontrolle aller Urteile durch den Verstand — an dessen Stelle trat der aus irrationalen Gefühlstiefen gespeiste „Geist", auch verschwommen (und für die Zukunft gefährlich) Volksgeist oder Nationalgeist genannt. So wurde der junge HERDER bereits Ende der 60er Jahre zum Führer der antirationalistischen Bewegung.

(2) *Rousseauismus:* Dessen Thesen — Sehnsucht nach natürlicher Einfachheit und naiver Gefühlstiefe, Haß auf Zivilisation und rationalistische Nützlichkeitsethik — waren HERDER durch KANT und HAMANN nahegebracht worden. Die Vernunftnatur der Aufklärung (vgl. BROCKES, HALLER) wird zu einer dynamischen göttlichen Kraft.

(3) *Geschichtsbewußtsein:* Der Gefahr, im Gegenbild rokokohafter Idylle zu verharren, entging HERDER durch seinen ausgeprägten Sinn für die Geschichte; er verfolgte ihre Entfaltung bis zu den Ursprüngen hin.

(4) Alle *Dichtung ist Lyrik:* Die historische Betrachtungsweise führte HERDER zu der Entdeckung, daß *alle* Dichtung *im Ursprung gesungene* Dichtung gewesen war, also auch Epos und Drama:

Raum für Zusätze

„Woher kommt's, daß das Heldengedicht sehr viele, das Drama noch eine Menge, und die Ode [hier noch allgemein als Lied aufgefaßt], die doch jener ihre Adern durchglüht, fast keine wahre Theorie hat? Woher, daß die Nebensprößlinge der Ode keine große Beobachtung erhielten, daß ihr Stamm undurchsucht blieb? Wie? daß die Deutschen die wahren Arten der Dichtkunst so wenig und die am wenigsten poetischen mit dem größten Reichtum erklärt, und dem genielosesten Glücke ausgebildet haben? Kurz! aus der Ode wird sich vielleicht der ganze große Originalzug der Gedichtarten, ihre mancherlei und oft paradoxen Fortschritte entwickeln: das reichste und unerklärteste Problem!" *(Herder, 138)*

Da es HERDER gelungen war, den Überbegriff *„Lyrik" als dritte gleichrangige Gattungsform* zu konstituieren, hielt er von hier und von der Sicht der Geschichte her alle Dichtung im Grunde für Lyrik bei Berücksichtigung folgender Nuancierungen:

„Vielleicht ließen sich alle unter drei oder vier Worte, der epischen, lyrischen, dramatischen und schlechthin lehrenden Poesie begreifen." *(Herder, 139)*

„Der Epische Dichter giebt seinem Gedanken ein episches, der Lyrische ein lyrisches, der Dramatische ein dramatisches Gewand; jede Zeit, jede Sprache, jeder Zweck giebt dem Bilde wieder seine eigne Farbe." *(Herder, 140)*

Das Nebeneinander der Hauptgattungen der Poesie wird in ein *genetisches* Nacheinander aufgelöst: Lyrik→Epik→Dramatik→Didaktik.

„Diese vier Gattungen der Dichtkunst sind die Alter der Menschheit: das erste empfindet; das zweite denkt mechanisch; das dritte erfindet; das vierte denkt durch Freiheit." *(Herder, 141)*

Mit HERDER erfolgte somit der *Durchbruch der triadischen Einteilung* der Dichtung in Dtld., der mit den Bemühungen BAUMGARTENS 1735 begonnen hatte (→5.2.2.2).

„Mit Herders Dichtungslehre und Theorie von der Dichtungsgeschichte taten sich neue Horizonte auf. Eine verschüttete Schicht kam herauf und setzte neue Maßstäbe für das ästhetische Begreifen. Besonders die Lyrik wurde in ihr Eigenrecht eingesetzt, nachdem sie vorher für die Theoretiker des Nutzens und des inhaltgebundenen Vergnügens eine Verlegenheit bildete. Herder hat das Wesen des Lyrischen zu erfassen gewußt, allerdings auch einseitig, da er für die entwickelteren Kunstformen der Ode, des Sonetts keinen Sinn besaß." *(Haller, 142)*

(5) *Ablehnung aller formstrengen Dichtung:* Als gekünstelt und vorwiegend vom Verstand gesteuert, lehnte HERDER alle formstrenge Dichtung ab (Ode, Sonett, Elegie usw.). Er warnte vor Nachahmung antiker klass. Muster, verwarf die Verwendung des Hexameters und plädierte für erhebliche Einschränkung der lat. Sprache.

Raum für Zusätze

(6) *Befürwortung der freien Rhythmen:* Nachdrücklich begrüßte HERDER dagegen die Dichtung in freien Rhythmen und verwies auf das Vorbild KLOPSTOCKS.

(7) *Sprache:* HERDER bettete die religiös-mystische Ansicht HAMANNS, die Sprache sei ein göttliches Offenbarungsgeschenk (→o.), in die ihm eigentümliche geschichtlich-genetische Betrachtungsweise ein in seiner *„Abhandlung über den Ursprung der Sprache"*, Dr. 1772 (GOETHE las dieses Werk als erste Schrift HERDERS im Manuskript).

(8) *Verherrlichung der Volksdichtung:* HERDER stellte als Ideal auf eine dt. Kunst dt. Wurzel, worunter er verstand: eine unverbildete nationale Volkskunst. Als Muster galten: Volkslied, Volksballade, Volksmärchen und Volkssage sowie die unbedenklich als Volksdichter bezeichneten HOMER und SHAKESPEARE. Immer neue Anregungen schöpfte er aus dem für ihn poetischsten Werk der Welt-Lit., der Bibel (Wiederbelebung der hebräischen Poesie). Entscheidende Einflüsse gingen von PERCY und MACPHERSON aus (→5.4.3); durch HERDERS Abhandlung *„Briefwechsel über Ossian"* (→o.) wurden bes. die „Ossian-Lieder" im dt. Sprachraum verbreitet. — Ferner bemühte sich HERDER unermüdlich um Anreicherung der Dichtung dt. Sprache aus der älteren dt. Lit., aus verwandten Volks-Litt. und aus Mundarten.

Das Ergebnis war seine Slg. **„Volkslieder"**, ersch. 1778/79 (eine kleinere Slg. war im Manuskript bereits für 1773 vorbereitet gewesen), von der nachhaltigste Wirkungen in die Zukunft ausgingen. Die 2. Auflage erschien 1807 u.d.T. *„Stimmen der Völker in Liedern"*.

Zu beachten, daß HERDERS *„Volkslied"-*Begriff ganz allgemein volks-*tümliche* Lieder meint, also keineswegs nur das anonyme Volkslied, sondern ebenso das verfassergebundene (vgl. die von ihm in seine Slg. aufgenommenen Lieder von OPITZ, DACH, CLAUDIUS, GOETHE u.a.).

„Herder ist vielleicht der größte Vermittler im geistigen Leben des deutschen Volkes gewesen. Von seinen Werken und Gedanken gehen Anregungen aus, die noch in unseren Tagen lebendig sind. Man kann ihn als letzten Erben des Wiedergeburtsgedankens, Vater der Geniebewegung, Ahnherrn der Romantik, Träger des Irrationalismus, Entdecker und Neugestalter des Volkstumsbegriffs bezeichnen, ohne damit Wesen und Bedeutung dieses seltsamen Mannes zu bestimmen. Was an fruchtverheißenden Gedanken der Vergangenheit von ihm erfaßt werden konnte, dachte er lebendig gestaltend um und gab ihm neuen Sinn." *(Newald, 143)*

5.4.5 Der junge Goethe

Die lyr. Gattungsunterarten des Sturm und Drang werden nachfolgend (→5.4.6ff.) vorzugsweise an Bspen des jungen GOETHE dargestellt. Denn:

„Goethes lyrisches Bild der Welt ist reich, nicht nur durch die Fülle der Motive, sondern auch durch die Verschiedenartigkeit der Haltung, aus der heraus er, der Wandlungsreiche, die Welt sah. ... Der Klang der Sprache ist darum wechselreich, die Form verschiedenartig. Jeder Form, die er ergriff, entspricht eine Seite seines Wesens. Formen, zu denen er keine innere Beziehung hatte, nahm er nicht auf.

Raum für Zusätze

Die deutsche Dichtung war am Ende des 18.Jahrhunderts so entwickelt, daß eine Fülle von Formen zur Verfügung stand, die der junge Lyriker mit rascher Auffassungskraft ergriff. Durch die Anakreontik lernte er das erzählende und scherzende Gedicht kennen, durch Herder das Volkslied, durch Klopstock Freie Rhythmen und antikisierende Hexameter, durch den Rückgriff auf Hans Sachs den Knittelvers. Aufs Große gesehen kann man sagen: Der ganze Formenschatz, der seit Hans Sachs und Martin Opitz zusammengekommen war, war ihm zugänglich, und sehr viel daraus hat er sich zu eigen gemacht." *(Trunz, 144)*

GOETHES Lyrik läßt sich in 6 **Stilphasen** einteilen, deren 3. in diesem Kapitel im Mittelpunkt steht, deren 4. bis 6. im Kapitel „Klassik" (→5.5) zu Worte kommen.

1. Stilphase 1761—1765, Frankfurt: *erste lyrische Versuche*

Lyrik der Knabenjahre steht noch eindeutig unter Einfluß von KLOPSTOCK und BODMER; z.B. ganz orthodox protestantisch „*Poetische Gedanken über die Höllenfahrt Jesu Christi*" (1764 oder 1765) des 15jährigen:

......
......

Gott ward ein Mensch. Er kam auf Erden.
Auch dieser soll mein Opfer werden,
Sprach Satanas und freute sich.
Er suchte Christum zu verderben,
Der Welten Schöpfer sollte sterben.
Doch weh dir, Satan, ewiglich!
Du glaubtest Ihn zu überwinden,
Du freutest dich bei Seiner Not.
Doch siegreich kommt Er, dich zu binden.
Wo ist dein Stachel hin, o Tod?

Sprich, Hölle! Sprich, wo ist dein Siegen?
Sieh nur, wie deine Mächte liegen.
Erkennst du bald des Höchsten Macht?
Sieh, Satan! Sieh dein Reich zerstöret.
Von tausendfacher Qual beschweret
Liegst du in ewig finstrer Nacht.
Da liegst du wie vom Blitz getroffen.
Kein Schein vom Glück erfreuet dich.
Es ist umsonst. Du darfst nichts hoffen,
Messias starb allein für mich!

......
......

(V. 81—100)

Raum für Zusätze

2. Stilphase 1765—1768, Leipzig: *Anakreontik*

Leipziger Studentenjahre bringen erste gedankliche Auseinandersetzung mit ästhetisch-künstlerischen Problemen der Zeit (angeregt durch den Maler und Bildhauer OESER, der Zeichenlehrer GOETHES war, und durch WINKELMANNS erste Schriften), finden aber noch keinen Niederschlag in der Lyrik.

Lieder der Leipziger Studentenzeit (→auch Tab. 30): *„Annette"* (19 handgeschriebene Gedichte, 1767, für ANNA [Annette] KATHARINA [Kätchen] SCHÖNKOPF), (3) *„Oden an meinen Freund"* (BEHRISCH [→u.], handgeschrieben 1767), *„Lieder mit Melodien"* (10 handgeschriebene Gedichte, 1 davon aus „Annette" übernommen, 1768), *„Neue Lieder,* in Melodien gesetzt von Bernhard Theodor Breitkopf" (1. gedruckte, anonym erschienene Slg. 1769). Lyr. Gebilde im Ton des lit. Rokoko, insbes. der Anakreontik. Spielerische Haltung im Kostüm der Schäferdichtung (z.B. „Die Nacht"), von rhythmischer Leichtfüßigkeit (z.B. „An den Mond").

An manchen Stellen jedoch bereits Hervortreten persönlicher Eigenart, z.B. in der Nacht-Metaphorik, in den wirkungsvollen Gegenüberstellungen, in den pointierten Schlußversen, z.B. (in ungleichen Madrigalversen):

Das Schreien

Nach dem Italienischen

Jüngst schlich ich meinem Mädchen nach,
Und ohne Hindernis
Umfaßt' ich sie im Hain; sie sprach:
‚Laß mich, ich schrei' gewiß!'
Da droht' ich trotzig: ‚Ha, ich will
Den töten, der uns stört!'
‚Still', winkt sie lispelnd, ‚Liebster, still,
Damit dich niemand hört!'

(1767)

„Goethes Fassung ist besonders knapp und pointiert: alles ist auf den Schluß hin gebaut, das Ganze nur zwei Vierzeiler, an deren Enden die zwei direkten Reden des Mädchens stehen, deren Diskrepanz den Witz des Ganzen ausmacht. Das Handlungsmotiv ganz eng gefaßt, die Naturstaffage bleibt belanglos."

(Trunz, 145)

Die 3 *„Oden an meinen Freund"* sind nur dem Namen nach Oden, vielmehr erste, noch vorsichtige Versuche GOETHES, das von KLOPSTOCK eingeführte lyr. Mittel der „freien Rhythmen" anzuwenden:

Dritte Ode

Raum für Zusätze

Sei gefühllos!
Ein leichtbewegtes Herz
Ist ein elend Gut
Auf der wankenden Erde.

Behrisch, des Frühlings Lächeln
Erheitre deine Stirne nie,
Nie trübt sie dann mit Verdruß
Des Winters stürmischer Ernst.

(1767; Str. 1 u. 2)

Sie machen den Weg frei für die nächste Stufe.

3. Stilphase 1770—1775, Straßburg und Frankfurt: *Sturm und Drang*

Die in diesen Jahren entstandene, aber zum großen Teil erst Jahrzehnte später veröffentlichte Lyrik (→5.4.2) will unmittelbaren Ausdruck des augenblicklich erlebten Gefühls geben. Dieses Ziel wurde erst nach heftigen Auseinandersetzungen mit der Form erreicht, denn kein Wort, kein Ausdruck reichte hin, das Gefühlte „ganz" zu fassen. In dieser Zeit entstanden die „*Sesenheimer Lieder*" (Lieder an FRIEDERIKE BRION), die Liedverse im „Urfaust", die frühen Hymnen; schließlich im Übergang zur Weimarer Zeit steht die sog. „Lili-Lyrik" (→5.5.3.7.1).

4. Stilphase 1775—1786, *Weimar,* →5.5.3.5.1

5. Stilphase 1786—1805, *Italien* und *Weimar,* →5.5.3.5.2

6. Stilphase 1805—1832, *Weimar,* →5.5.3.5.3

*

Rasch und unkonventionell gewinnt der heutige Leser Zugang zu dem, was später als *Sturm-und-Drang-Stimmung* bezeichnet wird, durch den berühmten „Eifersuchtsbrief" des 18jährigen GOETHE an seinen 10 Jahre älteren Freund BEHRISCH (hier gekürzt):

„Dienstags D 10 Nov. 67. Abends um 7 Uhr.
... O Behrisch, verlange nicht daß ich es mit kalten Blute erzähle. Gott. — diesen Abend schicke ich hinunter, um mir etwas holen zu lassen. Meine Magd kommt und bringt mir die Nachricht, dass Sie [gemeint ist KÄTCHEN SCHÖNKOPF] mit Ihrer Mutter in der Commödie sey. Eben hatte das Fieber mich mit seinem Froste geschüttelt, und bey dieser Nachricht wird mein ganzes Blut zu Feuer! Ha! In der Comoedie! Zu der Zeit da sie weiß daß ihr Geliebter kranck ist. Gott. Das war arg; ... Ich kleide mich an und renne wie ein toller nach der Comödie. Ich nehme ein Billiet auf die Gallerie. Ich bin oben. ... Ich sah hinunter, und fand ihre Loge — Oh Behrisch —

Raum für Zusätze	Ich fand ihre Loge. Sie saß an der Ecke ... Nun aber! Hinter ihrem Stuhl Hr. Ryden, in einer sehr zärtlichen Stellung. Ha! Dencke mich! Dencke mich! auf der Gallerie! ... — das sehend! Verflucht! Oh Behrisch, ich dachte mein Kopf spränge mir für Wuht. ... Ich habe den ganzen Abend vergebens zu weinen gesucht, meine Zähne schlagen an einander, und wenn man knirscht, kann man nicht weinen.

        Mittwochs früh. Ich habe eine schröckliche Nacht gehabt. ... O Behrisch, ich bin etwas ruhiger aber nicht viel. Ich werde sie heute sehen. ... Ha, wenn sie fortführe, sich kalt gegen mich zu stellen! Ich könnte sie strafen. Die schröcklichste Eifersucht sollte sie quälen. Doch nein, nein, das kann ich nicht. ...

        Mittwochs abends um 8. Gestern machte das mir die Welt zur Hölle, was sie mir heute zum Himmel macht — und wird so lange machen, bis es mir sie zu keinem von beiden mehr machen kann. ... wir waren eine viertelstunde allein. Mehr braucht es nicht um uns auszusöhnen. Umsonst sagt Schäckespear Schwachheit dein Nahme ist Weib, eh würde man sie unter dem Bilde des Jünglings kennen. Sie sah ihr Unrecht ein, meine Kranckheit rührte sie und sie fiel mir um den Hals, und bat mich um Vergebung, ich vergab ihr alles. Was hätte ich zu vergeben, in Vergleich des was ich ihr in diesem Augenblicke vergeben haben würde. ... Behrisch, das ist eine Seeligkeit, um die man gern ein Fegfeuer aussteht. Gute Nacht, mein Kopf schwindelt mir wie gestern, nur von was anders."

Ist die GOETHEsche Lyrik der Leipziger Phase noch ganz der Anakreontik verpflichtet (→o.), so ist im Brief an BEHRISCH (aus demselben Jahr wie die „Annette-Gedichte", 1767) bereits nahezu erreicht, was Kennzeichen von GOETHES Straßburger und Frankfurter Lyrik werden sollte: *unmittelbarer Ausdruck des lebendigen Augenblicks.*

Damit tritt eine Zäsur in der dt. Lyrik ein:

„Man muß sich historisch Goethes Ausgangspunkt deutlich machen, um manches, was uns heute selbstverständlich erscheint, in seiner Besonderheit zu verstehen. Der Dichter spricht fortan nicht eine schon gedeutete Welt auf seine Weise aus, sondern wird selbst zum Deuter der Welt. ... Die Briefe des Leipziger Goethe zeigen, daß die Kräfte in ihm waren, eine neue, charakteristische, innerliche Kunst zu schaffen. Sein eigener Weg war der gleiche, den sein Zeitalter ersehnte und suchte. Darum mußte er dessen Führer werden. Die *Neuen Lieder* sind von dieser Entwicklung noch wenig berührt; sie zeigen zwar im Vergleich zu dem Buch *Annette* schon stärkere Ansätze zum Erlebten und Echten, aber den Durchbruch dieses Stils brachte erst die nächste Schaffensperiode der Lyrik. Das war in Straßburg."

(Trunz, 146)

5.4.6 Gattungsunterarten

Raum für Zusätze

Tab. 33 Die wichtigsten Gattungsunterarten der Lyrik des Sturm und Drang

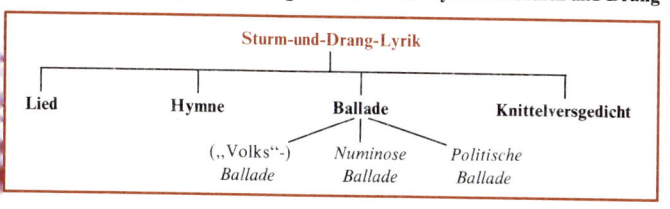

```
                    Sturm-und-Drang-Lyrik
         ┌──────────────┼──────────────────────┐
  Lied        Hymne         Ballade         Knittelversgedicht
                      ┌───────┼────────┐
                  („Volks"-)  Numinose  Politische
                   Ballade    Ballade   Ballade
```

5.4.6.1 Lied

Übergang von den anakreontischen Leipziger Liedern zur Straßburger Lyrik GOETHES erfolgte nicht abrupt, wenn auch die Straßburger Eindrücke für den jungen Dichter fast überwältigend waren. Im Oktober 1770 begegnet ihm FRIEDERIKE BRION in Sesenheim, kurz darauf HERDER; beide Begegnungen, gerade in ihrer Kombination, sind folgenschwer. Was HERDERS Gedankenwelt fordert — einfach gefühlte Natürlichkeit —, kommt den stürmischen Jugendgefühlen GOETHES entgegen. HERDER öffnet ihm die Augen für HOMER, für SHAKESPEARE, für die dt. Vergangenheit (Gotik: Straßburger Münster) und v.a. für die Dichtung des Volkes (Volkslied und Volksballade).

> „Ich ward mit der Poesie von einer ganz andern Seite, in einem andern Sinne bekannt als bisher, und zwar in einem solchen, der mir sehr zusagte. Die hebräische Dichtkunst, welche er [Herder] ... geistreich behandelte, die Volkspoesie, deren Überlieferung im Elsaß aufzusuchen er uns antrieb, die ältesten Urkunden als Poesie gaben das Zeugnis, daß die Dichtkunst überhaupt eine Welt- und Völkergabe sei, nicht ein Privaterbteil einiger feinen, gebildeten Männer."
>
> *(Goethe, „Dichtung und Wahrheit", 2. Teil, 10. Buch)*

Dennoch zeigen die ersten sog. Sesenheimer Lieder (für FRIEDERIKE) nur allmählich Befreiung vom spielerischen Ton der Anakreontik.

Das Gedicht „Kleine Blumen, kleine Blätter" entstand im Frühjahr 1771, noch ohne Titel (Dr. 1775), die letzte, veränderte Fs. 1789 u.d.T. „Mit einem gemalten Band"[1]:

---

[1] GOETHE sandte das Gedicht an FRIEDERIKE zusammen mit einem damals gerade in Mode gekommenen selbstgemalten Band

Raum für Zusätze | Mit einem gemalten Band

| 1. Fs. von 1771: | *Änderungen* in der Fs. von 1789: |

Kleine Blumen, kleine Blätter
Streuen mir mit leichter Hand
Gute junge Frühlings-Götter — Gute junge Frühlingsgötter
Tändelnd auf ein luftig Band.

Zephir, nimm's auf deine Flügel, — Zephyr, nimm's auf deine Flügel,
Schling's um meiner Liebsten Kleid!
Und dann tritt sie für den Spiegel — Und so tritt sie vor den Spiegel
Mit zufriedner Munterkeit. — All in ihrer Munterkeit.

Sieht mit Rosen sich umgeben,
Sie wie eine Rose jung. — Selbst wie eine Rose jung:
Einen Kuß, geliebtes Leben, — Einen Blick, geliebtes Leben!
Und ich bin belohnt genung.

Schicksal, segne diese Triebe,
Laß mich ihr und laß sie mein, — *(Strophe entfallen)*
Laß das Leben unsrer Liebe
Doch kein Rosen-Leben sein!

Mädchen, das wie ich empfindet, — Fühle, was dies Herz empfindet,
Reich mir deine liebe Hand! — Reiche frei mir deine Hand,
Und das Band, das uns verbindet,
Sei kein schwaches Rosen-Band! — Sei kein schwaches Rosenband!

Formal kann von einer fallenden Bewegung, wie das Metrum sie erwarten läßt, nicht die Rede sein; das Reizvolle des kleinen Gebildes ist das heitere Widerspiel zwischen der rhythmischen Figur vom Typ ∪ ∪ / ∪ und der vom Typ / ∪, wobei die 1. Figur sich schließlich durchsetzt.

Inhaltlich zeigt V. 11 mit „Kuß" in der frühen Fs., mit „Blick" in der späten Fs. deutlich das unterschiedliche Lebensgefühl: harmlose Unverbindlichkeit einerseits, blitzartige seelische Betroffenheit andererseits (vgl. KLOPSTOCK „Das Rosenband", 5.2.6.5.1).

„Der Straßburger Goethe überwindet für sich die ‚Anakreontik'. Aber sie ist für ihn eben als ein zu überwindendes da, und selbst in einem so durchseelten anakreontischen Lied wie ‚Mit einem gemalten Band' ... triumphiert ein tiefer gründendes Erlebnis, das nicht nur im Ton von der Leichtigkeit des Anfangs verschieden ist, sondern sie auch begrifflich verneint: ‚Laß das Leben unsrer Liebe Doch kein (!) Rosenleben sein!'" *(G. Müller, 147)*

Mit den „Kleinen Blumen" endet die Zeit der rein galanten Anakreontik GOETHES; er tritt in eine *neue Entwicklungsphase* ein, die in den freirhythmischen Hymnen (→5.4.6.2) ihren Höhepunkt erreicht. Jugendlicher Überschwang einerseits, volksliedhafte Einfachheit andererseits machen den bes. nach der gesuchten Rokoko-Lyrik, einzigartigen Reiz der „Friederike Lieder" aus, mit denen GOETHE zum Sänger der jungen Sturm-und-Drang Bewegung wurde: *Erlebnis-Lyrik*.

In „*Erwache, Friederike*" von 1771 (Dr. erst 1838) nimmt GOETHE das Motiv von der Beobachtung der schlafenden Geliebten (hier neben ihrer Schwester ruhend) durch den verliebten Dichter auf; es begegnete v.a. in Anakreontik und Empfindsamkeit (→ 5.2.5.2.1 u. 5.2.6), u.a. bei HAGEDORN, GLEIM, LESSING sowie bei KLOPSTOCK (→5.2.6.5.1). *Raum für Zusätze*

Nicht schlüssig beweisbar nimmt die GOETHE-Philologie für dieses Gedicht eine Doppelautorschaft an: GOETHE und LENZ (→u.), der nach dem Fortgang GOETHES aus Straßburg FRIEDERIKE unglücklich verehrte (die 2., 4. und 5. Strophe des Gedichts werden LENZ zugeschrieben).

Ebenfalls konkret an die FRIEDERIKE-Begegnung geknüpft, das wohl bekannteste Lied der Sesenheim-Lyrik: „*Es schlug mein Herz. Geschwind, zu Pferde!*", entst. 1771, leicht verändert 1789 bzw. 1810 u.d.T. „Willkom[en] und Abschied" (das Thema begegnet noch einmal in GOETHES Alterslyrik: 2. Teil seiner „Elegie" [=„Marienbader Elegie"]).

Die Vv. 1 und 2 der 1. Fs. (1771):

„Es schlug mein Herz. Geschwind, zu Pferde!
Und fort, wild wie ein Held zur Schlacht."

änderte GOETHE in der 2. Fs. von 1789 wie folgt:

„Es schlug mein Herz, geschwind zu Pferde!
Es war getan fast eh gedacht."

Kein Zweifel, daß die 1. Fs. (durch die Aufnahme von „wild" in die Hebungsstufe) rhythmisch die bessere und eindrucksvollere ist; gleiches gilt für die Vv. 14–16!

Das *Motiv* ist neu; die eigentliche Begegnung mit der Geliebten bleibt ausgespart. Das Gedicht springt von Ritt (2 Strophen) und Ankunft (1 Strophe) sogleich zum Abschied (1 Strophe). Naturphänomene (Nacht, Nebel, Finsternis — Mond — dann: rosenfarben Frühlingswetter) dienen dem Ausdruck inneren leidenschaftlichen Fühlens, endend in den schmerzlich-jubelnden Schlußzeilen:

Du gingst, ich stund und sah zur Erden Und sah dir nach mit nassem Blick. Und doch, welch Glück, geliebt zu werden, Und lieben, Götter, welch ein Glück! *(Fs. 1771)*	Ich ging, du standst und sahst zur Erden Und sahst mir nach mit nassem Blick: Und doch, welch Glück, geliebt zu werden! Und lieben, Götter, welch ein Glück! *(Fs. 1789)*

Zu beachten in Z. 1 die Umstellung von „Du..., ich" in „Ich..., du", in Z. 2 von „sah dir" in „sahst mir"!

Im „Mayfest", ebenfalls 1771 entstanden (1. Dr. 1775, ab 1789 u.d.T. „Mailied"), werden Augenerleben und Augenblickserlebnis ins Symbol erhöht: ein Gedicht, das in jubelnden Ausrufen die seelisch-kosmische Einheit von allem, was im Frühling ans Licht drängt — ob Pflanze, Tier oder Mensch —, die Einheit von Innen und Außen, von Geist und Körper feiert.

Raum für Zusätze

Mayfest

Wie herrlich leuchtet
Mir die Natur!
Wie glänzt die Sonne!
Wie lacht die Flur!

Es dringen Blüten
Aus jedem Zweig
Und tausend Stimmen
Aus dem Gesträuch

Und Freud und Wonne
Aus jeder Brust.
O Erd', o Sonne,
O Glück, o Lust,

So liebt die Lerche
Gesang und Luft,
Und Morgenblumen
Den Himmelsduft,

Wie ich dich liebe
Mit warmen Blut,
Die du mir Jugend
Und Freud' und Mut

Zu neuen Liedern
Und Tänzen gibst.
Sei ewig glücklich,
Wie du mich liebst.

O Lieb', o Liebe,
So golden schön
Wie Morgenwolken
Auf jenen Höhn,

Du segnest herrlich
Das frische Feld,
Im Blütendampfe
Die volle Welt!

O Mädchen, Mädchen,
Wie lieb' ich dich!
Wie blinkt dein Auge,
Wie liebst du mich!

Aufbau: In stürmisch vordrängenden rhythmischen Kurzversen werden in jeweils 3 Strophen 3 große Bögen geschlagen: der 1. Bogen rasch gipfelnd in den Ausrufen: „O Erd', o Sonne / O Glück, o Lust", der 2. ruhiger verweilend auf dem Schlüsselwort „Liebe", deren kosmische Allgewalt das Bild vom „Blütendampfe" evoziert (schon KLOPSTOCK hatte in der „Frühlingsfeyer" nach dem Gewitter beobachtet: „der geschmetterte Wald dampft"), der 3. Bogen mit dem deutlichen „So" am Anfang der Str. 7 fügt noch einmal Tier, Pflanze und Mensch in eins und führt dann abebbend zum beglückenden Schluß.

„Frühlingsgedichte gab es in Menge, aber immer, bei Brockes, Haller, Gleim, auch Klopstock, waren sie in zwei Schichten geteilt, die der Natur und die des Menschen. Goethes Sprache ist Einheit. Dieser beschwingte Ausruf malt nicht Gegenstände, sondern zieht nur ein paar sinnbildliche Motive in das Ich hinein. Dieser Stil hatte die Zukunft. Das *Maifest* ist Goethes erstes ganz großes Gedicht, eben darum auch ein Markstein in den Linien der geschichtlichen Entwicklung."
(Trunz, 148)

Den allmählichen *Übergang zu den freien Rhythmen* zeigt bereits eindrucksvoll der Versblock aus der *Kerkerszene des „Urfaust":*

Zwinger

*In der Mauerhöhle ein Andachtsbild
der Mater dolorosa,
Blumenkrüge davor*

GRETCHEN *gebeugt, schwenkt die
Krüge im nächsten Brunn, füllt sie mit
frischen Blumen, die sie mitbrachte.*

Interpretation

Ach neige,   *zögernd, stumpf, halb mechanisch gesprochen*
Du Schmerzenreiche,
Dein Antlitz ab zu meiner Not!

Das Schwert im Herzen,   *nun schwillt die Melodie, bleibt aber noch in Richtung Litanei*
Mit tauben Schmerzen
Blickst auf zu deines Sohnes Tod!

Zum Vater blickst du,   *nur scheinbar spricht Gretchen hier nicht von sich*
Und Seufzer schickst du
Hinauf um sein- und deine Not!   *halber Schrei*

Wer fühlet,   *mit einem Schlag wird die Zurückhaltung aufgegeben, fast heu-*
Wie wühlet   *lender pfeifender Ton*
Der Schmerz mir im Gebein?
Was mein armes Herz hier banget,
Was es zittert, was verlanget,
Weißt nur du, nur du allein.   *abebbend in den 2 Langzeilen*

Wohin ich immer gehe,   *neuer Ansatz*
Wie weh, wie weh, wie wehe   *körperhaft wirkende, fast naturalistische Schmerzausbrüche;*
Wird mir im Busen hier!   *scheinbarer Höhepunkt — Pause*

Ich bin, ach! kaum alleine,   *stärkerer Ausbruch, vorbereitet in dem „ach", dann in dreifa-*
Ich wein, ich wein, ich weine,   *cher Steigerung, schließend mit einer Metapher aus der Bibel-*
Das Herz zerbricht in mir.   *sprache*

Die Scherben vor meinem Fenster   *wiederum neuer Ansatz*
Betaut ich mit Tränen, ach!
Als ich am frühen Morgen
Dir diese Blumen brach.

Schien hell in meine Kammer   *das Wort „Kammer" evoziert bereits das Wort „Jammer"*
Die Sonne früh herauf,
Saß ich in allem Jammer
In meinem Bett schon auf.   *vollkommen in die „Form" gebändigter Schmerzensschrei*

Hilf retten mich von Schmach und Tod!   *Höhepunkt: prosanah gestalteter Schrei — Pause*
Ach neige,
Du Schmerzenreiche,   *langsam abebbend im formalen Litaneiton des Anfangs*
Dein Antlitz ab zu meiner Not!

(1772)

Noch sind beibehalten Reim und Strophik (wenn auch unregelmäßig),
aber die Verse fließen bereits verschieden lang, indem Rhythmus und
Aussage vollendet aufeinander abgestimmt sind.

*

Raum für Zusätze   Einige Gedichte von LENZ wurden anfangs GOETHE zugeschrieben; sie gehören zu den 10 anonymen Gedichten, die nach GOETHES Tod im Nachlaß von FRIEDERIKE BRION aufgefunden wurden.

LENZ fand seine besten Töne dort, wo er GOETHE als Dichter und in der Liebe zu FRIEDERIKE nachfolgte, z.B.:

Wo bist du itzt

Wo bist du itzt, mein unvergeßlich Mädchen,
Wo singst du itzt?
Wo lacht die Flur, wo triumphiert das Städtchen,
Das dich besitzt?

Seit du entfernt, will keine Sonne scheinen,
Und es vereint
Der Himmel sich, dir zärtlich nachzuweinen,
Mit deinem Freund.

All unsre Lust ist fort mit dir gezogen,
Still überall
Ist Stadt und Feld — dir nach ist sie geflogen,
Die Nachtigall.

O komm zurück! Schon rufen Hirt und Herden
Dich bang herbei.
Komm bald zurück! Sonst wird es Winter werden
Im Monat Mai.

(1772)

Wo er eigenständig dichtete, war er – der als Dramatiker und Theoretiker des Sturm und Drang Bedeutendes leistete (→Bd. I a, 4.2.5) — die durchaus schwächere Potenz:

An das Herz

Kleines Ding, um uns zu quälen,
Hier in diese Brust gelegt!
Ach wer's vorsäh, was er trägt,
Würde wünschen, tätst ihm fehlen!

Deine Schläge, wie so selten
Mischt sich Lust in sie hinein!
Und wie augenblicks vergelten
Sie ihm jede Lust mit Pein!

Ach! und weder Lust noch Qualen
Sind ihm schrecklicher als das:
Kalt und fühllos! O ihr Strahlen,
Schmelzt es lieber mir zu Glas!

Lieben, hassen, fürchten, zittern,
Hoffen, zagen bis ins Mark
Kann das Leben zwar verbittern;
Aber ohne sie wär's Quark!

(1772)

5.4.6.2 Hymne

Raum für Zusätze

Der Übergang von GOETHES „Sesenheimer Liedern" zu seinen großen freirhythmischen Hymnen bedeutet mehr als nur eine dichterische Zäsur. Waren die sangbaren (und oft vertonten) Sesenheimer Liebeslieder aus dem leichten Geist des Volkslieds (im Sinne HERDERS) erwachsen, so wurde der 22jährige GOETHE nun in Frankfurt ganz vom dynamisch-ungebärdigen *Genie-Gedanken,* wie er ihn bei HERDER und HAMANN fand, erfaßt.

„Die Verkünder des Geniegedankens, Shaftesbury, Hamann, Herder, Sulzer, Lavater usw., sprachen als Theoretiker. Für Goethe, den schöpferischen Künstler, verschmolz die Genielehre mit der Ich-Erfahrung. Er, als erster, stellt dar, wie einem Genie zumute ist. Während jene das Wesen des Genies beschreibend faßten, faßte er es dichtend. Das geschah in den großen Hymnen." *(Trunz, 149)*

Zwischen 1772 und 1776 entstanden „Wandrers Sturmlied", „Der Wandrer", „Mahomets-Gesang", „Prometheus", „Ganymed", „An Schwager Kronos", „Seefahrt", „Harzreise im Winter"; und die Form, die dem sich in ihnen ausdrückenden Lebensgefühl entsprach, fand GOETHE in *freien Rhythmen,* wie es sie in dieser Form zuvor nicht gegeben hatte. Jedoch gab es *Vorbilder:*

(1) KLOPSTOCKS freirhythmische Hymnen, bes. „Die Frühlingsfeyer" (→5.2.6.5.5);

(2) LUTHERS Psalmen, die GOETHE nicht als rhythmische Prosa, sondern als Lyrik in freien Rhythmen gelesen hatte;

(3) PINDARS Lyrik, die in den damaligen Ausgaben und Überss. keine Strophik zeigte, da die pindarische Odenstruktur als solche noch nicht bekannt war. Außerdem übernahm GOETHE von HORAZ die Ansicht, PINDAR habe frei von allen Regeln vornehmlich ekstatisch-hymnisch gedichtet.

Merkmale der GOETHEschen Hymnik:

(1) verschieden lange Verse;

(2) freie Senkungsfüllung;

(3) keine Strophik, lediglich Ansätze zu kleinen, aber unregelmäßigen strophischen Einheiten;

(4) nicht sangbar (wie die Lieder), da die freirhythmische Form keine Wiederholung zuläßt;

(5) sprachlich kraftvoll überhöht: bald ekstatisch, bald sinnlich-weich rhapsodisch;

(6) logisch-grammatischer Bezug der Wortfolge und der Satzteile bleibt unberücksichtigt, folgt den sinnlichen Augenblickseindrücken.

Raum für Zusätze   Punkt 6 bes. signifikant in der Hymne

An Schwager Kronos
In der Postchaise den 10. Oktober 1774

> Spude dich, Kronos!
> Fort den rasselnden Trott!
> Bergab gleitet der Weg;
> Ekles Schwindeln zögert
> Mir vor die Stirne dein Haudern*.
> Frisch den holpernden
> Stock Wurzeln Steine den Trott
> Rasch in's Leben hinein!
>
> *(Str. 1)*

„Die Wörter *Frisch, den holpernden ... Trott* sind auseinandergerissen und *Stock, Wurzeln, Steine* eingeschoben. Es ist die psychische Folge: Erst Wahrnehmung: *Holpern;* dann Einfall der Ursache: *Stock, Wurzeln, Steine.* Ein grammatischer Satz ,Frisch, den infolge von Stock, Wurzeln, Steinen holpernden Trott ...' setzt die Wahrnehmung ans Ende, die Begründung an den Anfang, ordnet also gedanklich, nicht sinnlich. Der Satzbau der Hymnen aber ist sinnlich, anschaulich, assoziativ."
(Trunz, 150)

Höhepunkte GOETHEscher Sturm-und-Drang-Lyrik sind die 3 großen Hymnen „*Mahomets-Gesang*" (1772/73), „*Ganymed*" und „*Prometheus*" (beide 1774).

Im ,Ganymed' „spricht das Ich den hymnischen Anruf an den Frühling, in dessen andringender Schönheit und aufbrechender Gewalt es Gott erfährt. Und dieser Gott ruft seinerseits das Ich an, neigt sich zu ihm aus der Höhe, hüllt es in seine Wolke und zieht es zu sich empor."
(Rasch, 151)

Ganymed

> Wie im Morgenrot
> Du rings mich anglühst,
> Frühling, Geliebter!
> Mit tausendfacher Liebeswonne
> Sich an mein Herz drängt
> Deiner ewigen Wärme
> Heilig Gefühl,
> Unendliche Schöne!
>
> Daß ich dich fassen möcht'
> In diesen Arm!

---

* altertümlich für Zaudern; in Ausg. von 1789 so geändert

Ach, an deinem Busen
Lieg' ich, schmachte,
Und deine Blumen, dein Gras
Drängen sich an mein Herz.
Du kühlst den brennenden
Durst meines Busens,
Lieblicher Morgenwind,
Ruft drein die Nachtigall
Liebend nach mir aus dem Nebeltal.

Ich komme! Ich komme!
Wohin? Ach, wohin?

Hinauf, hinauf strebt's.
Es schweben die Wolken
Abwärts, die Wolken
Neigen sich der sehnenden Liebe,
Mir, mir!

In eurem Schoße
Aufwärts,
Umfangend umfangen!
Aufwärts
An deinem Busen,
Alliebender Vater!

Raum für Zusätze

Lugowski stellt der Hymne vom Frühjahr 1774 einen von GOETHE im Januar desselben Jahres gedichteten Brief Werthers gegenüber (aus dem „Brief vom 10. Mai"):

„Eine wunderbare Heiterkeit hat meine ganze Seele eingenommen, gleich denen süßen Frühlingsmorgen, die ich mit ganzem Herzen genieße ... Wenn das liebe Tal um mich dampft, und ... ich dann im hohen Grase am fallenden Bache liege, und näher an der Erde tausend mannigfaltige Gräschen mir merkwürdig werden; wenn ich das Wimmeln der kleinen Welt zwischen Halmen, die unzähligen, unergründlichen Gestalten der Würmchen, der Mückchen näher an meinem Herzen fühle, und fühle die Gegenwart des Allmächtigen, der uns nach seinem Bilde schuf, das Wehen des Alliebenden, der uns in ewiger Wonne schwebend trägt und erhält; mein Freund! wenn's dann um meine Augen dämmert, und die Welt um mich her und der Himmel ganz in meiner Seele ruhn wie die Gestalt einer Geliebten — dann sehne ich mich oft und denke: Ach könntest du das wieder ausdrücken, könntest du dem Papier das einhauchen, was so voll, so warm in dir lebt, daß es würde der Spiegel deiner Seele, wie deine Seele ist der Spiegel des unendlichen Gottes!"

und stellt fest:

„Trotz ... erstaunlichen Übereinstimmungen spürt man doch bei näherer Betrachtung, wie verschieden Hymne und lyrischer Brieferguß trotz ,desselben' Erlebnisses sind ... Da zeigt sich [im Gedicht] höchst bedeutsam überall das Angesprochene als führend, als geradezu handelnd: es glüht an ..., drängt sich ..., kühlt ..., ruft ..., schwebt abwärts ..., neigt sich ... — Der Liebende dagegen liegt ..., schmachtet. ... In seinem kosmischen Kraftfeld steht der Mensch, ihm ist er

Raum für Zusätze anheimgegeben und bekennt das Glück dieser Erfahrung im hymnischen Anruf an den Geliebten ... In dieser Hymne erfährt der Liebende den Frühling als mythische Verleiblichung der ewigen, allerzeugenden Kraft ... ist der Dichter Ganymed selbst, der Liebende selbst, der inmitten des mythischen Vorgangs steht und hymnisch davon kündet." *(Lugowski, 152)*

In den Sturm-und-Drang-Hymnen des jungen GOETHE ist bereits seine ganze spätere Weltschau vorgeprägt, alles das, was in der Klassik sich vollenden sollte: die Gedanken von Gott und Natur, Welt und Ich, von Verselbstung und Entselbstigung, von Ein- und Ausströmen (Systole und Diastole), Endlichem und Unendlichem, von der ewigen Metamorphose.

GOETHE fügte seine, den Zeitgenossen lange unbekannt gebliebenen Hymnen 1777 für CHARLOTTE V. STEIN handschriftlich zusammen; gedruckt erschienen sie erst 1789, nachdem GOETHE sie aus der Sicht seiner Klassik in manchem gemildert, abgeschwächt hatte, sicher nicht immer zu Gunsten ihrer faszinierenden Ursprünglichkeit (hier abgedruckt die Ur-Fss.).

5.4.6.3 Ballade

5.4.6.3.1 „Volks"-Ballade

Angeregt durch PERCY und HERDER in der Theorie, durch BÜRGERS „Lenore" in der Praxis, wurden als „Volks"-Balladen auch Gedichte ausgegeben, die eigentlich Kunst-Balladen sind.

GOETHES wohl im Sommer 1771 in Straßburg entstandenes „Heidenröslein" ist eine solche Kunstballade; aber Ton und Stil der Volksballade (motivisch zurückgehend auf volkstümliche Lieddichtung) sind so genial getroffen, daß man lange zweifelte, ob GOETHE tatsächlich der Verf. sei. HERDER übernahm entsprechend seiner Auffassung vom „Volks"-Lied (→5.4.4) das „Heidenröslein" in seine Slg.

Heidenröslein

Sah ein Knab' ein Röslein stehn,
Röslein auf der Heiden,
War so jung und morgenschön,
Lief er schnell, es nah zu sehn,
Sah's mit vielen Freuden.
Röslein, Röslein, Röslein rot,
Röslein auf der Heiden.

Knabe sprach: Ich breche dich,
Röslein auf der Heiden!
Röslein sprach: Ich steche dich,
Daß du ewig denkst an mich,
Und ich will's nicht leiden.
Röslein, Röslein, Röslein rot,
Röslein auf der Heiden.

>Und der wilde Knabe brach
>'s Röslein auf der Heiden;
>Röslein wehrte sich und stach,
>Half ihr doch kein Weh und Ach,
>Mußt' es eben leiden.
>Röslein, Röslein, Röslein rot,
>Röslein auf der Heiden.

Raum für Zusätze

Aufbau: In nur 3 kurzen Strophen wird das Geschehen geschildert — ohne Verweilen, ohne Wiederholung. Die 1. und 3. Strophe schaffen den epischen Rahmen, die 2. bildet den Höhepunkt mit dem dramatischen Dialog zwischen Knabe und Röslein, und das Ganze ist durch das lyr. Mittel des Refrains in eine volksliedhafte Gestimmtheit getaucht.

„Der schöne Vergleich der Ballade mit dem lebendigen ‚Urei‘ [→Zitat 116] stimmt für dieses Gedicht durchaus: erste und dritte Strophe erzählt, mittlere ist Gespräch. Der Kehrreim tritt in jeder Strophe zweimal auf, das zweite Mal mit der Steigerung, daß aus dem ‚Röslein‘ eine eigene reimlose Zeile entwickelt wird. Der wiederholte Kehrreim verbindet sich mit einem, also durchgereimten, Reim zur Dreizahl, und dem entspricht der dreifache Gegenreim. Ein nicht ganz einfacher und so überzeugender Strophenbau, eine wahre Musik der strophischen Form! Das Weglassen oder Apostrophieren des Artikels, die Voranstellung des Verbs sind äußere Mittel; aber ein Ton des Vortrags ist gefunden, der nicht Goethes Ton ist und doch nur ihm gelingen konnte."
(Kommerell, 153)

5.4.6.3.2 Numinose Ballade

Zu den eindruckvollsten, in der Nachfolge BÜRGERs gedichteten Balladen gehört GOETHES „Es war ein Buhle frech genung", entstanden am 18. Juli 1774, dann eingearbeitet in das Singspiel „Claudine von Villa Bella", Dr. 1776; in der Ausgabe letzter Hand u.d.T. *„Der ungetreue Knabe".*

>Es war ein Buhle frech genung,
>War erst aus Frankreich kommen,
>Der hat ein armes Maidel jung
>Gar oft in Arm genommen,
>Und liebgekost und liebgeherzt,
>Als Bräutigam herumgescherzt,
>Und endlich sie verlassen.
>
>Das arme Maidel das erfuhr,
>Vergingen ihr die Sinnen,
>Sie lacht' und weint' und bet' und schwur —
>So fuhr die Seel' von hinnen.
>Die Stund, da sie verschieden war,
>Wird bang dem Buben, graust sein Haar,
>Es treibt ihn fort zu Pferde.

>Er gab die Sporen kreuz und quer
>Und ritt auf alle Seiten,
>Herüber, 'nüber, hin und her,
>Kann keine Ruh' erreiten;
>Reit' sieben Tag und sieben Nacht —
>Es blitzt und donnert, stürmt und kracht,
>Die Fluten reißen über;
>
>Und reit' im Blitz und Wetterschein
>Gemäuerwerk entgegen,
>Bindt's Pferd hauß an und kriecht hinein
>Und duckt sich vor dem Regen.
>Und wie er tappt und wie er fühlt,
>Sich unter ihm die Erd' erwühlt:
>Er stürzt wohl hundert Klafter.

Raum für Zusätze

Und als er sich ermannt vom Schlag,
Sieht er drei Lichtlein schleichen.
Er rafft sich auf und krapelt nach,
Die Lichtlein ferne weichen,
Irrführen ihn die Quer und Läng',
Treppauf treppab durch enge Gäng',
Verfallne wüste Keller.

Auf einmal steht er hoch im Saal,
Sieht sitzen hundert Gäste,
Hohlaugig grinsen allzumal
Und winken ihm zum Feste.
Er sieht sein Schätzel unten an
Mit weißen Tüchern angetan,
Die wend't sich –

„Die Ballade bricht ab und tut dies wohl nicht nur der Szene zulieb. Sie bricht ab, weil das Grauen des zu Sagenden am Ende so stark gefühlt ist, daß der Formelschatz balladesker Sageweise nicht ausreicht." *(Kommerell, 154)*

Oder anders interpretiert: der Abbruch erfolgt nicht infolge des dichterisch nicht mehr Sagbaren, sondern als stummer Ausdruck der blitzartigen Erschütterung des Schuldigen, als ihn nach der Wendung der Geliebten ein Totengerippe anschaut.

5.4.6.3.3 Politische Ballade

Die Dichtung „in tyrannos" hatte in den 70er Jahren des 18. Jhs. nur 2 überzeugende Vertreter: SCHILLER als Dramatiker („Die Räuber", 1777/80) und SCHUBART als Lyriker.

„Schubarts wie Schillers Dichtung spiegelt ... im Gegensatz zu der Antityrannik vom grünen Tisch, wie sie die Klopstock-Schule, der Göttinger Hain und die Sturm-und-Drang-Dramatik hochgezüchtet hatten, am eigenen Leibe bitter erfahrene Tyrannenwillkür wider. Hier ist das Zeitmotiv erlebt und nicht bardische Freiheits- und Revolutionspose wie bei Klopstock und den Stolbergs. Dies wird auch mit der Einschränkung gelten müssen, daß beide, Schubart wie Schiller, ungebärdige, sehr selbstbewußte und ehrgeizige Temperamente waren, denen ein völlig undiszipliniertes Aufwachsen und Ausreifen vermutlich eher geschadet als genützt hätte." *(Kohlschmidt, 155)*

SCHUBART mußte auf der württembergischen Staatsfestung Hohenasperg eine 10jährige Haft verbüßen, die Herzog Karl Eugen als moralische Erziehungsmaßnahme für SCHUBARTS (in der von ihm hrsg. Zeitung „Deutsche Chronik" geäußerten) politischen Freimut im Kampf gegen Fürstenwillkür angeordnet hatte.

Die in der Haftzeit entstandenen Lieder und politischen Balladen – insbes. „Die Fürstengruft" (1780) und das „Kaplied" (1787) – fanden im Lande lauten Widerhall.

Bereits 1775 dichtete SCHUBART in der *Chevy-Chase-Strophe* das *„Freiheitslied eines Kolonisten"*.

Freiheitslied eines Kolonisten

Raum für Zusätze

Hinaus! hinaus ins Ehrenfeld
  Mit blinkendem Gewehr!
Columbus, deine ganze Welt
  Tritt muthig daher!

Die Göttin *Freiheit* mit der Fahn'
  (Der Sklave sah sie nie)
Geht, Brüder, seht! sie geht voran!
  O blutet für sie!

Ha, Vater *Putnam** lenkt den Sturm,
  Und theilt mit uns Gefahr;
Uns leuchtet, wie ein Pharusthurm*,
  sein silbernes Haar!

Du, gier'ger Britte, sprichst uns Hohn?
  Da nimm uns unser Gold!
Es kämpft kein Bürger von Boston*
  Um sklavischen Sold!

Da seht Europens Sklaven an,
  In Ketten rasseln sie!
Sie braucht ein Treiber, ein Tyrann,
  Für würgbares Vieh.

Ihr reicht den feigen Nacken, ihr,
  Dem Tritt der Herrschsucht dar?
Schwimmt her! hier wohnt die Freiheit, hier!
  Hier flammt ihr Altar!

Doch winkt uns Vater *Putnam* nicht?
  Auf, Brüder, ins Gewehr!
Wer nicht für unsre Freiheit ficht,
  Den stürzet ins Meer!

Herbei, Columbier, herbei!
  Im Antlitz sonnenroth!
Horch, Britte, unser Feldgeschrei
  Ist Sieg oder Tod.

„Hier geht Schubart über die Grenze der volkstümlichen Ständelieder, die sozial anklagenden und die mehr provinziellen Gedichte weit hinaus und nimmt in einem weltgeschichtlichen Kampf, der sich vor den Augen der deutschen Öffentlichkeit abspielte, eindeutig Partei. Es war keine Selbstverständlichkeit, im August 1775, also ein Jahr vor Erklärung der amerikanischen Unabhängigkeit, mit so viel sichrem politischen Instinkt für die ‚Kolonisten' einzutreten."

(Wertheim/Böhm, 156)

5.4.6.4 Knittelversgedicht

Seit seiner Frankfurter Zeit belebte GOETHE — parallel zur Hymnen-Dichtung — auch den volkstümlichen dt. Vers neu: freie Vierheber mit beliebiger Senkungsfülle. Er gab ihn zwischen 1772 und 1775 weiter auf dramatischem Gebiet (in einigen Schwanksatiren, u.a. in „Pater Brey" und „Satyros" sowie v.a. im „Urfaust", →Bd. Ia) in der leichteren Form der madrigalischen Verse; strenger auf lyr. Gebiet in einigen seiner Künstlergedichte (hier z.B. in einem Dialoggedicht):

---

* V. 9: amerik. General; V. 11: Leuchtturm (nach dem auf der Insel Pharus 280/279 v.Chr. errichteten Turm); V. 15: von Boston nahm 1773/75 der amerik. Unabhängigkeitskrieg seinen Ausgang

Raum für Zusätze

Des Künstlers Vergötterung

Stellt eine Gemäldegalerie vor, wo unter andern das Bild der Venus Urania in einer breiten goldnen Rahme wohlgefirnißt aufgehängt ist. Ein junger Maler sitzt davor und zeichnet, der Meister mit andern steht hinter dem Stuhle. Der Jünger steht auf.

Jünger
Hier leg ich, teurer Meister, meinen Pinsel nieder.
Nimmer, nimmer wag' ich es wieder,
Diese Fülle, dieses unendliche Leben
Mit dürftigen Strichen wiederzugeben.
Ich stehe beschämt, Widerwillens voll,
Wie vor 'ner Last ein Mann,
Die er tragen soll
Und nicht heben kann.

Meister
Heil deinem Gefühl, Jüngling, ich weihe dich ein
Vor diesem heiligen Bilde! Du wirst Meister sein!
Das starke Gefühl, wie größer dieser ist,
Zeigt, daß dein Geist seinesgleichen ist.

Jünger
Ganz, heil'ger Genius, versink' ich vor dir.
......
......

(1774; Anfang)

oder — versmäßig bes. gut angepaßt an das Motiv aus der bürgerlichen Umwelt — in:

Erklärung eines alten Holzschnittes, vorstellend Hans Sachsens poetische Sendung

In seiner Werkstatt Sonntags früh
Steht unser teurer Meister hie,
Sein schmutzig Schurzfell abgelegt,
Ein sauber Feierwams er trägt,
Läßt Pechdraht, Hammer und Kneipe rasten,
Die Ahl' steckt an den Arbeitskasten;
Er ruht nun auch am siebenten Tag
Von manchem Zug und manchem Schlag.
......
......

(1776; Anfang)

Hatte GOETHE für das *Genialische* im Künstler in den freien reimlosen Hymnen den adäquaten Ausdruck gefunden, so fand er für das (im Sinne HERDERS) *Ursprüngliche* in Kunst und Künstler den gemäßen Ton im unmittelbar volkstümlichen gereimten Knittelvers (der aber weit entfernt war vom starren silbenzählenden Prinzip der Meistersinger!). Raum für Zusätze

„Für erzählende Gedichte hatte Goethe in seiner Jugend den Knittelvers kennengelernt. Er benutzte ihn damals für einige der Künstlergedichte und für Briefgedichte[1] an diejenigen Freunde, die Verständnis für diese unbefangene, holzschnittartig-derbe Form hatten. Auch in späteren Jahren war ihm dieser plaudernde, abstandlose und schlichte Vers gelegentlich willkommen, wenn er vertraulich erzählen wollte." *(Trunz, 157)*

Außerdem tritt diese Form bei GOETHE noch einmal vermehrt auf in den Altterssprüchen aus der Zeit nach der Jahrhundertwende (→5.5.3.7.9).

5.5 Die Lyrik der Klassik und der Romantik

„Die Entwicklung der deutschen Literatur zur Höhe der Klassik hat ihren Anfang in der Genielehre und ihren Hintergrund in einem reichen literarischen Schaffen, das auf die Aufnahmebereitschaft eines großen, literarisch interessierten Publikums stieß. Mit der Aufwärtsentwicklung Hand in Hand geht eine zunehmende Verbesserung des Geschmacks. ... Dennoch hatten die Klassiker einen schweren Stand. Ihre Werke trafen zwar auf Zeitstimmungen und setzten sich durch, aber das hinderte nicht, daß sie von vielen Seiten angefeindet wurden. Dabei spielte der Gegensatz der Persönlichkeiten, des Stils, des Geschmacks die Hauptrolle, dagegen wenig die sozialen Fragen. Das lag zum Teil an der überraschenden Einheitlichkeit der Herkunft der Dichter. Sie waren überwiegend aus Pastorenhäusern oder aus dem Kleinbürgertum und genossen mit wenig Ausnahmen eine einheitliche Bildung. Fast alle besuchten die Universität. ... Die Höhe und Größe wird nur von wenigen erreicht. Es ist wie das plötzliche Eintreten eines glücklichen Augenblicks. Er wird durch die Romantik übersteigert." *(Newald, 158)*

5.5.1 Namen und zeitliche Abgrenzung

Da die beiden Kunststile, ohne ihre Gegensätzlichkeit einschränken zu wollen, stärker im *zeitlichen Nebeneinander und Ineinander* zu sehen sind als im Nacheinander, bietet sich zusammenfassende Bez. „Lyrik der Klassik *und* der Romantik" an.

„Die führenden Geister der Epoche erfahren den Menschen als einen, der immer mehr Einzelmensch wird, im Stadium der Lösung aus den großen, übergreifenden Bindungen altkirchlicher Religiosität und altständischer Gesellschaft. In dem Augenblick, da im Vorgang solcher Loslösung das Absolute ... sich zu verflüchtigen droht, wird es noch einmal beschworen ... als schöpferische Gott-Natur (Goethe),

---

[1] GOETHE benutzte die Form des Briefgedichts schon in seiner Kindheit in Briefen an seine Mutter und seine Schwester, später an FRIEDERIKE, an Herzog CARL AUGUST, an CHARLOTTE V. STEIN, an Freunde

Raum für Zusätze als Idee (Schiller), als frei erfüllbares Gesetz (Kant) ... als Mythos (Hölderlin) ... als universaler Geist (Romantiker) ... Aber wie reich diese subjektive Weltdeutung auch abgewandelt wird, sie bleibt doch überall bezogen auf das Absolute, die Welt wird noch gläubig als göttliche Schöpfung erfahren." *(Rasch, 159)*

Bezeichnung „Klassik" als *Epochenstil* abgeleitet von „klassisch": zunächst gelehrtes Fachwort für diejenigen antiken Schriftsteller, deren Werke als mustergültig (1. Klasse, 1. Rang) galten, dann übertragen auch auf Schriftsteller und deren Werke der eigenen Nation, die in „klassischem" Ansehen standen.

Bezeichnung „Romantik" erfuhr über „romantisch" = im Roman vorkommend, d.h. unwahr und unwirklich (so noch in der Aufklärung), positive Wandlung (bes. gestützt durch die empfindsamen engl. Romane Mitte des 18. Jhs., →Bd. III) zur Bez. der Dimension des Irrationalen.

Vorklassik — 1776 bis 1786 — umfaßt *Übergangsjahrzehnt* zwischen Sturm und Drang und Weimarer Hochklassik.

Weimarer Hochklassik umfaßt Zeitraum von 1786 bis 1805, d.h. von GOETHES 1. Italienreise bis zu SCHILLERS Tod. Bez. „Hochklassik" unverwässert nur für diesen (zeitlich und persönlich) begrenzten Kunststil gültig.

Klassik ist keine Fortsetzung des Sturm und Drang, sondern Synthese und Kulminationspunkt verschiedener Entwicklungslinien, die durch Jhh. getrennt verliefen. Aus den gegensätzlichen Strömungen filterte sich durch Bändigung, Reifung, Harmonisierung eine neue Weltschau, ein neues Bildungsideal auf der Grundlage einerseits des (mit den Augen WINCKELMANNS gesehenen) idealisierten Griechenbildes: „Je mehr wir die Griechen nachahmen, um so origineller werden wir sein" *(160)*, andererseits der dt. idealistischen Philosophie.

Eine wesentliche Voraussetzung für das Entstehen der Klassik war die Atmosphäre des *Weimarer Hofes* mit ihrer personellen und geistigen Konzentration. Neben GOETHE und SCHILLER sind hier v.a. HERDER und Herzog CARL AUGUST zu nennen.

Weitgehend unabhängig von der eigentlichen Weimarer Klassik wirkten gleichzeitig H. v. KLEIST (→Bd. Ia), JEAN PAUL (→Bd. III) und HÖLDERLIN (→5.5.3.6). Sie sind Einzelgänger zwischen den Epochen und nehmen je eine Sonderstellung ein.

Spätklassik bezeichnet ausschl. das Alterswerk GOETHES in der Zeit zwischen 1805 und 1832.

Romantik umfaßt Zeitraum von 1795 bis 1820, verläuft zur Klassik eine Zeitlang parallel (Frühromantik fällt zeitlich zusammen mit dem Höhepunkt der Klassik in der Zusammenarbeit von GOETHE und SCHILLER), knüpft mit einigen Zügen an den Sturm und Drang an, nimmt v.a. Gedanken HAMANNS und HERDERS auf. Weltbild aber nicht differenziert durch die Philosophie KANTS — wie in der Klassik —, sondern durch die Philosophie FICHTES. FICHTE stellte KANTS Kritizismus einen extrem *subjektiven* Idealismus gegenüber. Doch je radikaler der einzelne auf sich selbst verwiesen wurde, desto stärker suchte er nach Ersatz im Objektiven:

„Was meine Kindheit in der Religion suchte und ahndete, glaubte ich jetzt in der Poesie und Kunst gefunden zu haben." *(Tieck, 161)*

5.5.2 Ausländischer Einfluß

Während dt. Lit. bis zur Mitte der 2. H. des 18. Jhs. unter erheblichem ausländischem Einfluß stand (erinnert sei einerseits an die fast unbestrittene Geltung der rationalen lit. Grundsätze des Franzosen BOILEAU auf dem Wege über GOTTSCHED [→5.2.2], andererseits an den starken irrationalen Einfluß Englands über die Romane RICHARDSONS u.a. [→Bd. III]), zeigte schon die Erscheinung des bald allseits respektierten LESSING einen grundlegenden Wandel. Dieser vollzog sich (unter starker Mitwirkung ROUSSEAUS) vom Rationalismus zum Irrationalismus und dominierte im dt. Sturm und Drang. Abschwächung und Abwandlung der irrationalen Thesen sowie ihre mühsam erreichte Bändigung und Harmonisierung mit dem Rationalen in der dt. Klassik, schließlich ihre Wiederzulassung in der dt. Romantik spiegeln den zeitweilig verdeckten, aber unaufgelösten Widerspruch.

Dennoch scheint die *deutsche Literatur* ~ 1800 nach 600 Jahren wiederum ein *Kulturprimat in Europa* erreicht zu haben, obwohl, im Ggs. zu damals (WALTHER VON DER VOGELWEIDE), keine Einbeziehung oder gar Einwirkung der Lit. auf Politik, Gesellschaft und Religion erfolgte. Es ist bezeichnend, daß die wichtigste Zschr. der dt. Klassik, „Die Horen" (hrsg. von SCHILLER 1795–97), Politik und Religion ausschaltete.

„Das, was den Deutschen fehlte, war nicht der Sonntagskuchen, sondern das tägliche Brot. Es fehlte ihnen jene gesunde, wache, maßgebende öffentliche Meinung, die in den westeuropäischen Ländern den individuellen Bestrebungen von vornherein Grenzen setzte und eine gemeinsame Richtung gab. Mme de Staël erkannte bereits, daß die individuelle Freiheit oder, wie Goethe sie nannte, der ‚Literarische Sansculottismus' der deutschen Dichter nichts als eine Kompensation für ihren Ausschluß vom aktiven politischen Leben war. Auch ihre Geheimsprache und ihr ‚Tiefsinn', ihr Kultus des Schwierigen und Komplizierten gingen auf diesen Ursprung zurück. Alles drückte die Bestrebung aus, für den politischen und sozialen Einfluß, der der deutschen Intelligenz verweigert war, sich durch geistige Abschließung und Sonderstellung zu entschädigen und aus den höheren Formen des geistigen Lebens, den politischen Vorrechten entsprechend, das Reservat einer Elite zu machen." *(Hauser, 162)*

Hinzuweisen ist aber auf den nicht unerheblichen Einfluß, den 2 Philosophen zwar nicht speziell auf das dichterische Werk, wohl aber auf die Weltanschauung einiger der bedeutendsten Vertreter der Lit. des letzten Drittels des 18. Jhs. hatten: der Niederländer SPINOZA und der Engländer SHAFTESBURY.

SPINOZAS Pantheismus (gr. pan-=all-, ganz-, theos=Gott), die philosophische Lehre von der Einswerdung des göttlichen Geistes mit der Natur, von der Ersetzung des persönlichen Gottes durch eine Weltseele, von

Raum für Zusätze   der Religion der Humanität, wirkte[1] v.a. auf LESSING („Nathan der Weise", 1778/79; →Bd. Ia, 4.1.4.2.4.4), auf GOETHE (den jungen in seinen Sturm-und-Drang-Hymnen, den älteren in seinen Naturstudien), auf HERDER („Gott", 1787).

SHAFTESBURYS harmonische, vom göttlichen Geist durchseelte Weltsicht (→auch 5.4.3), sein ästhetisch begründetes schöpferisches Weltgefühl, sein (aus dem Neuplatonismus stammender) Begriff der „inneren Form" beeinflußten neben HERDER und GOETHE v.a. SCHILLER („Über Anmuth und Würde", 1793; Briefe „Über die aesthetische Erziehung des Menschen", 1793/94).

5.5.3 Die Lyrik der Klassik

5.5.3.1 Geistesgeschichtlicher Hintergrund und Haupttendenzen

Auf ästhetischem Gebiet: Streben nach dem Gattungs- und *Gesetzmäßigen* mit den Formwerten Klarheit und Ordnung, Maß und Grenze, Gleichgewicht und Harmonie. Es gilt, das Überdauernde hinter dem Zufälligen zu erkennen, den *Typus* hinter dem Individuum, die *Einheit* hinter der Vielheit. Solche Welterfassung geschieht nicht in nachahmender Realistik, sondern im schöpferischen Symbol („Kunstwahrheit"). Geschlossenheit des Stils verbürgt Gehobenheit und Ausgewogenheit, Dämpfung und Distanzierung der Sprache, sowohl im Vers (der Lyrik ebenso wie des Dramas und des Epos) als auch in der Prosa des Romans und des Essays (naturwiss. und ästhetische Schriften).

Diese Formwerte und Gattungsprinzipien sah die Klassik in der *antiken Dichtung* in höchster Vollendung verwirklicht.

„Kurz nach der Jahrhundertmitte liegt ein entscheidender Einschnitt in der Deutung der Antike. 1755 erscheint Winckelmanns berühmtes Frühwerk *Gedanken über die Nachahmung griechischer Werke in der Malerei und Bildhauerkunst,* das zusammen mit seinem Hauptwerk *Geschichte der Kunst des Altertums* (1764) zum ersten Mal neben einer ebenso umfassenden wie später umstrittenen Deutung wirkliche Kenntnis der Antike anbahnt und grundlegend wird für die Ästhetik der Klassik, ja, über sie hinaus bis weit ins 19. Jahrhundert bestimmend bleibt. ... Hinter der inzwischen zur Formel erstarrten Deutung der Antike als ‚edle Einfalt und stille Größe' birgt sich die grundsätzlich neue Sicht der antiken Kunst als Ausdruck antiken Lebensgefühls und Welterfahrung. ... Das Revolutionäre und für die Zeit Wesentliche an dieser Schau des Altertums ist die Überzeugung von seiner Einheit und Ganzheit, der schwärmerische Wille zu synthetischer Sicht, innerer und äußerer Schönheit, das Suchen der Harmonie von Geist und Körper. Dieser Gedanke findet später seine künstlerische Ausformung in den klassischen Werken Goethes und Schillers."
(Wirsich-Irwin, 163)

---

[1] Die Diskussion um SPINOZA wurde v.a. angeregt durch F.H. JACOBIS Schrift „Über die Lehre des Spinoza", 1785

Auf philosophischem Gebiet: Neben KANTS reinen *Vernunftidealismus* („Kritik der reinen Vernunft", Dr. 1781; →auch 5.5.3.4), der frz. Rationalismus und engl. Sensualismus verband und überwand, aber von einem ausgeprägten Spannungsverhältnis zwischen Geist und Materie getragen war, trat der schillernde Begriff des *Organischen* (HERDER „Ideen zur Philosophie der Geschichte der Menschheit, Dr. 1784/91), dessen (rational nicht erklärbares) harmonisches Wechselverhältnis von Ganzem und Teilen Spiegelbild klass. Kunstwollens darstellt; diesem Begriff war GOETHE in seinen naturwiss. Arbeiten, SCHILLER in seiner Kunstlehre und Kulturphilosophie verpflichtet.

Raum für Zusätze

Auf ethischem Gebiet: Entwicklung des Menschen zur *humanen Persönlichkeit* im Einklang mit Natur und sozialer Umwelt; sie gilt dem Einzelmenschen, zielt aber nach *gesellschaftlichem Gleichgewicht* durch Humanität:

„Das Kulturideal Goethes vor allem findet erst in der Gesellschaftskultur seine Verwirklichung, und das Sicheinfügen in die bürgerliche Lebensordnung wird für ihn geradezu zum Kriterium des Wertes einer individuellen Leistung ... Der Inhalt des *Wilhelm Meister* ist nichts als dieser Weg von der Kunst zur Gesellschaft, vom künstlerisch-individualistischen Lebensgefühl zum Erlebnis der geistigen Gemeinschaft, vom ästhetisch-kontemplativen Verhältnis zur Welt zu einem tätigen, sozial nützlichen Leben."
(Hauser, 164)

Auf nationalem Gebiet: Gewinnung einer höheren lit. Sprache, nicht nur für die Dichtung, sondern für den Gesamtbereich der Lit. Diese Synthese der Geistes- und Kulturbewegung verschaffte der dt. Klassik Weltgeltung.

„Die französische Revolution, Fichtes Wissenschaftslehre und Goethes Wilhelm Meister sind die größten Tendenzen des Zeitalters."
(F. Schlegel, „Athenaeum"-Fragment Nr. 216)

Jedoch auch hier gilt, was schon früher betont wurde: die „größten Tendenzen des Zeitalters" sind nicht immer die, die den *zeitgenössischen* Markt repräsentieren und beherrschen. GOETHE, SCHILLLER, HÖLDERLIN ragen weit aus ihrer und über ihre Zeit hinaus, sie prägen zwar das Bild der Lit.-Geschichte, waren aber in *ihrer* Zeit keineswegs unumstritten (→Zitat 158), und ihre Wirkung beschränkte sich auf eine dünne Bildungsschicht des gehobenen Bürgertums. Für das lit. Bild des 3. Drittels des 18.Jhs. darf nicht vergessen werden,

„daß die *Anakreontik* eine der herrschenden Stiltendenzen noch in den achtziger Jahren ist, daß etwa Gleim oder Jacobi, um nur zwei repräsentative Namen zu nennen, spät im Jahrhundert noch vielgedruckte Autoren bleiben: die große Gegenbewegung, *Sturm und Drang* und *Göttinger Hain*, steht insgesamt im Zeichen Klopstocks, dessen Zeitgenossenschaft noch mit Hölderlin und der frühen *Romantik* in Literaturgeschichten gern zu einem mechanischen Wirkungsverhältnis neutralisiert wird."
(Pickerodt, 165)

5.5.3.2 Historisch-politischer Hintergrund

In 2.H. des 18.Jhs. vollzogen sich Entwicklungen, die bestimmend wurden für das allmähliche Entstehen des modernen Rechtsstaates. Die Ereignisse

Raum für Zusätze in Nordamerika und in Frankreich dienten dem Ziel staatlicher und persönlicher Freiheit und waren geeignet, auch in Preußen die Akzente zu verändern.

In Nordamerika entwickelte sich aus Kämpfen zwischen amerik. Miliz und engl. Siedlern (auf ihrer Seite kämpften auch zahlreiche dt. Söldner, z.B. aus Württemberg [→SCHUBARTS Gedicht in 5.4.6.3.3], Hessen, Braunschweig) 1775 der **Amerikanische Unabhängigkeitskrieg.**

1776 erfolgte *Unabhängigkeitserklärung* und *Formulierung der Menschenrechte*: life, liberty, pursuit of happiness (Leben, Freiheit, Streben nach Glück);

1787 gaben sich die Vereinigten Staaten von Nordamerika ihre **Verfassung.**

In Frankreich vollzog sich Verfall des absolutistischen Ancien régime: Krisen in Politik, Finanzen, Wirtschaft, Industrie, geistige Opposition durch die Aufklärung (Enzyklopädisten, VOLTAIRE), Forderung des 3. Standes nach Gleichberechtigung, der Generalstände nach Beteiligung an der Regierung, führten 1789 zum **Ausbruch der Französischen Revolution.**

Mit *Sturm auf die Bastille* (14. Juli) errang das Volk Sieg über den Absolutismus. Folgen: Abschaffung der Feudalordnung, Bauernbefreiung, Klassenstaat statt Ständestaat.

26. August 1789 *Proklamierung der Menschenrechte*: liberté, égalité, fraternité (Freiheit, Gleichheit, Brüderlichkeit = Weltbürgertum); Verfassung vom September macht Frankreich zur Konstitutionellen Monarchie.

Im September 1792 wird Frankreich *Republik*.

In Deutschland hatte sich unter FRIEDRICH II. — nach dem Frieden von Hubertusburg 1763 (→auch 5.1.3) — die Großmacht Preußen zu politischem Selbstbewußtsein entwickelt. Geistig: Zeitalter des aufgeklärten Absolutismus. — Nach FRIEDRICHS Tod, 1736, sank Preußens Stern unter FRIEDRICH WILHELM II. v.a. durch zunehmende Ansprüche Frankreichs: Grenzen an Rhein und Alpen.

1792 *Eintritt Preußens in den Krieg gegen* NAPOLEON an der Seite Österreichs. Seit der Kanonade von Valmy, 20. September 1792, siegreiches Vordringen der frz. Revolutionstruppen zum Rhein.

GOETHE: „Von hier und heute geht eine neue Epoche der Weltgeschichte aus."
(Campagne in Frankreich, 1822)

5.5.3.3 Entwicklung zum klassischen Weltbild Goethes und Schillers

Die Entwicklung zum „klassischen" Weltbild bereitete sich in GOETHE und SCHILLER von langer Hand vor. Bereits GOETHES Sturm-und-Drang-Sprache war vom Enthusiasmus an der sinnlichen Einzelgestalt (Realismus) vorgedrungen in das gleichnishafte Wesen alles einzelnen; nun, in Weimar, fand er in der Beschäftigung mit den Naturwiss. den *Begriff des Typus* und übertrug ihn in die ästhetische Forderung, daß auch die Kunst sich vom Charakteristischen zum Typischen, von der Beschreibung der zufälligen Wirklichkeit zur Darstellung des Wesentlichen nach „objektiven" Grundsätzen erheben müsse.   Raum für Zusätze

Das entscheidende Erlebnis für GOETHE war — da er sehen mußte, um zu verstehen — die Selbsterfahrung im Anschauen der *Antike* (Italienreise 1786/88: „Römische Elegien" [auf dramatischem Gebiet Umarbeitung von „Egmont", „Iphigenie", „Tasso" im klass. Sinn, →Bd. Ia]).

„Und sofort errät er den Weg, der ihn ans Ziel bringen wird. Schon in Weimar hatte er die Ahnung, in Italien die deutliche Gewißheit, daß die griechische Kunst, die Antike, in der er bisher nur Volkspoesie und Naturalismus gesehen hatte, noch etwas anderes ist. Er entdeckt in ihr das Geheimnis der Schönheit, des Stils, des Ewig-Menschlichen. Er versteht, daß die griechische Künstler ‚wie die Natur' arbeitet. Er begreift jetzt eine Kunst der schönen Formen und Linien, die ihre Norm aus der Plastik ableitet, und auf der klaren Anschauung des typischen menschlichen Körpers, seiner Haltungen und typischen Gebärden gegründet ist."
(Lichtenberg, 166)

Die entscheidende Wendung für SCHILLER trat ein durch das *Studium der Geschichte* und das *Studium der Philosophie* KANTS (1786/95).

Ergebnis für GOETHE: Ausbildung der schon seit der Leipziger Zeit (1768; Harmonieideal der antiken Kunst bei OESER, WINCKELMANN) tief in ihm angelegten Kunstanschauung zur Weltschau eines organischen *Naturidealismus:* der Mensch ist einbezogen in die Urpolarität alles Seins; als Teil gehört er dem Ganzen an. Daraus entstehende Antinomien (Widersprüche) von Ich und Welt bilden den Quellgrund der Konflikte. Doch kannte GOETHE neben dem Gesetz des *Sollens* der Antike (v.a. in der gr. Tragödie, →Bd. Ia) auch das des *Wollens* des würdigen Menschen:

„Eine Notwendigkeit, die mehr oder weniger alle Freiheit ausschließt, verträgt sich nicht mehr mit unseren Gesinnungen."
(167)

Ergebnis für SCHILLER: Sein *Vernunftidealismus* führte zu ähnlicher Lösung, beruhte jedoch auf anderen Voraussetzungen: statt Urpolarität Wiederaufnahme (und Abklärung auf dem Wege über KANT) des barocken Gedankens vom Urdualismus zwischen Sinnlichkeit und Geist; dieser siegt (selbst im Untergang) durch Erweis seiner moralischen Würde gegenüber dem rein Sinnlichen. Der Mensch sühnt die Schuld, die er als physisches Wesen begeht, als moralisches Wesen in Freiheit.

Während GOETHE von der Existenz her die Überwindung der Antinomien von Tragik und Humanität, Leben und Ideal naturhaft-organisch sah als formverwirklichenden Werdeprozeß, zeigte SCHILLER den Menschen in seinem moralischen Wert.

5.5.3.4 Dichtungstheoretische Grundlagen

Die philosophische Grundlage und damit auch die Voraussetzungen für die dichtungstheoretischen Erörterungen in der dt. Klassik schuf KANT mit seiner **„Kritik der Urtheilskraft"** 1790.

Raum für Zusätze

Nach der Frage „Was wissen wir?" (*„Kritik der reinen Vernunft"*, 1781) und der Frage „Was sollen wir tun?" (*„Kritik der praktischen Vernunft"*, 1788: die sittliche Aufgabe als unbedingter [kategorischer] Imperativ) beschäftigte sich KANT in seiner 3. Kritik mit der Frage „Was fühlen wir?" (*„Kritik der ästhetischen Urtheilskraft"*) und stellt fest: Wir besitzen ein die theoretische und die praktische Vernunft verbindendes Vermögen der Seele als 3. Grundfunktion des Geistes: das *Gefühl*. Es existiert in 2 Formen: als „reflektierende Urteilskraft" i.e.S. und als einfaches sinnliches Empfinden. Die Aufgabe des Gefühls besteht nicht im Erkennen (denn die „bestimmende" Urteilskraft ist der Verstand) oder im Wollen, sondern im *beurteilenden Fühlen*. Das Prinzip solcher Beurteilung liegt im *Zweck-Begriff*, denn was zweckmäßig ist, erregt Lust, was unzweckmäßig ist, Unlust. Den beiden Formen des Gefühls entsprechen daher: in der objektiven Sphäre die *Natur* als ein Scheinreich objektiver Zweckmäßigkeit; in der subjektiven Sphäre die *Welt des Schönen oder der Kunst* als ein Scheinreich subjektiver Zweckmäßigkeit: Ästhetik. Die *2 Arten des Ästhetischen* sind das *Schöne* und das *Erhabene*.

Die *Begriffsbestimmung des Schönen* zählt (nach der Tafel der Kategorien) 4 Merkmale auf, die es gleichzeitig von anderen Werturteilen abgrenzt: ein Gegenstand ist als schön anzusehen, wenn er allgemeingültig gefällt, ein uninteressiertes Wohlgefallen erweckt, als Ganzes zweckmäßig ohne Zweckvorstellung (Tendenz) erscheint und innere Notwendigkeit hat. Das Gefühl für das Schöne, das Wohlgefallen, beruht auf der *Gunst*, die das einzig freie Wohlgefallen ist (im Ggs. zur Neigung, die dem sinnlich Angenehmen entspricht, und der Achtung, die dem sittlich Guten gehört). Diese Definition des ästhetischen Wohlgefallens (des „Schönen") ist für KANT das gesuchte Gefühlsurteil *a priori*, d.h. unabhängig von aller Erfahrung. „Schönheit" ist nicht eine Beschaffenheit der Gegenstände, sondern liegt (ebenso wie „Erhabenheit") a priori im Menschen.

Übertragung dieser Erkenntnis vom ästhetischen Genießen auf das *künstlerische Schaffen* führt KANT zu folgendem Schluß: Da künstlerisches Schaffen bewußtes, zweckmäßiges Hervorbringen ist, das Schöne aber Zweckmäßigkeit ohne Zweck sein soll, muß „also die Zweckmäßigkeit im Produkte der schönen Kunst, ob sie zwar absichtlich ist, doch nicht absichtlich scheinen, d.i. schöne Kunst muß *als Natur anzusehen sein*, ob man ihrer zwar als Kunst bewußt ist." Nicht das Kunstwerk selbst, sondern das durch es hervorgerufene Gefühl der vollkommenen Harmonie ist es, das mit Lust erfüllt. Das Vermögen, solche „originalen" und doch „exemplarischen" Werke hervorzubringen, deren Erzeugung unlernbar ist, hat nur das *Genie*.

Im Ggs. zu der landläufigen, noch im Banne des ARISTOTELES stehenden Ästhetik, die in der Nachahmung der Natur das Wesenszeichen der Kunst erblickte, hebt KANT also das Einmalige, Schöpferische, Aktive des künstlerischen Genies hervor, das bewußt und doch unbewußt Kunstwerke schafft, die wie Natur wirken.

Solche Gedanken KANTS lassen GOETHE äußern, wenn er eine Seite im KANT läse, werde ihm zu Mute, als träte er in ein helles Zimmer.

SCHILLER beschäftigte sich nach mehrjährigem, intensivem Studium der Raum für Zusätze
KANTischen Philosophie bes. mit ästhetischen Problemen.

„**Über Anmuth und Würde**", 1793, behandelt das Verhältnis zwischen natürlicher und sittlicher Schönheit (Anmut) und dem Widerstand der Sittlichkeit gegen den Affekt (Würde). KANTs strenge Triebfeindlichkeit (Dualismus von Natur und Freiheit) wird in der Harmonie von Sinnlichkeit und Vernunft, Pflicht und Neigung überwunden.

In den Briefen „**Über die aesthetische Erziehung des Menschen**", 1795, findet SCHILLER (stark unter Einfluß von SHAFTESBURY) das Prinzip, das durch Ästhetik zur vollen Harmonie führt: die Kunst, das Spiel. Der *Spieltrieb* (=Stofftrieb+Formtrieb) ist die höchste (ästhetische) Freiheit des Menschen, die Harmonie zwischen dem zeitlos Moralischen und dem zeitgebunden Historischen:

> „Der Spieltrieb also, als in welchem beide verbunden wirken, wird das Gemüt zugleich moralisch und physisch nötigen; er wird also, weil er alle Zufälligkeit aufhebt, auch alle Nötigung aufheben und den Menschen sowohl physisch als moralisch in Freiheit setzen."
> *(Aus dem 14. Brief)*

Unter dem Eindruck von GOETHES „Römischen Elegien" (→5.5.3.7.4), die in ihrer Sinnenhaftigkeit und Sinnlichkeit SCHILLER fremd waren und die er dennoch bewunderte, entstand 1795/96 seine Abhandlung „**Über naive und sentimentalische Dichtung**".

Den ROUSSEAUschen Ggs. zwischen der völlig „unbearbeiteten", unverfälschten Vollkommenheit der Natur und der Unvollkommenheit zivilisatorischer Veränderungen suchte SCHILLER zu überwinden. Die neue, versöhnende (und für die Moderne vorweisende) Kunst ist gekennzeichnet durch die (nicht polaren) Begriffe „naiv" und „sentimentalisch", wobei

naiv heißt: „daß die Natur mit der Kunst im Kontraste stehe und sie beschäme. Sobald das letzte zu dem ersten hinzukommt, und nicht eher, wird die Natur zum Naiven. ... Daraus erhellet, daß diese Art des Wohlgefallens an der Natur kein ästhetisches, sondern ein moralisches ist; denn es wird durch eine Idee vermittelt, nicht unmittelbar durch Betrachtung erzeugt." *(Schiller, 168);*

sentimentalisch (nicht: sentimental!) die vollkommene „Darstellung des Ideals" meint.

> „Die Dichter sind überall, schon ihrem Begriffe nach, die *Bewahrer* der Natur. Wo sie dieses nicht ganz mehr sein können und schon in sich selbst den zerstörenden Einfluß willkürlicher und künstlicher Formen erfahren oder doch mit demselben zu kämpfen gehabt haben, da werden sie als die *Zeugen* und als die *Rächer* der Natur auftreten. Sie werden entweder Natur *sein,* oder sie werden die verlorene *suchen.* Daraus entspringen zwei ganz verschiedene Dichtungsweisen, durch welche das ganze Gebiet der Poesie erschöpft und ausgemessen wird. Alle Dichter, die es wirklich sind, werden, je nachdem die Zeit beschaffen ist, in der sie blühen, oder zufällige Umstände auf ihre allgemeine Bildung und auf ihre vorübergehende Gemütsstimmung Einfluß haben, entweder zu den *naiven* oder zu den *sentimentalischen* gehören."
> *(Schiller, 169)*

Raum für Zusätze Dabei kann keiner der Begriffe im Dichter rein ausgebildet sein:

> „Gefahr und Grenzen beider Typen ergeben sich aus ihrer Bestimmung: der naive Dichter muß sich vor plattem Realismus hüten. ... Der sentimentalische Dichter wiederum erliegt leicht der Verführung zur Abstraktion, zu einseitiger innerer Ideenfülle, zur Überspannung der Empfindung. ... Der von Anlage und Herkunft sentimentalische Dichter muß sich Sinnlichkeit und damit Realistik gewinnen. Das vom Ursprung her naive Genie muß sich den Gesichtspunkt veredelnder Idealität hinzuerwerben, um Größe zu gewinnen. Jedermann erkennt im ersten Typus die Person Schillers, im zweiten die Goethes."
>
> *(Kohlschmidt, 170)*

GOETHES Auseinandersetzung mit ästhetischen Problemen erfolgte nicht so sehr in systematischen Schriften (wie bei SCHILLER), sondern v.a. im Gespräch und in Briefen. Außerdem in kleineren Aufsätzen z.B. in „Ueber Kunst und Alterthum" (1816/32) sowie in den „Xenien" (1797) und in den „Maximen und Reflexionen" (erschienen 1833). Wichtig die Aufsätze **„Über einfache Nachahmung der Natur, Manier, Stil"** (1789) und **„Über Wahrheit und Wahrscheinlichkeit der Kunstwerke"** (1798):

> „Wie die einfache *Nachahmung* auf dem ruhigen Dasein und einer liebevollen Gegenwart beruhet, die *Manier* eine Erscheinung mit einem leichten, fähigen Gemüt ergreift, so ruht der *Stil* auf den tiefsten Grundfesten der Erkenntnis, auf dem Wesen der Dinge, insofern uns erlaubt ist, es in sichtbaren und greiflichen Gestalten zu erkennen."
>
> *(Goethe, 171)*

Stil bezeichnet also „den höchsten Grad" ... „welchen die Kunst je erreicht hat und je erreichen kann". GOETHE steigert damit seinen Kunstbegriff zu höchster Objektivität.

Letzte zusammenfassende Schau im Sammelband „Winckelmann und sein Jahrhundert" von 1805.

5.5.3.5 Die Weimarer Klassiker

5.5.3.5.1 Der vorklassische Goethe

Die **4. Stilphase**[1] der GOETHESCHEN Lyrik, das *1. Weimarer Jahrzehnt* — begrenzt durch die Ankunft des 26jährigen 1775 in Weimar und seine Abreise nach Italien im September 1786 —, vollzieht den *Ausklang vom Sturm und Drang* und den *Übergang zur Klassik.* Vom Sturm und Drang wird die lebendige Unmittelbarkeit des sprachl. Ausdrucks (Nähe zur Volkssprache: Natursprache der Empfindung im Ggs. zur Bildungssprache) übernommen, die Leidenschaft des ekstatischen Sprechens jedoch erheblich gedämpft und gemäßigt. Voritalienische Epoche ist Zeit des Suchens nach der rechten Form: sehnsüchtig, unruhig-verhalten, überschauend (oft ein Spiegelbild des Verhältnisses zu CHARLOTTE V. STEIN).

In der Lyrik im Vordergrund: *Lied, Hymne* in freien Rhythmen, *Ballade.*

---

[1] Phasen 1–3 →5.4.5

5.5.3.5.2 Der klassische Goethe

Raum für Zusätze

In der **5. Stilphase** von 1785 bis 1805 — äußerlich markiert durch die beiden Reisen nach *Italien* (1786/88 und 1790), die *Rückkehr nach Weimar* (1788; Bruch mit CHARLOTTE V. STEIN, Verbindung mit CHRISTIANE VULPIUS), die *Zusammenarbeit mit SCHILLER* seit 1794 und dessen Tod 1805 — erreicht GOETHEs Werk seinen klass. Höhepunkt aus dem Erlebnis des Zu-sich-selbst-Findens in Verbindung mit dem der antiken Kunst. Gewonnene Sicherheit führt zu formaler Beherrschung bei geistiger Durchdringung des Schönen und Ewig-Menschlichen, wobei das Typisch-Gesetzmäßige seinen Platz ebenso hat wie das Wunderbare und das Urtümlich-Vitale.

In der Lyrik dominieren nun antikisierende Formen und Versmaße in den *Elegien, Epigrammen (Xenien)* und *Lehrgedichten;* daneben wendet sich GOETHE erstmalig dem *Sonett* zu und nimmt in Zusammenarbeit mit SCHILLER die Arbeit an der *Ballade* wieder auf. Herzstück der Lyrik dieser Epoche sind die *„Römischen Elegien".*

5.5.3.5.3 Der spätklassische Goethe

Letzte, **6. Stilphase** von 1805 bis 1832 umfaßt Zeitraum *von SCHILLERs Tod bis zu GOETHEs Ende;* 30 Jahre, die gekennzeichnet sind durch Fülle und Vitalität, aber zunehmend auch durch Distanz und Formelhaftigkeit, Entsagung („Elegie" nach dem Zusammentreffen mit ULRIKE V. LEVETZOW) und Stille. Die Klassik hat sich überlebt, die Romantik beherrscht das Feld und verfehlt ihren Einfluß auch auf GOETHE nicht.

In der Lyrik steht neben *Elegie* und *Sonett* als Hauptstück der Zyklus des *„West-östlichen Divan"* (Zeugnis der Begegnung mit MARIANNE V. WILLEMER, verhüllt unter orientalischen Formen). Typisch für den alternden GOETHE das Gefühl für den Wert der weltweiten (west-östlichen) geistigen Begegnung. *Gedankenlyrik* herrscht vor, oft in Form von Spruch- und Kurzgedicht.

5.5.3.5.4 Friedrich von Schiller

SCHILLER — als Dramatiker zweifellos bedeutender denn als Lyriker — holte „seinen" Sturm und Drang erst zu Beginn der 80er Jahre des 18. Jhs. nach. Jedoch findet der lebendige Sturm und Drang der „Räuber" (→Bd. Ia, 4.2.7.1.2) keinen entsprechenden Ausdruck auf lyr. Gebiet. Der Grundzug von SCHILLERs Ausdruckshaltung ist rhetorischer Art: er spricht sich zwar in expressionistischem Pathos im Stile KLOPSTOCKs aus, gelegentlich — bes. in der Frühzeit — auch im Stil der Anakreontik, aber es fehlt insges. das pulsierende Leben, das 10 Jahre vorher die eigentlichen Stürmer und Dränger getrieben hatte.

2 Stufen SCHILLERscher Lyrik lassen sich deutlich unterscheiden:

Raum für Zusätze In der 1. (Jugend-)Epoche der 80er Jahre herrschen vor epigonale (phantasiegeborene) *Liebeslieder* („Laura-Oden") sowie *Epigramme* (beide gesammelt in der „Anthologie auf das Jahr 1782").

Die Lyrik des reifen, „klassischen" SCHILLER der 90er Jahre ist vorwiegend „Anwendung" der im philosophischen Studium gewonnenen Erkenntnisse auf die Dichtung. Auch auf der Höhe seiner Kunst ist SCHILLER kein „geborener" Lyriker, jedoch führen Wille und Idealismus zu hohen Leistungen auf den Gebieten *Elegie* (mit lehrhaften Elementen), *Lehrgedicht* (mit elegischer Grundhaltung) und *Ballade* (in der für SCHILLER typischen Form der „Ideenballade"). Hinzu kommen Sprüche, Epigramme, Rätsel.

Während für GOETHE Lyrik immer Selbstaussage blieb, Schöpfung des autonomen Menschen, war Zentralpunkt der reifen Lyrik SCHILLERS das *Verhältnis der Wirklichkeit zum Ideal* (Reflexion des Kulturmenschen; vgl. hierzu die Ausführungen zu „Über naive und sentimentalische Dichtung" in 5.5.3.4).

5.5.3.6 Hölderlins Lyrik zwischen Klassik und Romantik

In dem Jahrzehnt zwischen 1795 und 1805 wird die enge Nachbarschaft von Klassik und Romantik bes. deutlich: Klassik erreicht ihren Höhepunkt, Romantik beginnt und strebt ebenfalls schnell ihrem Kulminationspunkt zu. HÖLDERLIN steht geistig im Übergang,

> „... zwischen den beiden großen Schulen der Epoche ... Seine dichterische Eigenart [ist] so stark, daß sie weder der einen noch der anderen ganz angehört. Er beginnt mit seinen ‚Hymnen an die Ideale der Menschheit' als Klassizist, steht mit dem Werk seiner mittleren Zeit zwischen Klassik und Romantik, nähert sich endlich mit der letzten Schicht seiner Dichtung, den späten Hymnen, am meisten der Romantik."
> *(Viëtor, 172)*

HÖLDERLINS Lyrik ist in ihren Spitzenleistungen einmalig und unvergleichlich. Wodurch sich seine neuartige Stellung auszeichnet, ist vorrangig dreierlei: sein Naturgefühl, seine mythologische Schau, sein neues Griechen(land)-Bild.

Das *Naturgefühl,* das im Sturm und Drang in 1. Linie durch HOMER, SHAKESPEARE und OSSIAN geprägt war, erfuhr bereits beim jungen GOETHE eine Steigerung ins Mythologische (→5.4.6.2 „Ganymed"). Dieser Ansatz wich in der Weimarer Klassik zurück gegenüber dem Vorrang des Menschen in seiner gezügelten Humanität. Bei HÖLDERLIN tritt die Natur wieder absolut in den Vordergrund, sie ist das Allumfassende, sie wird vergöttlicht und der Mensch in ihr, ohne daß er als Naturwesen an Würde verlöre: Wandlung des humanistischen Naturgefühls in ein romantisches.

Die *mythologische Schau* HÖLDERLINS verbindet Natur und All zu einem ethisch-ästhetisch-religiösen Kosmos, der durch Liebe, Geist und Schönheit verbunden ist. In der Mythisierung der Naturgewalten spricht das Göttliche zum Menschen.

Das *Griechen(land)-Bild* HÖLDERLINS unterscheidet sich wesentlich von dem der Klassik. Es handelt sich nicht mehr um das verklärte, verharmonisierte Griechentum WINCKELMANNS, sondern vornehmlich um das vorsokratische, dem die Begriffe Haß, Entzweiung, Chaos inhärent waren; erst durch sie hindurch wird Harmonie erkennbar. Von hier aus zieht HÖLDERLIN die Linien zum Gegenwärtigen (Frz. Revolution, Napoleonische Kriege) und strebt aus gr. Geist eine abendländische Erneuerung an.

Raum für Zusätze

Eine weitere, höchst bedeutsame Änderung ist zu bemerken: Das *Symbol für das Lebensgefühl* — in der Klassik der Tag, die Helle als Zustand göttlichen Besitzes (wenn auch nur in Augenblicken erreichbar) — wendet sich, v.a. beim späten HÖLDERLIN, ins Gegenteil: die *Nacht* wird Symbol für den Zustand, in dem der Mensch nach den Göttern dürstet. Hier trifft sich HÖLDERLIN in gewisser Weise mit den Romantikern, deren Nacht-Symbolik allerdings wesentlich andere Akzente aufweist (→5.5.4.1).

5.5.3.6.1 Die Epochen der Höderlinschen Lyrik

1784—85	*Denkendorf*[1]: mehr oder weniger epigonale Versuche des 15jährigen. Vorbild: KLOPSTOCK.
1786—88	*Maulbronn*[1]: ebenfalls noch nicht ganz gebunden an lit. Vorbilder: KLOPSTOCK, YOUNG, OSSIAN, HÖLTY, F.L. v. STOLBERG.
1788—93	*Tübingen* („Tübinger Stift"): geistige Gemeinschaft v.a. mit FICHTE und SCHELLING. Lit. Vorbild: die hymnische Lyrik des jungen SCHILLER. Reimvers-Lyrik gedanklich-abstrakter Art bes. an göttliche Wesenheiten.
1794—95	*Jena:* Hofmeisterstelle im Hause der Schriftstellerin CHARLOTTE V. KALB. Lit. Vorbild: der klass. SCHILLER; starker Einfluß FICHTES.
1796—98	*Frankfurt* am Main: Hauslehrer im Hause des Bankiers GONTARD. Begegnung und Liebesbeziehung zu dessen Frau SUSETTE, der „Diotima"[2] in HÖLDERLINS Dichtung (→auch Bd. III). — Hier in Frankfurt und v.a. in
1798—1800	*Homburg* setzte HÖLDERLINS eigener, *unverwechselbarer lyrischer Ton* ein: die großen (epigrammatischen) Oden, die Elegien, die Hymnen, überwiegend in antiken Versmaßen — der Dichter als prophetischer Künder des Göttlichen.
	Nach der Trennung von SUSETTE GONTARD wachsende innere Vereinsamung.
1800	*Stuttgart* und *Nürtingen:* Tätigkeit als freier Schriftsteller.
1801	in der *Schweiz:* wieder als Hauslehrer.
1802—05	*Rückkehr* über Bordeaux in die Heimat und letzte große vollendete Lyrik.
ab 1806	zunehmende *geistige Entrücktheit,* aber noch lange Zeit (oft nur noch bruchstückhafte) lyr. Dichtung.

Mit 35 Jahren endete das eigentliche geistige Leben des Dichters. GOETHES dichterisches Schaffen nimmt einen Zeitraum ein von über 60 Jahren, das SCHILLERS von kaum 25 Jahren; HÖLDERLINS Werk entsteht innerhalb von 10 Jahren!

---

[1] Klosterschule; HÖLDERLIN war urspr. zum Theologen bestimmt
[2] Name übernommen aus PLATONS Dialog „Symposion" (Das Gastmahl)

Raum für Zusätze

5.5.3.7 Gattungsunterarten

Die lyr. Gipfel dieser Epoche sind GOETHE und HÖLDERLIN, jeder am ausdrucksstärksten in der ihm gemäßen Form: GOETHE vorzugsweise im Bereich der liedartigen Lyrik, HÖLDERLIN in dem der Ode.

Die übrigen lyr. Gattungsunterarten (→Tab. 34) treten bei den 3 Klassikern mehr oder weniger stark auf. Erwähnenswert der Höhepunkt der Form der „Ideenballade" bei SCHILLER.

Tab. 34   Die wichtigsten lyrischen Gattungsunterarten der Klassik

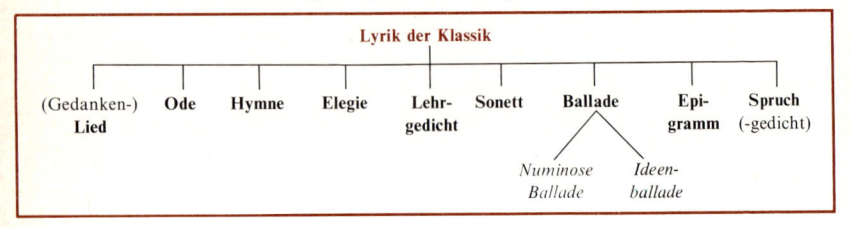

Lyrik der Klassik

| (Gedanken-)Lied | Ode | Hymne | Elegie | Lehr-gedicht | Sonett | Ballade | Epi-gramm | Spruch(-gedicht) |

Ballade: *Numinose Ballade* — *Ideenballade*

5.5.3.7.1 (Gedanken-)Lied

Obwohl GOETHE diejenige Art des Liedes, die er im Sturm und Drang in starker Anlehnung an das Volkslied geprägt hatte (→5.4.6.1), im Weimarer Jahrzehnt und auch später nicht mehr aufnahm, hat er die Form „Lied" weder vernachlässigt noch gar aufgegeben. Im Gegenteil! Er hat das Lied bis in sein hohes Alter hinein gepflegt, wenn auch in einer abgewandelten und für ihn spezifischen Form.

Er pflegte einerseits das unterhaltsame „gesellige Lied" und bewahrte damit die Tradition einer bis ins Barock zurückgehenden und seitdem allgemein verbreiteten Gattungsunterart; andererseits eine sublimere, nur ihm eigene Form, die sich am zutreffendsten mit „Gedankenlied" bezeichnen läßt, denn in ihr ist die Nähe zum Lied immer gegenwärtig und das Gedankliche so eingebracht, daß ein Gleichgewicht des geistigen und des sinnlichen, des gedanklichen und des anschaulichen Moments besteht.

*

GOETHES *Übergang* vom Sturm und Drang zur Klassik, von der Frankfurter zur Weimarer Zeit, vollzog sich auf dem Gebiet des Liedes in der sog. „Lili-Lyrik", Spiegelbild der Beziehung zu LILI SCHÖNEMANN, mit der sich GOETHE Anfang 1775 verlobt hatte. Die zarten liedhaften Gebilde dieser Zeit, die — innerlich wie äußerlich — die Spannung dieser Bindung zwischen Erfüllung und Entsagung, Angezogensein und Abgestoßenwerden zeigen, sind zugleich Dokument der sich vollziehenden Reifung des Dichters.

Im Sommer 1775 floh GOETHE vor LILI und sich selbst in die Schweiz. Raum für Zusätze
(Lösung des Verlöbnisses im Herbst.) Am „15. Junius" notierte er nach
einer Fahrt „aufm Züricherseeˮ in sein Tagebuch:

   1 Ich saug' an meiner Nabelschnur
      Nun Nahrung aus der Welt.
      Und herrlich rings ist die Natur,
      Die mich am Busen hält.
   5 Die Welle wieget unsern Kahn
      Im Rudertakt hinauf,
      Und Berge wolkenangetan
      Entgegnen unserm Lauf.

      Aug mein Aug, was sinkst du nieder?
  10 Goldne Träume, kommt ihr wieder?
      Weg, du Traum, so gold du bist,
      Hier auch Lieb und Leben ist.

      Auf der Welle blinken
      Tausend schwebende Sterne,
  15 Liebe Nebel trinken
      Rings die türmende Ferne,
      Morgenwind umflügelt
      Die beschattete Bucht,
      Und im See bespiegelt
  20 Sich die reifende Frucht.

Die 3-Teilung des Gedichts — gegenwärtiges Naturerleben (Vv. 1—8)
— Liebeserinnern (Vv. 9—12) — bildhaft überhöhte Naturschau (Vv.
13—20) — spiegelt GOETHES Lebensposition: der Sturm und Drang findet
seinen Abschluß, Weimar wird als „reifende Frucht" vorausgeahnt.

Formal paßt sich diesen inneren Bildern der in hohem Maß künstlerische
Wechsel des Metrums an; bes. eindrucksvoll in den Vv. 14—20 durch
die Hereinnahme von Daktylen: „schwebende", „türmende", „beschattende", „reifende".

In der 2. Fs. des Gedichts von 1789 u.d.T. *„Auf dem See"* ist manche
Unmittelbarkeit des Ausdrucks zugunsten ästhetischer Ausgefeiltheit verlorengegangen. (Reizvoll auch der Vergleich mit KLOPSTOCKS Ode „Der
Zürchersee" von 1750/71.)

Als weitere Höhepunkte der „Lili-Lyrik" sind zu erwähnen: „An Belinden", „Fetter grüne, du Laub" und als Abschluß die Eintragung GOETHES in ein Exemplar
der „Stella" 1776: „Im holden Tal".

GOETHES *Weimarer Lyrik* ist auf weiten Strecken Widerschein des Verhältnisses zu CHARLOTTE V. STEIN. Zwischen den Briefen an CHARLOTTE fand
sich — unter vielen anderen — das folgende, zwischen 1776 und 1778
entstandene Gedicht (rechts die 2., 1789 erschienene Fs., deren Entstehungszeit unbekannt ist):

Raum für Zusätze

An den Mond
Erste Fassung

Füllest wieder 's liebe Tal
Still mit Nebelglanz,
Lösest endlich auch einmal
Meine Seele ganz.

Breitest über mein Gefild
Lindernd deinen Blick
Wie der Liebsten Auge, mild
Über mein Geschick.

Das du so beweglich kennst,
Dieses Herz im Brand,
Haltet ihr wie ein Gespenst
An den Fluß gebannt,

Wenn in öder Winternacht
Er vom Tode schwillt
Und bei Frühlingslebens Pracht
An den Knospen quillt.

Selig, wer sich vor der Welt
Ohne Haß verschließt,
Einen Mann am Busen hält
Und mit dem genießt,

Was den Menschen unbewußt
Oder wohl veracht'
Durch das Labyrinth der Brust
Wandelt in der Nacht.

An den Mond
Spätere Fassung

Füllest wieder Busch und Tal
Still mit Nebelglanz,
Lösest endlich auch einmal
Meine Seele ganz;

Breitest über mein Gefild
Lindern deinen Blick,
Wie des Freundes Auge mild
Über mein Geschick.

Jeden Nachklang fühlt mein Herz
Froh- und trüber Zeit,
Wandle zwischen Freud' und Schmerz
In der Einsamkeit.

Fließe, fließe, lieber Fluß!
Nimmer werd' ich froh,
So verrauschte Scherz und Kuß,
Und die Treue so.

Ich besaß es doch einmal,
Was so köstlich ist!
Daß man doch zu seiner Qual
Nimmer es vergißt!

Rausche, Fluß, das Tal entlang,
Ohne Rast und Ruh,
Rausche, flüstre meinem Sang
Melodien zu,

Wenn du in der Winternacht
Wütend überschwillst,
Oder um die Frühlingspracht
Junger Knospen quillst.

Selig, wer sich vor der Welt
Ohne Haß verschließt,
Einen Freund am Busen hält
Und mit dem genießt,

Was, von Menschen nicht gewußt
Oder nicht bedacht,
Durch das Labyrinth der Brust
Wandelt in der Nacht.

„Während die 1. Fassung das Lied eines Ruhelosen ist, der zum ersten Male sich an einen Ort gebunden fühlt und dem diese Bindung zur Lösung wird, ist die 2. Fassung das Lied eines Erlebnisreichen, durch Schicksal, nicht durch Natur Einsamen, der auf entschwundenes Glück zurückschaut und Heilung erhofft. ... Die 2. Fassung ist im Gehalt ein ganz anderes Gedicht als die erste, voller in der Thematik der Melodie und der Untertöne, gegensatzreicher, aber nicht weniger eine Einheit." *(Trunz, 173)*

Die Ruhelosigkeit der 1. Fs. des Mond-Gedichts lebt auch in „Wandrers Raum für Zusätze
Nachtlied", geschrieben für CHARLOTTE „am Hang des Ettersbergs" am
12. Februar 1776:

Wandrers Nachtlied

Der du von dem Himmel bist,
Alles Leid und Schmerzen stillest,
Den, der doppelt elend ist,
Doppelt mit Erquickung füllest,
— Ach, ich bin des Treibens müde,
Was soll all der Schmerz und Lust? —
Süßer Friede,
Komm, ach komm in meine Brust!

Aber welcher Unterschied zu den Wandrer-Hymnen des Sturm und Drang!
Was dort ekstatisches Ergreifen war, ist nun Müdigkeit im Sehnen nach
Frieden.

Formal beginnt das Gedicht in Nachahmung PINDARischer Anfänge mit
einem Relativsatz, der sich über 4 Zeilen erstreckt; danach Abbruch und
Ausruf; nochmalige Unterbrechung durch eine Frage; endlich in der 7.
Zeile das erlösende Hauptwort mit 2 schweren Fallern; die Zeile wird
hiermit unter anschließender Doppelpause ausgefüllt; die letzte Zeile beginnt mit Auftakt und anschließenden Steigern. — Das rhythmische Ge-
füge spiegelt Unruhe und Distanz ebenso wider wie Sehnsucht nach Frieden und Hoffnung auf Erfüllung.

Das 2. Nachtlied eines Wandrers schrieb GOETHE am 6. September 1780
an die Holzwand der Jagdhütte auf dem Kickelhahn bei Ilmenau:

Ein Gleiches[1]

	Reim	Silben	Schluß
Über allen Gipfeln	a	6	w
Ist Ruh,	b	2	m
In allen Wipfeln	a	5	w
Spürest du	b	3	m
Kaum einen Hauch;	c	4	m
Die Vögelein schweigen im Walde.	d	9	w
Warte nur, balde	d	5	w
Ruhest du auch.	c	4	m

Nach Verstrickung und Verwirrung im 1. Nachtlied wird hier Ruhe, Frieden und Erfüllung lyr. Gestalt. Wie ein Nachtgebet schlägt es den Bogen
vom Berg über Baum und Tier zum Menschen, alles in einer Einheit
umgreifend, aber das Naturerleben weit vergeistigter gestaltend als bisher.

---

[1] Titel bezieht sich auf das in der Ausg. von 1815 davor abgedruckte Gedicht
„Wandrers Nachtlied"

Raum für Zusätze   *Formal* das Gedicht mit antiken Versfüßen erfassen zu wollen (Trochäen, Jamben etc.), ist unangemessen und verfehlt das Wesen dieses metrisch-rhythmischen Gefüges. Es handelt sich um madrigalische Verse, wenn nicht überhaupt um ein Madrigal, das zum Inbegriff der metrisch freien Form wurde: es kombiniert verschieden lange Verse (also freie Taktzahl) mit einheitlichem oder wechselndem Metrum, mit beliebigem Reim (auch Waisen) und wechselndem Umfang, nicht weniger als 5 (in der Regel), nicht mehr als 15 Zeilen. Das Auseinanderfallen der 8 Zeilen in 2 Quartette ist durch das Enjambement vom 4. zum 5. Vers verhindert.

Das nur GOETHE Eignende: daß er die madrigalische Form mit gedanklicher Lyrik füllte.

Um die *Mitte der 80er Jahre* erreichten die Spannungen im Verhältnis zu CHARLOTTE V. STEIN, das GOETHE mehr und mehr als eine Halbheit empfand, ihren Höhepunkt; die Erziehungsaufgabe am Herzog war erfüllt; GOETHE selbst hatte den Weg vom Titanismus in die Begrenzung gefunden, wenn auch in einem anderen Sinne, als es CHARLOTTE und Weimar wünschten. Es hieß für ihn nun, die Freiheit, die Weite in den als notwendig erkannten „Grenzen der Menschheit" zu entwickeln, neue, eigene Wege zu finden: „mich selbst, ganz wie ich da bin, auszubilden" („Wilhelm Meisters Lehrjahre", V, 3). Der Weimarer Gipfel mündete 1786 in die fluchtartige *Reise nach Italien.* Die innere Vorbereitung auf diese Wende zeichnete sich bereits seit den frühen 80er Jahren ab.

Das folgende *Mignon-Lied* aus dem 1777—85 entstandenen Roman „Wilhelm Meisters Lehrjahre"[1] (IV,1; →Bd. III) ist zugleich Ausdruck der Entsagung (CHARLOTTE, Weimar) und der Hinwendung zu einem neuen, sehnsüchtig erstrebten Ziel (obwohl landestypische Merkmale nur in der 1. Strophe angesprochen werden): Italien.

Fs. aus dem „Ur-Meister"	*Änderungen* in den „Lehrjahren"
Kennst du das Land, wo die Citronen blühn,	
Im grünen Laub die Gold-Orangen glühn,	Im dunkeln Laub
Ein sanfter Wind vom blauen Himmel weht,	
Die Myrthe still und froh der Lorbeer steht,	und hoch der Lorbeer steht,
Kennst du es wohl?	
Dahin! Dahin	
Möcht' ich mir dir, o mein Gebieter, ziehn!	o mein Geliebter, ziehn.

---

[1] Dieser Titel tritt zum 1. Mal 1793 auf; urspr. Benennung: „Wilhelm Meisters theatralische Sendung" (=„Ur-Meister"); eine Abschrift der im Original verlorenen urspr. Fs. wurde erst 1910 im Nachlaß von GOETHES Freundin BARBARA (BÄRBE) SCHULTHESS gefunden und 1911 veröffentlicht

Kennst du das Haus, auf Säulen ruht sein Dach,	Raum für Zusätze
Es glänzt der Saal, es schimmert das Gemach,	
Und Marmor-Bilder stehn und sehn mich an:	
Was hat man dir, du armes Kind, gethan?	
Kennst du es wohl?	
Dahin! Dahin	
Möcht' ich mit dir, o mein Gebieter, ziehn! o mein Beschützer, ziehn.	
Kennst du den Berg und seinen Wolkensteg?	
Das Maulthier sucht im Nebel seinen Weg,	
In Höhlen wohnt der Drachen alte Brut,	
Es stürzt der Fels und über ihn die Fluth:	
Kennst du ihn wohl?	
Dahin! Dahin	
Geht unser Weg; Gebieter, laß uns ziehn! o Vater, laß uns ziehn!	
(1782/83) *(Druck-Fs. 1794/95)*	

GOETHE stellte dieses Gedicht zu den Balladen. Innerhalb des „Wilhelm Meister" ist das begründet, denn es ist Mignons Lied, einer Gestalt, die das numinos-dämonische Element vertritt. Auch mag GOETHE wohl die innere dramatische Spannung innerhalb der Verse und innerhalb des Gesamtgefüges der 3 Strophen stärker empfunden haben als der heutige Leser. Es ist auch zweifellos ein wenn auch monologisches Erzählgedicht; aber in viel stärkerem Maße doch ein Lied, wie die anaphorischen Anfänge und der Refrain beweisen.

Aufbau: Str. 1 (Blüte und Frucht, Myrthe und Lorbeer werden unmittelbar zusammen gesehen) steht symbolisch für das werdende Sein — das Leben.

In Str. 2 ist von bewegter Natur nichts mehr spürbar; hier gilt das gestaltete Sein — die Kunst.

In Str. 3 wandelt sich die Szenerie völlig. Italien scheint fern (sieht man vom „Maultier" ab), statt dessen: Berge, Wolken, Nebel, Höhlen, Wasser, Fluten. Unausgesprochen, aber sehr spürbar steht hinter diesen Bildern die Vernichtung — der Tod.

„Mignon ist Verkörperung eines Teiles von Goethes Seele. Alle Sehnsucht vergangener Kämpfe ist in ihr gesammelt; sie stirbt, als in Wilhelm Meister die Entscheidung zu seinem sich bescheidenden und sich begrenzenden Leben gefallen ist." *(Klein, 174);* „sie stirbt aus unstillbarer Sehnsucht, als sie ganz auf ihr Ich begrenzt ist." *(Trunz, 175)*

Zu den *Veränderungen* zwischen den Fss. nimmt *Maync,* der 1. Hrsg. des „Ur-Meister", Stellung:

„Diese Bezeichnung ‚Geliebter' [Str. 1, V. 7 der „Lehrjahre"-Fs.] hat uns schon immer befremdet, denn sie paßt nicht nur nicht zu den Anrufungen der beiden anderen Strophen, ‚o mein Beschützer' und ‚o Vater', sondern sie paßt vor allem nicht zu Mignons ganzem tief verschlossenem Wesen, das jedes Bekenntnis ihrer Liebe zu Wilhelm ängstlich zurückhält. Demgegenüber hat die ‚Theatralische Sendung' in Übereinstimmung mit einer uns schon aus Herders Nachlaß bekannten

Raum für Zusätze	Fassung das uns völlig einleuchtende ‚Gebieter‘, das wohl nur durch einen Schreib- oder Druckfehler zu ‚Geliebter‘ geworden ist. Andere Varianten desselben Liedes lassen uns dagegen die spätere Form der früheren vorziehen: ‚im dunklen Laub‘ glühn die Goldorangen gewiß prächtiger als im ‚grünen Laub‘, und eine Verbesserung auf Grund inzwischen in Italien gewonnener eigener Anschauung ist es, wenn Goethe das ursprüngliche ‚froh der Lorbeer steht‘ ändert in ‚hoch der Lorbeer steht‘." *(176)*

Nach der *Abreise* GOETHES *aus Weimar* 1785 tritt eine *Lied-Pause* ein. In Italien drangen die antiken Formen ganz in den Vordergrund (nach der Rückkehr entstehen die „Römischen Elegien" und nach der 2. Italien-Reise 1790 die „Venezianischen Epigramme"), in der Zusammenarbeit mit SCHILLER Ballade, Lehrgedicht und Epigramm.

Doch ~1814 beginnt eine *neue Epoche der Gedankenlied-Produktion:* zuerst angeregt durch das Studium östlicher Poesie (HAFIS-Lieder; vgl. auch 5.5.4.6.7) im Zusammenspiel mit dem Wiedersehen der rheinfränkischen Heimat und der Begegnung mit MARIANNE V. WILLEMER, die ihren Niederschlag im *„West-östlichen Divan"* findet, dann weiterklingend in der verhaltenen Alterslyrik.

GOETHE hatte sich, angelockt durch die Welt- und Formoffenheit der Romantiker, der altpersischen Dichtung zugewandt, nachdem die enge Bindung zur Antike abgeklungen war. Das bedeutete nicht vollkommen Neues; vielmehr nahm er die Anregungen auf, die ihm von HERDER in seiner Jugend in reicher Fülle gegeben worden waren. Insbes. reizte ihn das Studium orientalischer Dichtung, von der hebräischen über die persische zur indischen. Gedankliches wie Formales floß in breitem Strome in GOETHES Divan-Dichtung ein.

Eines der ersten Divan-Gedichte (im „Buch der Sänger") entstand am 26. Juli 1814 nach der Abreise von Eisenach:

Im Gegenwärtigen Vergangnes

Ros' und Lilie morgentaulich
Blüht im Garten meiner Nähe;
Hinten an, bebuscht und traulich,
Steigt der Felsen in die Höhe.
Und mit hohem Wald umzogen,
Und mit Ritterschloß gekrönet,
Lenkt sich hin des Gipfels Bogen,
Bis er sich dem Tal versöhnet.

Und da duftet's wie vor alters,
Da wir noch von Liebe litten
Und die Saiten meines Psalters
Mit dem Morgenstrahl sich stritten.
Wo das Jagdlied aus den Büschen
Fülle runden Tons enthauchte,
Anzufeuern, zu erfrischen,
Wie's der Busen wollt' und brauchte.

> Nun die Wälder ewig sprossen,
> So ermutigt euch mit diesen,
> Was ihr sonst für euch genossen,
> Läßt in andern sich genießen.
> Niemand wird uns dann beschreien,
> Daß wir's uns alleine gönnen;
> Nun in allen Lebensreihen
> Müsset ihr genießen können.
>
> Und mit diesem Lied und Wendung
> Sind wir wieder bei Hafisen,
> Denn es ziemt des Tags Vollendung
> Mit Genießern zu genießen.

Raum für Zusätze

Aufbau: Der Bogen der Strophen spannt sich von „morgentaulichen" Augenblicksbildern (Wartburg) über die Schau in die Vergangenheit (Weimarer Frühzeit) mit dem Blick auf die ewige Wiederkehr der Formen zu des „Tags Vollendung" — das Ganze ins Allgemein-Symbolische gehoben.

> „Der geistreiche Mensch, nicht zufrieden mit dem, was man ihm darstellt, betrachtet alles, was sich den Sinnen darbietet, als eine Vermummung, wohinter ein höheres geistiges Leben sich schalkhaft-eigensinnig versteckt, um uns anzuziehen und in edlere Regionen aufzulocken." *(Goethe, 177)*

Von wunderbarer Ausdruckskraft die 1. Strophe, die ein Bild der mittel-dt. Landschaft entwirft. In Str. 2 erinnert sich der Alternde seiner Jugend und seiner Lieder (an Charlotte v. Stein) in dieser Landschaft und verpflichtet sich in heiterem Selbstgespräch bzw. im Anruf an die ihm Nahestehenden, das Leben zu genießen — wenn nicht mehr selbst, so im Mitfühlen mit der Jugend, den Kommenden.

So sehr Goethe in diesen Jahren die progressive Haltung der Romantik gegenüber allen ästhetischen Problemen bejahte, so wenig folgte er ihr ins Chaotische, Anarchische. Ein Gedicht wie z.B. „Selige Sehnsucht" grenzt sich deutlich gegen die Romantik ab: Die Nacht enthält nicht, wie bei den Romantikern, „den Zauber des Lebens" (vgl. 5.5.4.1, Zitat 209), sondern sie wird in strenger Polarität zum Licht gesehen, nach dem der Mensch sich sehnt:

Selige Sehnsucht

> Sagt es niemand, nur den Weisen,
> Weil die Menge gleich verhöhnet,
> Das Lebend'ge will ich preisen,
> Das nach Flammentod sich sehnet.
>
> In der Liebesnächte Kühlung,
> Die dich zeugte, wo du zeugtest,
> Überfällt dich fremde Fühlung,
> Wenn die stille Kerze leuchtet.

Raum für Zusätze

        Nicht mehr bleibest du umfangen
        In der Finsternis Beschattung,
        Und dich reißet neu Verlangen
        Auf zu höherer Begattung.

        Keine Ferne macht dich schwierig,
        Kommst geflogen und gebannt,
        Und zuletzt, des Lichts begierig,
        Bist du, Schmetterling, verbrannt.

        Und so lang du das nicht hast,
        Dieses: Stirb und werde!
        Bist du nur ein trüber Gast
        Auf der dunklen Erde.

(1814)

„Das Gedicht steht am Ende des 1. Buches [‚Buch der Sänger'], weil dessen Aussagen in ihm einen Höhepunkt finden und weil von hier Verbindungen in die folgenden Bücher führen. Es faßt tiefste Motive des *Divan* zusammen, das Motiv der Liebe weist zum *Buch der Liebe* und zum *Buch Suleika*, das Motiv des religiösen Strebens (Sehnsucht nach anderer Existenz) zum *Buch des Parsen* und *Buch des Paradieses*. Zwar schwingt auch in jenen das Religiöse mit und in diesen das Erotische, hier aber ist die innere Beziehung beider Bereiche ausgesprochen, die Goethe nur selten aufdeckt." *(Trunz, 178)*

Den Höhepunkt der Divan-Dichtung bildet das „Buch Suleika", erfüllt von dem Hauptmotiv des Zyklus, dem Liebes-Motiv:

Gingo biloba

        Dieses Baums Blatt, der von Osten
        Meinem Garten anvertraut,
        Gibt geheimen Sinn zu kosten,
        Wie's den Wissenden erbaut.

        Ist es ein lebendig Wesen,
        Das sich in sich selbst getrennt?
        Sind es zwei, die sich erlesen,
        Daß man sie als eines kennt?

        Solche Frage zu erwidern,
        Fand ich wohl den rechten Sinn;
        Fühlst du nicht an meinen Liedern,
        Daß ich eins und doppelt bin?

(1815)

Symbolik: Das Blatt des ostasiatischen Gingo-Baumes[1] ist wie ein Fächer gebildet: es ist in der Mitte gespalten und ruft so den Eindruck von Zweien in Einem hervor. Dadurch wurde es zum Sinnbild für ein Urerleb-

---

[1] richtige Schreibung: Ginkgo

nis GOETHES: für die potenzierende Kraft der Liebe, für das Zugleich-eins- Raum für Zusätze
und-doppelt-sein.

In seiner *Alterslyrik* jenseits des „Divan" strebte GOETHE mehr und mehr
ins Lehrhafte, Typische; daneben aber entstehen noch einmal Gedichte
vollendet reiner Lyrik, gegenständlich, jedoch von hoher Lebenssymbolik
erfüllt, die sog. *Dornburger Gedichte*, GOETHES letzte Lyrik: „Um Mitternacht", „Der Bräutigam" und

Dem aufgehenden Vollmonde
Dornburg, 25. August 1828

Willst du mich sogleich verlassen?
Warst im Augenblick so nah!
Dich umfinstern Wolkenmassen,
Und nun bist du gar nicht da.

Doch du fühlst, wie ich betrübt bin,
Blickt dein Rand herauf als Stern!
Zeugest mir, daß ich geliebt bin,
Sei das Liebchen noch so fern.

So hinan denn! hell und heller,
Reiner Bahn, in voller Pracht!
Schlägt mein Herz auch schmerzlich schneller,
Überselig ist die Nacht.

Nach dem Tode CARL AUGUSTS im Juni 1828 hatte sich GOETHE auf
die Dornburger Schlösser des Großherzogs am Rande des Thüringer Waldes zurückgezogen. Aus der Überwindung des Schmerzes um den Tod der
letzten ihm noch Nahestehenden erwächst noch einmal überselige Erfüllung (zurückweisend auf die Mond-Gedichte der frühen Weimarer und
der Divan-Zeit).

„Die Spuren dieser inneren Spannung und Lösung von ganz Subjektivem durch
ganz Objektives sind in den Dornburger Gedichten unverkennbar ... [Die Metaphern] dienen zur Überwindung schmerzlicher und zur Empfindung selig gefüllter
Zeit, die auch das zuinnerst Subjektive gleichsam der ewigen Naturgesetzlichkeit
einordnet."
(Kohlschmidt, 179)

Raum für Zusätze   In SCHILLERS Lyrik spielt das Lied eine relativ unbedeutende Rolle. Wo es vermehrt auftritt — in der 1. Jugendphase —, ist es epigonalen (anakreontischen) Charakters, so z.B. in den Liebes-Oden an Laura, die weder Oden sind noch einem persönlichen Erlebnis entspringen:

Melancholie

An Laura

Laura — Sonnenaufgangsglut
Brennt in deinen goldnen Blicken,
In den Wangen springt purpurisch Blut,
Deiner Tränen Perlenflut
Nennt noch Mutter das Entzücken —
Dem der schöne Tropfe taut,
Der darin Vergöttrung schaut,
Ach dem Jüngling, der belohnet wimmert,
Sonnen sind ihm aufgedämmert!
......
......
(1782; Anfang)

Außerdem gehörte es zum Stil des damaligen Bühnenstücks, Lieder in den dramatischen Kontext einzufügen. So begegnet z.B. in den „Räubern" das Lied „Ein freies Leben führen wir", in „Wallensteins Lager" das Lied „Wohlauf, Kameraden, aufs Pferd" und in „Wilhelm Tell" „Mit dem Pfeil und Bogen".

Auch HÖLDERLIN meidet — mit Ausnahme der ganz frühen Jugendlyrik — das Lied; es erscheint in seiner sangbaren Form nur sehr vereinzelt, so z.B. in der Stuttgarter Zeit: „An Landauer" (1800).

Dagegen tritt es in Form des gedankenschweren liedhaften Gebildes — ähnlich wie bei GOETHE — in der Spätzeit öfter auf. Eines der schönsten, eines der tragischsten Gedichte HÖLDERLINS, das ein persönlich zu erleidendes Geschick ins Allgemein-Menschliche erhebt, ist:

Hälfte des Lebens[1]

Mit gelben Birnen hänget
Und voll mit wilden Rosen
Das Land in den See,
Ihr holden Schwäne,
Und trunken von Küssen
Tunkt ihr das Haupt
Ins heilignüchterne Wasser.

Weh mir, wo nehm' ich, wenn
Es Winter ist, die Blumen, und wo
Den Sonnenschein,
Und Schatten der Erde?
Die Mauern stehn
Sprachlos und kalt, im Winde
Klirren die Fahnen.

(~ 1802/03)

---

[1] Das Gedicht ist eines von 9, die HÖLDERLIN 1803 u.d.T. „Nachtgesänge" für den Druck (1805) zusammenstellte

Geschrieben in Tübingen zu Beginn der geistigen Verstörung. — Schon früh hatte HÖLDERLIN sein ferneres Schicksal erahnt. Am 11. Dezember 1800 klagt er gegenüber seiner Schwester: Raum für Zusätze

> „Ich kann den Gedanken nicht ertragen, daß auch ich, wie mancher andere, in der kritischen Lebenszeit, wo um unser Inneres her, mehr noch als in der Jugend, eine betäubende Unruhe sich häuft, daß ich, um auszukommen, so kalt und allzunüchtern und verschlossen werden soll. Und in der That, ich fühle mich oft, wie Eis."

Die ganze Widersprüchlichkeit des tragischen Lebensempfindens — der erfüllten Lebenstrunkenheit der Jugend (die dem Griechentum eignet) und der nüchternen Klarheit des Erkennens (die germanischem Wesen entspricht) —, die den Dichter in isolierte und isolierende Gefühls- und Sprachlosigkeit führt, wird geballt in dem antinomischen „heilignüchtern".

(Dem entspricht in HÖLDERLINs theoretischen Äußerungen die wiederholt auftretende Verbindung von „heiligem Pathos" und „gezügelter Nüchternheit".)

Das Gedicht endet in verlorener Trauer und — wie in dieser Form sonst nie bei HÖLDERLIN — mit schneidenden Wehlauten: „Weh mir" — „Winter" — „sprachlos" — „kalt" — „klirren": ohne Trost.

Formal sind die Strophen — obwohl ohne feste metrische Bindung — kunstvoll gebaut. Die 1. Strophe wölbt sich in 2 großen Bögen um den Mittelvers: „ihr holden Schwäne", die 2. Strophe bietet das Bild der Auflösung.

Jahre später — aus völliger Einsamkeit — ertönt der gleiche Gedanke noch einmal — nun ganz einfach, liedhaft:

> Das Angenehme dieser Welt hab ich genossen,
> Die Jugendstunden sind, wie lang! wie lang! verflossen,
> April und Mai und Julius sind ferne,
> Ich bin nichts mehr, ich lebe nicht mehr gerne!

5.5.3.7.2 Ode

Die lit.-wiss. Darstellung erweckt gelegentlich den Eindruck, als ob ein deutlicher Zwischenraum zwischen KLOPSTOCK und HÖLDERLIN läge und daß dieser ausgefüllt worden sei von dem Einbruch des Volksliedes und des von ihm genährten GOETHEschen Liedschaffens. Diese Vorstellung trifft die Situation nicht. Man halte sich gegenwärtig, daß KLOPSTOCK, ja selbst noch GLEIM gleichzeitig mit HÖLDERLIN lebten! Erst die Romantiker bereiteten durch ihren Rückgriff auf das Volkslied ein breiteres allgemeineres Bewußtsein für diese Gattungsunterart vor.

So lebte also die von KLOPSTOCK initiierte antikisierende Dichtungsart fort, und zwar in 2 Formen: der leichteren distichischen Elegie (→5.5.3.7.4) und der strengeren Ode.

Raum für Zusätze   GOETHE hat die Oden-Form nie angewendet (die so gelegentlich benannten Gedichte sind formal keine Oden).

> „So hat er fast den gesamten lyrischen Formenschatz seiner Zeit benutzt, nur nicht die Ode — trotz seiner Liebe zum klassischen Altertum. Die deutsche Ode ist bei Klopstock und mehr noch bei Hölderlin ein Spannungsgefüge: der Satz steht oft in Spannung zum Vers und wird durch das Versende an unerwarteter Stelle pausiert. In Goethes Sprache aber fallen Satz- und Versschlüsse meist zusammen, seine Strophen wirken entspannt, seine Kraft äußert sich als Leichtigkeit. Bis ins Alter behielt er Beziehung zum Volkslied (die es in der Odendichtung nicht gibt). Seinem individuellen Sprachklang entsprach die Ode nicht; dies ist wohl der Grund, warum er diese von seiner Zeit so hoch geschätzte Form niemals versucht hat. Er hatte ein sicheres Gefühl, wonach er greifen mußte und durfte."
> *(Trunz, 180)*

SCHILLER verhielt sich ähnlich, auch die sog. „Laura-Oden" sind keine Oden im eigentlichen Sinne (→5.5.3.7.1).

Nur HÖLDERLIN fand in der Ode — in Anknüpfung an KLOPSTOCK — die ihm gemäße Form. Er übernahm die überlieferten klass. Maße (vgl. hierzu auch Bd. IIa, A 1.1.5.1): die Alkäische Strophe 62mal, die Asklepiadeische 28mal, die Sapphische Strophe nur 1mal. Mit seinen epigrammatischen Oden stellt HÖLDERLIN die Erfüllung der klass. dt. Lyrik in antikisierender Form dar. Daneben stehen die sog. vaterländischen und die mythischen Oden.

> „Eine so reiche Skala von Typen der Gattung findet man bei keinem andern deutschen Odendichter. Für Hölderlin ist die Ode jetzt das Gefäß für gedanklichen Inhalt, für intimste Gefühlserlebnisse, eines tragischen Weltgefühls, ist Gestaltung des Mythos."
> *(Viëtor, 181)*

*

HÖLDERLINS lyr. Dichtung bewegt sich thematisch zwischen den Polen: Trost und Gefährdung — Begeisterung und Nüchternheit — Allverbundenheit und Einsamkeit — Lebenssehnsucht und Todesbereitschaft —, eingewoben in eine Welt mythologisch-religiösen Empfindens.

Von Gefährdung spricht das folgende Gedicht:

An die Parzen

Nur Einen Sommer gönnt, ihr Gewaltigen!
Und einen Herbst zu reifem Gesange mir,
  Daß williger mein Herz, vom süssen
    Spiele gesättiget, dann mir sterbe.

Die Seele, der im Leben ihr göttlich Recht
Nicht ward, sie ruht auch drunten im Orkus nicht;
  Doch ist mir einst das Heil'ge, das am
    Herzen mir liegt, das Gedicht gelungen;

> Willkommen dann, o Stille der Schattenwelt!
> Zufrieden bin ich, wenn auch mein Saitenspiel
> Mich nicht hinabgeleitet; Einmal
> Lebt' ich, wie Götter, und mehr bedarfs nicht.

Raum für Zusätze

(1799)

Formal: Kurzode in alkäischer Form.

„Die Nähe zu allem Lebendigen und zur Gottnatur stellt den Dichter den Göttern nahe, wenn er auch nur ‚wie' Götter leben kann: mitschaffend am Wachstum seelischen Lebens, deutend, priesterlich, aber ohne Anspruch, daß ihm von seiten des Göttlichen erstattet wird, was er in der religiös-künstlerischen Leistung des Gedichtes hergibt! Denn um Anspruch geht es nicht, sondern um Verantwortung, und die Fülle der Natur im Gedicht neu zu schaffen und auf ihren geistigen Ursprung zurückzuführen, schutzlos, um den Preis eines frühen Endes, bedeutet eine Beziehung zur Mitte der Welt, ‚Götterleben'." *(Klein, 182)*

Menschenbeifall

> Ist nicht heilig mein Herz, schöneren Lebens voll,
> Seit ich liebe? warum achtetet ihr mich mehr,
> Da ich stolzer und wilder,
> Wortereicher und leerer war?
>
> Ach! der Menge gefällt, was auf den Marktplatz taugt,
> Und es ehret der Knecht nur den Gewaltsamen;
> An das Göttliche glauben
> Die allein, die es selber sind.

(1800)

Formal: Kurzode in asklepiadeischer Form.

„In diesen Strophen ist ein Urthema aufgenommen: der Gegensatz zwischen Welt und Mensch. Was einer gilt und was einer ist, tritt auseinander. Achtung mindert sich, wo sie wachsen müßte. Der geringere Besitz des Herzens findet offenere Hände als der überquellende Reichtum. Zu neu, zu innerlich und unbedingt ist ja, was der Verwandelte darzubieten hat. Vor dem, den Gott berührt hat, weicht in glaubensferner Zeit die Menge zurück — in der uneingestandenen Besorgnis, es möchten aus hohen Erfüllungen zu hohe Forderungen an sie herangetragen werden ... Liebe ist die heiligende Macht, die das große Werden einleitet: sie ist nicht Leidenschaft oder Schwärmerei; in ihr verwirklicht sich Sein, erfüllt sich der Mensch, und zwar nicht aus sich selbst, sondern von der Gottheit her. In der Liebe sind zwei Menschen nicht allein, sondern zwischen ihnen weht der schöpferische Atem Gottes, der sie verwandelt und ihnen ein neues Leben schenkt. Aber die so Beschenkten — und diese weitere Einsicht kann nur aus der Ganzheit des Gedichtes kommen — vereinsamen. Der von der Liebe göttlich Erweckte wird den vielen fremd. Im Sieg des Lauten und Gewaltsamen steht verloren, wer mit wesenhaften Maßen mißt. Ist doch das Göttliche in den Zeiten, in die der Dichter hineingestellt war, keine Selbstverständlichkeit mehr, sondern ein eher schreckendes als beglückendes Wunder. Wer Gott dient — so weiß es Hölderlin —, ist leicht allein." *(Lützeler, 183)*

Raum für Zusätze

Die Heimat

Froh kehrt der Schiffer heim an den stillen Strom,
Von Inseln fernher, wenn er geerntet hat;
So käm auch ich zur Heimat, hätt ich
Güter so viele, wie Leid, geerntet.

......
......

Verehrte sichre Grenzen, der Mutter Haus
Und liebender Geschwister Umarmungen
Begrüß ich bald und ihr umschließt mich,
Daß, wie in Banden, das Herz mir heile,

Ihr treugebliebnen! aber ich weiß, ich weiß,
Der Liebe Leid, dies heilet so bald mir nicht,
Dies singt kein Wiegensang, den tröstend
Sterbliche singen, mir aus dem Busen.

Denn sie, die uns das himmlische Feuer leihn,
Die Götter schenken heiliges Leid uns auch,
Drum bleibe dies. Ein Sohn der Erde
Schein ich; zu lieben gemacht, zu leiden.

(1799; Str. 1, 4, 5, 6 [Schluß])

Formal: Ode in alkäischer Strophenform.

Trotz innerer Einsamkeit (→o.) scheint die Heimat unverloren — in sie, in das, was einmal war, ist eine Rückkehr möglich. Doch der, der zurückkehrt, ist derselbe nicht mehr, Liebe und Leiden haben reif gemacht. Die Einsamkeit wird nun bejaht in dem kurzen, aber desto inhaltsschwereren Satz: „Drum bleibe dies" — dies nämlich, daß die Macht, die das Feuer der Liebe und der Reifung schenkt, auch Leiden gibt.

Mein Eigentum

In seiner Fülle ruhet der Herbsttag nun,
Geläutert ist die Traub und der Hain ist rot
Vom Obst, wenn schon der holden Blüten
Manche der Erde zum Danke fielen.

Und rings im Felde, wo ich den Pfad hinaus,
Den stillen, wandle, ist den Zufriedenen
Ihr Gut gereift und viel der frohen
Mühe gewähret der Reichtum ihnen.

......
......

Und daß mir auch, zu retten mein sterblich Herz,
Wie andern eine bleibende Stätte sei,
Und heimatlos die Seele mir nicht
Über das Leben hinweg sich sehne,

Sei du, Gesang, mein freundlich Asyl! sei du,   Raum für Zusätze
  Beglückender! mit sorgender Liebe mir
    Gepflegt, der Garten, wo ich, wandelnd
      Unter den Blüten, den immerjungen,

In sichrer Einfalt wohne, wenn draußen mir
  Mit ihren Wellen allen die mächtge Zeit,
    Die Wandelbare, fern rauscht und die
      Stillere Sonne mein Wirken fördert.

Ihr segnet gütig über den Sterblichen,
  Ihr Himmelskräfte! jedem sein Eigentum,
    O segnet meines auch, und daß zu
      Frühe die Parze den Traum nicht ende.
                                  (1799; Str. 1, 2, 10—13 [Schluß])

Formal: Ode in alkäischer Strophenform. Nur handschriftlich überliefert.
1. Druck 1846.

Auch hier kein Neid gegen die, die noch besitzen, was dem Dichter verloren ist. Denn wiederum wird das Neue, die Einsicht, die Erfahrung beschworen: ganz heimatlos kann, darf niemand sein, das sterbliche Herz braucht die bleibende Stätte, damit es nicht verloren sei, damit „heimatlos die Seele mir nicht über das Leben hinweg sich sehne". Diese Heimat kann dem Herzen auch dann neu geschenkt werden, wenn es den gründenden Boden verloren hat: im Gesang, in der Dichtung.

Abendphantasie

Vor seiner Hütte ruhig im Schatten sitzt
  Der Pflüger, dem Genügsamen raucht sein Herd.
    Gastfreundlich tönt dem Wanderer im
      Friedlichen Dorfe die Abendglocke.

Wohl kehren itzt die Schiffer zum Hafen auch,
  In fernen Städten, fröhlich verrauscht des Markts
    Geschäftiger Lärm; in stiller Laube
      Glänzt das gesellige Mahl den Freunden.

Wohin denn ich? Es leben die Sterblichen
  Von Lohn und Arbeit; wechselnd in Müh und Ruh
    Ist alles freudig; warum schläft denn
      Nimmer nur mir in der Brust der Stachel?

Am Abendhimmel blühet ein Frühling auf;
  Unzählig blühn die Rosen und ruhig scheint
    Die goldne Welt; o dorthin nehmt mich,
      Purpurne Wolken! und möge droben

In Licht und Luft zerrinnen mir Lieb und Leid! —
  Doch, wie verscheucht von töriger Bitte, flieht
    Der Zauber; dunkel wirds und einsam
      Unter dem Himmel, wie immer, bin ich —

Raum für Zusätze

> Komm du nun, sanfter Schlummer! zu viel begehrt
> Das Herz; doch endlich, Jugend! verglühst du ja,
> Du ruhelose, träumerische!
> Friedlich und heiter ist dann das Alter.
>
> *(1800)*

Formal: Ode in alkäischer Strophenform.

Was dieser Ode ihre innere Größe gibt, ist die Liebe und die stille Schönheit, mit der hier von dem Einsamen die Heimat *der anderen* besungen wird: im Bild des Dorfes in der 1., viel mehr noch im Bild der Stadt in der 2. Strophe. Dabei aber ist dieses Gedicht in all seiner scheinbar so maßvollen Ruhe eines der unglücklichsten der dt. Sprache, und nur der Schluß enthält eine ferne Verheißung. Welche Verzweiflung des Heimatlosen liegt in der erschütternden Kürze des Ausrufes: „Wohin denn ich?", in den Worten „wie immer", in dem stillen Satze: „einsam unter dem Himmel, wie immer, bin ich —". Aber auch welche Gefaßtheit des duldenden Herzens!

„Das eigentliche Geheimnis dieser Sprache ist, wie sie, rhythmisch und metaphorisch mythisch auf den Saiten der antiken Form sich bewegend, zugleich eine Innigkeit hat, die das Neue der deutschen Romantik mit der Tradition der deutschen Klassik zu einer Einheit verbindet." *(Kohlschmidt, 184)*

Heidelberg

> Lange lieb' ich dich schon, möchte dich, mir zur Lust,
> Mutter nennen, und dir schenken ein kunstlos Lied,
> Du, der Vaterlandsstädte
> Ländlichschönste, so viel ich sah.
>
> Wie der Vogel des Walds über die Gipfel fliegt,
> Schwingt sich über den Strom, wo er vorbei dir glänzt,
> Leicht und kräftig die Brücke,
> Die von Wagen und Menschen tönt.
>
> Wie von Göttern gesandt, fesselt' ein Zauber einst
> Auf die Brücke mich an, da ich vorüber ging,
> Und herein in die Berge
> Mir die reitzende Ferne schien,
>
> Und der Jüngling, der Strom, fort in die Ebne zog,
> Traurigfroh, wie das Herz, wenn es, sich selbst zu schön,
> Liebend unterzugehen,
> In die Fluthen der Zeit sich wirft.
>
> Quellen hattest du ihm, hattest dem Flüchtigen
> Kühle Schatten geschenkt, und die Gestade sahn
> All' ihm nach, und es bebte
> Aus den Wellen ihr lieblich Bild.
>
> Aber schwer in das Thal hing die gigantische,
> Schicksalskundige Burg nieder bis auf den Grund,
> Von den Wettern zerrissen;
> Doch die ewige Sonne goß

> Ihr verjüngendes Licht über das alternde
> Riesenbild, und umher grünte lebendiger
> Epheu; freundliche Wälder
> Rauschten über die Burg herab.
>
> Sträuche blühten herab, bis wo im heitern Thal,
> An den Hügel gelehnt, oder dem Ufer hold,
> Deine fröhlichen Gassen
> Unter duftenden Gärten ruhn.

Raum für Zusätze

(1801)

Formal: Ode in asklepiadeischem Strophenmaß.

Von „Heimkunft"[1] spricht auch diese, Stadt und Land vergeistigende Ode, die von einer gereiften Harmonie getragen wird, die dem Spätstil eignet.

5.5.3.7.3 Hymne

Die große Hymnen-Dichtung der Epoche wird von GOETHE und HÖLDERLIN vertreten.

GOETHE dichtete nach den Hymnen der Sturm-und-Drang-Zeit (→5.4.6.2) im 1. Weimarer Jahrzehnt die großen Hymnen „Gesang der Geister über den Wassern", „Grenzen der Menschheit" und „Das Göttliche". Auch in seiner Alterslyrik begegnen immer wieder hymnische Aufschwünge.

HÖLDERLINS frühe Tübinger Lyrik preist — v.a. unter Einfluß SCHILLERS — abstrakte Wesenheiten: Schönheit, Harmonie, Freiheit; der Dichter selbst bezeichnete diese Gedichte als „Hymnen an die Menschheit". Später wählte er bes. im Ringen um religiöse Fragen die hymnische Form.

SCHILLER schrieb nur eine einzige spezifische Hymne: „An die Freude"; er selbst bezeichnete sie nicht als solche.

*

GOETHE hat die Idee vom ewigen gesetzmäßigen Kreislauf der Natur, der Emanationsgedanke, — nicht zuletzt unter Einfluß SPINOZAS (→5.5.2) — lebenslang beschäftigt. Was seine naturwiss. Schriften theoretisch ausdrücken, wird in der Hymne „Gesang der Geister über den Wassern" lyr. Wort. Sie entstand im Oktober 1779 auf der 2. Schweizer Reise angesichts des Lauterbrunner Wasserfalles, des Staubbachs (der schon 1728 ALBRECHT V. HALLER, den ersten Schilderer der Schönheit der Hochgebirgswelt, zur Dichtung inspiriert hatte, →5.2.4.1.2).

---

[1] an den Neckar (bei der Rückkehr von Jena 1795 und von Homburg 1800 wurde HÖLDERLIN besonders von dem „von Göttern gesandten Zauber" Heidelbergs gefesselt)

Raum für Zusätze

Gesang der Geister über den Wassern

Des Menschen Seele
Gleicht dem Wasser:
Vom Himmel kommt es,
Zum Himmel steigt es,
Und wieder nieder
Zur Erde muß es,
Ewig wechselnd.

Strömt von der hohen,
Steilen Felswand
Der reine Strahl,
Dann stäubt er lieblich
In Wolkenwellen
Zum glatten Fels,
Und leicht empfangen
Wallt er verschleiernd,
Leisrauschend
Zur Tiefe nieder.
. . . . . .
. . . . . .

Seele des Menschen,
Wie gleichst du dem Wasser!
Schicksal des Menschen,
Wie gleichst du dem Wind!

(1779; Anfang und Schluß)

Wunderbar angepaßt der weichen Bewegung des Gedankenganges die geschmeidige *Form:*

„Die Kurzzeilen, in einer so verfeinerten Unregelmäßigkeit, daß sie gleichmäßig zu werden scheinen, gehören jenen freien Rhythmen an, die zur taktmäßigen Bindung zurückkehren." *(Klein, 185)*

Der Wille zur Selbstbeschränkung und die freiwillige Hingabe an höhere Mächte sprechen aus den beiden folgenden, zu Beginn der 80er Jahre entstandenen Hymnen.

Grenzen der Menschheit

. . . . . .
. . . . . .

Ein kleiner Ring
Begrenzt unser Leben,
Und viele Geschlechter
Reihen sie dauernd
An ihres Daseins
Unendliche Kette.

(1781 [?]; Schluß)

Als Gegenstück zum „Prometheus" von 1774 (wo das Bewußtsein genialer   Raum für Zusätze
Schaffenskraft die Abhängigkeit von den Göttern leugnete) bekennt sich
diese Hymne zur Ehrfurcht vor den Göttern, denn mit ihnen „soll sich
nicht messen irgendein Mensch".

Das Göttliche

Edel sei der Mensch,
Hilfreich und gut!
Denn das allein
Unterscheidet ihn
Von allen Wesen,
Die wir kennen.
......
......

(1783; Anfang)

„Mit Nachdruck wird die sittliche Selbstbestimmung des Menschen bejaht und
das Ethische als das bestimmende Merkmal seines Wesens hervorgehoben. Dadurch hat das Gedicht eine Sonderstellung in Goethes weltanschaulicher Dichtung, die sonst meist die geheimnisvolle Verwobenheit von Gott und Natur, Freiheit
und Notwendigkeit, Leben und Schuldig-Werden, ausspricht."   *(Trunz, 186)*

Auch die Art der freien Rhythmen legt Zeugnis ab für die geübte Selbsterziehung: die Kühnheit des Sturm-und-Drang-Stils wird in den frühklass.
Hymnen in gemäßigtere Formen gebannt.

HÖLDERLIN preist im folgenden (von anderen Autoren auch zu den Elegien
gerechneten) *Hexameter-Hymnus* die allumfassende Naturmacht. Das Gedicht strömt Harmonie, ja Heiterkeit aus:

An den Äther

Treu und freundlich, wie du, erzog der Götter und Menschen
Keiner, o Vater Äther! mich auf; noch ehe die Mutter
In die Arme mich nahm und ihre Brüste mich tränkten,
Faßtest du zärtlich mich an und gossest himmlischen Trank mir,
Mir den heiligen Odem zuerst in den keimenden Busen.
Nicht von irdischer Kost gedeihen einzig die Wesen,
Aber du nährst sie all' mit deinem Nektar, o Vater!
Und es drängt sich und rinnt aus deiner ewigen Fülle
Die beseelende Luft durch alle Röhren des Lebens.
Darum lieben die Wesen dich auch und ringen und streben
Unaufhörlich hinauf nach dir in freudigem Wachsthum.
......
......

Raum für Zusätze	Raums genug ist für alle. Der Pfad ist keinem bezeichnet, Und es regen sich frey im Hause die Großen und Kleinen. Über dem Haupte frohlocken sie mir und es sehnt sich auch mein Herz Wunderbar zu ihnen hinauf; wie die freundliche Heimath Winkt es von oben herab und auf die Gipfel der Alpen Möcht' ich wandern und rufen von da dem eilenden Adler, Daß er, wie einst, in die Arme des Zeus den seeligen Knaben, Aus der Gefangenschaft in des Äthers Halle mich trage.

......

......

Aber indeß ich hinauf in die dämmernde Ferne mich sehne,
Wo du fremde Gestad' umfängst mit der bläulichen Woge,
Kömmst du säuselnd herab von des Fruchtbaums blühenden Wipfeln,
Vater Äther! und sänftigest selbst das strebende Herz mir,
Und ich lebe nun gern, wie zuvor, mit den Blumen der Erde.

(1798; Anfang, V. 29—36, Schluß)

„Die Aetherlehre ist von zentraler Bedeutung für Hölderlins Werk, er kannte sie aus der antiken und zeitgenössischen Literatur, vor allem aus Herders und Schellings Werk.... Auch für Hölderlin ist der Aether ein allumfangendes, alldurchdringendes Lebenselement, die gemeinschaftliche Seele der Natur, die mit Macht alle einzelnen Wesen ergreift, denn die innere Verwandtschaft zwischen dem Einzelwesen und dem Allwesen erzeugt überall die Sehnsucht, im göttlichen Aetherbereich aufzugehn, aus der Individuation ins All heimzukehren." *(Beissner, 187)*

Patmos[1]

Dem Landgrafen von Homburg

Nah ist
Und schwer zu fassen der Gott.
Wo aber Gefahr ist, wächst
Das Rettende auch.
Im Finstern wohnen
Die Adler und furchtlos gehn
Die Söhne der Alpen über den Abgrund weg
Auf leichtgebaueten Brücken.
Drum, da gehäuft sind rings
Die Gipfel der Zeit, und die Liebsten
Nah wohnen, ermattend auf
Getrenntesten Bergen,
So gib unschuldig Wasser,
O Fittige gib uns, treuesten Sinns
Hinüberzugehn und wiederzukehren.

......

......

(1803; 1. Fs.; Anfang)

---

[1] Insel im Ägäischen Meer, auf der Johannes die Apokalypse schrieb

Diese Hymne gibt Zeugnis von HÖLDERLINS Ringen um den Bezugspunkt seiner *Religiosität zwischen Antike und Christentum*.

Raum für Zusätze

„Es ist ein Motiv der Gefahr und der Rettung aus ihr. Auch heißt es hier nicht polytheistisch: Götter oder ein Göttliches, sondern betont ‚der Gott'. ... Der Dichter ringt ... um die Synthese seines antikischen Weltbildes mit dem christlichen, das er betont aus der Unmittelbarkeit der Nähe angreift. Dabei kommt Christus nicht nur als ‚der Gott' oder ‚der Halbgott' in das alles wagende Spiel, sondern auch als der ‚An dem am meisten die Schönheit hing' [V. 137/38]. Die Alternative wird also gemildert durch den Abglanz des antiken Genius. Nun kann die Frage gestellt werden nach dem göttlichen Sinn:

> ... daß nirgend ein
> Unsterbliches mehr am Himmel zu sehn ist oder
> Auf grüner Erde, was ist dies? [V. 149–151]

Es ist die Frage der Romantik überhaupt. Doch ist sie bei Hölderlin eingebettet in eine ursprüngliche Position zu Hellas." *(Kohlschmidt, 188)*

Zu den späten hymnischen Gedichten HÖLDERLINS gehören außerdem die von anderen Autoren auch als „vaterländische Gesänge" oder ähnlich bezeichneten „Wie wenn am Feiertage ..." (1800), „Germanien" (1801) und bes. „Friedensfeier" (entstanden 1801/02, gedruckt jedoch erst 1954 nach ihrer Wiederentdeckung[1]). Sie zielen auf einen neuen Göttertag nach der Nacht der Gegenwart und verwenden die freien Rhythmen oder das elegische Distichon (vgl. aber auch 5.5.3.7.4).

SCHILLERS einzige echte Hymne ist ein Dokument der Freundschaft (er fand sie im Hause von CHR. GOTTFRIED KÖRNER, dem Vater von THEODOR KÖRNER); sie spiegelt — nach der problemgeladenen Mannheimer Zeit — das glückliche Zusammenleben SCHILLERS mit den Freunden:

An die Freude

> Freude, schöner Götterfunken,
> Tochter aus Elysium,
> Wir betreten feuertrunken,
> Himmlische, dein Heiligtum.
> Deine Zauber binden wieder,
> Was die Mode streng geteilt;
> Alle Menschen werden Brüder,
> Wo dein sanfter Flügel weilt.

---

[1] Der eigentliche Erneuerer der HÖLDERLINschen Dichtung, insbes. durch Klärung der Hss. und Textverhältnisse, ist *Norbert v. Hellingrath*

Raum für Zusätze

Chor

Seid umschlungen, Millionen!
Diesen Kuß der ganzen Welt!
Brüder — überm Sternenzelt
Muß ein lieber Vater wohnen.

Wem der große Wurf gelungen,
Eines Freundes Freund zu sein,
Wer ein holdes Weib errungen,
Mische seinen Jubel ein!
Ja — wer auch nur Eine Seele
Sein nennt auf dem Erdenrund!
Und wer's nie gekonnt, der stehle
Weinend sich aus diesem Bund.
......
......

(1785; Anfang)

„Formal trägt das *Lied an die Freude* Spuren des Stils der früheren Freude-Sänger Hagedorn und Uz und auch noch einen Hauch von Klopstocks seraphischem Pathos an sich. Aber Schillers Schwung wirkt dagegen gesteigert bis zur Trunkenheit, äußert sich in Bildern, die in den Wolken eines elysischen Wohlgefühls schweben und kaum einen Durchblick auf die profane Erde hinab zulassen."
(Kohlschmidt, 189)

Eher hymnisch als ekstatisch-dithyrambisch wirken die folgenden distichischen Strophen, die SCHILLER als Dank für eine Wein-Sendung des Mannheimer Intendanten v. DALBERG verfaßte:

Dithyrambe

Nimmer, das glaubt mir, erscheinen die Götter,
Nimmer allein.
Kaum daß ich Bacchus den lustigen habe,
Kommt auch schon Amor, der lächelnde Knabe,
Phöbus der herrliche findet sich ein.
Sie nahen, sie kommen, die Himmlischen alle,
Mit Göttern erfüllt sich die irdische Halle.

Sagt, wie bewirt ich, der Erdgeborne,
Himmlischen Chor?
Schenket mir euer unsterbliches Leben,
Götter! Was kann euch der Sterbliche geben?
Hebet zu eurem Olymp mich empor!
Die Freude, sie wohnt nur in Jupiters Saale,
O füllet mit Nektar, o reicht mir die Schale!

> Reich ihm die Schale! Schenke dem Dichter,
> Hebe, nur ein!
> Netz ihm die Augen mit himmlischem Taue,
> Daß er den Styx, den verhaßten, nicht schaue,
> Einer der Unsern sich dünke zu sein.
> Sie rauschet, sie perlet, die himmlische Quelle,
> Der Busen wird ruhig, das Auge wird helle.
>
> *(1797)*

Raum für Zusätze

Die *Form* des *Dialogs* widerspricht ebenso wie die kurzstrophige Einteilung der urspr. fließenden Gespanntheit der antiken Dithyrambe (vgl. auch Bd. IIa, A 1.1.5.1.1).

5.5.3.7.4 Elegie

Die Elegie — von KLOPSTOCK und den Vertretern des Göttinger Hain in die dt.-sprachige Lyrik eingebracht (→5.2.6.5.3) — findet in den 3 Klassikern gleichermaßen bedeutende Vertreter.

Entsprechend der Doppelbedeutung des Terminus (vgl. Bd. IIa, A 1.1.5.3.1): formal Distichen — inhaltlich wehmütig rückschauende Betrachtung, hat die Elegie als Gattungsunterart auch im klass. Zeitalter eine weite Spannbreite.

SCHILLER, der „sentimentalische" Gedankenlyriker, führte die Elegie oft in die Nähe des Lehrgedichts (→5.5.3.7.5). In seiner Abhandlung „Über naive und sentimentalische Dichtung" (→5.5.3.4) setzte er das Elegische mit dem Idyllischen und dem Satirischen in Bezug.

> „Das Elegische ersehnt sentimentalisch das Ideal, das Idyllische stellt es als verwirklicht hin, das Satirische tadelt einen dem Ideal nicht entsprechenden Zustand."
> *(190)*

GOETHE, der „naive" Dichter, verwandte die *Form* für seine „Römischen Elegien"; dagegen drängte sich ihm die Bez. „Elegie" vom *Inhalt* her auf für sein großes Altersgedicht nach der Trennung von ULRIKE V. LEVETZOW.

HÖLDERLIN erreichte den Gipfel seines Elegienwerkes in der Frankfurter und der Homburger Zeit. In elegischen bzw. freien Rhythmen verströmt er sein Sehnen nach einer aus griechischem Geist erneuerten Welt.

*

GOETHES *„Römische Elegien"* entstanden als Nachhall des italienischen Aufenthaltes in Weimar zwischen Herbst 1788 und Frühjahr 1790 nach dem Zusammenfinden mit CHRISTIANE VULPIUS, seiner späteren Frau (urspr. u.d.T. „Erotica Romana"; 5 Jahre unveröff.; erschienen 1795, auf SCHILLERS Anregung hin, im 6. Stück der „Horen"), und knüpfen ganz bewußt an die antike „erotische Elegie" an (→Bd. IIa, A 1.2.2.3) im Wetteifer mit CATULL, TIBULL, PROPERZ, OVID, aber auch mit dem Neulateiner JOHANNES SECUNDUS (→Bd. IIa, 2.3.4.3.2.2).

Raum für Zusätze Die berühmteste der „Römischen Elegien", die V., ist leidenschaftlicher Ausdruck des sich in der Kunst erfüllenden Lebensgenusses:

V.

Froh empfind' ich mich nun auf klassischem Boden begeistert,
  Vor- und Mitwelt spricht lauter und reizender mir.
Hier befolg' ich den Rat, durchblättre die Werke der Alten
  Mit geschäftiger Hand, täglich mit neuem Genuß.
Aber die Nächte hindurch hält Amor mich anders beschäftigt;
  Werd' ich auch halb nur gelehrt, bin ich doch doppelt beglückt.
Und belehr' ich mich nicht, indem ich des lieblichen Busens
  Formen spähe, die Hand leite die Hüften hinab?
Dann versteh' ich den Marmor erst recht: ich denk' und vergleiche,
  Sehe mit fühlendem Aug', fühle mit sehender Hand.
Raubt die Liebste denn gleich mir einige Stunden des Tages,
  Gibt sie Stunden der Nacht mir zur Entschädigung hin.
Wird doch nicht immer geküßt, es wird vernünftig gesprochen;
  Überfällt sie der Schlaf, lieg' ich und denke mir viel.
Oftmals hab' ich auch schon in ihren Armen gedichtet
  Und des Hexameters Maß leise mit fingernder Hand
Ihr auf den Rücken gezählt. Sie atmet in lieblichem Schlummer,
  Und es durchglühet ihr Hauch mir bis ins Tiefste die Brust.
Amor schüret die Lamp' indes und denket der Zeiten,
  Da er den nämlichen Dienst seinen Triumvirn* getan.

(1788/90)

Die *Form* des *elegischen Distichons* ist hier zum erstenmal in dt. Sprache wirklich gemeistert. Ob außer der Form auch der Gehalt dem entspricht, was seit KLOPSTOCK unter Elegie verstanden wird, bleibt umstritten. Viele Forscher lehnen einen Sonderstatus „erotische Elegie" ab und sprechen in bezug auf die „Römischen Elegien" eher von Idyllen.

Bei den Zeitgenossen erregten die Elegien — z.T. unliebsames — Aufsehen. Desto erstaunlicher, daß gerade SCHILLER GOETHE zur Veröffentlichung anregte, und ein Beweis, wie hoch er, der sonst erotischer Dichtung wesensmäßig fern stand, den künstlerischen Wert der Elegien einschätzte:

„Die Elegien ... sind vielleicht in einem zu freien Tone geschrieben, und vielleicht hätte der Gegenstand, den sie behandeln, sie von den ‚Horen' ausschließen sollen. Aber die hohe poetische Schönheit, mit der sie geschrieben sind, riß mich hin, und dann gestehe ich, daß ich zwar eine konventionelle, aber nicht die wahre und natürliche Dezenz dadurch verletzt glaube."
  (Aus einem Brief vom 5. Juli 1795 an den Herzog von Augustenburg)

---

* gemeint sind CATULL, TIBULL, PROPERZ

Im August 1823 begegnete der 74jährige GOETHE in Marienbad der 19jähri- Raum für Zusätze
gen ULRIKE V. LEVETZOW. Aus der tiefen Erschütterung nach einer vergeb-
lichen Werbung heraus schrieb er auf der Rückfahrt nach Weimar vom
5. bis 18. September die sog. „Marienbader Elegie", eine

„der Grundstimmung nach wirkliche Elegie, mitten aus dem Abschied heraus
entworfen, wenn auch das elegische Maß fehlt. Das Bewegende am Stil des Gedichtes liegt bei dem Verhältnis der streng durchgehaltenen Form zu einem Wortschatz,
der, ganz anders als etwa bei Schiller, eine Offenheit des Gefühls bis zur Selbstver-
zehrung überall verrät."
(Kohlschmidt, 191)

Elegie

> Und wenn der Mensch in seiner Qual verstummt
> Gab mir ein Gott zu sagen, was ich leide.

Was soll ich nun vom Wiedersehen hoffen,
Von dieses Tages noch geschloßner Blüte?
Das Paradies, die Hölle steht dir offen;
Wie wankelsinnig regt sich's im Gemüte! —
Kein Zweifeln mehr! Sie tritt ans Himmelstor,
Zu ihren Armen hebt sie dich empor.
......
......

Dem Frieden Gottes, welcher euch hienieden
Mehr als Vernunft beseliget — wir lesen's —,
Vergleich' ich wohl der Liebe heitern Frieden
In Gegenwart des allgeliebten Wesens;
Da ruht das Herz, und nichts vermag zu stören
Den tiefsten Sinn, den Sinn, ihr zu gehören.

In unsers Busens Reine wogt ein Streben,
Sich einem Höhern, Reinern, Unbekannten
Aus Dankbarkeit freiwillig hinzugeben,
Enträtselnd sich den ewig Ungenannten;
Wir heißen's: fromm sein! — Solcher seligen Höhe
Fühl' ich mich teilhaft, wenn ich vor ihr stehe.
......
......

Nun bin ich fern! Der jetzigen Minute,
Was ziemt denn der? Ich wüßt' es nicht zu sagen;
Sie bietet mir zum Schönen manches Gute,
Das lastet nur, ich muß mich ihm entschlagen;
Mich treibt umher ein unbezwinglich Sehnen,
Da bleibt kein Rat als grenzenlose Tränen.
......
......

Raum für Zusätze

> Mir ist das All, ich bin mir selbst verloren,
> Der ich noch erst den Göttern Liebling war;
> Sie prüften mich, verliehen mir Pandoren,
> So reich an Gütern, reicher an Gefahr;
> Sie drängten mich zum gabeseligen Munde,
> Sie trennen mich — und richten mich zu Grunde.
>
> *(1823; Str. 1, 13, 14, 19, 23 [Schluß])*

Formal handelt es sich nicht um Distichen, sondern um *Stanzen*, allerdings *in verkürzter Form* (je Strophe 6 statt 8 Verse).

„Die Schlußstrophe faßt das Erlebte zusammen. Dieser Komposition kommt die Stanzenform entgegen; die Stanzen runden jede Strophe in sich (und können dadurch verschiedene Zeitpunkte als jeweilige Gegenwart reihen), sie heben anderseits alles ins streng Stilisierte empor (und sind insofern das Gegenteil aller tagebuchartigen Reihung). Viele Züge machen das Gedicht zur *Elegie:* es stellt einen Seelenzustand dar — dazu gehören auch die Erinnerungsbilder — und ist Liebesklage. Goethe hat deswegen die Gattungsbezeichnung (von der er hier nur den Gehalt bedenkt, während er in den *Römischen Elegien* an die Form dachte) als Titel gewählt." *(Trunz, 192)*

Der tiefe Eindruck, den das Gedicht schon auf die Mitlebenden machte, spricht aus einem Brief, den WILHELM V. HUMBOLDT (mit dem GOETHE seit der Jh.-Wende engen Kontakt hatte) am 19. November 1823 an seine Frau richtete:

„... Heute gab er mir ein eigen gebundenes Gedicht, eine Elegie. Ich sah schon, daß sie sehr zierlich und sorgfältig äußerlich in Band und Papier behandelt war. Sie war ganz von seiner Hand geschrieben, er sagte mir, es sei die einzige Abschrift, die davon existiere. ... So fing ich an zu lesen, und ich kann mit Wahrheit sagen, daß ich nicht bloß von dieser Dichtung entzückt, sondern so erstaunt war, daß ich es kaum beschreiben kann. Es erreicht nicht bloß dies Gedicht das Schönste, was er je gemacht hat, sondern übertrifft es vielleicht, weil es die Frische der Phantasie, wie er sie nur je hatte, mit der künstlerischen Vollendung verbindet, die doch nur langer Erfahrung eigen ist. Nach zweimaligem Lesen fragte ich ihn, wann er es gemacht habe. Und als er mir sagte *Vor nicht gar langer Zeit,* war es mir klar, daß es die Frucht seines Marienbader Umganges war. Die Elegie behandelt nichts als die alltäglichen und tausendmal besungenen Gefühle der Nähe der Geliebten und des Schmerzes des Scheidens, aber in einer so auf Goethe passenden Eigentümlichkeit, in einer so hohen, so zarten, so wahrhaft ätherischen und wieder' so leidenschaftlich rührenden Weise, daß man schwer dafür Worte findet. Die selige Nähe der Geliebten ist in ihrer ganzen faltenlosen Einfachheit des Glücks geschildert, mit dem Frieden Gottes, mit dem Gefühl frommer Seelen verglichen. Von dem, was eigentlich fromm sein heißt, ist in wenigen Zeilen eine namenlos schöne Beschreibung. ... In keiner Silbe des Gedichtes ist des Alters erwähnt, aber es schimmert leise durch; teils darin, daß alles darin so ins völlig Hohe und Reine gezogen ist, teils in der umfassenden Fülle der Naturbetrachtung, auf die hingedeutet ist, und die Reife der Jahre fordert."

SCHILLER erreichte den Höhepunkt seiner Elegien-Dichtung mit dem „Spaziergang" und mit „Nänie". Sie sind ein Ergebnis des geistigen Wettstreits mit GOETHE und entstanden etwa zur selben Zeit, da SCHILLER seine Abhandlung „Über naive und sentimentalische Dichtung" (→5.5.3.4) geschrieben hatte.

Raum für Zusätze

Formal geht SCHILLER nun von den sonst meist gebrauchten Reimstrophen zu den *Distichen* über.

Der Spaziergang

1 Sei mir gegrüßt, mein Berg mit dem rötlich strahlenden Gipfel!
  Sei mir, Sonne, gegrüßt, die ihn so lieblich bescheint!
  Dich auch grüß ich, belebte Flur, euch, säuselnde Linden,
  Und den fröhlichen Chor, der auf den Ästen sich wiegt,
  ......
  ......

  Frei empfängt mich die Wiese mit weithin verbreitetem Teppich,
  Durch ihr freundliches Grün schlingt sich der ländliche Pfad,
15 Um mich summt die geschäftige Bien, mit zweifelndem Flügel
  Wiegt sich der Schmetterling über dem rötlichten Klee,
  Glühend trifft mich der Sonne Pfeil, still liegen die Weste,
  Nur der Lerche Gesang wirbelt in heiterer Luft.
  Doch jetzt brausts aus dem nahen Gebüsch, tief neigen der Erlen
20 Kronen sich, und im Wind wogt das versilberte Gras.
  Mich umfängt ambrosische Nacht: in duftende Kühlung
  Nimmt ein prächtiges Dach schattender Buchen mich ein,
  In des Waldes Geheimnis entflieht mir auf einmal die Landschaft,
  Und ein schlängelnder Pfad leitet mich steigend empor.
25 Nur verstohlen durchdringt der Zweige laubigtes Gitter
  Sparsames Licht, und es blickt lachend das Blaue herein.
  Aber plötzlich zerreißt der Flor. Der geöffnete Wald gibt
  Überraschend des Tages blendendem Glanz mich zurück.
  Unabsehbar ergießt sich vor meinen Blicken die Ferne,
30 Und ein blaues Gebirg endigt im Dufte die Welt.
  ......
  ......

55 Glückliches Volk der Gefilde! Noch nicht zur Freiheit erwachet,
  Teilst du mit deiner Flur fröhlich das enge Gesetz.
  Deine Wünsche beschränkt der Ernten ruhiger Kreislauf,
  Wie dein Tagewerk, gleich, windet dein Leben sich ab!
  Aber wer raubt mir auf einmal den lieblichen Anblick? Ein fremder
60 Geist verbreitet sich schnell über die fremdere Flur.
  Spröde sondert sich ab, was kaum noch liebend sich mischte,
  Und das Gleiche nur ists, was an das Gleiche sich reiht.
  ......
  ......

239

Raum für Zusätze

    Da zerrinnt vor dem wundernden Blick der Nebel des Wahnes,
    Und die Gebilde der Nacht weichen dem tagenden Licht.
    Seine Fesseln zerbricht der Mensch. Der Beglückte! Zerriß er
140 Mit den Fesseln der Furcht nur nicht den Zügel der Scham!
    Freiheit ruft die Vernunft, Freiheit, die wilde Begierde,
    Von der heilgen Natur ringen sie lüstern sich los.
    Ach, da reißen im Sturm die Anker, die an dem Ufer
    Warnend ihn hielten, ihn fast mächtig der flutende Strom,
145 Ins Unendliche reißt er ihn hin, die Küste verschwindet,
    Hoch auf der Fluten Gebirg wiegt sich entmastet der Kahn;
    Hinter Wolken erlöschen des Wagens beharrliche Sterne,
    Bleibend ist nichts mehr, es irrt selbst in dem Busen der Gott.
    Aus dem Gespräche verschwindet die Wahrheit, Glauben und Treue
150 Aus dem Leben, es lügt selbst auf der Lippe der Schwur.
    ......
    ......

157 Deiner heiligen Zeichen, o Wahrheit, hat der Betrug sich
    Angemaßt, der Natur köstlichste Stimmen entweiht,
    Die das bedürftige Herz in der Freude Drang sich erfindet;
    Kaum gibt wahres Gefühl noch durch Verstummen sich kund.
    ......
    ......

185 Bin ich wirklich allein? In deinen Armen, an deinem
    Herzen wieder, Natur, ach! und es war nur ein Traum,
    Der mich schaudernd ergriff mit des Lebens furchtbarem Bilde;
    ......
    ......

191 Ewig wechselt der Wille den Zweck und die Regel, in ewig
    Wiederholter Gestalt wälzen die Taten sich um;
    Aber jugendlich immer, in immer veränderter Schöne
    Ehrst du, fromme Natur, züchtig das alte Gesetz.
    Immer dieselbe, bewahrst du in treuen Händen dem Manne,
    Was dir das gaukelnde Kind, was dir der Jüngling vertraut,
    Nährest an gleicher Brust die vielfach wechselnden Alter:
    Unter demselben Blau, über dem nämlichen Grün
    Wandeln die nahen und wandeln vereint die fernen Geschlechter,
200 Und die Sonne Homers, siehe! sie lächelt auch uns.

(1795)

„Der Spaziergang", 1795 u.d.T. „Elegie" in den „Horen" erschienen, lebt vom „Nacheinander und wieder Ineinander von schauendem Auge und sinnender Seele beim Gang durch die Natur" *(Meinecke, 193)*, zeigt geschichtsphilosophisch die Entwicklung von der (antiken) Dorf- zur Stadtkultur und ihren Verfall, ideenmäßig den ewigen Zwiespalt zwischen Natur und Kultur.

Als Frucht der Zusammenarbeit mit GOETHE tritt das Lehrmäßige zurück zugunsten einer großartig sinnlich-realistischen Schau, die sich im Mittelteil (→Vv. 137–150) geradezu dithyrambisch steigert.

[Die Natur] „hat eine eigene, nicht bloß geliehene Seele erhalten, und ihre sichtbare Außenseite ist Symbol geworden für ein Ewiges. Diese Verinnerlichung des Naturbegriffs, von der auch die ästhetischen Schriften dieser Jahre zeugen, dankte er der Freundschaft mit Goethe. Es ist die goethesche Gottnatur, die im Schlusse aufleuchtet!"

Raum für Zusätze

(Meinecke, 194)

Meisterhaft auch die letzte, in antiken Distichen geschriebene Elegie SCHILLERS:

Nänie *

Auch das Schöne muß sterben! Das Menschen und Götter bezwinget,
Nicht die eherne Brust rührt es des stygischen Zeus.
Einmal nur erweichte die Liebe den Schattenbeherrscher,
Und an der Schwelle noch, streng, rief er zurück sein Geschenk.
Nicht stillt Aphrodite dem schönen Knaben die Wunde,
Die in den zierlichen Leib grausam der Eber geritzt.
Nicht errettet den göttlichen Held die unsterbliche Mutter,
Wann er, am skäischen Tor fallend, sein Schicksal erfüllt.
Aber sie steigt aus dem Meer mit allen Töchtern des Nereus
Und die Klage hebt an um den verherrlichten Sohn.
Siehe! Da weinen die Götter, es weinen die Göttinnen alle,
Daß das Schöne vergeht, daß das Vollkommene stirbt.
Auch ein Klaglied zu sein im Mund der Geliebten ist herrlich,
Denn das Gemeine geht klanglos zum Orkus hinab.

(1799)

„In ‚Nänie' wird die Sinnlichkeit des Schönen Grund für seine Vergänglichkeit und seinen Untergang. Im Angesicht des Todes also versagt die Vorstellung von der Schönheit als Verklärung des Irdischen. Es bleibt nur die Hoffnung, daß noch im Klagelied demjenigen Dauer verliehen wird, der im Leben der Schönheit gelebt hat ... Klassischer Regel folgend, erscheint die Resignation über die Vergänglichkeit des Schönen als Leitmotiv in der kraftvollen Eingangszeile und wird in den Schlußversen als allgemein verbindliches Gesetz wiederholt ... Einen Sonderfall im lyrischen Gesamtwerk Schillers bildet diese Elegie auch rein formal insofern, als die sonst dominierende dramatische Dynamik hier einer Komposition weicht, deren Architektonik bewußt harmonisch zusammengefügt ist."

(Wirsich-Irwin, 195)

---

* nenia = altgr. Bez. für Totenklage; vgl. Bd. IIa, A 1.1.5.1. 1

Raum für Zusätze HÖLDERLINS Elegien sind Ausdruck seiner ungestillten Sehnsucht nach einer besseren Welt.

Die Nacht [1]

Rings um ruhet die Stadt. Still wird die erleuchtete Gasse,
  Und mit Fackeln geschmückt rauschen die Wagen hinweg.
Satt gehn heim, von Freuden des Tags zu ruhen, die Menschen,
  Und den Gewinn und Verlust wäget ein sinniges Haupt
Wohlzufrieden zu Haus; leer steht von Trauben und Blumen,
  Und von Werken der Hand ruht der geschäftige Markt.
Aber das Saitenspiel tönt fern aus Gärten; vielleicht, daß
  Dort ein Liebendes spielt, oder ein einsamer Mann
Ferner Freunde gedenkt und der Jugendzeit; und die Brunnen
  Immerquillend und frisch rauschen an duftendem Beet.
Still in dämmriger Luft ertönen geläutete Glocken,
  Und der Stunden gedenk rufet ein Wächter die Zahl.
Jezt auch kommet ein Wehn und regt die Gipfel des Hains auf,
  Sieh! und das Ebenbild unserer Erde, der Mond
Kommet geheim nun auch, die schwärmerische, die Nacht kommt,
  Voll mit Sternen, und wohl wenig bekümmert um uns
Glänzt die Erstaunende dort, die Fremdlingin unter den Menschen
  Über Gebirganhöhn traurig und prächtig herauf.

(1796; Str. 1)

Aufbau und Symbolik: Die in 3 × 3 Strophenkomplexen aufgebaute Elegie „Brod und Wein" lebt vom Symbol der Nacht. Die in der 1. Strophe heraufziehende wirkliche Nacht führt über zur geschichtlichen Zeit einer dunklen, gottfernen Gegenwart (Zeit der Frz. Revolution). Ihr wird (Str. 3 – 6) gegenübergestellt der helle (antike) Göttertag. Aus der Versöhnung von Tag und Nacht ersteht die Vision einer neuen, besseren Zukunft.

„Es ist das Motiv von dem wechselnden Verhältnis von Göttern und Menschen, dem Wechsel von Götternähe und Götterferne... Das Motiv der Nacht... ist das symbolische Medium, in dem sich das Ganze vollzieht. Es ist dies freilich ein eigentümlich schillerndes Medium. Denn die Nacht hat verschiedene Bedeutungen, die unter sich zusammenhängen und ineinander übergehen.

Die Nacht bedeutet einmal, und das ist ihr einfachster Sinn, die Nacht der Götterferne, d.h. die Zeit nach dem Abschiede der alten Götter, die Zeit zwischen ihrem ehemaligen Wandel auf Erden (Griechenland) und ihrer zu hoffenden Wiederkehr. Gleichzeitig aber bedeutet sie den geheimnisvoll dunklen Schooß, aus dem alles hervorgeht — und auch die Götter. Sie ist das schöpferische Chaos, das Dionysische gegenüber dem Apollinischen. In dieser Nacht haben wir unsern geheimnisvollen Grund... Auch hierin waltet... ein geheimes Gesetz. Götternähe und Götterferne unterliegen dem gleichen natürlichen Wandel wie Jahres- und Tageszeiten, und folglich, so tragisch es scheint, in der Nacht der Götterferne geboren zu sein, so tief ist doch mit dieser Nacht das Gefühl der Götternähe verbunden."
(Korff, 196)

---

[1] Str. 1 der Elegie „Brod und Wein", die als Ganzes erst 1894 gedruckt wurde

Ausdruck tiefster persönlicher Erschütterung — Klage um den Verlust der Geliebten, der Jugend, des Glücks — spricht aus den „Menon[1]-Elegien".

Elegie[2]

> Täglich geh ich heraus und such ein Anderes immer,
>   Habe längst sie befragt, alle die Pfade des Lands;
> Droben die kühlenden Höhn, die Schatten alle besuch ich,
>   Und die Quellen; hinauf irret der Geist und hinab,
> Ruh erbittend; so flieht das getroffene Wild in die Wälder,
>   Wo es um Mittag sonst sicher im Dunkel geruht;
> Aber nimmer erquickt sein grünes Lager das Herz ihm
>   Wieder und schlummerlos treibt es der Stachel umher.
> Nicht die Wärme des Lichts und nicht die Kühle der Nacht hilft
>   Und in Wogen des Stroms taucht es die Wunden umsonst.
> Ihm bereitet umsonst die Erd ihr stärkendes Heilkraut
>   Und sein schäumendes Blut stillen die Lüftchen umsonst.
> ......
> ......
>
> Ach! wo bist du, Liebende, nun? Sie haben mein Auge
>   Mir genommen, mein Herz hab ich verloren mit ihr.
> Darum irr ich umher, und wohl, wie die Schatten, so muß ich
>   Leben und sinnlos dünkt lange das Übrige mir.
> ......
> ......

Jedoch steht auch hier — wie so oft bei HÖLDERLIN — am Ende neben Einsamkeit und Todesbereitschaft trostvoll der Gedanke an Unsterblichkeit, an Todesüberwindung:

> ......
> ......
>
> Und geleitet ihr uns, ihr Weihestunden! ihr ernsten,
>   Jugendlichen! o bleibt, heilige Ahnungen, ihr,
> Fromme Bitten, und ihr Begeisterungen, und all ihr
>   Schönen Genien, die gerne bei Liebenden sind,
> Bleibet, bleibet mit uns, bis wir auf seligen Inseln,
>   Wo die Unsern vielleicht, Dichter der Liebe, mit uns,
> Oder auch, wo die Adler sind, in Lüften des Vaters,
>   Dort, wo die Musen, woher all die Unsterblichen sind,
> Dort uns staunend und fremd und bekannt uns wieder begegnen,
>   Und von neuem ein Jahr unserer Liebe beginnt.
>
> *(1798; Anfang, V. 51—54, Schluß)*

---

[1] aus der Antike übernommener Name (=der Wartende, Ausharrende), den sich der Dichter selbst gab

[2] 2. Fs. erschien u.d.T. „Menons Klagen um Diotima"

Raum für Zusätze „Tiefer als die klassischen Elegien Goethes hat dies elegische Seelendrama Hölderlins auf die Entwicklung unserer Lyrik eingewirkt. Denn hier sind die klassischen Maße des Distichons wieder zum Ausdruck echter Erlebnisdichtung geworden und im Rhythmus der Leidenschaft eingedeutscht. ... Die großen Zyklen Nietzsches, Georges, Rilkes und Weinhebers sind ohne die Elegien Hölderlins weder sprachlich noch im dramatischen Rhythmus ihres Aufbaus vorstellbar."

(Klein, 197)

5.5.3.7.5 Lehrgedicht

Das Lehrgedicht der Aufklärung (→5.2.4.1) führt über Werke des lit. Rokoko und der Empfindsamkeit zu den großen Leistungen der Klassik in dieser Form. Bei GOETHE und SCHILLER wird das lehrhaft zu Vermittelnde vollkommen in poetische Gestalt eingeformt.

HÖLDERLINS Wesen lag das Lehrgedicht fern.

*

GOETHE suchte die Geheimnisse der Natur bereits seit seinen ersten botanischen Studien in Weimar und zunehmend seit den 80er Jahren zu ergründen. Seine exakten wiss. Untersuchungen verbanden sich mit einem eigentümlich seherischen Blick für die hinter den Dingen liegenden *ewigen Gesetzmäßigkeiten*. Schon 1786 entschleierte sich ihm das Wesen der *Metamorphose* alles Lebendigen. An CHARLOTTE V. STEIN schreibt er am 10. Juli:

„Am meisten freut mich ietzo das Pflanzenwesen, das mich verfolgt; und das ists recht wie einem eine Sache zu eigen wird. Es zwingt sich mir alles auf, ich sinne nicht mehr drüber, es kommt mir alles entgegen und das ungeheure Reich simplificirt sich mir in der Seele, dass ich bald die schwerste Aufgabe gleich weglesen kann.

Wenn ich nur jemanden den Blick und die Freude mittheilen könnte, es ist aber nicht möglich. Und es ist kein Traum keine Phantasie; es ist ein Gewahrwerden der wesentlichen Form, mit der die Natur gleichsam nur immer spielt und spielend das manigfaltige Leben hervorbringt. Hätt ich Zeit in dem kurzen Lebensraum; so getraut ich mich es auf alle Reiche der Natur — auf ihr ganzes Reich — auszudehnen."

Unmittelbar nach Rückkehr aus Italien glaubt er dem Geheimnis der „Urpflanze" ganz nahe zu sein:

„Sage Herdern[1], daß ich dem Geheimnis der Pflanzenzeugung und Organisation ganz nah bin und daß es das einfachste ist, was nur gedacht werden kann. Unter diesem Himmel kann man die schönsten Beobachtungen machen. Sage ihm, daß ich den Hauptpunkt, wo der Keim stickt, ganz klar und zweifellos entdeckt habe ... Die Urpflanze wird das wunderlichste Geschöpf von der Welt,

---

[1] hier klingt der starke Einfluß an, den HERDERS Begriff des Organischen auf GOETHES Denken hatte

über welches mich die Natur selbst beneiden soll. Mit diesem Modell und dem Schlüssel dazu kann man alsdenn noch Pflanzen ins Unendliche erfinden, die konsequent sein müssen, das heißt: die, wenn sie auch nicht existieren, doch existieren könnten ... Dasselbe Gesetz wird sich auf alles übrige Lebendige anwenden lassen." *(an Ch. v. Stein, 8. Juni 1787)*

Raum für Zusätze

1790 schreibt GOETHE seine Abhandlung „Versuch die Metamorphose der Pflanzen zu erklären", 8 Jahre später entsteht das (von GOETHE urspr. gemäß den *elegischen Distichen* unter die Elegien gestellte und von verschiedenen Forschern auch weiterhin diesen zugeordnete) *Hexametergedicht:*

Die Metamorphose der Pflanzen

Dich verwirret, Geliebte, die tausendfältige Mischung
   Dieses Blumengewühls über den Garten umher;
Viele Namen hörest du an, und immer verdränget
   Mit barbarischem Klang einer den andern im Ohr.
Alle Gestalten sind ähnlich, und keine gleichet der andern;
   Und so deutet das Chor auf ein geheimes Gesetz,
Auf ein heiliges Rätsel. O könnt' ich dir, liebliche Freundin,
   Überliefern sogleich glücklich das lösende Wort!
Werdend betrachte sie nun, wie nach und nach sich die Pflanze,
   Stufenweise geführt, bildet zu Blüten und Frucht.
......
  ......

(1798; Anfang)

Im weiteren Verlauf des Gedichts läßt GOETHE

„anschaulich vor dem Leser eine Pflanze sich entfalten, und zwar ist es ein Idealtyp. Auf diese Weise teilt Goethe Grundergebnisse mit, zu denen er gelangt war: Alle Seitenorgane des Stengels sind ihrem Wesen nach das gleiche, d.h. Blätter, und sie entwickeln sich zu Keimblättern, Laubblättern, Kelchblättern, Blütenblättern, Staubblättern, Fruchtknoten und Frucht. Der Samen bedeutet für die Pflanze die engste Zusammenziehung, der Zustand mit Blättern und Blüte die größte Ausdehnung; in diesem Wechsel besteht das Leben." *(Trunz, 198)*

Das Dialog-Gedicht endet wiederum mit der Anrede der Geliebten (CHRISTIANE):
......
  ......

O, gedenke denn auch, wie aus dem Keim der Bekanntschaft
   Nach und nach in uns holde Gewohnheit entsproß,
Freundschaft sich mit Macht aus unserm Innern enthüllte,
   Und wie Amor zuletzt Blüten und Früchte gezeugt.
Denke, wie mannigfach bald die, bald jene Gestalten,
   Still entfaltend, Natur unsern Gefühlen geliehn!
Freue dich auch des heutigen Tags! Die heilige Liebe
   Strebt zu der höchsten Frucht gleicher Gesinnungen auf,
Gleicher Ansicht der Dinge, damit in harmonischem Anschaun
   Sich verbinde das Paar, finde die höhere Welt.

Raum für Zusätze Dieser ganz realistische, persönlich-gefühlsmäßige Ton harmonisiert durchaus mit der dem großen Inhalt kongenial großen *Form:*

> „Es gelingt allein schon durch die Form, die große Ordnung, die Gesetzlichkeit im Mannigfaltigen anzudeuten. Den Satz *Alle Gestalten sind ähnlich, und keine gleichet der andern, Und so deutet das Chor auf ein geheimes Gesetz* könnte man wörtlich auch auf die Gestalt der Metamorphose-Gedichte, die Hexameter und die Distichen, anwenden. Der Hexameter hat wie das hier beschriebene Reich der Natur Gesetz und Freiheit. Innerhalb seiner Grenzen sind unendliche Variationen möglich. Seine Verse erinnern an die Wellen des Meeres, gleichmäßig, nie gleichförmig. Sie sind geeignet, das Meer der Erscheinungen und das in diesem waltende Gesetz darzustellen. Die Mannigfaltigkeit der Natur vermochte nur ein breiter, reicher Vers zu fassen: der Hexameter zeigte das Leben als Fülle und Gegenständlichkeit und zugleich als Urbild und Gesetz. Kein anderer Vers hätte diesem Geiste so entsprochen." *(Trunz, 199)*

Das 2. große Lehrgedicht GOETHES, „*Metamorphose der Tiere*" (Datierung ungewiß, vielleicht ebenfalls von 1798/99), bildet das Gegenstück, jedoch ohne jeglichen persönlichen Bezug und in reinen Hexametern geschrieben. Grundgedanke auch hier: die innere Gesetzlichkeit im Wandel.

Die stark lehrhafte *Alterslyrik* GOETHES nimmt den Metamorphose- und den Typus-Gedanken auf und gibt ihm dichterischen Ausdruck in dem spruchartigen 5-teiligen Gedicht „Urworte". Es entstand nach erneuter Beschäftigung mit der antiken Mythologie, nun aber unter Einfluß der Romantiker (F. SCHLEGEL, CREUZER, GÖRRES), die dunklere orphische Seite der Antike stärker hervorhebend.

Formal: achtzeilige *Stanze* (→Bd. II a, 3.1.1).

Urworte, Orphisch
Δαιμων, Dämon

> Wie an dem Tag, der dich der Welt verliehen,
> Die Sonne stand zum Gruße der Planeten,
> Bist alsobald und fort und fort gediehen
> Nach dem Gesetz, wonach du angetreten.
> So mußt du sein, dir kannst du nicht entfliehen,
> So sagten schon Sibyllen, so Propheten;
> Und keine Zeit und keine Macht zerstückelt
> Geprägte Form, die lebend sich entwickelt.

(1817)

„Der Bezug der Überschrift auf die Strophe selbst bedarf einer Erläuterung. Der Dämon bedeutet hier die notwendige, bei der Geburt unmittelbar ausgesprochene, begrenzte Individualität der Person, das Charakteristische, wodurch sich der einzelne von jedem andern bei noch so großer Ähnlichkeit unterscheidet. Diese Bestimmung schrieb man dem einwirkenden Gestirn zu, und es ließen sich die unendlich mannigfaltigen Bewegungen und Beziehungen der Himmelskörper,

unter sich selbst und zu der Erde, gar schicklich mit den mannigfaltigen Ab- *Raum für Zusätze*
wechslungen der Geburten in Bezug stellen. Hiervon sollte nun auch das künftige
Schicksal des Menschen ausgehen, und man möchte, jenes Erste zugebend, gar
wohl gestehen, daß angeborne Kraft und Eigenheit mehr als alles übrige des
Menschen Schicksal bestimme.

Deshalb spricht diese Strophe die Unveränderlichkeit des Individuums mit wiederholter Beteuerung aus. Das noch so entschieden Einzelne kann, als ein Endliches, gar wohl zerstört, aber, solange sein Kern zusammenhält, nicht zersplittert noch zerstückelt werden, sogar durch Generationen hindurch." *(Goethe, 200)*

SCHILLERS idealistischem Standpunkt kam die Form des Lehrgedichts entgegen. Philosophische Betrachtung im poetischen Gewand, Dichtung als angemessener Ausdruck des Ästhetischen — so stellen sich auch die großen Lehrgedichte der Spätzeit dar.

Ebenso wie „Der Spaziergang" (→5.5.3.7.4) nimmt das nachfolgende Gedicht eine Zwischenstellung zwischen Elegie und Lehrgedicht ein. Dominierten im „Spaziergang" elegische Züge, so tritt das moralisch-lehrhafte Element hier in den Vordergrund:

Das Ideal und das Leben

Ewigklar und spiegelrein und eben
Fließt das zephyrleichte Leben
Im Olymp den Seligen dahin.
Monde wechseln und Geschlechter fliehen,
Ihrer Götterjugend Rosen blühen
Wandellos im ewigen Ruin.
Zwischen Sinnenglück und Seelenfrieden
Bleibt dem Menschen nur die bange Wahl;
Auf der Stirn des hohen Uraniden
Leuchtet ihr vermählter Strahl.

Wollt ihr schon auf Erden Göttern gleichen,
Frei sein in des Todes Reichen,
Brechet nicht von seines Gartens Frucht.
An dem Scheine mag der Blick sich weiden.
Des Genusses wandelbare Freuden
Rächet schleunig der Begierde Flucht.
Selbst der Styx, der neunfach sie umwindet,
Wehrt die Rückkehr Ceres' Tochter nicht;
Nach dem Apfel greift sie, und es bindet
Ewig sie des Orkus Pflicht.

Raum für Zusätze

> Nur der Körper eignet jenen Mächten,
> Die das dunkle Schicksal flechten;
> Aber frei von jeder Zeitgewalt,
> Die Gespielin seliger Naturen,
> Wandelt oben in des Lichtes Fluren
> Göttlich unter Göttern die *Gestalt.*
> Wollt ihr hoch auf ihren Flügeln schweben,
> Werft die Angst des Irdischen von euch,
> Fliehet aus dem engen, dumpfen Leben
> In des Ideales Reich!
> ......
> ......
>
> *(1795; Anfang)*

Der Zusammenhang mit SCHILLERS ästhetischer Geschichtsphilosophie ist unübersehbar:

> Die Überschrift „bezeichnet denn auch am besten den Gedanken des Gedichtes. Es ist das Erlebnis, um dessentwillen Schiller zum Dichter und zum Philosophen werden mußte: der Gegensatz von Leben und Ideal. Der philosophische Gehalt dieser Dichtung ging restlos in die poetische Form auf ... In den vier Strophenpaaren [ab Str. 6], welche immer der irdischen Disharmonie in der einen Strophe die Harmonie des Ideals in der andern Strophe entgegenstellen, beginnt immer die eine Strophe mit einem ‚wenn', die zweite mit einem ‚aber', wodurch der begriffliche Gegensatz zu formalem Ausdruck kommt. Wenn das Leben ein Kampf ist, so ist das Ideal der Frieden. Wenn die irdische Kunst ein Kampf der Form mit dem Stoffe ist, so ist das Bild des Ideals, das dem Künstler vor der Seele schwebt, reine Form und Gestalt. Wenn die irdische Sittlichkeit ein Kampf des Gesetzes mit den Sinnen ist, so ist das Ideal die Einheit des Willens mit dem Gesetz. Wenn das Leben ein Leiden ist, so ist das Ideal die Ruhe. In diesem Gegensatz von Leben und Ideal spricht sich der Gegensatz von Anmut und Würde, Erhabenheit und Schönheit aus."   *(Strich, 201)*

5.5.3.7.6 Sonett

Die romanischen Vers- und Strophenformen waren GOETHE in Italien nahegebracht worden. Die strenge Form des Sonetts mit seinen 2 Quartett- und 2 Terzett-Strophen, die sich für betrachtende Lyrik anbietet, mußte GOETHE bes. in der nachitalienischen Zeit ansprechen. Jedoch kam der Anstoß zur Aufnahme dieser Form von außen, von den Romantikern. A.W. SCHLEGEL und Z. WERNER, mit denen GOETHE zu Beginn des 19. Jhs. in näherem Kontakt stand, hatten das Sonett im Zuge der Neubelebung möglichst vieler poetischer Formen aufgenommen und forderten GOETHE zu gleichem Tun auf. Er reagierte anfangs nur zögernd:

Das Sonett

> Sich in erneutem Kunstgebrauch zu üben,
> Ist heil'ge Pflicht, die wir dir auferlegen:
> Du kannst dich auch, wie wir, bestimmt bewegen
> Nach Tritt und Schritt, wie es dir vorgeschrieben.

Denn eben die Beschränkung läßt sich lieben,   Raum für Zusätze
  Wenn sich die Geister gar gewaltig regen;
  Und wie sie sich denn auch gebärden mögen,
Das Werk zuletzt ist doch vollendet blieben.

So möcht' ich selbst in künstlichen Sonetten,
  In sprachgewandter Maße kühnem Stolze,
  Das Beste, was Gefühl mir gäbe, reimen:

Nur weiß ich hier mich nicht bequem zu betten,
  Ich schneide sonst so gern aus ganzem Holze,
  Und müßte nun doch auch mitunter leimen.

(1800)

Die Quartette verdeutlichen die Aufforderung der Freunde, die Terzette die verhaltene Antwort GOETHES — noch ist ihm diese Form nicht eigen geworden, er fürchtet, „leimen" zu müssen.

Doch wenige Jahre später, 1807/08, im *Übergang zur Spätklassik*, entsteht ein ganzer Zyklus von Liebessonetten, die sich aber von der sonstigen — frühen wie späten — Liebeslyrik GOETHES durch ihre — nicht nur äußere — verhaltene, zuchtvolle *Form* stark abheben.

„Das Ich der *Sonette* ist das Ich des Alternden und des Berühmten. Ein Ich, das nicht mehr sich selbst gehört, sondern auch der Welt. Die Liebe erwächst nicht neben und trotz dieser Stellung, sondern mit ihr. ... die Sonette sind voll von Bewußtheit und wacher Selbstkritik. ... Die Polarität von Leidenschaft und Entsagung lebt in der Spannung von glühender Liebessprache und strengster Gedichtform. Hierdurch sind diese Verse auch mit der klassischen Form des Sonetts, der Petrarkischen, verbunden." *(Trunz, 202)*

Freundliches Begegnen

Im weiten Mantel bis ans Kinn verhüllet,
  Ging ich den Felsenweg, den schroffen, grauen,
  Hernieder dann zu winterhaften Auen,
Unruh'gen Sinns, zur nahen Flucht gewillet.

Auf einmal schien der neue Tag enthüllet:
  Ein Mädchen kam, ein Himmel anzuschauen,
  So musterhaft wie jene lieben Frauen
Der Dichterwelt. Mein Sehnen war gestillet.

Doch wandt' ich mich hinweg und ließ sie gehen
  Und wickelte mich enger in die Falten,
  Als wollt' ich trutzend in mir selbst erwarmen;

Und folgt' ihr doch. Sie stand. Da war's geschehen!
  In meiner Hülle konnt' ich mich nicht halten,
  Die warf ich weg, sie lag in meinen Armen.

(1808)

Raum für Zusätze Danach verstummt die Sonetten-Produktion; in der Alterslyrik tritt diese strenge Gedicht-Form nicht mehr auf.

SCHILLER und HÖLDERLIN haben das Sonett nicht angewandt.

5.5.3.7.7 Ballade

Kennzeichnung als „erzählende Versdichtung geringeren Umfangs" ist zu äußerlich und grenzt nicht gegen bestimmte gnomische und parabolische Ausprägungen ab. Näher an das eigentliche Wesen der Ballade führt die Beobachtung, daß hier ein *epischer* Vorgang nicht um seiner selbst willen erzählt wird, sondern um einer ursprünglich und auch späterhin vorwiegend düsteren Grundstimmung willen (in der Regel auf dem Höhepunkt mit *dramatischen* Mitteln vorgetragen: Dialog oder Monolog), in der der Mensch das „ganz Andere" in Schauer und Grauen erlebt (Numinose Ballade; →auch 5.3.2.1) oder im Konfliktfeld ethisch-diesseitiger Menschlichkeit steht (Ideenballade; →5.5.3.7.7.2) oder im Alltäglichen, ohne theatralischen Aufwand, tiefere Einsichten erfährt (Erzählgedicht).

Die Verbindung der 3 Grundarten der Poesie, des epischen, des dramatischen und des lyr. Moments „wie in einem lebendigen Ur-Ei zusammen", hatte GOETHE in der Ballade erkannt (→5.3.2).

*

In GOETHES Balladen-Schaffen sind *3 Perioden* zu unterscheiden:

(1) die frühen Balladen des *Sturm und Drang* in der Form der „Volks"-Ballade (→5.4.6.3.1) und der Numinosen Ballade (→5.4.6.3.2);

(2) die Balladen der *frühen Weimarer Zeit;*

(3) die mit dem sog. *„Balladenjahr",* 1797/98, beginnende Balladen-Produktion der klass. Zeit.

Der Aufenthalt GOETHES in Jena im Sommer 1797 brachte als Frucht der Gespräche mit SCHILLER über epische und dramatische Dichtung und über den Charakter der Ballade einen „Wettstreit" der beiden Dichter auf dem Gebiet dieser Gattungsunterart.

Dabei trat der *elementare Unterschied der Auffassung* im SCHILLERschen Sinne (→5.5.3.4) klar zu Tage: der „naive" Dichter GOETHE wandte sich — wie schon in seinem früheren Balladen-Schaffen — vorwiegend der Numinosen Ballade zu, der „sentimentalische" SCHILLER ausschl. der „Ideenballade".

HÖLDERLIN nimmt die Ballade nicht in sein Werk auf.

5.5.3.7.7.1 Numinose Ballade   Raum für Zusätze

GOETHES „Balladen des Sturm und Drang waren fast sämtlich Liebesballaden; in den Weimarer Jahren treten ihnen naturmagische Balladen zur Seite. Sie sind recht eigentlich Goethes eigene schöpferische Leistung. Die Dichtung des 18. Jahrhunderts hatte zwar im empfindsamen Geiste ein Naturgefühl entwickelt, jedoch nur in Richtung auf das Ästhetische und in gewissem Grade auch auf das Religiöse hin. In diesen Balladen aber tritt die Natur in ganz anderer Art zu dem Menschen in Beziehung, lockend, bezaubernd, beglückend und tötend. Das menschliche Unbewußte und die Gefühlstiefen der Seele, welche die Aufklärung mißachtet hatte, erhielten in diesen Gedichten Sprache und wurden damit geistig neu errungen."
(Trunz, 203)

Zum Typ der Numinosen Ballade gehören „Der Fischer" und „Erlkönig", beide aus der *frühen Weimarer Zeit*. Hier klingt die *dämonische Natur* mit dem menschlichen Gemüt zusammen. Der Ursprung dieser Numinosen Balladen waren Sage und Mythologie, ihre Stimmung kam aus Dämmer und Dunkel; ihre Form ist sprunghaft wie alle Volksdichtung und aus dem Geiste der Musik geboren.

Der Fischer

Das Wasser rauscht', das Wasser schwoll,
Ein Fischer saß daran,
Sah nach dem Angel ruhevoll,
Kühl bis ans Herz hinan.
Und wie er sitzt, und wie er lauscht,
Teilt sich die Flut empor;
Aus dem bewegten Wasser rauscht
Ein feuchtes Weib hervor.
......
......

(1778; Anfang)

Die magische Kraft dieses Gedichts heißt Bezauberung, Verzauberung. Das Dämonische erscheint hier *verlockend* und anziehend, das helle Tageslicht nicht scheuend, nur scheinbar ungefährlich. Rhythmus und Melodie im Auf und Ab des Wellengangs bestimmter, immer wiederkehrender, genau gleich in der Mitte aufgeteilter Verse („Das Wasser rauscht', das Wasser schwoll") üben ihre magisch-saugende Wirkung aus; die Lautgebung ist außerordentlich kunstvoll.

Formal: Chevy-Chase-Strophe (→5.2.5.2.1 und Tab. 31).

Ganz anders die dämonische Kraft im „Erlkönig": sie ist von *zerstörender* Gewalt — wirksam im gespenstischen Nachtdunkel.

Raum für Zusätze

Angeregt wurde GOETHE zu dieser Ballade durch HERDERS Übers. einer dänischen Volksballade „Erlkönigs Tochter"[1]; er fügte sein Gedicht seinem Singspiel „Die Fischerin" ein.

Erlkönig

Wer reitet so spät durch Nacht und Wind?
Es ist der Vater mit seinem Kind;
Er hat den Knaben wohl in dem Arm,
Er faßt ihn sicher, er hält ihn warm. —

Mein Sohn, was birgst du so bang dein Gesicht? —
Siehst, Vater, du den Erlkönig nicht?
Den Erlenkönig mit Kron' und Schweif? —
Mein Sohn, es ist ein Nebelstreif. —

„Du liebes Kind, komm, geh mit mir!
Gar schöne Spiele spiel' ich mit dir;
Manch' bunte Blumen sind an dem Strand;
Meine Mutter hat manch' gülden Gewand."

Mein Vater, mein Vater, und hörest du nicht,
Was Erlenkönig mir leise verspricht? —
Sei ruhig, bleibe ruhig, mein Kind!
In dürren Blättern säuselt der Wind. —

„Willst, feiner Knabe, du mit mir gehn?
Meine Töchter sollen dich warten schön;
Meine Töchter führen den nächtlichen Reihn
Und wiegen und tanzen und singen dich ein."

Mein Vater, mein Vater, und siehst du nicht dort
Erlkönigs Töchter am düstern Ort? —
Mein Sohn, mein Sohn, ich seh' es genau;
Es scheinen die alten Weiden so grau. —

„Ich liebe dich, mich reizt deine schöne Gestalt;
Und bist du nicht willig, so brauch' ich Gewalt." —
Mein Vater, mein Vater, jetzt faßt er mich an!
Erlkönig hat mir ein Leids getan! —

Dem Vater grauset's, er reitet geschwind,
Er hält in Armen das ächzende Kind,
Erreicht den Hof mit Mühe und Not;
In seinen Armen das Kind war tot.

(1782)

Symbolik: Was die Grundstimmung der Ballade betrifft, so sollten endlich das „fieberkranke" Kind und der angeblich zum „Arzt" reitende Vater aus der Besprechung verschwinden. Davon steht in der Ballade kein Wort;

---

[1] eig. dänisch ellerkonge = Elfenkönig; durch falsche Kombination mit Eller = Erle entstand der dt. Titel

darauf kommt es hier auch überhaupt nicht an. Man verbaut das Verständnis für die eigentliche Mitte dieser numinosen Dichtung, wenn man, von der Plattform mißverstandener lebensgeschichtlicher Betrachtungsweise her, die Entstehungsgeschichte der Ballade mitteilt, die ja nur den Anstoß zur Dichtung gab. Dahinter steht ein Urerlebnis GOETHES: die *Bedrohung der Welt durch das Dämonische.* Das Kind erfährt sie, der Vater weigert sich, sie anzuerkennen, aber die Echtheit des kindlichen Erlebnisses erschüttert sein flaches Weltverständnis, und der Augenblick kommt, wo es auch ihn „grauset". Das ist der Höhepunkt der Ballade, darauf zielt alles. Das Dämonische ist Wirklichkeit, der fürchterliche Beweis dafür ist das tote Kind in seinem Arm.

Raum für Zusätze

Zuweilen mischt GOETHE numinose Elemente mit *humoristisch-ironischen,* so im *„Hochzeitlied"* von 1802, einer Ballade von klass. Ausgewogenheit, und im *„Zauberlehrling"* von 1797. Bei diesem Gedicht handelt es sich im Grunde genommen gar nicht um eine Ballade, sondern um ein Dramolett. Der Lehrling spricht einen Monolog, der in Wahrheit ein innerer Dialog ist, da die Figur des alten Meisters immer gegenwärtig bleibt. Erst am Schluß beendet dessen Spruch den kleinen dramatischen Auftritt.

Während GOETHE auch Ideenballaden schuf (→5.5.3.7.7.2), lag SCHILLER die Form der Numinosen Ballade fern.

5.5.3.7.7.2 Ideenballade

SCHILLER, der Gedankenlyriker, dessen Philosophieren um die Begriffe Ästhetik, Würde, das moralische Prinzip, das Allgemeingültige kreist, führte die auf eine Idee bezogene Ballade in den „Balladenjahren" 1797/98 und 1801/04 zu ihrer klass. Höhe.

> „Die philosophischen Ideen Schillers gehen ... in symbolische Gestaltung ein. Das oberste Gesetz der epischen wie der dramatischen Dichtung: das Gesetz der Einheit und der Entfaltung wird in diesen Balladen verwirklicht, indem die Idee lebendige Gestalt gewinnt."
> *(Strich, 204)*

SCHILLERS Ideenballaden stehen also in diametralem Ggs. zur Numinosen Ballade: Entfernung von Naturhaftigkeit und Dämonie, statt dessen dichterische Gestaltung ethischer Forderungen, die im erzählenden Stil vorgetragen werden, d.h. *Verbindung von lehrhafter Idee und Balladenform* (z.B. „Der Taucher", „Der Kampf mit dem Drachen"; mit Bevorzugung antiker Motive: „Der Ring des Polykrates", „Die Bürgschaft" u.v.a.).

Trotz der gedanklichen Befrachtung erreicht SCHILLER ein erstaunliches Maß an balladengemäßer Spannung. In dieser Hinsicht eines der virtuosesten Gedichte: *„Die Kraniche des Ibykus"* (die Schuld ist unverhehlbar, die Versuchung der Götter unverzeihbar; damit das Verbrechen seine Sühne findet, stellen sich Natur und Kunst in den Dienst der rächenden Gottheit).

Raum für Zusätze

IBYKUS[1], auf dem Wege zum Theater in Athen, wird von Mörderhand erschlagen. Sterbend ruft er die in diesem Augenblick ihn überfliegenden Kraniche zu Zeugen des Verbrechens an:

......
......

„So muß ich hier verlassen sterben,
Auf fremdem Boden, unbeweint,
Durch böser Buben Hand verderben,
Wo auch kein Rächer mir erscheint!"

Und schwer getroffen sinkt er nieder,
Da rauscht der Kraniche Gefieder,
Er hört, schon kann er nicht mehr sehn,
Die nahen Stimmen furchtbar krähn.
„Von euch, ihr Kraniche dort oben,
Wenn keine andre Stimme spricht,
Sei meines Mordes Klag erhoben!"
Er ruft es, und sein Auge bricht.
......
......

(V. 37—48)

In der Menge der zu den Spielen Geeilten glauben sich die Mörder sicher. Doch in dem Augenblick, als die Eumeniden, die Rachegöttinnen, das Theaterrund umschreiten, erscheinen am Himmel Kraniche. Schreckens-voll entlarven sich die Mörder selbst:

......
......

Da hört man auf den höchsten Stufen
Auf einmal eine Stimme rufen:
„Sieh da! Sieh da, Timotheus,
Die Kraniche des Ibykus!" —
Und finster plötzlich wird der Himmel,
Und über dem Theater hin
Sieht man, in schwärzlichtem Gewimmel,
Ein Kranichheer vorüberziehn.

„Des Ibykus!" — Der teure Name
Rührt jede Brust mit neuem Grame,
Und wie im Meere Well auf Well,
So läufts von Mund zu Munde schnell:
„Des Ibykus, den wir beweinen,
Den eine Mörderhand erschlug!
Was ists mit dem? Was kann er meinen?
Was ists mit diesem Kranichzug?"

---

[1] auch: IBYKOS; gr. Lyriker des 6. Jhs. v. Chr.

> Und lauter immer wird die Frage,   Raum für Zusätze
> Und ahnend fliegts mit Blitzesschlage
> Durch alle Herzen: „Gebet Acht,
> Das ist der Eumeniden Macht!
> Der fromme Dichter wird gerochen,
> Der Mörder bietet selbst sich dar!
> Ergreift ihn, der das Wort gesprochen,
> Und ihn, an dens gerichtet war!"
>
> Doch dem war kaum das Wort entfahren,
> Möcht ers im Busen gern bewahren;
> Umsonst! Der schreckenbleiche Mund
> Macht schnell die Schuldbewußten kund.
> Man reißt und schleppt sie vor den Richter,
> Die Szene wird zum Tribunal,
> Und es gestehn die Bösewichter,
> Getroffen von der Rache Strahl.
>
> *(Schluß)*

Die hier erreichte Realistik der Gestaltung ist eine Frucht der Zusammenarbeit SCHILLERS mit GOETHE.

GOETHE seinerseits ließ sich von SCHILLER zu Ideenballaden inspirieren, wenn sie auch innerhalb seiner Balladen-Produktion einen wesentlich kleineren Raum einnehmen als die Numinosen Balladen (→5.5.3.7.7.1).

Eine der großen GOETHEschen klass. Kunstballaden ideenhaften Inhalts ist

Der Gott und die Bajadere[1]

Indische Legende

> Mahadöh, der Herr der Erde,
> Kommt herab zum sechsten Mal,
> Daß er unsersgleichen werde,
> Mit zu fühlen Freud' und Qual.
> Er bequemt sich, hier zu wohnen,
> Läßt sich alles selbst geschehn.
> Soll er strafen oder schonen,
> Muß er Menschen menschlich sehn.
> Und hat er die Stadt sich als Wandrer betrachtet,
> Die Großen belauert, auf Kleine geachtet,
> Verläßt er sie abends, um weiter zu gehn.
> . . . . . .
> . . . . . .
>
> *(1797; Anfang)*

---

[1] indische Tempeltänzerin; oft (so auch hier): Freudenmädchen

Raum für Zusätze „Die indische Legende hatte Goethes Phantasie lange beschäftigt. Er gibt ihr eine Gestalt, die sie zum herrlichen Beispiel des Glaubens an das dem Menschen eingeborene Verlangen zum Guten und Echten macht. Die Vereinigung mit dem Gott weckt in der Verlorenen den verborgenen Funken, die Fähigkeit zu wahrer Liebe; hell und stark brennt das Licht in der Geschändeten. Wie sie die Treue der Gattin im freiwilligen Opfertod bewährt, hebt der Gott die Geläuterte zu sich empor." *(Viëtor, 205)*

Formal von hohem Reiz der ausgefallene Wechsel des Metrums, der die starke Bewegung der Strophe hervorruft: auf 8 trochäische Verse in 2 Quartetten mit dem Reimschema ab ab cd cd folgen — völlig überraschend einsetzend — noch 3 daktylische Verse mit Auftakt und dem Reimschema eed; der letzte Reim schließt damit an den des letzten Verses des letzten Quartetts an.

„So führt das ‚Balladenjahr' zu einer bezeichnenden Klärung der Eigenart Goethes wie Schillers. Das höhere Stilgefühl für die traditionelle Balladengattung als epische Sonderform des Liedes liegt bei Goethe. Er läßt sich nur in einigen Stücken ins Weltanschaulich-Lehrhafte hinüberlocken. Schiller macht eine entsprechende Konzession zum Liedhaften hin nicht. Ohne Zweifel wird die Ballade bei ihm eine Ausdrucksform des klassischen Lehrgedichtes. Die Betonung antikischer Stoffe und Motive, die Goethe eher meidet, kann nur bestätigen, daß er der klassizistischere der beiden Freunde ist. Die Wirkung seiner Balladen aber hat ihre eigene Faszination, die der von Goethes Lied-, Gesprächs- und dramatischen Balladen nichts nachgibt." *(Kohlschmidt, 206)*

5.5.3.7.8 Epigramm

Die Klassik bringt einen Höhepunkt epigrammatischer Dichtung im gemeinsamen Werk von GOETHE und SCHILLER in den „Xenien", nachdem GOETHE schon vorher in seinen „Venezianischen Epigrammen" diese Gattungsunterart aufgenommen hatte.

HÖLDERLIN lag epigrammatische Dichtung fern.

*

Standen hinter GOETHES „Römischen Elegien" (→5.5.3.7.4) die antiken Elegiker, hinter dem „Divan" die Gedichte des persischen HAFIS, so hinter den „*Venezianischen Epigrammen*" die Schärfe und Ironie des MARTIAL (→Bd. IIa, A 1.2.2.4.2). Sie entstanden als Frucht des kurzen und unfreiwilligen Italien-Aufenthalts 1790 teils dort, teils später. Es handelt sich nicht um ein geschlossenes Werk wie bei den „Römischen Elegien", sondern um eine mehr oder weniger zwanglose Aneinanderreihung geistreicher, kühl-kritischer Gedankensplitter unterschiedlicher Thematik:

> Diese Gondel vergleich' ich der Wiege, sie schaukelt gefällig,
>   Und das Kästchen darauf scheint ein geräumiger Sarg.
> Recht so! Zwischen Sarg und Wiege wir schwanken und schweben,
>   Auf dem großen Kanal, sorglos durchs Leben dahin.

*

„Sage, tun wir nicht recht? Wir müssen den Pöbel betrügen,
    Sieh, wie ungeschickt wild, sieh nur, wie dumm er sich zeigt!"
Ungeschickt scheint er und dumm, weil ihr ihn eben betrüget,
    Seid nur redlich, und er — glaubt mir — ist menschlich und klug.

Raum für Zusätze

Die „Epigramme" erschienen in SCHILLERS „Musenalmanach für das Jahr 1796".

MARTIALS Slg. „Xenia" (→Bd. IIa, A 1.2.2.4.2) gab den Titel für die von GOETHE und SCHILLER gemeinsam konzipierte, gedichtete und herausgegebene Slg. der „Xenien" (Gastgeschenke). Unter dem ironisch gemeinten Titel versteckt sich eine Abrechnung mit den im aufklärerischen Denken steckengebliebenen Zeitgenossen; sie will aber nicht nur kritisieren, sondern zugleich didaktisch positiv auf die Gesellschaft einwirken.

Eine gemeinsame Verfasserschaft zweier so genialer und in vielem so gegensätzlicher Dichter steht nahezu einmalig da. Sie war nur möglich in einer so auf die Gedankenschärfe ausgerichteten Form wie der des Epigramms.

„Es ist eine Gattung, in der die so verschiedenen Naturen Goethes und Schillers sich trafen. So wenig Schiller in ein Goethesches Lied Verse hätte einsetzen können, so wenig Goethe zur Schillerschen Gedankenlyrik etwas beisteuern konnte, so sehr war es anderseits möglich, daß im epigrammatischen Distichon der eine den Hexameter entwarf und dem anderen dazu der Pentameter einfiel oder der eine das Thema gab und der andre die Form fand oder der eine ein Distichon schrieb und der andere es verbesserte."
(Trunz, 207)

SCHILLERS rhetorische Natur konnte sich hier, auch im Hinblick auf scharfe und rücksichtslose Kritik, besonders entfalten; GOETHE sprach sich zurückhaltender, toleranter aus.

Die „Xenien" erschienen in SCHILLERS „Musenalmanach für das Jahr 1797"; neben den Balladen (→5.5.3.7.7) die 2. Frucht der geistigen Gemeinschaft der beiden Dichter in diesen Jahren.

Guerre ouverte

Lange neckt ihr uns schon, doch immer heimlich und tückisch;
    Krieg verlangtet ihr ja, führt ihn nun offen, den Krieg!

*

Martial

Xenien nennet ihr euch? Ihr gebt euch für Küchenpräsente?
    Ißt man denn, mit Vergunst, spanischen Pfeffer bei euch?

*

Xenien

Nicht doch! Aber es schwächten die vielen wäßrigten Speisen
    So den Magen, daß jetzt Pfeffer und Wermut nur hilft.

*

Raum für Zusätze

Das ungleiche Verhältnis

Unsre Poeten sind seicht, doch das Unglück ließ' sich vertuschen,
Hätten die Kritiker nicht, ach, so entsetzlich viel Geist.

*

Deutscher Nationalcharakter

Zur Nation euch zu bilden, ihr hoffet es, Deutsche, vergebens;
Bildet, ihr könnt es, dafür freier zu Menschen euch aus!

*

Der Würdigste

Wer ist das würdigste Glied des Staats? Ein wackerer Bürger;
Unter jeglicher Form bleibt er der edelste Stoff.

*

Pflicht für jeden

Immer strebe zum Ganzen, und kannst du selber kein Ganzes
Werden, als dienendes Glied schließ an ein Ganzes dich an.

5.5.3.7.9 Spruch(gedicht)

Die strenge Definition, die LESSING noch in den 70er Jahren des Jhs. vom Epigramm gegeben hatte (→5.2.4.3), wird rd. 10 Jahre später von HERDER in seinem Aufsatz „Über das Epigramm", 1785, aufgebrochen und damit die Grenze zwischen Epigramm und Spruch verwischt: jeder anziehende Gedanke, dichterisch dargestellt, sei ein Epigramm. So tritt jetzt zum kurzen Epigramm und Sinnspruch das umfangreichere Spruchgedicht hinzu.

GOETHES eigentliche epigrammatische Dichtung in antiken Distichen endete mit den „Xenien" (→5.5.3.7.8). Aber in der Altersdichtung — zuerst 1812/16 im Rahmen der Divan-Dichtung, sodann bes. seit 1821 — spielt der Spruch in Versen noch einmal eine bedeutende Rolle, nun aber fast stets in der Form des *freien Viertakters*, dem GOETHESchen Knittelvers (→5.4.6.4). Die Thematik ist umfassend, der Ton — je später, je mehr — lehrhaft.

Bspe aus dem „Divan":

Im Atemholen sind zweierlei Gnaden:
Die Luft einziehn, sich ihrer entladen.
Jenes bedrängt, dieses erfrischt;
So wunderbar ist das Leben gemischt.
Du danke Gott, wenn er dich preßt,
Und dank' ihm, wenn er dich wieder entläßt.

(Aus dem „Buch des Sängers"; Talismane)

Ausdruck GOETHEscher Weltschau: Zusammenziehung (Systole) in das Ich Ausweitung (Diastole) in die Welt.

*

> Was machst du an der Welt? sie ist schon gemacht,
> Der Herr der Schöpfung hat alles bedacht,
> Dein Los ist gefallen, verfolge die Weise,
> Der Weg ist begonnen, vollende die Reise:
> Denn Sorgen und Kummer verändern es nicht,
> Sie schleudern dich ewig aus gleichem Gewicht.
>
> *(Aus dem „Buch der Sprüche")*

Raum für Zusätze

Bspe aus der Alters-Spruchdichtung:

> Willst du dich am Ganzen erquicken,
> So mußt du das Ganze im Kleinsten erblicken.
>
> *
>
> Die Welt ist nicht aus Brei und Mus geschaffen,
> Deswegen haltet euch nicht wie Schlaraffen;
> Harte Bissen gibt es zu kauen:
> Wir müssen erwürgen oder sie verdauen.
>
> *
>
> Wie mancher Mißwillige schnuffelt und wittert
> Um das von der Muse verliehne Gedicht;
> Sie haben Lessing das Ende verbittert –
> Mir sollen sie's nicht!

SCHILLER bevorzugte die Form des Spruchs bes. um die Jh.-Wende. Sie gab seiner rhetorischen Art den rechten Rahmen.
Weniger Ausdruck konfuzianischen Wesens als Ausdruck SCHILLERscher Weltanschauung im Zusammenhang mit dessen KANT-Studien sind die „*Sprüche des Konfuzius*", deren erster hier als Bsp. folgt:

1

> Dreifach ist der Schritt der Zeit:
> Zögernd kommt die Zukunft hergezogen,
> Pfeilschnell ist das Jetzt entflogen,
> Ewig still steht die Vergangenheit.
>
> Keine Ungeduld beflügelt
> Ihren Schritt, wenn sie verweilt.
> Keine Furcht, kein Zweifel zügelt
> Ihren Lauf, wenn sie enteilt.
> Keine Reu, kein Zaubersegen
> Kann die Stehende bewegen.
>
> Möchtest du beglückt und weise
> Endigen des Lebens Reise,
> Nimm die zögernde zum Rat,
> Nicht zum Werkzeug deiner Tat.
> Wähle nicht die fliehende zum Freund,
> Nicht die bleibende zum Feind.
>
> *(1796)*

Mit solchen Gedichten nähert sich SCHILLER der Lehrdichtung (→5.5.3.7.5).

Raum für Zusätze

5.5.4 Die Lyrik der Romantik

„Der Geist erwacht zum Bewußtsein seiner Unbedingtheit und tritt in Gegensatz zur Natur. Das aufgegebene und zu suchende Göttliche überschreitet unendlich alles Seiende und Gegebene. Die antike Harmonie, Schönheit und Kunst wird unmöglich und unwiederholbar. Die Kunst erhält eine ganz neue Aufgabe. Sie ist nicht mehr auf ein Objektives, Typisches, Gestalthaft-Geschlossenes, Harmonisch-Schönes gerichtet, sondern ihr Lebenselement ist der Geist und die Subjektivität, und sie zielt auf das Charakteristische, Individuelle, auf das Zerbrechen aller festen, einschränkenden Formen und Gesetze; sie ruht nicht vollendet in sich selbst, sondern weist sehnsuchtsvoll über sich selber hinaus auf das Unendliche. ... [Die Poesie] soll ... in fortschreitendem und niemals endendem Prozeß das ganze Dasein ergreifen und es mit dem Geiste des Unendlichen durchdringen, so daß Wirklichkeit und Leben sich in Poesie auflösen, Poesie aber zu Wirklichkeit und Leben wird."
(Fricke, 208)

5.5.4.1 Geistesgeschichtlicher Hintergrund und Haupttendenzen

An die Stelle aufgeklärter Vernünftigkeit und klass. Helligkeit und Harmonie tritt das Dunkle-Unergründliche. *Symbol:* die Nacht.

„Unser Gemüt teilt sich wie die äußere Welt zwischen Licht und Dunkel, und der Wechsel von Tag und Nacht ist ein sehr treffendes Bild unseres geistigen Daseins. ... Der Sonnenschein ist die Vernunft als Sittlichkeit auf das tätige Leben angewandt, wo wir an die Bedingungen der Wirklichkeit gebunden sind. Die Nacht aber umhüllt diese mit einem wohltätigen Schleier und eröffnet uns dagegen durch die Gestirne die Aussicht in die Räume der Möglichkeit; sie ist die Zeit der Träume. ... Was schon in den alten Kosmogonien gelehrt ward, daß die Nacht die Mutter aller Dinge sei, dies erneuert sich in dem Leben eines jeden Menschen: aus dem ursprünglichen Chaos gestaltet sich ihm durch Liebe und Haß, durch Sympathie und Antipathie die Welt. Eben auf dem Dunkel, worin sich die Wurzel unseres Daseins verliert, auf dem unauslöslichen Geheimnis beruht der Zauber des Lebens, dies ist die Seele aller Poesie."
(A.W. Schlegel, 209)

Beherrschendes (unendliches) Gefühl ist *Sehnsucht*.

Auf ästhetischem Gebiet: Vor allem *in der Frühromantik* Formauflösung durch *Vermischung der Gattungen*, Gefühlsbetontheit, freies Spiel der *Phantasie*, Nähe zur Musik. Totalitätsanspruch der Dichtung: die Welt poetisieren, d.h. vergeistigen. Nicht Hineinbannen des Unendlichen ins Endliche, sondern das Wirkliche durchbrechen und ins Unendliche vorstoßen. Kunst der Ferne. Schwanken zwischen Traum und Wirklichkeit (Märchen; →Bd. III); bemüht um Sichtbarmachung des unheimlichen, außermenschlichen Elementar-Naturhaften.

Da ständiger *Zwiespalt* herrscht zwischen Ideal und Wirklichkeit (Ich und Nicht-Ich, →u.), ist Erfüllung der Sehnsucht nur möglich als ewiger Prozeß: einerseits Anerkennung des *Fragments als Kunstwerk,* „da es die niemals zum Abschluß kommende Bewegung des Geistes und die Unangemessenheit jeder endlichen Aussage und Gestalt im Verhältnis zu dem unendlichen Sinn am reinsten ausdrückt" *(Fricke, 210)*; andererseits völlige Freiheit zur ständigen *Desillusionierung* der beschränkten Wirklichkeit, einschließlich der von der Phantasie geschaffenen dichterischen Welt, durch den mit dem Unendlichen verbundenen Geist, der kein Gesetz über sich duldet: *romantische Ironie.*

„ ‚Ironie ist klares Bewußtsein der ewigen Agilität, des unendlichen vollen Chaos.' *[F. Schlegel, Ideen 1797]* Ohne den Begriff des ‚Chaos' ist die romantische Ironie nicht verständlich. Chaos gilt für die Frühromantik als Inbegriff des Fruchtbaren, der potentiellen Unendlichkeit ... Es ist Symbol des Neu-Anfänglichen ab ovo, das Absolutum an Bewegtheit und Beweglichkeit, also auch die Überwindung der geschichtlich gewordenen Norm und Grenze. In der Ironie (und ihrer möglichen Ausdrucksform, dem Witz) ist daher das Spiel mit dem Unendlichen verborgen. Sie ist die zuständige Sphäre des Geistes, der zu sich selbst kommt, wobei sie eine Spielform erreichen kann, die mit Schillers ‚Spieltrieb' fast nichts mehr gemein hat."
(Kohlschmidt, 211)

Bezeichnend für die Romantik in ihrer ungeheuren inneren Spannweite, die eine exakte Wesensbestimmung nahezu unmöglich macht, daß gerade die Frühromantik auf (gattungs)*theoretischem* Gebiet betont kritisch und wiss. argumentierte (→5.5.4.4).

In der Spätromantik wieder stärkere Annäherung an die Wirklichkeit.

Große Entfaltung romantischer Kunst nicht nur auf lit. Gebiet, sondern auch in Malerei (v.a. C.D. FRIEDRICH und RUNGE) und Musik (BEETHOVEN, SCHUBERT, SCHUMANN, WEBER).

Auf philosophischem Gebiet: Aufhebung der KANTschen Synthese des Objektiven und Subjektiven durch FICHTE, der das überpersönliche Ich zum Schöpfer des Nicht-Ich erhob. SCHELLING stellte Einheit zwischen Natur und Geist wieder her (Identitätsgedanke): Natur ist der unbewußt werdende Geist, Geist die bewußt gewordene Natur:

„In allen Naturwesen zeigt sich der lebendige Begriff nur blind wirksam: wäre er es auf dieselbe Weise im Künstler, so würde sich von der Natur überhaupt nicht unterscheiden. Wollte er sich aber mit Bewußtsein dem Wirklichen ganz unterordnen und das Vorhandensein mit knechtischer Treue wiedergeben, so würde er wohl Larven hervorbringen, aber keine Kunstwerke. Er muß sich also vom Produkt oder vom Geschöpf entfernen, aber nur um sich zu der schaffenden Kraft zu erheben und diese geistig zu ergreifen. Hiedurch schwingt er sich in das Reich reiner Begriffe; er verläßt das Geschöpf, um es mit tausendfältigem Wucher wiederzugewinnen, und in diesem Sinn allerdings zur Natur zurückzukehren. Jenem im Innern der Dinge wirksamen durch Form und Gestalt nur wie durch Sinnbilder redenden Naturgeist soll der Künstler allerdings nacheifern, und nur insofern er diesen lebendig nachahmend ergreift, hat er selbst etwas Wahrhaftes erschaffen. Denn Werke, die aus einer Zusammensetzung auch übrigens schöner Formen entstünden, wären doch ohne alle Schönheit, indem das, wodurch nun eigentlich das Werk oder das Ganze schön ist, nicht mehr Form sein kann. Es ist über die Form, ist Wesen, Allgemeines, ist Blick und Ausdruck des inwohnenden Naturgeistes."
(Schelling, 212)

Raum für Zusätze

Auf ethisch-religiösem Gebiet: **Anfänglich**, in der *Frühromantik*, bestimmten libertinistische Züge die lit. Diskussion (TIECK: „Geschichte des Herrn William Lovell": „Die Willkür stempelt den freien Menschen!"; F. SCHLEGEL: „Lucinde": romantische Auffassung der Ehe; →Bd. III); *dann*, bereits gewisse Einschränkungen fordernd, erfolgte SCHLEIERMACHERS Werbung für eine (undogmatische) Erneuerung des religiösen Lebens: die Religion beruhe weder auf Erkennen noch auf Wollen, sondern auf *Anschauung* und *Gefühl*, sie sei „das unmittelbare Bewußtsein von dem allgemeinen Sein alles Endlichen im Unendlichen und durch das Unendliche" *(213); schließlich*, in der *Hoch-* und *Spätromantik*, trat eine immer stärkere Tendenz zur Unterordnung unter höhere Ganzheiten in den Vordergrund: Volk, Staat, Kirche; Verehrung des Katholizismus als vorbildlicher Organisationskraft des Religiösen (zahlreiche Konversionen, u.a. von F. SCHLEGEL, SCHELLING, WERNER); Dichtung als der Glaube selbst. Mystisches Gedankengut (→4.7) wirkte auf viele Romantiker ein (auch auf die Philosophie SCHELLINGS, HEGELS und v.a. SCHLEIERMACHERS).

Soziologisch interessant, daß in diesen Jahrzehnten — wie in keiner anderen dt. lit. Epoche — auch *Frauen* das geistige Bild mitbeherrschten. Die lit. Salons der RAHEL LEVIN (später RAHEL VARNHAGEN VAN ENSE), der HENRIETTE HERZ, der CAROLINE V. HUMBOLDT waren Treffpunkte der intellektuellen Elite. Neben ihnen v.a. zu nennen die geistvollen und selbst lit. tätigen DOROTHEA V. SCHLEGEL, CAROLINE V. SCHELLING, KAROLINE V. GÜNDERODE, SOPHIE MEREAU, JOHANNA SCHOPENHAUER (die Mutter des Philosophen) und nicht zuletzt (die im Alter auch stark sozial-kritisch aktive) BETTINA V. ARNIM, die Schwester BRENTANOS.

Auf nationalem Gebiet: Klassischem Kosmopolitismus und noch übernationalen Konzeptionen der Frühromantik (z.B. NOVALIS) setzten Hoch- und Spätromantik zwar unter Eindruck des politischen Zusammenbruchs (→5.5.3.2) echtes politisches Engagement und *aktiv-handelnde vaterländische Gesinnung* als Frucht einer sittlich-geistigen Wiedergeburt entgegen; zugleich machte sich aber stark *konservative Haltung* bemerkbar: Rückgriff auf das nach romantischer Auffassung im Volk „Gewachsene": Volkslied, Märchen, Legende, Volksbuch; schwärmerisches Lob des alten Nürnberg, der Kunst DÜRERS und seiner Zeit, des „Heldenzeitalters der Kunst": Wiederentdeckung und Verherrlichung des MA als letzter großer und universaler Kulturepoche.

5.5.4.2 Historisch-politischer Hintergrund

In Preußen Fortschritte durch *neue Sozialordnung* (gerechtere Verteilung der Pflichten auf die 4 Stände) und *Rechtsreform* (1794 „Allgemeines Landrecht" von SVAREZ).

Rückschläge durch die Kämpfe gegen NAPOLEON in den Koalitionskriegen (seit 1792; →5.5.3.2). Ergebnisse: politischer Zusammenbruch und *Niederlage Preußens* in der Schlacht von Jena und Auerstedt 1806, Verzicht Österreichs auf die Kaiserkrone; Ende des „Heiligen Römischen Reiches Deutscher Nation".

Unter Eindruck frz. Herrschaft in Preußen Durchbruch dt. *Nationalbewußtseins* und innere Umgestaltung (1807/10): Staats- und Verwaltungsreformen (STEIN, HARDENBERG), Bauernbefreiung, Bildungsreform (W. v. HUMBOLDT).

Raum für Zusätze

Freiheitskriege (1813/15) führten durch Völkerschlacht von Leipzig (Oktober 1813) und Schlacht bei Waterloo (1815) zur entscheidenden Niederlage NAPOLEONS, zur Befreiung Dtlds. und zur *Neuordnung Europas* im Wiener Kongreß (1814/15). *Restaurationspolitik* ließ fortschrittliche geistige Entwicklung aber wieder stark in *Konservativismus* zurückschlagen.

5.5.4.3 Einteilung der Romantik

Einteilung der Romantik in Dichterkreise (→Tab. 35) hat bloß bedingte Gültigkeit und kann lediglich *Schwerpunkte* kennzeichnen. So steht z.B. KLEIST nur in loser Verbindung zum Berliner Kreis, und HÖLDERLIN, der genialste Dichter der romantischen Epoche, ist keinem der Kreise zuzurechnen.

5.5.4.4 Dichtungstheoretische Grundlagen

Wurden v.a. in der auf wiss. Gebiet betont kritischen Frühromantik gelegt.

Das **„Athenaeum"**, eine Slg. von Frgg. über alle wesentlichen Fragen der Kunst (hrsg. von den Brüdern SCHLEGEL 1798–1800), ist *das* Dokument dichtungstheoretischer Überlegungen.

Programmatisch bes. das 116. Frg., das die Frage der *„Universalpoesie"* erörtert, was heißt: Die Grenzen zwischen den Dichtformen werden aufgehoben, es gibt ebensowenig Trennung zwischen Dichtung und Philosophie, Kritik und Rhetorik wie zwischen Unterarten innerhalb der Gattungen. Speziell die Lyrik ist dem epischen Werk voll integriert, das romantische Gedicht ist zu vielen Malen Bestandteil des romantischen Romans.

> „Die romantische Poesie ist eine progressive Universalpoesie. ... Sie umfaßt alles, was nur poetisch ist, vom größten wieder mehrere Systeme in sich enthaltenden Systeme der Kunst bis zu dem Seufzer, dem Kuß, den das dichtende Kind aushaucht in kunstlosen Gesang." *(F. Schlegel, Athenaeum-Fragment 116)*

Vom gleichen Grundgedanken ausgehend, dabei die dt. und die Weltlit. interpretierend, die Vorlesungen „Über Schöne Literatur und Kunst" (1802–04) von A.W. SCHLEGEL. Hervorzuheben ferner u.a.: FICHTES „Grundlage der gesammten Wissenschaftslehre" (1794; Lehre von der Souveränität und alleinigen Wirklichkeit des Ichs mit seiner produktiven Einbildungskraft: das Ich setzt sein eigenes „Sein"); F. SCHLEGELS „Gespräch über die Poesie" (1800 im „Athenaeum"; die dichterische Phantasie als Offenbarung Gottes); sowie v.a. die Frgg. zur Poetik des NOVALIS (**„Poëticismen"**; Lyrik als das „Poetische schlechthin", eine gattungstheoretische Einstellung, die im 20.Jh. zu voller Wirkung kam).

Tab. 35 Die Einteilung der Romantik, ihre Zentren und ihre Vertreter

Periode	Zeitraum	Zentrum	Repräsentanten	Publizistisches Organ	Hauptvertreter der Lyrik
Ältere Romantik oder **Frühromantik**	1795–1805	Berlin, anschließend Jena	*der Dichtung*: WACKENRODER, TIECK, FRIEDRICH u. AUGUST WILHELM SCHLEGEL, NOVALIS *der Philosophie*: FICHTE, SCHELLING, SCHLEIERMACHER *Lit. Salons* um RAHEL LEVIN, HENRIETTE HERZ, DOROTHEA V. SCHLEGEL, CAROLINE V. SCHELLING, JOHANNA SCHOPENHAUER	die programmatische Zschr. „Athenaeum" (1798/1800), hrsg. von den Brüdern SCHLEGEL; die Zschr. „Europa" (1803/05), hrsg. von FRIEDRICH SCHLEGEL	NOVALIS
Jüngere Romantik oder **Hochromantik**	1805–1810	Heidelberg	*der Dichtung*: BRENTANO, ARNIM, EICHENDORFF, LA MOTTE-FOUQUÉ u.a. *der Geschichtsphilosophie*: GÖRRES *der dt. Philologie*: JACOB u. WILHELM GRIMM, KARL LACHMANN	die „Zeitung für Einsiedler", hrsg. 1808 von A. V. ARNIM; als Buch erschienen u.d.T. „Tröst Einsamkeit" 1808	BRENTANO
Spätromantik	1810–1820	Berlin, Dresden u.a.	*der Dichtung*: E.T.A. HOFFMANN, TIECK, EICHENDORFF, CHAMISSO, BETTINA V. ARNIM der speziellen *Lyrik der Freiheitskriege*: KÖRNER, ARNDT, SCHENKENDORF	die Zschr. „Berliner Abendblätter" (1810/11), hrsg. von H. V. KLEIST	EICHENDORFF --- KÖRNER
Übergang zum Biedermeier	1810–1835	Weinsberg	*Schwäbischer Kreis*: UHLAND, KERNER, SCHWAB, HAUFF *in Anlehnung* an den Kreis: RÜCKERT *Einzelgänger*: PLATEN		UHLAND

Romantische Kunsttheorie sollte *von großer Bedeutung für die Zukunft* werden, denn in der Verbindung des Mystisch-Magischen mit der Mathematik (bes. bei NOVALIS), in der eigenständigen Bedeutung von Sprache und Wort, in der hohen Anerkennung des Fragmentarischen als des wahrhaft Künstlerischen, in der Neudeutung der Begriffe Abstraktion, Phantasie, Traum, Chaos liegen die Wurzeln für die Entstehung der modernen Lyrik.

Raum für Zusätze

Zu Einzelfragen vgl. auch 5.5.4.1.

5.5.4.5 Überblick über die Lyrik der Romantik

Vgl. zum Folgenden ergänzend Tab. 35!

5.5.4.5.1 Frühromantik

Lyrik der dt. Frühromantik unterscheidet sich in formaler Hinsicht kaum von der der Klassik. Die allmähliche Verschiebung macht sich dadurch bemerkbar, daß die Bevorzugung antiker Formen nachläßt und andere *Formen aus romanischer Dichtung* (Sonett, Romanze u.a.) ins Blickfeld gerückt werden. Während HÖLDERLIN die antiken Odenmaße fast ausschl. benutzte, sind diese nach ihm kaum noch aufgetreten.

Die stärkste dichterische Erscheinung der Frühromantik auf lyr. Gebiet, NOVALIS, knüpfte formal an die Klassik (einschließlich HÖLDERLINs) an, thematisch setzte er die von HÖLDERLIN begonnene Einbeziehung christl. Überzeugungen fort.

5.5.4.5.2 Hochromantik

Eine deutliche Wendung, ja *Abgrenzung gegen die Klassik* tritt mit der folgenden jüngeren Generation ein: ARNIM, BRENTANO, FOUQUÉ, GÖRRES, die Brüder GRIMM; am Rande der Romantik: H. v. KLEIST.

Die Ziele der Brüder SCHLEGEL (vgl. 5.5.4.1) sind andere geworden: FRIEDRICH konvertiert, AUGUST WILHELM widmet sich fast nur noch seiner Übersetzer-Tätigkeit; SCHELLING und SCHLEIERMACHER büßen ihre Wirkung ein.

Die dichterisch stärkste Figur, BRENTANO, griff — unter Benutzung älterer Formen — auf Volkslied und Volksballade zurück bei virtuoser Meisterung lyr. Strukturen. Naturgläubigkeit, Weckung des Geschichtsbewußtseins (Wendung zum MA), Frontstellung gegen Optimismus der Aufklärung und jegliche Philistermoral stehen thematisch im Vordergrund.

5.5.4.5.3 Spätromantik

Deutliche Abgrenzung zur Hochromantik ist nicht feststellbar. Die dort angewandten Formen und behandelten Themen werden weitergeführt.

Raum für Zusätze   Unverkennbar, daß fortschreitend nicht Tiefe, sondern Flachheit vorherrscht.

Wieder tritt eine starke lyr. Begabung hervor: EICHENDORFF, der noch einmal alle Themen und Requisiten der Epoche aufgreift und darstellt, formal aber einfacher und noch volkstümlicher ist, meistens unter Benutzung von vierzeiligen Strophen und vierhebigem Vers.

Auffällig, daß Hochromantik und Spätromantik manche, v.a. volkstümliche Impulse des Sturm und Drang wiederaufnehmen. Romantik wird aber dabei in fast allen ihren Äußerungen von der *Musik* bestimmt.

5.5.4.5.3.1 Lyrik der Freiheitskriege

Eine besondere Gruppe spätromantischer Lyrik zu Beginn des 19. Jhs. begleitet speziell das Zeitgeschehen: das politisch motivierte Lied der Freiheitskriege. Die Thematik lag auf der Hand: Protest gegen NAPOLEON und jede Fremdherrschaft, Ruf nach Ordnung und Einigung, Streben nach sittlich-geistiger Erneuerung.

Hauptvertreter waren die stark christl.-nationalen ARNDT und SCHENKENDORF sowie der durch den klass. SCHILLER geprägte THEODOR KÖRNER. Die meisten der Freiheitslieder (z.B. „Der Gott, der Eisen wachsen ließ", „Was ist des Deutschen Vaterland" [ARNDT], „Freiheit, die ich meine", „Es klingt ein heller Klang" [SCHENKENDORF], „Das ist Lützows wilde Jagd", „Du Schwert an meiner Linken" [KÖRNER]) sind von relativ geringer dichterischer Kraft, erlangten aber durch volkstümliche Vertonungen weite Verbreitung.

Die starke Tendenz zum politischen Lied in dieser Zeit wird auch durch Bspe von F. SCHLEGEL, ARNIM, BRENTANO, FOUQUÉ, EICHENDORFF, RÜCKERT, PLATEN dokumentiert; sie stehen jedoch im Werk dieser Dichter am Rande.

Schon vor den Freiheitskriegen richtete der nur bedingt der Romantik zuzurechnende H. v. KLEIST († 1811) seine scharfen Angriffe gegen NAPOLEON und alle Arten der Despotie: „Germania an ihre Kinder", „Die tiefste Erniedrigung", „An die Königin von Preußen" u.a.

5.5.4.5.4 Spätromantische Lyrik im Übergang zum Biedermeier

5.5.4.5.4.1 Der Schwäbische Kreis

Eine Spätblüte der Romantik kommt aus einem Kreis, der sich im schwäbischen Weinsberg im Hause von KERNER v.a. um UHLAND gruppierte; ihm zuzurechnen sind außerdem SCHWAB und HAUFF; in Anlehnung RÜCKERT (→5.5.4.5.4.2). Sie pflegten in erster Linie Lied und Ballade.

> „Ihr Bestreben war, ausgehend von dem gegebenen Bereich heimatlicher Stammesart, Geschichte und Landschaft, zum weiteren Kreis des Deutschen und des Menschlichen vorzudringen, doch so, daß Dichtung und Dichter nicht verschweb-

ten, sondern auf heimatlichem Boden gegründet blieben. Dabei begann dann allerdings die Poesie allmählich zum bloßen Schmuck und zur sonntäglichen Zierde einer im übrigen wohlgegründeten, gesicherten und behaglichen Bürgerlichkeit zu werden, eine Entwicklung, die im 19. Jahrhundert, zumal was die Lyrik betrifft, immer deutlicher wird." *Raum für Zusätze*

(Fricke, 214)

UHLAND knüpfte, wie die Romantiker, an Volkslied und Volksballade an. Seine schlichten Lieder, gelegentlich in volkstümelndem Ton, sind z.T. durch Volksläufigkeit und einfache Vertonung zum Volkslied geworden, z.B. ,,Ich hatt' einen Kameraden"; viele seiner Balladen wurden v.a. durch die Schule des 19. Jhs. verbreitet und blieben bis heute bekannt: ,,Es zogen drei Burschen", ,,Schwäbische Kunde", ,,Das Glück von Edenhall".

Von KERNER lebendig geblieben das Trinklied ,,Wohlauf noch getrunken den funkelnden Wein" und das Lied ,,Preisend mit viel schönen Reden".

Von SCHWAB stammt das 1. Liederbuch der Gattungsunterart Kommersbücher: ,,Neues deutsches allgemeines Commers- und Liederbuch", 1815. Außerdem von ihm bekannt die Balladen ,,Das Gewitter" und ,,Der Reiter und der Bodensee". — Sein Hauptverdienst liegt aber in der Herausgeberschaft der dt. Volksbücher und der Sagen des klass. Altertums (→Bd. III).

Von HAUFF schließlich, dessen Stärke im Märchen lag (→Bd. III), blieben auf lyr. Gebiet lebendig die Lieder ,,Morgenrot" und ,,Steh' ich in finstrer Mitternacht".

5.5.4.5.4.2 Friedrich von Rückert

Dieser, dem schwäbischen Dichterkreis (→5.5.4.5.4.1) nahestehende *Formvirtuose* weist in die Biedermeier-Zeit, obwohl er die Offenheit der Romantik für fremde Formen bis zum äußersten ausschöpfte und als Sprachtheoretiker — er war Professor für orientalische Sprachen — der romantischen Sprachtheorie eng verbunden war.

,,Rückert [sieht] die Aufgabe der Deutschen darin, die verlorene Einheit der Menschheit in sich wiederherzustellen, und traut der deutschen Sprache die Fähigkeit zu, die Trümmer der ursprünglich einen Idee, die den Völkern nach ihrer Vereinzelung verblieben sind und in ihrer Sprache Ausdruck gefunden haben, aufzugreifen und wieder zu einem einheitlichen Ganzen zu fügen; als Mittel empfiehlt er Übersetzungen und gibt damit den Hintergrund für die reiche Übersetzertätigkeit, die er sein ganzes Leben hindurch ausgeübt hat." *(Magon, 215)*

So wurde RÜCKERT geradezu in den Reichtum der Formen, bes. der orientalischen (er übersetzte aus dem Persischen, Indischen, Arabischen, Chinesischen), hineingedrängt. In dieser Überführung fremder schwieriger Strukturen in die dt. Dichtung liegt sein Hauptverdienst.

Daneben steht die biedermeierliche Note (RÜCKERT lebte bis 1866!) seiner eigenen Gedichte: oft sind sie gehaltlich äußerst mager, rückschrittlich, ja banal.

Raum für Zusätze | Ebenso unromantisch und wiederum ins Biedermeier vorweisend, die Aufnahme umfangreicher, nüchtern-didaktischer Lehrdichtung (in Alexandrinern) in sein Werk: „Die Weisheit der Brahmanen" (1836–39).

Anordnung seiner Gedichte bevorzugt in Zyklen: „Geharnischte Sonette" (1812/13), „Liebesfrühling" (1844), „Kindertotenlieder" (erschienen 1872).

5.5.4.5.4.3 August von Platen — ein Einzelgänger

Zwischen Romantik und Biedermeier stehend, aber beiden Richtungen nicht eigentlich zuzurechnen, steht das Werk PLATENS, das noch einmal energisch zurückgreift in die Klassik. Es stellt sich in seiner eigentümlichen Mischung aller Formen der Romantik im Grunde als *klassizistische Lyrik* dar. Bewundernswert die enorme *Formbeherrschung,* wobei auf genaueste Beachtung des jeweiligen Formideals gezielt wurde; die Skala reicht vom Lied (er verschmähte auch nicht das politische Lied, in dem er Übel seiner Zeit anprangerte, am wirkungsvollsten in den sog. „Polenliedern", 1832) über Romanze, Ballade, Ghasel, Sonett zu den antiken Formen Epigramm, Ode, Idylle und Hymne.

5.5.4.6 Gattungsunterarten

Entsprechend der Hinwendung der Romantiker zum Volkshaften, Ursprünglichen spielen in romantischer Lyrik (Volks-)**Lied** und (Volks-)**Ballade** eine relativ hervorstechende Rolle. Daneben sind v.a. *Formen* zu beobachten, die *aus dem romanischen Kulturkreis* übernommen wurden. — Die **Hymne** klingt mit NOVALIS vorerst aus. — Neu in die dt. Lyrik eingeführt wird das **Ghasel.**

Tab. 36   Die wichtigsten lyrischen Gattungsunterarten der Romantik

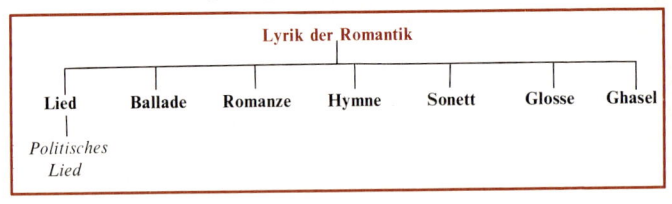

```
                       Lyrik der Romantik
        ┌──────┬───────┬──────┬──────┬───────┬──────┐
       Lied  Ballade Romanze Hymne Sonett Glosse Ghasel
        │
    Politisches
       Lied
```

5.5.4.6.1 Lied

Das romantische Lied orientiert sich (inhaltlich bzw. formal) nach *3 Richtungen* hin[1]:

---

[1] Die hier speziell für den Lied-Typus aufgezeigten 3 Tendenzen sind darüber hinaus allgemein in der romantischen Lyrik wirksam

(1) zum **Volkslied**. Im Anschluß v.a. an HERDER und den jungen GOETHE sucht das Lied ganz allgemein den volkstümlichen Ton auch da, wo es künstlerischen Anspruch erhebt. Das besondere Ereignis der Zeit war die von ARNIM und BRENTANO herausgegebene Slg. *„Des Knaben Wunderhorn"* (erschienen 1806—08). Sie enthält neben sog. „Volksliedern" (die nicht auf mündliche Überlieferung, sondern ausschl. auf gedruckte Vorlagen zurückgehen) Kinderlieder (im Anhang) und Kunstlieder (u.a. von GRIMMELSHAUSEN, OPITZ, DACH, GÜNTHER), die von den Hrsgg. mehr oder weniger stark — bes. in musikalisch-rhythmischer Hinsicht — überarbeitet worden sind. Die Slg. war GOETHE gewidmet und wurde von diesem begeistert aufgenommen und besprochen; sie wurde zu einem Fanal für volkstümliche Lyrik überhaupt.

Raum für Zusätze

> „Diese erste deutsche Volksliedersammlung von einschneidender und nachhaltiger Wirkung, wie sie Herders *Stimmen der Völker in Liedern* nicht gehabt hat, bleibt eine Tat allerersten Ranges, obwohl man wissenschaftliche Maßstäbe nicht an sie anlegen darf. Sie ist in erster Linie das Ergebnis eines jugendlichen Enthusiasmus der beiden Herausgeber; nach der Breite der vor allem von Brentano zusammengebrachten Fliegenden Blätter, die ihr zugrunde liegen, ist sie auch eine wissenschaftliche Tat. Doch bleibt sie es nur im eingeschränkten Sinne, sobald man auf die Behandlung der Texte sieht. Hier haben beide Herausgeber nach dem Maße ihrer Individualität eingegriffen und geändert, wie man an kritischen Vergleichen der Urtexte mit dem *Wunderhorn*-Text ablesen kann. *(Kohlschmidt, 216)*

(2) zum **geistlichen Lied**. Die Hinwendung der Romantik zum Christentum (die sie ganz wesentlich von der Klassik schied) verursachte einen Rückgriff einerseits auf die barocke Mystik eines BÖHME und SILESIUS, andererseits auf die herrnhuterisch-pietistische Lyrik. So wird das protestantische Kirchenlied ebenso wiederbelebt wie das katholische Marienlied (und beide finden Aufnahme in „Des Knaben Wunderhorn").

(3) zu **romanischen Formen**. Die Romantik — bes. die Frühromantik — sucht nicht nur die Einheit des Christentums, sondern — bei allem Nationalbewußtsein — auch die kulturelle Einheit Europas (vgl. z.B. NOVALIS „Die Christenheit oder Europa", erschienen 1799; →Bd. III); und sie suchte lit. nicht nur das gefühlsstarke volkstümliche Lied, sondern auch das formkünstlerisch strenge. So lag die Belebung rom. Formen nahe. Sie wurde v.a. vollzogen durch A.W. SCHLEGELS Übertragungen nach DANTE, PETRARCA, BOCCACCIO, ARIOSTO, TASSO, GUARINI, CERVANTES, CAMÕES u.a.: „Blumensträuße italiänischer, spanischer und portugiesischer Poesie", 1804.

*

Bei NOVALIS setzte sich — von HÖLDERLIN angebahnt — die dichterische Wendung zum Christentum entscheidend fort, nun bes. ausgerichtet auf Auferstehungsglauben und Marien-Verehrung (letztere auch bei BRENTANO und EICHENDORFF). In seinem Zyklus *„Geistliche Lieder",* dem das folgende Gedicht zugehört, ist der Einfluß sowohl des Volkslieds wie des zeitgenössischen geistl. Liedes spürbar:

Raum für Zusätze

Marienlied

> Ich sehe dich in tausend Bildern,
> Maria, lieblich ausgedrückt,
> Doch keins von allen kann dich schildern,
> Wie meine Seele dich erblickt.
>
> Ich weiß nur, daß der Weltgetümmel
> Seitdem mir wie ein Traum verweht,
> Und ein unnennbar süßer Himmel
> Mir ewig im Gemüthe steht.

(1799)

Einige Lieder des NOVALIS wurden in die *Gesangbücher* beider Konfessionen aufgenommen, so z.B.:

> Wenn alle untreu werden,
> So bleib' ich dir doch treu;
> Daß Dankbarkeit auf Erden
> Nicht ausgestorben sey.
> Für mich umfing dich Leiden,
> Vergingst für mich in Schmerz;
> Drum geb' ich dir mit Freuden
> Auf ewig dieses Herz.

(1799; Str. 1)

Höchste Harmonie romantischer Liedkunst, d.h. vollendeter Zusammenklang von Volks-Ton und Kunst-Ton, von Sprachmelodie und Lautmalerei, wird von BRENTANO erreicht. Es geht ihm nicht um die Realisierung einer bestimmten Wirklichkeit (teilweise ist diese gar nicht nachvollziehbar), sondern um die *musikalisch-rhythmische Verwirklichung* einer spezifischen Gestimmtheit.

Wiegenlied

> Singet leise, leise, leise,
> singt ein flüsternd Wiegenlied,
> von dem Monde lernt die Weise,
> der so still am Himmel zieht.
>
> Singt ein Lied so süß gelinde,
> wie die Quellen auf den Kieseln,
> wie die Bienen um die Linde
> summen, murmeln, flüstern, rieseln.

(1801/02)

„Das ist, oder ist doch wenigstens auf den ersten Blick, ein romantisches Gedicht, ... ein Gebilde, das vom harmlosen Naturrequisit, von wohlfeiler Stimmung zu leben scheint. In diesem Zauber aber ist schon etwas, das über den Sinn der Worte

hinausgeht und sie zu eben der Beschwörungsformel macht, vor deren Unsinn Raum für Zusätze
der alte Goethe glaubte, uns warnen zu müssen. [‚Unsinn der Beschwörungsformeln' bemerkte Goethe dazu, als ihm das Lied in die Hände kam.] Sind denn
da noch wirkliche Bienen, wirkliche Kiesel? Haben sich nicht die Wörter selbständig gemacht, die Vokale eine Reise angetreten, auf die kein Wörterbuch sie begleiten kann? ‚Summen, murmeln, flüstern, rieseln', so geht der letzte Vers. Können
Bienen denn rieseln, können Quellen summen? Der Klangzauber, der hier am
Werke ist, hat etwas Ziehendes; die Sprache selber scheint sich, von ihm hingerissen, zu vergessen. Lied, Kiesel, Biene und rieseln, wie, gelinde, singen, flüstern:
was hier laut wird, hat lange in den Wörtern geschlafen wie ein Gefangener;
und Brentano nimmt ihnen den Knebel aus dem Mund." *(Enzensberger, 217)*

Von ähnlichem Streben ins unendlich Weitertönende, Hingleitende ist auch
BRENTANOS „Spinnerin-Lied" erfüllt. Klangmagie führt zu einer Verzauberung des Inhalts.

„Seit der europäischen Romantik ... entstehen Verse, die mehr tönen als sagen
wollen. Das Klangmaterial der Sprache erhält suggestive Gewalt. Im Verein mit
einem zu assoziativen Schwingungen gebrachten Wortmaterial erschließt es eine
traumhafte Unendlichkeit ... [Das Gedicht] will nicht eigentlich mehr verstanden,
sondern als tönende Suggestion aufgenommen werden." *(Friedrich, 218)*

*[1])

Es sang vor langen Jahren
Wohl auch die Nachtigal,
Das war wohl süßer Schall,
Da wir zusammen waren.

Ich sing und kann nicht weinen
Und spinne so allein
Den Faden klar und rein,
So lang der Mond wird scheinen.

Da wir zusammen waren,
Da sang die Nachtigal,
Nun mahnet mich ihr Schall,
Daß du von mir gefahren.

So oft der Mond mag scheinen,
Gedenk ich dein allein,
Mein Herz ist klar und rein,
Gott wolle uns vereinen.

Seit du von mir gefahren,
Singt stets die Nachtigal,
Ich denk bei ihrem Schall,
Wie wir zusammen waren.

Gott wolle uns vereinen,
Hier spinn ich so allein,
Der Mond scheint klar und rein,
Ich sing und möchte weinen!

(1818)

Aufbau: 1—3—5 = Dur-Strophen mit A-Reim,
2—4—6 = Moll-Strophen mit Ei-Reim.

„Gleichmäßiger Wechsel und endlose Wiederkehr, Stillstand und Verrinnen der
Zeit, nichts anderes ist das Thema des Gedichts, gebannt in die Situation der
verlassenen jungen Frau am Spinnrad. Im Gegensatz der A-Strophen und der
Ei-Strophen dehnt die Zeit sich aus. Die A-Strophen sprechen von der verlorenen
Vergangenheit — die seligen Nächte *da wir zusammen waren* —, die Ei-Strophen
sprechen von der leeren Gegenwart — *hier spinn ich so allein* —, die einen sind

---

*[1]) in der BRENTANO-Ausgabe von 1852ff. und den ihr folgenden Drucken u.d.T.:
„Der Spinnerin Lied"

Raum für Zusätze

beherrscht von einem Klang, dem betörenden Singen der Nachtigall, die anderen von einem Licht, dem tröstenden Scheinen des Mondes. Zwischen diesen beiden Polen, der Vergangenheit und der Gegenwart, der Erinnerung und der Wirklichkeit, bewegen sich die Gedanken der Spinnerin. Wie dieser Wechsel sich in Reimen, Worten und Versen wiederholt, so wiederholt sich das Gedenken und das Warten, das Singen und das Weinen, heute wie gestern, morgen wie heute. Endlos wie ihr Rad sich dreht, so geht der Spinnerin Lied.

Über dies alles ist in dem Gedicht kein Wort gesagt, es braucht nicht gesagt zu werden, weil ein Gedicht nicht zu sagen braucht, was es schon ist. Müssen wir noch hinzufügen, daß es in der deutschen Sprache kein traurigeres Gedicht gibt? Wir haben nur zu zeigen versucht, daß es eines der einfachsten ist und eines der kunstvollsten, die wir haben, und darum eines der schönsten."

(Alewyn, 219)

EICHENDORFF steht zwar mentalitätsmäßig den Frühromantikern nahe, seine Gedichte sind jedoch einfacher, begrenzter, strenger, rhythmisch meist in der 4-strophigen Volksliedform; die meisten sind Bestandteil seiner epischen Werke (→Bd. III) entsprechend dem Postulat der romantischen Poesie, daß sich die poetischen Gattungen verschmelzen sollen.

„In beiden Fällen, als Sänger wie als Deuter, ist er einfach. Seine Welt ist begrenzt, seine Werke sind von einer großartigen Monotonie; die Motive der rauschenden Wälder, der reisenden Ströme, der wandernden Quellen, der Mondnacht, des Sonnenaufgangs und Sonnenuntergangs, der Lerche, der wandernden Gesellen kehren immer wieder, und selbst gewisse Reime wiederholen sich mit den Bildern unablässig. Aber in dieser Begrenzung erreicht Eichendorff eine Inständigkeit, wie sie nur bei großen Lyrikern vorkommt. Wenn auch der Umkreis seiner Themen klein ist, so ist deren Tiefenwirkung um so größer: sie reicht bis ins Herz der Dinge und berührt allenthalben das Geheimnis des Lebens bis in seine hinreißendste Schönheit, aber auch abgründigste Unheimlichkeit." *(Klein, 220)*

Relativ kunstvoll gebaut ist das folgende Bsp.:

Die Heimat

An meinen Bruder

Denkst du des Schlosses noch auf stiller Höh?
Das Horn lockt nächtlich dort, als ob's dich riefe,
Am Abgrund grast das Reh,
Es rauscht der Wald verwirrend aus der Tiefe —
O stille, wecke nicht, es war, als schliefe
Da drunten ein unnennbar Weh.

Kennst du den Garten? — Wenn sich Lenz erneut,
Geht dort ein Mädchen auf den kühlen Gängen
Still durch die Einsamkeit,
Und weckt den leisen Strom von Zauberklängen,
Als ob die Blumen und die Bäume sängen
Rings von der alten schönen Zeit.

> Ihr Wipfel und ihr Bronnen rauscht nur zu!
> Wohin du auch in wilder Lust magst dringen,
> Du findest nirgends Ruh,
> Erreichen wird dich das geheime Singen, —
> Ach, dieses Bannes zauberischen Ringen
> Entfliehn wir nimmer, ich und du!
>
> *(1830)*

Raum für Zusätze

Bei aller Einfachheit eindrucksvoll das Wechselspiel zwischen Vers-Ton und Sinn-Ton, zwischen Rhythmus und steigendem Metrum, dem entgegen gesprochen wird. Schönheit kommt aus der Lautgebung. Schritt für Schritt begleiten die Laute den „Sinn" und den Rhythmus des Gedichtes wie in einer Oberstimme, nicht, als ob sie ihn einfach „ausdrückten", doch so, daß sie den Strom des Sinns und des Rhythmus' noch einmal in einer neuen, eben in ihrer Sprache aufnehmen.

EICHENDORFFS Lieder sind ungewöhnlich oft vertont worden, z.B.: „Mondnacht" (Es war, als hätt der Himmel), „Abschied" (O Täler weit, o Höhen), „Der frohe Wandersmann" (Wem Gott will rechte Gunst erweisen), „Heimweh" (Wer in die Fremde will wandern), „Das zerbrochene Ringlein" (In einem kühlen Grunde); das beweist, welche hohe Musikalität diesen Gedichten innewohnt.

*

Die *Kanzone,* aus rom. Quelle stammende Abart des Liedes (→Bd. IIa, 3.1.1), wurde in der Romantik neu belebt, insbes. durch A.W. SCHLEGELS PETRARCA-Überss. Aber nur ausgesprochene Sprachvirtuosen, wie PLATEN und RÜCKERT, wagten sich an diese kunstvolle Form.

5.5.4.6.1.1 Politisches Lied

Die Befreiungskriege erzeugten einen kurzen, aber intensiven Aufbruch politischer Lyrik. Der antinapoleonische Feldzug wurde als Volkskrieg geführt und fand dementsprechend seinen lyr. Ausdruck in *vaterländischen Liedern.*

Wenn auch zahlreiche romantische Lyriker gelegentlich politisch orientierte Gedichte schrieben (vgl. 5.5.4.5.3.1), so beschränkt sich die eigentliche Repräsentation doch auf wenige Namen: auf

ARNDT, der angesichts der vaterländischen Misere alle romantische Schwärmerei hinter sich läßt und einen wuchtigen, kraftvollen Ton trifft:

> Des Deutschen Vaterland
>
> Was ist des Deutschen Vaterland?
> Ist's Preußenland, ist's Schwabenland?
> Ist's, wo am Rhein die Rebe blüht?
> Ist's, wo am Belt die Möwe zieht?
> O nein! nein! nein!
> Sein Vaterland muß größer sein.

Raum für Zusätze

......
......

Was ist des Deutschen Vaterland?
So nenne mir das große Land!
Ist's, was der Fürsten Trug zerklaubt?
Vom Kaiser und vom Reich geraubt?
O nein! o nein!
Das Vaterland muß größer sein.

......
......

Das ganze Deutschland soll es sein!
O Gott vom Himmel sieh darein
Und gib uns rechten deutschen Mut,
Daß wir es lieben treu und gut.
Das soll es sein!
Das ganze Deutschland soll es sein!

(1812/13; Str. 1, 6, 10 [Schluß])

SCHENKENDORF, der in schwärmerischem Gesang ein erneutes dt. Kaisertum anstrebt:

Erneuter Schwur
An Friedrich Ludwig Jahn

Wenn alle untreu werden,
So bleib' ich euch doch treu,
Daß immer noch auf Erden
Für euch ein Streiter sei,
Gefährten meiner Jugend,
Ihr Bilder beßrer Zeit,
Die mich zur Männertugend
Und Liebestod geweiht.

Wollt nimmer von mir weichen,
Mir immer nahe sein,
Treu wie die deutschen Eichen,
Wie Mond- und Sonnenschein.
Einst wird es wieder helle
In aller Brüder Sinn,
Sie kehren zu der Quelle
In Lieb' und Reue hin.

Es haben wohl gerungen
Die Helden dieser Frist,
Und nun der Sieg gelungen,
Übt Satan neue List.
Doch wie sich auch gestalten
Im Leben mag die Zeit,
Du sollst mir nicht veralten,
O Traum der Herrlichkeit.

Ihr Sterne seid mir Zeugen,
Die ruhig niederschaun:
Wenn alle Brüder schweigen
Und falschen Götzen traun,
Ich will mein Wort nicht brechen
Und Buben werden gleich,
Will predigen und sprechen
Von Kaiser und von Reich.

(1814)

„Unrhetorisch, ‚lyrischer' sind die Gedichte Max von Schenkendorfs ... Doch ist dies eine Romantik, die ihre Themen in Gefühl und Stimmung auflöst, womit sich die politischen Konturen des Kriegsgeschehens und der Freiheitsthematik ganz ins Unbestimmte verflüchtigen."

(Wilke, 221)

KÖRNER, der aus dem unmittelbaren Erlebnis des Befreiungskrieges heraus die pathetische Sprache SCHILLERS schwungvoll nachspricht: Raum für Zusätze

Aufruf

> Frisch auf, mein Volk! Die Flammenzeichen rauchen,
> Hell aus dem Norden bricht der Freiheit Licht.
> Du sollst den Stahl in Feindesherzen tauchen;
> Frisch auf, mein Volk! — Die Flammenzeichen rauchen,
> Die Saat ist reif, ihr Schnitter, zaudert nicht!
> Das höchste Heil, das letzte, liegt im Schwerte,
> Drück dir den Speer ins treue Herz hinein!
> Der Freiheit eine Gasse! — Wasch die Erde,
> Dein deutsches Land, mit deinem Blute rein!
>
> *(1813; Str. 1)*

„Man darf die Wirkung dieser Lyrik nicht unterschätzen. Wie die Persönlichkeit ihres Dichters, so hat auch sie an der Vorstellung vom leuchtenden Heldentod mitgewirkt, die dem Wesen des modernen Krieges widerspricht und Opfermut — und blutige Opfer bewirkt hat, bis hin zur Schlacht von Langemarck 1914. Gerade dieser leuchtende Heldentod ist an Körner das Romantische, die Übernahme eines Rittertums in die erbarmungslose Welt der Massenschlacht."

(Klein, 222)

5.5.4.6.2 Ballade

Der bedeutendste Balladendichter der Hochromantik ist BRENTANO, der der Spätromantik EICHENDORFF. Beide knüpfen in Stil und Ton an die Volksballade an. Die von SCHILLER bes. gepflegte „Ideenballade" spielt in der Romantik keine Rolle mehr: nur gelegentlich tritt sie noch auf: bei PLATEN und RÜCKERT.

NOVALIS hatte kein Verhältnis zur Ballade.

*

Sowohl BRENTANO wie EICHENDORFF gestalten das Lorelei-Thema.

BRENTANO spielt das Motiv in 25 Strophen aus:

*[1]

> Zu Bacharach am Rheine
> Wohnt eine Zauberin,
> Sie war so schön und feine
> Und riß viel Herzen hin.
>
> Und brachte viel zu schanden
> Der Männer rings umher,
> Aus ihren Liebesbanden
> War keine Rettung mehr.

---

*[1] eingefügt in den Roman „Godwi" (1801/02; →Bd. III); in der BRENTANO-Ausgabe von 1852ff. und den ihr folgenden Ausgaben u.d.T. „Lore Lay"

Raum für Zusätze

Der Bischoff ließ sie laden
Vor geistliche Gewalt —
Und mußte sie begnaden,
So schön war ihr' Gestalt.
......
......

Drei Ritter läßt er holen:
„Bringt sie ins Kloster hin,
„Geh Lore! — Gott befohlen
„Sey dein berückter Sinn.

„Du sollst ein Nönnchen werden,
„Ein Nönnchen schwarz und weiß,
„Bereite dich auf Erden
„Zu deines Todes Reis'.
......
......

„Ich will noch einmal sehen
„Wol in den tiefen Rhein,
„Und dann ins Kloster gehen
„Und Gottes Jungfrau seyn.

Der Felsen ist so jähe,
So steil ist seine Wand,
Doch klimmt sie in die Höhe,
Bis daß sie oben stand.

......
......
Die Jungfrau sprach: „da gehet
„Ein Schifflein auf dem Rhein,
„Der in dem Schifflein stehet,
„Der soll mein Liebster seyn.

„Mein Herz wird mir so munter,
„Er muß mein Liebster seyn! —
Da lehnt sie sich hinunter
Und stürzet in den Rhein.

Die Ritter mußten sterben,
Sie konnten nicht hinab,
Sie mußten all verderben,
Ohn Priester und ohn Grab.

Wer hat dies Lied gesungen?
Ein Schiffer auf dem Rhein,
Und immer hats geklungen
Von dem drei Ritterstein:*[1]

  Lore Lay
  Lore Lay
  Lore Lay

Als wären es meiner drei.

(1802; Str. 1—3, 15, 16, 19, 20, 22—25 [Schluß])

EICHENDORFF dagegen gestaltet das Thema in bewegten und komprimierten 4 Strophen wesentlich anders:

*[2]

Es ist schon spät, es wird schon kalt,
Was reit'st du einsam durch den Wald?
Der Wald ist lang, du bist allein,
Du schöne Braut! Ich führ' dich heim!

‚Groß ist der Männer Trug und List,
Vor Schmerz mein Herz gebrochen ist,
Wohl irrt das Waldhorn her und hin,
O flieh! Du weißt nicht, wer ich bin.'

So reich geschmückt ist Roß und Weib,
So wunderschön der junge Leib,
Jetzt kenn' ich dich — Gott steh' mir bei!
Du bist die Hexe Loreley.

---

*[1] „Bei Bacharach steht dieser Felsen, Lore Lay genannt, alle vorbeifahrende Schiffer rufen ihn an, und freuen sich des vielfachen Echo's" (Anm. BRENTANOS)
*[2] eingefügt in den Roman „Ahnung und Gegenwart" (→Bd. III); später u.d.T. „Waldgespräche"

‚Du kennst mich wohl — von hohem Stein   Raum für Zusätze
Schaut still mein Schloß tief in den Rhein.
Es ist schon spät, es wird schon kalt,
Kommst nimmermehr aus diesem Wald!'

(1815)

„Wiederholt nimmt er [Eichendorff] das Motiv der *Loreley* auf, setzt also die Erfindung Brentanos fort, noch vor Heines berühmter ‚Loreley'. Hier dringt das Dämonische durch, das in Eichendorffs Novellen so wichtig ist. ... Anfang und Schluß des Gedichtes berühren sich eng wie ein Ring, der sich schließen wird, und der Ringschluß wird tödlich sein. Der Mann, der sie erst erobern wollte, wird sie lieben müssen, aber er wird sich dabei verzehren und zugrunde gehen. — In keinem seiner eigentlichen Lieder hat Eichendorff die Verführung derart gestaltet. Handlung kommt nicht vor, der Wortwechsel ersetzt alles. Äußerste Knappheit ist erreicht. Diese rasch zu merkende Rede und Gegenrede drängt wieder zum Nachgestalten und Singen."

(Klein, 223)

EICHENDORFF selbst bezeichnete seine Balladen meistens als Romanzen.

CHAMISSO nimmt das Robinson-Motiv auf in seiner bekannten Ballade „Salas y Gomez", von deren ausgedehnten 4 Teilen hier einige Strophen des 1. Teils als Bsp. folgen:

Salas y Gomez

Salas y Gomez raget aus den Fluthen   a
Des stillen Meers, ein Felsen kahl und bloß,   b
Verbrannt von scheitelrechter Sonne Gluthen.   a

Ein Steingestell' ohn' alles Gras und Moos,   b
Das sich das Volk der Vögel auserkor   c
Zur Ruhstatt im bewegten Meeresschooß.   b

So stieg vor unsern Blicken sie empor.   c
.....   usw.
.....

22   Wo unterm Wind das Ufer Schutz uns gab,
Ward angelegt bei einer Felsengruppe,
Wir setzten auf das Trockne unsern Stab.

Und eine rechts, und links die andre Truppe,
Vertheilten sich den Strand entlang die Mannen,
Ich aber stieg hinan die Felsenkuppe.
.....
.....

55   Da sah ich einen Greisen vor mir liegen,
Wohl hundert Jahre, möcht' ich schätzen, alt,
Deß Züge, schien es, wie im Tode schwiegen.

Raum für Zusätze

        Nackt, lang gestreckt in riesige Gestalt,
Von Bart und Haupthaar abwärts zu den Lenden
Den hagern Leib mit Silberglanz umwallt.

        Das Haupt gelehnet an des Felsen Wänden,
Im starren Antlitz Ruh', die breite Brust
Bedeckt mit übers Kreuz gelegten Händen.

        Und wie entsetzt, mit schauerlicher Lust,
Ich unverwandt das große Bild betrachte,
Entflossen mir die Thränen unbewußt.
    ......
    ......

73   Und seht! noch reget sich, noch athmet leis,
Noch schlägt die müden Augen auf und hebt
Das Haupt empor der wundersame Greis.

        Er schaut uns zweifelnd, staunend an, bestrebt
Sich noch zu sprechen mit erstorb'nem Munde, –
Umsonst! er sinkt zurück, er hat gelebt.
    ......
    ......

90   Wie dort er lag, ist liegen er geblieben.

Es dient der Stein, worauf er litt, dem Todten	x
Zur Ruhestätte wie zum Monumente,	y
Und Friede sei dir, Schmerzenssohn, entboten!	x

Die Hülle giebst du hin dem Elemente,	y	
Allnächtlich strahlend über dir entzünden	z	*Schluß-*
Des Kreuzes Sterne sich am Firmamente,	y	*quartett*
Und, was du littest, wird dein Lied verkünden.	z	

                                      (1829)

„Was den Romantiker Chamisso an dem Motiv angezogen hat, war wohl gerade dies: totale Einsamkeit und Zeitlosigkeit. Was ihm die Popularität verschaffte, war wohl das in seiner Schauerlichkeit mißverstandene Robinsonadenhafte. ... Für eine Ballade ist das Gedicht eigentlich zu meditativ, zu handlungsarm."
(Kohlschmidt, 224)

Interessant die *Form* der Ballade: Es handelt sich um *Terzinen* (→4.4.1), die DANTE in seiner „La Divina Commedia" (→Bd. IIa, 3.1.2) virtuos gehandhabt und damit allgemein bekannt gemacht hatte.

„In der Mehrzahl der von der Romantik wiedererweckten Formen kennt er [Chamisso] sich souverän aus. ... Es ist erstaunlich, wie dieser geborene Franzose den deutschen Volkston zu treffen weiß und wieviel von seiner Lyrik populär geworden ist. Auch das war wohl nur durch das Medium der romantischen Zeit und Atmosphäre möglich."
(Kohlschmidt, 225)

Zur Wiederbelebung der Terzinenstrophe trugen auch TIECK, RÜCKERT und PLATEN bei.

5.5.4.6.3 Romanze

Ebenso wie das Lied hat auch die romantische Ballade mehrfachen Ursprung. Neben der dt. Volksballade trat aus der Beschäftigung mit der rom. Dichtung ein Balladen-Typus hervor, der sich gelöster und heiterer als die germanisch-dt. Ballade zeigte, die Romanze (→Bd. IIa, 3.3.3).

Die *formalen Kennzeichen* des Metrums in Nachahmung der span. Romanze: fallender Achtsilbler, ungereimt, nur assonierend, in Dtld. meist nachgeahmt als fallende Vierheber, lassen Abgrenzung gegenüber Ballade und balladenartigen Gedichten zu.

Der volks(lied)hafte Charakter der rom. Romanze wurde im dt. Sprachraum zuerst von HERDER voll erkannt. In Überss. und v.a. in seinem großen Gedicht „Der Cid" (1805; nach dem span. Epos von ~1140) macht er die Form bekannt, und die Romantiker bringen sie zur Blüte.

Neben den Romanzen der Brüder SCHLEGEL, von TIECK, FOUQUÉ, EICHENDORFF (→5.5.4.6.2) sowie von PLATEN und RÜCKERT ist von besonderer Bedeutung:

BRENTANOS unvollendet gebliebener Zyklus von 19 Romanzen: „*Romanzen vom Rosenkranz*", ein romantisches Werk katholisch-christl. Legendendichtung, vermischt mit Mythos, Geschichte und Sage von der Erfindung des Rosenkranzes, an dem BRENTANO von 1804 bis 1811 arbeitete.

„Das Ganze ist ein apokryphes religiöses Gedicht, in welchem sich eine unendliche Erbschuld, die durch mehrere Geschlechter geht und noch bei Jesu Leben entspringt, durch die Erfindung des katholischen Rosenkranzes löst. Die alte Fabel des Tannhäusers ist ... darin gelöst und eingeflochten sowie die Erscheinung der Zigeuner in Europa und der Ursprung der Rosenkreuzerei." *(226)*

so schrieb BRENTANO 1810 an PHILIPP OTTO RUNGE, der das Werk illustrieren wollte, aber vor der Ausführung starb.

Als Bsp. aus der 1. Romanze hier

Rosablankens Traum

In des ernsten Tales Büschen
Ist die Nachtigall entschlafen,
Mondenschein muß auch verblühen,
Wehet schon der Frühe Atem.
......
......

Und es geht mit leisen Füßen,
Daß der Vater nicht erwache,
Rosablanka aus der Hütte,
Um die Sonne zu erwarten.

Nieder sitzt sie an der Türe
Und blickt betend in den Garten,
Ehe noch mit grauem Flügel
An dem Dach die Schwalbe raschelt.
......
......

„Morgenstern, o sei gegrüßet
Du, Maria, voll der Gnaden,
Bitte für uns arme Sünder
Jetzt und in dem Tode, Amen!"

Raum für Zusätze

Spricht sie — und vom Stern der Frühe
Weissagt auch die fromme Schwalbe,
Und des Traumes schwülen Flügel
Spannt sie über Rosablanken.

Auf der goldnen Locken Fülle,
Schwer vom blanken Nacken wallend,
Sinkt ihr schlummernd Haupt zurücke,
Himmelsspiegel wird die Wange.
......
......

Und der Traum spielt, sie berückend,
Auf der Wimpern goldnen Strahlen,
Die zum Schlummer sind entzücket
In des Morgensternes Glanze.

Und es kreuziget die Süße
Fromm gewohnt sich Stirn und Wange,
Legt in Gottes Hand die Zügel
Der nachtwandelnden Gedanken.
......
......

(Str. 1, 3, 4, 6—8, 10, 11)

„Die vollendeten 19 Romanzen liegen, größtenteils wenigstens, auf der Höhe von Brentanos bester Verskunst. Ein weitgespanntes phantastisches Bild romantischer Mittelalter-Mythologie schließen sie ein." *(Kohlschmidt, 227)*

5.5.4.6.4 Hymne

NOVALIS, im letzten Jahrfünft des 18. Jhs. neben HÖLDERLIN schaffend, führte noch einmal die Gattungsunterart der Hymne auf eine respektable Höhe.

In der Hochromantik wurde die Form vernachlässigt zugunsten der Romanze, in der Spätromantik kaum noch gepflegt.

*

Das Verlöbnis des 23jährigen NOVALIS 1795 mit der 13jährigen SOPHIE v. KÜHN und deren Tod 1797 erweckten den hymnischen Lyriker in ihm.

Die 6 *„Hymnen an die Nacht"*, die mit einem Preis des Tages und des Lichts beginnen, sich zunehmend in einen Todesenthusiasmus steigern und in einer christl.-mystischen Apotheose enden, sind das einzige abgeschlossene Werk des Frühvollendeten (er starb bereits 1801).

Form: Die Hymnen sind in 2 voneinander verschiedenen Fss. überliefert; zum einen in einer meist in Versen abgesetzten Hs. auf 5 großen Folioblättern, zum anderen in einer Prosa-Fs. von 1799/1800, die im Jahre 1800 in der Zschr. „Athenaeum" veröffentlicht wurde.

Die frühen Hymnen sind ohne Zweifel zunächst in einer rhythmischen Prosa abgefaßt worden, in der aber bereits einige Vers-Stücke vorhanden waren, die sich dann allmählich zu größeren Vers-Frgg. kristallisierten.

Die genaue Untersuchung der Hss. auf der Grundlage des Buchstaben-Vergleichs in den verschiedenen Zeitstufen läßt *Ritter (228)* zu folgendem Ergebnis kommen:

„Die Hymnen an die Nacht begleiten ... die entscheidenden Jahre des Novalis: Die Urhymne [3. Hymne] den Kampf um den Sinn seines Schicksals und das Verlangen nach Wiedervereinigung mit Sophie; die frühen Hymnen die Auseinandersetzung zwischen der jenseitigen (und innerlichen) Welt und der neuerwach-

ten Freude an der Schönheit der diesseitigen Welt in der ersten Freiberger Zeit; Raum für Zusätze
die späten Hymnen die Wiederhinwendung zum Christentum und die Idee der
Metamorphose und Verschmelzung beider Welten miteinander."

Als Bsp. hier die Vers-Fs. der 2. Hymne:

> Muß immer der Morgen wieder kommen?
> Endet nie des Irdischen Gewalt?
> Unselige Geschäftigkeit verzehrt
> Den himmlischen Anflug der Nacht?
> Wird nie der Liebe geheimes Opfer
> Ewig brennen?
> Zugemessen ward
> Dem Lichte seine Zeit
> Und dem Wachen —
> Aber zeitlos in der Nacht Herrschaft,
> Ewig ist die Dauer des Schlafs.
> Heiliger Schlaf!
> Beglücke zu selten nicht
> Der Nacht Geweihte —
> In diesem irdischen Tagwerk.
> Nur die Toren verkennen dich
> Und wissen von keinem Schlafe
> Als dem Schatten,
> Den du mitleidig auf uns wirfst
> In jener Dämmrung
> Der wahrhaften Nacht.
> Sie fühlen dich nicht
> In der goldnen Flut der Trauben,
> In des Mandelbaums
> Wunderöl
> Und dem braunen Safte des Mohns.
> Sie wissen nicht,
> Daß du es bist,
> Der des zarten Mädchens
> Busen umschwebt
> Und zum Himmel den Schoß macht —
> Ahnden nicht,
> Daß aus alten Geschichten
> Du himmelöffnend entgegentrittst
> Und den Schlüssel trägst
> Zu den Wohnungen der Seligen,
> Unendlicher Geheimnisse
> Schweigender Bote.
>
> *(1797/98)*

Raum für Zusätze **5.5.4.6.5 Sonett**

Zu Beginn des 19. Jhs. setzte eine wahre Flut von Sonett-Dichtungen in Dtld. ein. Die Bemühungen der Romantiker um diese Form (→hierzu auch 5.5.3.7.6) gipfelten in den umfassenden Übers. und schließlich eigenen Sonett-Schöpfungen von A.W. SCHLEGEL. Er gehört neben RÜCKERT, PLATEN und W. v. HUMBOLDT zu den bedeutendsten Sonettisten der Romantik.

*

A.W. SCHLEGEL

„meistert das Porträtsonett, das Liebessonett, das Sonett ethischen, ästhetischen, philosophischen Inhalts. Er stellt die Gattung, die er zu so vielen geistigen und künstlerischen Zwecken braucht, in den metaphysischen Prozeß der Selbstanschauung des Geistes, die wie er sagt, durch die Philosophie gesteigert, in die Poesie übergeht." *(Mönch, 229)*

Zu SCHLEGELS Gedicht „Das Sonett" (→Bd. IIa, 3.1.1) bemerkt *Mönch (230)*:

„Schlegel weist auf die wesentlichen Strukturmerkmale des Sonetts hin: Strophengliederung, Reimanordnung und Metrik ... Seiner Betrachtung legt er gleichsam eine Idealform zugrunde, wie sie sich ihm aus der Masse der romanischen und germanischen Sonettdichtung darbietet. Dabei deutet er an, daß die Form nicht immer einheitlich war. Wie differenziert sie sich aber in Wirklichkeit darstellt, läßt sich erst heute erkennen, wo wir, 150 Jahre nach Schlegels Sonett-Ästhetik, die Weltverhältnisse dieser lyrischen Gattung in ihrer Kompliziertheit übersehen können."

RÜCKERT, dessen Lyrik gekennzeichnet ist durch das Nebeneinander von nüchtern-verstandesmäßiger Sprachkunst und biedermeierlicher Betulichkeit (→auch 5.5.4.5.4.2), benutzt die strenge Sonett-Form für seinen Zyklus *„Geharnischte Sonette"* (1812/13), seinen Beitrag zu den Freiheitskriegen (denen in den Jahren 1848—66 über 1000 weitere politische Gedichte folgten!):

Was schmiedst du, Schmied? „Wir schmieden Ketten, Ketten!"
Ach, in die Ketten seid ihr selbst geschlagen.
Was pflügst du, Bau'r? „Das Feld soll Früchte tragen!"
Ja, für den Feind die Saat, für dich die Kletten.

Was zielst du, Schütze? „Tod dem Hirsch, dem fetten."
Gleich Hirsch und Reh wird man euch selber jagen.
Was strickst du, Fischer? „Netz dem Fisch, dem zagen."
Aus eurem Todesnetz, wer kann euch retten?

Was wiegest du, schlaflose Mutter? „Knaben."
Ja, daß sie wachsen und dem Vaterlande,
Im Dienst des Feindes, Wunden schlagen sollen.

Was schreibest, Dichter, du? „In Glutbuchstaben
Einschreib' ich mein' und meines Volkes Schande,
Das seine Freiheit nicht darf denken wollen."

PLATEN, der große Formkünstler (→auch 5.5.4.5.4.3), im Leben wie in seiner Kunst gespalten, dem Schönen anheimgegeben, der Wirklichkeit verfallen, klass. Maß anstrebend, von romantischer Sehnsucht getrieben, suchte in Italien Erfüllung und Erlösung. Die „Sonette aus Venedig" bannen das glühende Erleben in die kühle Zucht der Form (und geben zugleich einen Beitrag zur Gattungsunterart des Städtegedichts [→Bd. IIa, 2.3.4.3.2.2]):

Raum für Zusätze

I.

    Mein Auge ließ das hohe Meer zurücke,
        Als aus der Fluth Palladio's Tempel stiegen,
        An deren Staffeln sich die Wellen schmiegen,
    Die uns getragen ohne Falsch und Tücke.

    Wir landen an, wir danken es dem Glücke,
        Und die Lagune scheint zurück zu fliegen,
        Der Dogen alte Säulengänge liegen
    Vor uns gigantisch mit der Seufzerbrücke.

    Venedigs Löwen, sonst Venedigs Wonne,
        Mit ehrnen Flügeln sehen wir ihn ragen
    Auf seiner kolossalischen Colonne.

    Ich steig' an's Land, nicht ohne Furcht und Zagen,
        Da glänzt der Markusplatz im Licht der Sonne:
    Soll ich ihn wirklich zu betreten wagen?

(1825)

Wiederaufnahme des Themas wie der Form durch RILKES Venedig-Sonette (→Bd. IIc).

5.5.4.6.6 Glosse

Die Wiederbelebung dieser aus dem Span. überkommenen reizvollen Gattungsunterart (→Bd. IIa, 3.3.3) erfolgte als geistreiches, intellektuell reflektierendes Gesellschaftsspiel bes. im Kreis um A.W. SCHLEGEL. Die Glosse hat stets 2 Autoren: den Autor des (auch Motto genannten) Vierzeilers und den Autor des meistens in *Dezimen* abgefaßten glossierenden Textes; hinzu kommt als Dritter der Empfänger.

Die wichtigsten romantischen Vertreter dieser Gattungsunterart waren A.W. SCHLEGEL, PLATEN, RÜCKERT und UHLAND.

Glosse

Süße Liebe denkt in Tönen,
Denn Gedanken stehn zu fern;   } *Motto*[1]
Nur in Tönen mag sie gern
Alles, was sie will, verschönen.
      (Tieck)

---

[1] Das Motto stammt aus einem Gedicht von TIECK, das 1799 in den „Phantasien über die Kunst" erschien

Raum für Zusätze

> Schönste! Du hast mir befohlen,   a
> Dieses Thema zu glossiren;   b
> Doch ich sag' es unverhohlen: a
> Dieses heißt die Zeit verlieren,   b
> Und ich sitze wie auf Kohlen.   a
> Liebtet ihr nicht, stolze Schönen!   c
> Selbst die Logik zu verhöhnen,   c
> Würd' ich zu beweisen wagen,   d
> Daß es Unsinn ist, zu sagen: d
> *Süße Liebe denkt in Tönen.*   c
>
> Zwar versteh' ich schon das Schema   usw.
> Dieser abgeschmackten Glossen,
> Aber solch verzwicktes Thema,
> Solche rätselhafte Possen
> Sind ein gordisches Problema.
> Dennoch macht' ich dir, mein Stern!
> Diese Freude gar zu gern.
> Hoffnungslos ring' ich die Hände,
> Nimmer bring' ich es zum Ende,
> *Denn Gedanken stehn zu fern.*
>
> Laß mein Kind! die span'sche Mode,
> Laß die fremden Triolette,
> Laß die welsche Klangmethode
> Der Canzonen und Sonette,
> Bleib bei deiner sapph'schen Ode!
> Bleib der Aftermuse fern
> Der romantisch süßen Herrn!
> Duftig schwebeln, luftig tänzeln
> Nur in Reimchen, Assonänzeln,
> *Nur in Tönen mag sie gern.*
>
> Nicht in Tönen solcher Glossen
> Kann die Poesie sich zeigen;
> In antiken Verskolossen
> Stampft sie besser ihren Reigen
> Mit Spondeen und Molossen.
> Nur im Hammerschlag und Dröhnen
> Deutsch-hellenischer Camönen
> Kann sie selbst die alten, kranken,
> Allerhäßlichsten Gedanken,
> *Alles, was sie will, verschönen.*
>
>   *(Uhland, 1813)*

Das (nur im 1. Quartett leicht veränderte) *Reimschema* entspricht der Décima espinela (→Bd. IIa, 3.3.3.).

5.5.4.6.7 Ghasel

Raum für Zusätze

Eine orientalische, höchst künstliche Gedichtform (arabisch ghazal = Gespinst) unterschiedlicher Länge (zwischen 7 und 12 Doppelverse in vierhebigen Langzeilen), deren Doppelverse durch einen gleichen Reim aller 2. Verszeilen miteinander verbunden sind, d.h.: alle geradzahligen Verse reimen, alle ungeradzahligen sind reimlos.

Meisterhaftes *Vorbild:* die Gedichte des persischen Dichters HAFIS (14. Jh.), die durch die Übers. des österr. Orientalisten v. *Hammer-Purgstall* 1812 in Dtld. bekannt wurden. GOETHE lernte sie 1814 kennen, und die Begegnung mit der Welt HAFIS' wurde ausschlaggebend für die Gestaltung des „West-östlichen Divan" (→5.5.3.7.1). Allerdings hat GOETHE das Ghasel nie in originaler Form benutzt, sondern es nur gelegentlich annähernd nachgeahmt (z.B. im „Schenkenbuch": „Sie haben wegen der Trunkenheit").

Meister dieser Form — wenn auch nicht immer ohne störende Künstlichkeit — wurden RÜCKERT und PLATEN, dem u.a. das folgende erschütternde Gedicht gelang:

Es liegt an eines Menschen Schmerz, an eines Menschen Wunde nichts,	a
Es kehrt an das, was Kranke quält, sich ewig der Gesunde nichts,	a
Und wäre nicht das Leben kurz, das stets der Mensch vom Menschen erbt,	b
So gäb's Beklagenswertheres auf diesem weiten Runde nichts.	a
Einförmig stellt Natur sich her, doch tausendförmig ist ihr Tod,	c
Es fragt die Welt nach meinem Ziel, nach deiner letzten Stunde nichts.	a
Und wer sich willig nicht ergiebt dem ehrnen Loose, das ihm dräut,	d
Der zürnt in's Grab sich rettungslos und fühlt in dessen Schlunde nichts.	a
Dieß wissen Alle, doch vergißt es jeder gerne jeden Tag,	e
So komme denn, in diesem Sinn, hinfort aus meinem Munde nichts!	a
Vergeßt, daß euch die Welt betrügt, und daß ihr Wunsch nur Wünsche zeugt,	f
Laßt eurer Liebe nichts entgehn, entschlüpfen eurer Kunde nichts!	a
Es hoffe Jeder, daß die Zeit ihm gebe, was sie Keinem gab,	g
denn Jeder sucht ein All zu seyn, und Jeder ist im Grunde nichts.	a

(1823)

Fortwirkung des Ghasels: Da künstlerisch sehr anspruchsvoll, kein eigentliches Weiterleben; Verwendung nur gelegentlich bei einzelnen Dichtern, z.B. bei HAGELSTANGE.

Quellenverzeichnis der zitierten Literatur

(Es wurde Wert darauf gelegt, möglichst leicht zugängliche Ausgaben anzuführen — Die z.T. hinter den Autorennamen in Klammern angegebenen Ziffern verweisen auf die Nummern dieses Verzeichnisses — Abkürzungen →S. 5)

1 BEISSNER, FRIEDRICH: Deutsche Barocklyrik. In: Formkräfte der deutschen Dichtung vom Barock bis zur Gegenwart. 1963, S. 52
2 ALSTED, JOHANN HEINRICH: Encyclopedia septem tomis distincta. 1630
3 SCHÖNE, ALBRECHT (Hrsg.): Das Zeitalter des Barock. Texte und Zeugnisse. Bd. III, 1963, S. VII
4 WEHRLI, MAX (Hrsg.): Deutsche Barocklyrik. Auswahl und Nachwort. Slg. Klosterberg, N.F. 1962, S. 203
5 BECK, ADOLF: Über ein Gedicht von Georg Rudolf Weckherlin und seinen formtypologischen Bereich. In: Interpretationen, hrsg. von *J. Schillemeit*, Bd. 1: Deutsche Lyrik von Weckherlin bis Benn. Fischer Bücherei, Bücher des Wissens, Bd. 695, 1965, S. 14
6 SCHÖNE: [3], S. VII
7 SCHÖNE, ALBRECHT: Emblematik und Drama im Zeitalter des Barock. 1968[2], S. 27
8 SCHÖNE: [3], S. IXf.
9 SZYROCKI, MARTIN: Die deutsche Literatur des Barock. Eine Einführung. rde Bd. 300/01, 1968, S. 11f.
10 VIËTOR, KARL: Deutsche Barockliteratur. In: Geist und Form. 1952, S. 15
11 HALLER, RUDOLF: Geschichte der deutschen Lyrik. Vom Ausgang des Mittelalters bis zu Goethes Tod. 1967, S. 51
12 MÜLLER, GÜNTHER: Geschichte des deutschen Liedes vom Zeitalter des Barock bis zur Gegenwart. 1959, S. 13
13 MÜLLER: [12], S. 22
14 KREIENBRINK, INGRET in: Johann Christoph Gottsched, Schriften zu Theorie und Praxis aufklärender Literatur, hrsg. von *U.-K. Ketelsen*. Rowohlts Klassiker, Bd. 532/34, 1970, S. 135
15 KETELSEN, U.-K. (Hrsg.): Johann Christoph Gottsched, Schriften zu Theorie und Praxis aufklärender Literatur. Rowohlts Klassiker, Bd. 532/34, 1970, S. 130
16 MARTINII OPITII Buch von der Deutschen Poeterey. Neudruck in: Texte deutscher Literatur-Poetik des Barock, hrsg. von *K.O. Conrady*. Rowohlts Klassiker, Bd. 508/09, 1968, S. 15
17 KLEIN, JOHANNES: Geschichte der deutschen Lyrik von Luther bis zum Ausgang des Zweiten Weltkrieges. 1960[2], S. 87
18 OPITZ: [16], S. 28
19 CURTIUS, ERNST ROBERT: Europäische Literatur und lateinisches Mittelalter. 1961[3], S. 202
20 WEINRICH, HARALD: Semantik der kühnen Metapher. DVJS, 37. Jg. 1963, H. 3, S. 333
21 CONRADY, KARL OTTO: Lateinische Dichtungstradition und deutsche Lyrik des 17. Jahrhunderts. 1962, S. 129
22 BECKMANN, ADELHEID: Motive und Formen der deutschen Lyrik des 17. Jahrhunderts und ihre Entsprechungen in der französischen Lyrik seit Ronsard. 1960, S. 90
23 BECKMANN: [22], S. 114
24 STRICH, FRITZ (Hrsg.): Die Ernte. Abhandlungen zur Literatur-Wissenschaft. Festschrift *Muncker*. 1926, S. 39, 41
25 BECKMANN: [22], S. 110
26 BECKMANN: [22], S. 109f.
27 CONRADY: [21], S. 172
28 OPITZ: [16], S. 32
29 OPITZ: [16], S. 8ff.
30 VIËTOR: [10], S. 75

31 SZYROCKI: [9], S. 120
32 VIËTOR, KARL: Geschichte der deutschen Ode. 1961², S. 69
33 MÜLLER: [12], S. 30
34 VIËTOR: [32], S. 54
35 MÜLLER: [12], S. 77
36 PYRITZ, HANS: Paul Flemings deutsche Liebeslyrik. In: Palaestra, hrsg. von *W. Kayser, H. Neumann, U. Pretzel, E.T. Sehrt*, Bd. 180, 1932, S. 214
37 MÜLLER: [12], S. 102f.
38 MÖNCH, WALTER: Das Sonett. Gestalt und Geschichte. 1955, S. 149
39 MÖNCH: [38], S. 154f.
40 TRUNZ, ERICH: Fünf Sonette des Andreas Gryphius. Versuch einer Auslegung. In: Vom Geist der Dichtung. Gedächtnisschrift *Petsch*. 1949, S. 187ff.
41 JÖNS, DIETRICH WALTER: Das ‚Sinnen-Bild'. Studien zur allegorischen Bildlichkeit bei Andreas Gryphius. 1966, S. 86/91
42 NEWALD, RICHARD in: Geschichte der deutschen Literatur von den Anfängen bis zur Gegenwart, hrsg. von *H. de Boor* u. *R. Newald*. Bd. 5, 1965⁵, S. 286
43 SZYROCKI: [9], S. 112f.
44 SZYROCKI: [9], S. 128
45 STÖCKLEIN, PAUL: ‚Vergänglichkeit' im Liebesgedicht. In: Wege zum Gedicht, hrsg. von *R. Hirschenauer* u. *A. Weber*. 1965, S. 82
46 BEISSNER, FRIEDRICH: Geschichte der deutschen Elegie. 1965, S. 60
47 BEISSNER: [46], S. 84
48 Redaktion KLL (dtv), 1974, Bd. 9, S. 3811
49 VOSSLER, KARL: Das deutsche Madrigal. Geschichte seiner Entwicklung bis in die Mitte des XVIII. Jahrhunderts. 1898, S. 158
50 SZYROCKI: [9], S. 126
51 NEWALD: [42], S. 321
52 BECKMANN: [22], S. 100
53 KEMP, FRIEDHELM in: KLL (dtv), 1974, Bd. 24, S. 10 434
54 PYRITZ: [36], S. 216
55 HALLER: [11], S. 187
56 THOMASIUS, CHRISTIAN: Einleitung in die Vernunftlehre, Bd. I, 1691, S. 1
57 KANT, IMMANUEL: Anthropologie II E. 1788
58 HAUSER, ARNOLD: Sozialgeschichte der Kunst und Literatur. Bd. II, 1953, S. 105, 111
59 ANGER, ALFRED: Literarisches Rokoko. Slg. Metzler, Bd. 25, 1962, S. 11
60 ANGER: [59], S. 8
61 KOHLSCHMIDT, WERNER: Geschichte der deutschen Literatur von den Anfängen bis zur Gegenwart, Bd. II, 1965, S. 259
62 SCHERPE, KLAUS R.: Gattungspoetik im 18. Jahrhundert. 1968, S. 85
63 SCHERPE: [62], S. 61
64 GOTTSCHED, JOHANN CHRISTOPH: Versuch einer Critischen Dichtkunst vor die Deutschen. 1730, S. 138ff.
65 GOTTSCHED: [64], S. 139
66 MÜLLER: [12], S. 1ff., 177ff.
67 BÖCKMANN, PAUL: Formgeschichte der deutschen Dichtung. 1949
68 SCHLEGEL, JOHANN ELIAS: Canut; im Anhang: Gedanken zur Aufnahme des dänischen Theaters. Reclams Universal-Bibl., Bd. 8766/67, 1967, S. 96
69 SCHLEGEL, JOHANN ADOLF: Batteux, ... Einschränkung der schönen Künste auf einen einzigen Grundsatz, aus dem Französischen übersetzt, und mit einem Anhange einiger eignen Abhandlungen versehen. 1751, S. 288
70 SCHLEGEL: [69], 1759², S. 196

71 GERTH, KLAUS: Studien zu Gerstenbergs Poetik. Ein Beitrag zur Umschichtung ästhetischer und poetischer Grundbegriffe im 18. Jahrhundert. In: Palaestra, hrsg. von *W. Kayser, H. Neumann, U. Pretzel, E.T. Sehrt,* Bd. 231, 1956, S. 184
72 ESCHENBURG, JOHANN JOACHIM: Entwurf einer Theorie und Litteratur der schönen Wissenschaften. 1783, S. 106f.
73 STRAUSS, DAVID FRIEDRICH: Zit. nach KROGMANN, WILLY: Brockes, Spuren der Gottheit. 1947, Vorwort S. 17
74 Selbstbiographie des Senators Barthold Hinrich Brockes von 1724—1732. In: Zschr. des Vereins für Hamburgische Geschichte, Bd. 2, 1847, S. 167ff.
75 HALLER, ALBRECHT V.: Die Alpen. Reclams Universal-Bibl., Bd. 8963/64, 1965, Vorrede, S. 3
76 HALLER: [75], Vorrede, S. 3
77 GÜLTLINGEN, SYBILLE V. in: KLL (dtv), 1974, Bd. 3, S. 941
78 GÜLTLINGEN: [77], S. 941
79 HALLER: [75], S. 17
80 HALLER: [75], S. 17
81 BLACKALL, E.A.: Die Entwicklung des Deutschen zur Literatursprache 1700—1775. 1966, S. 209
82 HALLER: [11], S. 255
83 BLACKALL: [81], S. 207
84 ANGER: [59], S. 55
85 HETTNER, HERMANN: Geschichte der deutschen Literatur im 18. Jahrhundert. 1862—70. Neudruck 1928, Bd. II, S. 67
86 BLACKALL: [81], S. 296
87 BLACKALL: [81], S. 298
88 HETTNER: [85], Bd. II, S. 69
89 KOHLSCHMIDT: [61], Bd. II, 1965, S. 305
90 KLEIN: [17], S. 226
91 HALLER: [11], S. 264f.
92 MUNKER, FRANZ (Hrsg.): Gleim, Werke. In: Kürschners Deutsche National-Literatur, o.J., Bd. 45/1, Anm. S. 303
93 HOFFMANN, VOLKER in: KLL (dtv), 1974, Bd. 21, S. 9278
94 HOFFMANN: [93], S. 9278
95 HALLER: [11], S. 289
96 HALLER: [11], S. 279
97 HALLER: [11], S. 314
98 VOSS, JOHANN HEINRICH: Der Göttinger Hainbund, hrsg. von *A. Sauer.* In: Kürschners Deutsche National-Literatur, o.J., Bd. 49/50, S. XII
99 SCHUMANN, DETLEV W.: Friedrich Leopold Graf zu Stolberg. In: Deutsche Dichter des 18. Jahrhunderts. Ihr Leben und Werk, hrsg. von *B. v. Wiese,* 1977, S. 728
100 KAYSER, WOLFGANG: Das sprachliche Kunstwerk. 1948, S. 41f.
101 MÜLLER: [12], S. 191
102 KELLETAT, A. in: Euphorion 45, 1950, S. 186—197
103 LANGEN, AUGUST: Deutsche Sprachgeschichte vom Barock bis zur Gegenwart. In: Deutsche Philologie im Aufriß, hrsg. von *W. Stammler,* 1952, Sp. 1211
104 HEISSENBÜTTEL, HELMUT: Friedrich Gottlob Klopstock. In: Triffst du nur das Zauberwort, hrsg. von *J. Petersen,* 1961, S. 17
105 BEISSNER: [46], S. 122
106 WODTKE, FRIEDRICH: Rilke und Klopstock. 1948 (Diss. Kiel)
107 MÜLLER: [12], S. 220f.
108 KLEIN: [17], S. 280
109 KAISER, GERHARD: Aufklärung Empfindsamkeit Sturm und Drang. Bd. 3 der: Geschichte der deutschen Literatur, hrsg. v. *G. Kaiser.* UTB Bd. 484, 1976^2, S. 212

110 KAISER, GERHARD: Klopstocks ‚Frühlingsfeyer'. In: Interpretationen, hrsg. von *J. Schillemeit*, Bd. 1: Deutsche Lyrik von Weckherlin bis Benn. Fischer Bücherei, Bücher des Wissens, Bd. 695, 1965, S. 30, 34, 35
111 SCHNEIDER, WILHELM: Liebe zum deutschen Gedicht. 1952, S. 152f.
112 MÜLLER: [12], S. 220
113 SCHNEIDER: [111], S. 153
114 KOHLSCHMIDT: [61], Bd. II, 1965, S. 558f., 560
115 KOMMERELL, MAX: Drei Balladen des jungen Goethe. In: Interpretationen, hrsg. von *J. Schillemeit*, Bd. 1: Deutsche Lyrik von Weckherlin bis Benn. Fischer Bücherei, Bücher des Wissens, Bd. 695, 1965, S. 41
116 GOETHE, JOHANN WOLFGANG v. in: [122], Bd. 1, S. 400
117 OTTO, RUDOLF: Das Heilige. 1917
118 Brief an Boie vom 12. August 1773. In: Gedichte von Gottfried August Bürger, hrsg. v. *A. Sauer*, 1883
119 KOHLSCHMIDT: [61], Bd. II, 1965, S. 489f.
120 HALLER: [11], S. 325
121 KARTHAUS, ULRICH: Sturm und Drang und Empfindsamkeit. In: Die deutsche Literatur. Ein Abriß in Text und Darstellung, hrsg. von *O.F. Best* u. *H.-J. Schmitt*. Reclams Universal-Bibl., Bd. 9621, 1976, S. 12
122 TRUNZ, ERICH (Hrsg.): Goethes Werke (Hamburger Ausg.), 1967[8], Bd. 1, S. 419
123 KNITTERMEYER, HINRICH: Philosophie der Neuzeit. Die Aufklärung. Bd. V der: Geschichte der Philosophie, hrsg. von *K. Vorländer*. rde Bd. 281, 1967, S. 23
124 GERSTENBERG, HEINRICH WILHELM V.: Briefe über Merkwürdigkeiten der Litteratur. Unveränderter Nachdruck in: Sturm und Drang. Kritische Schriften, hrsg. von *E. Loewenthal* u. *L. Schneider*, 1963, S. 17
125 MACINNES, JOHN in: KLL (dtv), 1974, Bd. 2, S. 2936
126 KOHLSCHMIDT: [61], Bd. II, 1965, S. 468f.
127 KARCHER, GUNTER in: KLL (dtv), 1974, Bd. 13, S. 5622
128 GERSTENBERG, HEINRICH WILHELM V.: Briefe über Merkwürdigkeiten der Litteratur. 1. u. 2. Slg. 1766, 3. Slg. 1767. Neudruck in: Deutsche Literaturdenkmale des 18. und 19. Jahrhunderts, hrsg. von *B. Seuffert*, Bd. 29/30, hrsg. von *A. v. Weilen*, 1880–90; 20. Brief
129 GERTH: [71], S. 192
130 GERSTENBERG: [128], 20. Brief
131 GERTH: [71], S. 164
132 HAMANN, JOHANN GEORG: Kreuzzüge des Philologen. Unveränderter Nachdruck in: Sturm und Drang. Kritische Schriften, hrsg. von *E. Loewenthal* u. *L. Schneider*, 1963, S. 121
133 KAISER: [109], S. 182
134 HAMANN: [132], S. 123
135 HAMANN: [132], S. 128f.
136 HAMANN: [132], S. 136, 138
137 HAMANN: [132], S. 141
138 HERDER, JOHANN GOTTFRIED: Sämtliche Werke, hrsg. von *B. Suphan* (Bd. I–XXXII 1877–99; Bd. XXXIII hrsg. von *R. Steig* 1913), Bd. XXXII, 62, S. 252
139 HERDER: [138], Bd. XV, 538, S. 253
140 HERDER: [138], Bd. III, 352, S. 254
141 HERDER: [138], Bd. XXXII, 75, S. 258
142 HALLER: [11], S. 278
143 NEWALD: [42], Bd. 6/1, 1964[4], S. 168f.
144 TRUNZ: [122], Bd. 1, S. 425f.
145 TRUNZ: [122], Bd. 1, S. 187
146 TRUNZ: [122], Bd. 1, S. 412, 445

147 MÜLLER: [12], S. 212
148 TRUNZ: [122], Bd. 1, S. 454f.
149 TRUNZ: [122], Bd. 1, S. 457
150 TRUNZ: [122], Bd. 1, S. 460
151 RASCH, WOLFDIETRICH: Ganymed. Über das mythische Symbol in der Goethezeit. In: Wirkendes Wort, Sonderh. 2, 1954, S. 34
152 LUGOWSKI, CLEMENS: Goethe: Ganymed. In: Interpretationen, hrsg. von J. Schillemeit, Bd. 1: Deutsche Lyrik von Weckherlin bis Benn. Fischer Bücherei, Bücher des Wissens, Bd. 695, 1965, S. 51, 58, 59, 61
153 KOMMERELL: [115], S. 42f.
154 KOMMERELL: [115], S. 45
155 KOHLSCHMIDT: [61], Bd. II, 1965, S. 647
156 WERTHEIM, URSULA u. BÖHM, HANS (Hrsgg.): Schubarts Werke. 1959, S. 16
157 TRUNZ: [122], Bd. 1, S. 427
158 NEWALD: [42], Bd. 6/1, 1964^4, S. 236
159 RASCH, WOLFDIETRICH: Die Zeit der Klassik und frühen Romantik. In: Annalen der deutschen Literatur, hrsg. von H.O. Burger, 1952, S. 465/466
160 WINCKELMANN, JOHANN JOACHIM: Gedancken über die Nachahmung der Griechischen Wercke in der Mahlerey und Bildhauer-Kunst. 1755
161 TIECK, LUDWIG: Kritische Schriften, T. 1. 1898, S. 212
162 HAUSER: [58], S. 119f.
163 WIRSICH-IRWIN, GABRIELE: Klassik. In: Die deutsche Literatur in Text und Darstellung, hrsg. von O.F. Best u. H.-J. Schmitt. Reclams Universal-Bibl., Bd. 9625, 1974, S. 17f.
164 HAUSER: [58], S. 130, 135
165 PICKERODT, GERHART in: Epochen der deutschen Lyrik, hrsg. von W. Killy. Bd. 6: Gedichte 1770–1800. dtv, Wiss. Reihe, Bd. 4020, 1970, S. 7
166 LICHTENBERG, HENRI: Goethe. 1949, S. 85
167 GOETHE, JOHANN WOLFGANG v.: Über Kunst und Altertum, Bd. 3, H. 1, 1821. In: Weimarer Ausg., Bd. XLI, S. 63
168 SCHILLER, FRIEDRICH v.: Werke, hrsg. von E. Ackerknecht. Bd. 2: Über naive und sentimentalische Dichtung. 1953, S. 642
169 SCHILLER: [168], S. 656
170 KOHLSCHMIDT: [61], Bd. II, 1965, S. 802f.
171 GOETHE, JOHANN WOLFGANG v.: Über die einfache Nachahmung der Natur, Manier, Stil. In: [122], Bd. 12, S. 34
172 VIËTOR, KARL: [32], S. 155
173 TRUNZ: [122], Bd. 1, S. 524f.
174 KLEIN: [17], S. 320
175 TRUNZ: [122], Bd. 7, S. 695
176 MAYNC, HARRY (Hrsg.): Goethe. Wilhelm Meisters theatralische Sendung. Nach der Schultheß'-schen Abschrift. 1911, S. XXIX
177 GOETHE, JOHANN WOLFGANG v.: Noten und Abhandlungen zu besserem Verständnis des west-östlichen Divans. In: [122], Bd. 2, S. 197
178 TRUNZ: [122], Bd. 2, S. 559
179 KOHLSCHMIDT: [61], Bd. III, 1974, S. 668
180 TRUNZ: [122], Bd. 1, S. 428f.
181 VIËTOR: [32], S. 156
182 KLEIN: [17], S. 386
183 In: MÜLLER, WOLFGANG (Hrsg.): Lieder und Gedichte aus vier Jahrhunderten, mit einem Nachwort von H. Lützeler. 1953, S. 234/235
184 KOHLSCHMIDT: [61], Bd. III, 1974, S. 172

185 KLEIN: [17], S. 326
186 TRUNZ: [122], Bd. 1, S. 538
187 BEISSNER, FRIEDRICH u. SCHMIDT, JOCHEN (Hrsgg.): Hölderlins Werke und Briefe. 1969, Bd. III, S. 8f.
188 KOHLSCHMIDT: [61], Bd. III, 1974, S. 186, 187
189 KOHLSCHMIDT: [61], Bd. II, 1965, S. 740
190 Reallexikon der Deutschen Literaturgeschichte. 1. Bd. 1958, S. 333
191 KOHLSCHMIDT: [61], Bd. III, 1974, S. 671
192 TRUNZ: [122], Bd. 1, S. 707
193 MEINECKE, FRIEDRICH: Schillers „Spaziergang". In: Interpretationen, hrsg. von *J. Schillemeit*, Bd. 1: Deutsche Lyrik von Weckherlin bis Benn. Fischer Bücherei, Bücher des Wissens, Bd. 695, 1965, S. 100
194 MEINECKE: [193], S. 112
195 WIRSICH-IRWIN: [163], S. 145f.
196 KORFF, HERMANN-AUGUST: Geist der Goethezeit. 1949, Bd. III, S. 465/466
197 KLEIN: [17], S. 398
198 TRUNZ: [122], Bd. 1, S. 583
199 TRUNZ: [122], Bd. 1, S. 573
200 GOETHE, JOHANN WOLFGANG v.: Erläuterungen eigener Gedichte. In: [122], Bd. 1, S. 304f.
201 STRICH, FRITZ: Schiller. Sein Leben und sein Werk. o.J., S. 304, 305
202 TRUNZ: [122], Bd. 1, S. 632, 633
203 TRUNZ: [122], Bd. 1, S. 540f.
204 STRICH, FRITZ: [201], S. 338
205 VIËTOR, KARL: Goethe. 1949, S. 158
206 KOHLSCHMIDT: [61], Bd. III, 1974, S. 818
207 TRUNZ: [122], Bd. 1, S. 591
208 FRICKE, GERHARD u. KLOTZ, VOLKER: Geschichte der deutschen Dichtung. 1962[9], S. 199
209 SCHLEGEL, AUGUST WILHELM: Vorlesungen über schöne Litteratur und Kunst (1801/04); 5. Vorlesung. Kritische Schriften und Briefe, hrsg. von *E. Lohner*, 1964, Bd. 3
210 FRICKE: [208], S. 203
211 KOHLSCHMIDT: [61], Bd. III, 1974, S. 92f.
212 SCHELLING, FRIEDRICH WILHELM v.: Über das Verhältnis der bildenden Künste zur Natur (1807). Sämtliche Werke 1860, Bd. 7
213 SCHLEIERMACHER, FRIEDRICH: Reden über die Religion an die Gebildeten unter ihren Verächtern. 1. Rede: Sinn und Geschmack fürs Unendliche. 1799. Reclams Universal-Bibl., Bd. 8313/15
214 FRICKE: [208], S. 224
215 MAGON, LEOPOLD (Hrsg.): Friedrich Rückert. Gedichte. 1926, S. VII
216 KOHLSCHMIDT: [61], Bd. III, 1974, S. 308
217 ENZENSBERGER, HANS MAGNUS: Clemens Brentano. In: Triffst du nur das Zauberwort, hrsg. von *J. Petersen*, 1961, S. 85f. (Vgl. auch: ENZENSBERGER, Brentanos Poetik. Diss. 1961)
218 FRIEDRICH, HUGO: Die Struktur der modernen Lyrik. rde Bd. 25, 1977[8], S. 50
219 ALEWYN, RICHARD: Clemens Brentano: ‚Der Spinnerin Lied'. In: Interpretationen, hrsg. von *J. Schillemeit*, Bd. 1: Deutsche Lyrik von Weckherlin bis Benn. Fischer Bücherei, Bücher des Wissens, Bd. 695, 1965, S. 157f.
220 KLEIN: [17], S. 457
221 WILKE, JÜRGEN: Vom Sturm und Drang bis zur Romantik. In: Geschichte der politischen Lyrik in Deutschland, hrsg. von *W. Hinderer*, 1978, S. 169
222 KLEIN: [17], S. 453
223 KLEIN: [17], S. 468
224 KOHLSCHMIDT: [61], Bd. III, 1974, S. 376
225 KOHLSCHMIDT: [61], Bd. III, 1974, S. 377

226 Zitiert bei KOHLSCHMIDT: [61], Bd. III, 1974, S. 337
227 KOHLSCHMIDT: [61], Bd. III, 1974, S. 337
228 RITTER, HEINZ: Novalis' Hymnen an die Nacht. In: Euphorion, Bd. 52, H. 2, 1958, S. 114f.
229 MÖNCH: [38], S. 175
230 MÖNCH: [38], S. 15, 16

Register

Fetter Druck bezieht sich auf **Schwerpunkte** im Text — Schrägdruck *(Kursivdruck)* auf **Tabellen** und **Abbildung**.

A. Namenregister
mit Lebensdaten

Abschatz, Hans Erasmus Assmann Frh. v. (1646–99) *34*
Addison, Joseph (1672–1719) 100, 127, *127*
Adelung, Johann Christoph (1732–1806) 31
Albert, Heinrich (1604–51) 26, 33, *34*, 53
Alciatus, Andreas (auch: Andrea Alciato oder Alciati; 1492–1550) 15
Alighieri ↗ Dante
Alkaios (* ~ 620 v. Chr.) 37, 46
Anakreon (~ 580[?] – ~ 495 v.Chr.) 119, *120*, 124, 140
Angelus Silesius (eig. Johann Scheffler; 1624–77) 17, 66, **77**, 84, **85f**, 269
Ariost[o], Ludovico (1474–1533) 269
Aristoteles (384–322 v.Chr.) 102, 206
Arminius (auch fälschlich: Hermann [der Cherusker]; ~ 17 v.–19 n.Chr.) 139, *141*, 150
Arndt, Ernst Moritz (1769–1860) *264*, 266, **273f**
Arnim, Achim v. (eig. Ludwig Joachim v.A.; 1781–1831) *264*, 265, 266, **269**
Arnim, Bettina (eig. Elisabeth) v. (geb. Brentano; Ps. St. Albin; 1785–1859) 262, *264*
Arnold, Gottfried (1666–1714) **90**
Augustin[us], Aurelius (354–430) 83

Bach, Johann Sebastian (1685–1750) 89

Balde, Jakob (1604–68) 19, *25*, **87**
Batteux, Abbé Charles (1713–80) 101, **102**, 107
Baumgarten, Alexander (1714–62) **102**, 104, **105**, 179
Beethoven, Ludwig van (1770–1827) 158, 261
Behrisch, Ernst Wolfgang (1738–1809) **182f**
Berkeley, George (1685–1753) 96
Bernhard von Clairvaux (~ 1090–1153) 83
Besser, Johann v. (1654–1729) *25*, 91, **92**
Birken, Siegmund v. (eig. Betulius; Ps. Floridan; 1626–81) 18, **31**, 33, *34*, **67**, **81**, 91
Boccaccio, Giovanni (1313–75) 269
Bodmer, Johann Jakob (1698–1783) 100, **101**, 104, **105**, 114, 124, 125, 133, 134, 181
Böhme, Jakob (1575–1624) 77, **84**, 86, 269
Boie, Heinrich Christian (1744–1806) 139, *172*
Boileau-Despréaux, Nicolas (1636–1711) *25*, 31, 73, **91**, **101f**, 103, 201
Bonaventura (eig. Johannes Fidanza, gen. doctor seraphicus; 1221–74) 83
Bouchet, François (1703–70) 119
Brawe, Joachim Wilhelm v. (1738–58) 133
Brecht, Bertolt (1898–1956) 76, *127*
Brehme, Christian (1613–67) 76
Breitinger, Johann Jakob (1701–76) 100, **101**, 104, **105**, 114, 133, 134

Breitkopf, Bernhard Theodor (1719–94) *121*, 182
Brentano, Bettina ↗ Arnim, B. v.
Brentano, Clemens (Ps. Maria; 1778–1842) 262, *264*, **265**, 266, **269**, **270ff**, **275f**, 277, **279f**
Brentano, Sophie ↗ Mereau, S.
Brion, Friederike (1752–1813) 183, **185ff**, 190, 199
Brockes, Barthold Hinrich (1680–1747) 76, 100, **108–111**, *108*, 114, 116, 137, 161, 178, 188
Buchner, August (1591–1661) **31**
Bürger, Gottfried August (Ps. Jocosus Hilarius; 1747–94) 128, 158, 163, **166–171**, 172, 174, 194, 195
Burckhardt, Jacob Christoph (1818–97) 11

Calvin, Johann (eig. Jean Cauvin; 1509–64) 19, 41, 78
Camerarius, Joachim (eig. J. Kammermeister; 1500–74) *16*
Camões, Luis Vaz de (1525–80) 269
Canitz, Friedrich Rudolf Ludwig Frh. v. (1654–99) *25*, 91
Carl August, Herzog von Sachsen-Weimar (1757–1828) 199, 200, 216, 221
Catull[us], Gaius Valerius (~ 84 – ~ 54 v.Chr.) **162**, 235f

Cervantes

Cervantes Saavedra, Miguel de (1547–1616) 269
Chamisso, Adelbert v. (eig. Louis Charles Adelaide de Ch. de Boncourt; 1781–1838) 21, *264*, **277f**
Claudius, Matthias (Ps. Asmus, Wandsbecker Bote; 1740–1815) *121*, **163–166**, 180
Cramer, Johann Andreas (1723–88) 107, *143*, 152
Creuzer (Creutzer), Friedrich (1771–1858) 246
Czepko von Reigersfeld, Daniel (1605–60) 18, *34*, 35, 77

Dach, Simon (1605–59) 26, **33**, *34*, **53f**, 66, 90, 180, 269
Dalberg, Wolfgang Heribert Frh. v. (1750–1806) 234
Dante Alighieri (1265–1321) 22, 269, 278
De Bèze (Beza), Théodore (1519–1605) **19**, *25*, 41
Derham, William (1702–57) 109
Descartes, René (1596–1650) 12, 96, 98
Desportes, Philippe (1546–1606) 38, 50
Diderot, Denis (1713–84) 133
Dryden, John (1631–1700) 102
Dürer, Albrecht (1471–1528) 262

Ebert, Johann Arnold (1723–95) 139, *141*, 150
Eckart (Eckhart, Eckehart; gen. Meister E.; ~1260–1328) **83f**
Eichendorff, Joseph Frh. v. (1788–1857) *264*, **266**, 269, **272f**, 275, **276f**, 279
Empedokles (~490–~430 v.Chr.) 73
Enzensberger, Hans Magnus (*1929) 271
Eriugena, Johann Scotus (~810–~877) 83

Eschenburg, Johann Joachim (Ps. August Friedrich Ursinus; 1743–1820) **107**
Estienne, Henri (Henricus Stephanus; 1531–98) 119

Fabricius, Johann Adolph (1668–1736) 109
Fichte, Johann Gottlieb (1762–1814) 200, 203, 211, 261, **263**, *264*
Fidanza, Johannes ↗ Bonaventura
Fielding, Henry (1707–54) 174
Finckelthaus, Gottfried (Ps. Greger Federfechter von Lützen; 1614–48) *34*
Flem[m]ing, Paul (1609–40) *25*, **33**, *34*, 35, **54f**, **59ff**, 63, 94, 144
Fontane, Theodor (1819–98) **127**
Fouqué ↗ La Motte-Fouqué
Franck, Johann (1618–77) 90
Francke, August Hermann (1663–1727) **132**
Friedrich, Caspar David (1774–1840) 261
Friedrich II., König von Preußen (gen. F. der Große, der Alte Fritz; 1712–86) **98**, 114, **126**, 128, 144, 168, **204**
Friedrich V., König von Dänemark (1723–66) *141*
Friedrich Wilhelm I., König von Preußen (1688–1740) 98
Friedrich Wilhelm II., König von Preußen (1744–97) 204
Frisi, Paolo (1727–84) 178

Galilei, Galileo (1564–1642) 98
Geibel, Emanuel (1815–84) 158
Gellert, Christian Fürchtegott (1715–69) 104, 105, **107, 118**
Gemmingen-Hornberg, Otto Heinrich Frh. v. (1755–1836) 114

George, Stefan (1868–1933) 21, 244
Gerhardt, Paul (1607–76) **88f**, 163
Gerstenberg, Heinrich Wilhelm v. (1737–1823) 104, **106**, 107, *121*, 139, 174, **175f**
Gessner, Salomon (1730–88) 107, 111, 114, 139
Giseke, Nikolaus Dietrich (1724–65) 118, *141*, 150
Gleim, Johann Wilhelm Ludwig (1719–1803) 104, 107, 114, *120*, 121, *121*, 122, **124–128**, *127*, **129f**, 139, *141*, 148, 162, 166, 187, 188, 203, 223
Glykon (6./7.Jh.v.Chr.[?]) 149
Görres, Johann Joseph v. (Ps. Peter Hammer; 1776–1848) 246, *264*, 265
Goethe, Johann Wolfgang v. (1749–1832) 13, 22, 60, 76, 95, 103, 111, 112, 113, 118, *121*, 122, *127*, 128, 129, 139, **159**, 161, 166f, 171, **173, 174, 175,** 178, **180–189**, 190, **191–196, 197ff**, 200, 201, 202, 203, **204f**, 206, 207, **208f**, 210, 211, **212–221**, 222, 223, 224, **229ff, 235–238,** 239, 240, **244–247, 248f, 250–253,** 255, **256–259,** 269, 271, 285
Götz, Johann Nikolaus (1721–81) *120*, *121*, **131,** 140
Goldsmith, Oliver (1728–74) 174
Góngora y Argote, Luis de (1561–1627) *25*
Gontard, Susette (1769–1802) 211
Gottsched, Johann Christoph (1700–66) **28,** 31, 40, 91, 95, 99, 101, 102, **103–106,** 114, *120*, 133, 135, 201
Gottsched, Luise Adelgunde Victorie (geb. Kulmus; gen. Gottschedin; 1713–62) 103, *127*
Gray, Thomas (1716–71) 157

Greflinger, Georg (Ps. Seladon; ~1620 – ~1677) *34*
Greiffenberg, Catharina Regina v., Freiin v. Seyssenegg (1633 – 94) 33, *34*, **63f**, 86
Grimm, Jacob Ludwig Karl (1785 – 1863) 31, *264*, 265
Grimm, Wilhelm Karl (1786 – 1859) 31, *264*, 265
Grimmelshausen, Hans Jakob Christoffel v. (~1622 – 1676) 12, 67, 269
Groote, Geert (auch: Gerhard Groot; 1340 – 84) 84
Groth, Klaus Johann (1819 – 99) *127*
Gryphius, Andreas (eig. A. Greif; 1616 – 64), 14, 17, 18, *25*, 32, *34*, 35, **38**, **39**, **40**, **41f**, **48f**, **61ff**, 64, 66, 69, **75**, **78**, 79, **87**, 90
Gryphius, Christian (1649 – 1706) *34*, 35
Guarini, Giovanni Battista (1538 – 1612) *25*, **57**, 269
Günderode, Karoline v. (Ps. Tian; 1780 – 1806) 262
Günther, Johann Christian (1695 – 1723) *25*, 91, **94f**, 114, 269

Hafis (Hāfez; eig. Châdjé Shamsö' d-Dîn Mohammad; 1326 – 90) 218, 256, **285**
Hagedorn, Friedrich v. (1708 – 54) 107, 118, *120*, *121*, **122f**, 128, **129**, 137, 187, 234
Hagelstange, Rudolf (*1912) 285
Haller, Albrecht v. (1708 – 77) 76, 108, *108*, **111 – 114**, **116ff**, 133, 158, 159, 178, 188, 229
Hamann, Johann Georg (1730 – 88) 134, 163, 175, **177ff**, 180, 191, 200
Hammer-Purgstall, Joseph Frh. v. (1774 – 1856) 285
Hardenberg, Karl August Fürst v. (1750 – 1822) 263
Harsdörf[f]er, Georg Philipp (Ps. Strefon u.a.; 1607 – 58) **31**, 32, 33, *34*, **38**, **55**, 66, 67, **80**

Has[s]ler, Hans Leo (1564 – 1612) 20, **23**, *25*, *34*, 70
Hauff, Wilhelm (Ps. H. Clauren; 1802 – 27) *264*, **266f**
Haydn, Joseph (1732 – 1809) 109
Heermann, Johannes (1585 – 1647) 88
Hegel, Georg Wilhelm Friedrich (1770 – 1831) 262
Heine, Heinrich (1797 – 1856) 93, 137, 277
Heinrich VI., dt. König (1165 – 1197) *142*, 148
Heinrich der Vogler (13.Jh.) *127*, *141*, *142*, 144
Heinsius, Daniel (1580 – 1655) *25*, 29
Heißenbüttel, Helmut (*1921) **154**
Hellingrath, Norbert v. (1888 – 1916) 233
Hemricus Stephanus ↗ Estienne
Herder, Johann Gottfried (1744 – 1803) 103, 106, 107, 128, 134, 139, 140, 163, 164, 166, 167, 171, 172, 173, 174, 175, 176, 177, **178ff**, 181, **185**, 191, 194, 198, 200, 202, **203**, 217, 218, 232, 244, 252, **258**, 269, **279**
Hermann der Cherusker ↗ Arminius
Herz, Henriette (1764 – 1847) 262, *264*
Hessus, Helius Eobanus (eig. Eoban Koch; 1488 – 1540) 60
Hobbes, Thomas (1588 – 1679) 12
Ho[e]ck, Theobald (Ps. Otheblad Ockh; 1573 – n.1618) **26f**, 30, *34*
Hölderlin, Johann Christian Friedrich (1770 – 1843) 157, 200, 203, **210f**, 212, **222f**, **224 – 229**, **231ff**, 235, **242ff**, 244, 250, 256, 263, 265, 269, 280
Hölty, Ludwig Christoph Heinrich (Ps. Town der Sittenrichter; 1748 – 76) 118, 139, 140, **154**, **157f**, **162**, 166, 173, 211

Hoffmann, Ernst Theodor Amadeus (eig. E. Th. Wilhelm H.; 1776 – 1822) *264*
Hofmannsthal, Hugo v. (Ps. Theophil Morren, Loris Melikow; 1874 – 1929) 21
Hofmannswaldau, Christian v. (eig. Chr. Hofmann von Hofmannswaldau; 1617 – 79) 18, *25*, *34*, 35, 36, 38, **39**, **41**, **42f**, **56f**, **64ff**, 67, **70ff**, **78f**, 91
Holbach, Paul Heinrich Dietrich v. (1723 – 89) 96
Holz, Arno (1863 – 1929) 82
Homer[os] (8.Jh.v.Chr.[?]) 116, 140, 180, 185, 210
Horaz (Quintus Horatius Flaccus ; 65 – 8 v.Chr.) 29, 67, 73, 87, 101, 116, **120**, 128, 136, 138, 140, 191
Howard, Henry, Earl of Surrey (1517 – 47) 133
Humboldt, Caroline v. (1766 – 1829) 262
Humboldt, Wilhelm Frh. v. (1767 – 1835) **238**, 263, 282
Hume, David (1711 – 76) 96

Ibykus (Ibykos; 6.Jh.v.Chr.) 253f

Jacobi, Friedrich Heinrich (1743 – 1819) **202**, 203
Jahn, Friedrich Ludwig (1778 – 1852) 274
Jean Paul (eig. Johann Paul Friedrich Richter; 1763 – 1825) 200
Johannes (Janus) Secundus (auch: Johannes Nicolai Everardi [Everaerts]; 1511 – 36) 235

Kalb, Charlotte v. (1761 – 1843) 211
Kant, Immanuel (1724 – 1804) 95, **96f**, 178, 200, **203**, **205ff**, 259, 261

Karl Eugen, Herzog von Württemberg (1728—93) 196
Kaufmann, Christoph (1753—95) 171
Kepler, Johannes (1571—1630) 98
Kerner, Justinus Andreas Christian (Ps. Schattenspieler Luchs; 1786—1862) 158, *264*, **266f**
Klaj, Johann (gen. Clajus der Jüngere; 1616—56) *25, 33, 34*, 37, **55f**, 66, **80**
Kleist, Ewald Christian v. (1715—59) 108, *108*, **114ff**, 118, 126
Kleist, Heinrich Wilhelm v. (1777—1811) 200, 263, *264*, 265, **266**
Klinger, Friedrich Maximilian v. (1752—1831) 171, 172
Klopstock, Friedrich Gottlieb (1724—1803) 46, 60, 76, **101**, 104, **105f**, 107, 111, 124, 125, 127, *127*, 128, 132, 133, **134—138**, 139, **140—145**, *141—143*, **146—154**, **155ff**, 158, **159ff**, 172, 173, 174, **175**, 176, 178, 180, 181, 182, 186, 187, 188, **191**, 196, 203, 209, 211, 213, 223, 224, 234, 235, 236
Knorr von Rosenroth, Christian Frh. (1636—89) 90
König, Johann Ulrich v. (1688—1744) *25*, 91
Körner, Christian Gottfried (1758—1831) 233
Körner, Karl Theodor (1791—1813) 233, *264*, 266, **275**
Konfuzius (Konfutse; Kungtzu; 551—479 v.Chr.) 259
Kopernikus (Copernicus), Nikolaus (1473—1543) 98
Kühn, Sophie v. (1782—97) **280**
Kuhlmann, Quirinus (1651—89) **86**

La Motte-Fouqué, Friedrich Frh. de (Ps. Pellegrin; 1777—1843) *264*, 265, 266, 279

Lachmann, Karl (1793—1851) *264*
Lamettrie, Julien Offroy de (1709—51) 96
Lange, Samuel Gotthold (1711—81) **107**, 120, **134**, 138, 159
Lasso, Orlando di (Orlandus Lassus; ~1532—94) 19
Lauremberg, Johann (Ps. Hans Willmsen, L. Rost; 1590—1658) 26
Lavater, Johann Kaspar (1741—1801) 191
Leibniz, Gottfried Wilhelm (1646—1716) **96**, 97, 103, 108, 114, 173
Leisewitz, Johann Anton (1752—1806) 167
Lenau, Nikolaus (eig. Nikolaus Franz Niembsch, Edler von Strehlenau; 1802—50) 158
Lenz, Jakob Michael Reinhold (1751—92) 171, 173, **187, 190**
Leopardi, Giacomo (1798—1837) 22
Lessing, Gotthold Ephraim (1729—81) 98, 99, 104, 105, 107, 113, 114, **116**, 118, *121*, **124**, 133, 135, 139, 172, 187, 201, 202, 258, 259
Levetzow, Ulrike Freiin v. (1804—99) 209, 235, **237f**
Levin, Rahel ↗ Varnhagen van Ense
Lobwasser, Ambrosius (1515—85) **19f**, 25, *25*
Locke, John (1632—1704) 96, 105
Logau, Friedrich Frh. v. (Ps. Salomon v. Golaw; 1604—55) 32, *34, 78*
Lohenstein, Daniel Casper v. (eig. Daniel Casper; 1635—83) 17, 18, *25, 34*, 35, 36, 57, **76**, 79, 91, 111
Lucrez (Titus Lucretius Carus; ~95—55 v.Chr.) 73
Ludwig XV., König von Frankreich (gen. der Vielgeliebte; 1710—74) 98
Luise Auguste Wilhelmine Amalie, Königin von Preußen (1776—1810) *141*, 266

Lund, Zacharias (1608—67) *34*
Luther, Martin (1483—1546) 18, 41, 78, 84, 88, 101, 139, **191**

MacPherson, James (1736—96) **174f**, 176, 178, 180, 210, 211
Männling, Johann Christoph (1658—1723) *34*
Maria Theresia, dt. Kaiserin (gen. M. Th. von Österreich; 1717—80) 98
Marino, Giambattista (auch: G. Marini; 1569—1625) *25*, 42, 56, 64, 108
Marot, Clément (1496—1544) 19, *25*
Martial[is], Marcus Valerius (~40—~102) 78, 118, 256, **257**
Matthisson, Friedrich v. (1761—1831) 133, 157, **158**
Mayfart, Johann Matthäus (1590—1642) 88
Meister Eckart ↗ Eckart
Melissus, Paulus (eig. Paul Schede; 1539—1602) **19**, *25*
Ménage, Gilles (1613—92) 129
Mereau, Sophie (später: S. Brentano; 1770—1806) 262
Miller, Johann Martin (1750—1814) **146**
Milton, John (1608—74) 102, 133
Möser, Justus (Ps. M. O. Riese; 1720—94) 178
Mombert, Alfred (1872—1942) 76
Montesquieu, Charles de Secondat, Baron La Brède et de (1689—1755) 96
Morgenstern, Christian (1871—1914) 82
Morhof, Daniel Georg (1639—91) **31**, 59, 82, 87
Mühlpfort, Heinrich (1639—81) *34*, 35
Müller, Friedrich (gen. Maler Müller; 1749—1825) 172

Napoleon I., Kaiser von Frankreich (eig. Napoleone Buonaparte; 1769–1821) 204, 211, 262, 263, 266, 273
Neukirch, Benjamin (1665–1729) *34,* 35, 38, 57, **91**
Newton, Sir Charles Thomas (1816–94) 98, 108
Nicolai, Philipp (1556–1608) 88
Nietzsche, Friedrich Wilhelm (1844–1900) 244
Novalis (eig. Georg Philipp Friedrich Frh. v. Hardenberg; 1772–1801) 262, **263f**, *264,* **265**, 268, **269f**, 275, **280f**

Oeser, Adam Friedrich (1717–99) 182, 205
Omeis, Magnus Daniel (Ps. Damon; 1646–1708) **31**, 82
Opitz (von Bobersfeld), Martin (1597–1639) 17, 18, 20, 24, *25,* 26, **27–31**, 32, 33, *34,* 35, 36, 43, **44ff**, **48**, 51, 53, 54f, **57f**, 59, 64, **66**, **67**, 69, **74f**, 76, 79, **82**, 87, 90, 103, 135, 180, 181, 269
Orlando di Lasso ↗ Lasso
Ossian ↗ MacPherson
Ovid (Publius Ovidius Naso; 43 v.Chr. – ~18 n.Chr.) 70, 73, **140**, 155, 235

Parmenides (~540 – ~480 v.Chr.) 73
Paul ↗ Jean Paul
Percy, Thomas (1729–1811) *127,* 166, 167, **174,** 180, 194
Petrarca, Francesco (1304–74) 22, *25,* 28, 141, 149, 269, 273
Pindar[os] (~518–438 v.Chr.) **44, 46,** 48, 63, 136, 159, 176, 191, 215
Platen, August v. (eig. A. Graf v. Platen-Hallermünde; 1796–1835) 21, *264,* 266, **268**, 273, 275, 278, 279, 282, **283**, **285**

Platon (427–347 v.Chr.) 174, 211
Plotin (~205–270) 83
Pope, Alexander (1688–1744) **109**, 132
Properz (Propertius), Sextus (~50 – ~15 v.Chr.) 66, 67, **140**, 235f
Pufendorf, Samuel v. (Ps. Severinus de Monzambano; 1632–94) **97**
Pyra, Immanuel Jakob (1715–44) *108,* 120, 124, **134**, 138, 159

Ramler, Karl Wilhelm (1725–98) 126, 139, **140**, 162
Ranchin, J. Ch. (1665–1736) **129**
Regnart, Jacob (~1540–99) **20f**, **22f**, *25, 34,* 70
Rettenbacher (Rettenpacher), Simon (1634–1706) *87*
Richardson, Samuel (1689–1761) 133, 174, 201
Rilke, Rainer (René) Maria (1875–1926) 157, 244, 283
Rinckart (Rinckhart, Rinkart), Martin (1586–1649) 88
Rist, Johann (1607–67) 18, 32, **33**, *34,* 90, 108
Roberthin, Robert (1600–48) *34,* 53
Ronsard, Pierre de (1524–85) 18, 24, *25,* 29, 46, **52f**, 120
Rousseau, Jean-Jacques (1712–78) 96, 112, 133, **175, 178**, 201, **207**
Rückert, Friedrich (Ps. Freimund Raimar; 1788–1866) 21, 76, *264,* 266, **267f**, 273, 275, 278, 279, **282**, 283, 285
Runge, Philipp Otto (1777–1810) 261, 279
Ruysbroe[c]k (Ruisbroe[c]k, Ru[u]sbroec), Jan van (1293–1381) 84

Sachs, Hans (1494–1576) 181, **198**

Sackville, Thomas (1536–1608) 133
Sappho (* ~612 v.Chr.) 46, 140
Scaliger, Julius Caesar (eig. Bordone della Scala; 1484–1558) *25,* 29
Schallenberg, Christoph Dietrich v. (1561–97) **21f**, *34*
Schede ↗ Melissus
Scheffler, Johann ↗ Angelus Silesius
Schein, Johann Hermann (1586–1630) 20, **23f**, *25, 33, 34,* 70
Schelling, Caroline v. (1763–1809) 262, *264*
Schelling, Friedrich Wilhelm Joseph v. (1775–1854) 211, 232, **261**, 262, *264,* 265
Schenkendorf, Max v. (1783–1817) *264,* 266, **274**
Schiller, Johann Christoph Friedrich v. (1759–1805) 76, 97, 111, 158, 167, 171, 172, 173, 196, 200, 201, 202, 203, **204f**, **207**, **209f**, 211, 212, 218, **222**, 224, 229, 233, **235**, **236**, 237, **239ff**, 244, **247f**, **250**, **253ff**, **256–259**, 261, 266, 275
Schirmer, David (~1623–83) *34*
Schlegel, August Wilhelm v. (1767–1845) 73, 105, 248, **260**, **263**, *264,* 265, **269**, 273, 279, **282**, 283
Schlegel, Caroline ↗ Schelling, C. v.
Schlegel, Dorothea v. (1763–1839) 262, *264*
Schlegel, Friedrich v. (1772–1829) 105, 203, 246, **261**, 262, **263**, *264,* 265, 266, 279
Schlegel, Johann Adolf (Ps. Hanns Görg; 1721–93) 104, **105**
Schlegel, Johann Elias (1719–49) 104, **105**
Schleiermacher, Friedrich Ernst Daniel (1768–1834) **261**, *264,* 265
Schoch, Johann Georg (1634 – ~1690) *34,* **42**

Schönborn, Gottlieb Friedrich Ernst (1737–1813) 175
Schönemann, Lili (eig. Anna Elisabeth Sch.; 1758–1817) **212f**
Schönkopf, Anna (Annette) Katharina (Kätchen) (1746–1810) 182, 183
Schopenhauer, Johanna (1766–1838) 262, *264*
Schottel[ius], Justus Georg (1612–76) **31**
Schubart, Christian Friedrich Daniel (1739–91) *127*, 128, 171, 172, **196f**, 204
Schubert, Franz (1797–1828) 261
Schütz, Heinrich (Henricus Sagittarius; 1585–1672) 53
Schultheß, Barbara (Bärbe; 1745–1818) 216
Schumann, Robert (1810–56) 261
Schwab, Gustav (1792–1850) 158, *264*, **266f**
Scotus, Eriugena ↗ Eriugena
Seuse (Suso), Heinrich (~1295–1366) 84
Shaftesbury, Anthony Ashley Cooper, Earl of (1671–1713) 96, 105, 119, 133, **173f**, 191, **201**, 207
Shakespeare, William (1564–1616) 83, 133, **174**, 175, **178**, 180, 184, 185, 210
Silesius ↗ Angelus Silesius
Spee von Langenfeld, Friedrich (1591–1635) 17, **84f**
Spener, Philipp Jakob (1635–1705) **132**
Spinoza, Baruch (Benedictus) de (1632–1677) 12, 96, **201**, 202, 229
Spitteler, Carl (Ps. Carl Felix Tandem; 1845–1924) 76
Staël, Anne Louise Germaine (1766–1817) 201
Steele, Sir Richard (1672–1729) 100
Stein, Charlotte v. (1742–1827) 194, 199, 208f, **213–216**, 244, 245

Stein, Karl Frh. vom und zum (1757–1831) 263
Sterne, Laurence (1713–68) 174
Stieler, Kaspar v. (Ps. Filidor der Dorfferer; 1632–1707) *34*, **67f**
Stolberg-Stolberg, Christian Graf zu (1748–1821) 139, 140, 157, 196
Stolberg-Stolberg, Friedrich Leopold Graf zu (1750–1819) 139, 140, **155**, 157, **161f**, 196, 211
Strachwitz, Moritz Graf v. (1822–47) *127*
Strauß, David Friedrich (1808–74) 109
Sulzer, Johann Georg (1720–79) 191
Surrey, Earl of ↗ Howard
Svarez (Suarez), Carl Gottlieb (eig. C.G. Schwar[e]tz; 1746–98) 262

Tasso, Torquato (1544–95) 23, 269
Tauler, Johannes (~1300–61) 84
Tersteegen, Gerhard (1697–1769) **132**
Theokrit[os] (~310–~250 v.Chr.) 140
Thomas à Kempis (von Kempen; eig. Th. Hemerken; 1379–1471) 84
Thomasius, Christian (1655–1728) **97**
Thomson, James (1700–48) **109**, 114, 132
Tibull[us], Albius (~54[?]– 19 v.Chr.) 67, **140**, 155, 156, 235f
Tieck, Ludwig (Ps. Gottlieb Färber, Peter Lebrecht; 1773–1853) 21, 201, 262, *264*, 278, 279, **283**
Titz (Titius), Johann Peter (1619–89) *34*, 70, 82f
Trakl, Georg (1887–1914) 81
Tscherning, Andreas (1611–59) *34*, 35

Uhland, Ludwig (1787–1862) 158, *264*, **266f, 283ff**
Uz, Johann Peter (1720–96) 116, 118, *120*, *121*, 139, 140, 159, 234

Varnhagen van Ense, Rahel (geb. Levin; 1771–1833) 262, *264*
Vergil (Publius Vergilius Maro; 70–19 v.Chr.) 29, 67, 73, **140**
Vogl, Johann Nepomuk (1802–66) *127*
Voigtländer, Gabriel (v. 1626–43) *34*
Voltaire, François-Marie (eig. F.-M. Arouet; 1694–1778) 96, 98, 204
Vondel, Joost van den (1587–1679) 25
Voß, Johann Heinrich (1751–1826) 107, 118, 135, **139**, 140, *143*, 148, 157, 172
Vulpius, Christiane (später: Chr. v. Goethe; 1765–1816) 209, 235, **245**

Wackenroder, Wilhelm Heinrich (Ps. Ernst Winter; 1773–98) *264*
Wagner, Heinrich Leopold (1747–79) 171, 173
Walther von der Vogelweide (~1170–~1230) 126, 201
Watteau, Antoine (1684–1721) 119
Weber, Carl Maria v. (1786–1826) 261
Weckherlin, Georg Rudolf (1584–1653) 20, **24**, *25*, 27, 30, *34*, 37, 38f, **46ff, 49–53, 58f, 66f, 68f,** 81, 83, 118
Weinheber, Josef (1892–1945) 244
Weise, Christian (Ps. Catharinus Civilis u.a.; 1642–1708) 25, **31**, 82, **92f**

Weiße, Christian Felix (1726–1804) 139
Werner, Friedrich Ludwig Zacharias (1768–1823) 248, 262
Wernicke, Christian (1661–1725) **79**
Wieland, Christoph Martin (1733–1813) *108*, 133, 140, 172
Willemer, Marianne v. (1784–1860) 209, **218**

Winckelmann, Johann Joachim (1717–68) 182, 200, **202**, 205, 208, 211
Wölfflin, Heinrich (1864–1945) 11
Wolff, Christian v. (1679–1754) 96, 103

Young, Edward (~1683–1765) **132**, *141*, 148, 174, 211

Zesen (Caesius), Philipp v. (Ps. Ritterhold von Blauen; 1619–89) 18, *25*, **31**, 32, **33**, *34*, **40**, 66, 67, **80**, 81, 90, 108
Zi[e]gler und Kliphausen, Heinrich Anshelm v. (1663–96) **70**
Zincgref, Julius Wilhelm (1591–1635) 27, **28**, *34*
Zinzendorf (und Pottendorf), Nikolaus Ludwig Graf zu (1700–60) **132**

B. Werk- und Titel-Register;
Verzeichnis der Gedichtanfänge (=*kursiv*)

Nur bei *mehrmaliger Erwähnung* eines Werkes werden gegebenenfalls Schwerpunkte durch **fetten** Druck der Seitenzahl hervorgehoben.

A sa Maistresse (RONSARD) 52
α und ω (CZEPKO) 77
Abendlied (M. CLAUDIUS) 164
Abendphantasie (HÖLDERLIN) 227f
Abhandlung über den Ursprung der Sprache (HERDER) 178, 180
Abschied (EICHENDORFF) 273
Ach! diese Stätt (BIRKEN) 81
Ach, es ist so dunkel (M. CLAUDIUS) 165
Ach neige, Du Schmerzensreiche (GOETHE) 189
Ach weh! So überschwer (WECKHERLIN) 68f
Adelaide (MATTHISSON) 133, **158**
Aeneis (VERGIL) 133
Aesthetica (BAUMGARTEN) 105
Aesthetica in nuce (HAMANN) 176f
Ästhetiker (KLOPSTOCK) *143*
Ästhetische Schriften (KLOPSTOCK) 135, 137, 138, **175**

Ahnung und Gegenwart (EICHENDORFF) 276
Allgemeines Landrecht (SVAREZ) 262
Als der Sohn unseres Kronprinzen (M. CLAUDIUS) 164
Als Er Sie schlafend funde (FLEMING) 60f
Also muß ich auf immer (KLOPSTOCK) 150
An Belinden (GOETHE) 213
An Benjamin Buwinckhausen von Walmerode (WECKHERLIN) 24, **47**
An Celer (GRYPHIUS) 78
An Cidli (KLOPSTOCK) *141*, 149
An Cramer, den Franken (KLOPSTOCK) *143*, 152
An das Herz (LENZ) 190
An das leydende Angesicht Jesu Christi (GERHARDT) 88f
An den Äther (HÖLDERLIN) 231f
An den Mond (GOETHE) 182, 214

An die Freude (SCHILLER) 97, 229, **233f**
An die Galathee (LESSING) 118
An die Königin von Preußen (H. v. KLEIST) 266
An die nachkommenden Freunde (KLOPSTOCK) *143*, 152
An die Parzen (HÖLDERLIN) 224f
An die Sonne (F.L. v. STOLBERG) 161
An die Sternen (GRYPHIUS) 41f
An Done (KLOPSTOCK) *142*, 144
An Ebert (KLOPSTOCK) *141*, 150
An eine Schläferin (HAGEDORN) 123
An einen Vnschuldig Leidenden (GRYPHIUS) 38
An Essay on Man (POPE) 109
An Fanny (KLOPSTOCK) *141*, 148

An Freund

An Freund und Feind (KLOPSTOCK) *143*
An Giseke (KLOPSTOCK) *141*, 150
An Gleim (KLOPSTOCK) *141*, 148
An Gott (KLOPSTOCK) 136, *141*, 148
An Johann Heinrich Voß (KLOPSTOCK) 135, *143*, 148
An Landauer (HÖLDERLIN) 222
An Leonoren (GÜNTHER) 94
An Meine Dochter / F. Elisabeth Trumbull (WECKHERLIN) 66f
An Schwager Kronos (GOETHE) 191, **192**
An Sie (KLOPSTOCK) 139, *141*, 150
An Tusneldan (GRYPHIUS) 78
An unsre teutsche Poëten (WERNICKE) 79
An Young (KLOPSTOCK) *141*, 148
Anacreons auserlesene Oden (RAMLER) 140
Anakreon (GLEIM) 124
Anakreon: Die Oden (Uz / GÖTZ) *120*, 140
Anakreon, mein Lehrer (GLEIM) 124
Andern Sterblichen schön (KLOPSTOCK) 149
Anfang im Ende (CZEPKO) 77
Anleitung zur deutschen Poeterey (BUCHNER) 31
Annette (GOETHE) *121*, **182**, 184
Anthologie auf das Jahr 1782 (SCHILLER) 210
Archibald Douglas (FONTANE) *127*
Ardi, e gela à tua voglia (TASSO) 23
Aristarchus (OPITZ) 27
Ars amatoria (OVID) 73
Ars poetica (HORAZ) 29, 73, 101
Astrotheology (DERHAM) 109
Athenaeum 203, **263**, *264*, 280
Auch das Schöne muß sterben! (SCHILLER) 241
Auf dem See (GOETHE) 213

Auf den mund (HOFMANNSWALDAU) 39
Auf meine Freunde (KLOPSTOCK) *141*
Auf sein Bild (ZINCGREF) 28
Auff ihre augen (NEUKIRCH) 91
Auff ihre schultern (HOFMANNSWALDAU) 42f
Aufmunterung zur Freude (MILLER) 146
Aufruf (KÖRNER) 275
Aurora (BÖHME) 84
AUrora schön mit jhrem Haar (SCHEIN) 24
Aus dem goldnen Abc der Dichter (KLOPSTOCK) 135
Aus der Vorzeit (KLOPSTOCK) *143*, 149
Ausführliche Arbeit von der Teutschen Haubt Sprache (SCHOTTEL) 31
Auszug aus des Herrn Batteux Schönen Künsten (GOTTSCHED) 102
Auszug aus einem Briefwechsel über Ossian (HERDER) 178, 180

Beförd'rer vieler Lustbarkeiten (HAGEDORN) 122
Berliner Abendblätter *264*
Bey Eröfnung des Feldzuges 1756 (GLEIM) 126
Blüh auf gefrorner Christ (ANGELUS SILESIUS) 77
Blumensträuße (A.W. SCHLEGEL) 269
Bremer Beiträge 155
Briefe die neueste Litteratur betreffend (LESSING) 114
Briefe über Merkwürdigkeiten der Litteratur (GERSTENBERG) 106, **175f**
Briefe zweier Liebender (ROUSSEAU) 133, **175**
Brinn vnd zürne nur (HASLER) 23
Brod und Wein (HÖLDERLIN) 242
Brutus (BRAWE) 133
Buch der Liebe (GOETHE) 220
Buch der Sprüche (GOETHE) **259**

Buch des Paradieses (GOETHE) 220
Buch des Parsen (GOETHE) 220
Buch des Sängers (GOETHE) 218, 220, **258**
Buch Suleika (GOETHE) 220
Buch von der Deutschen Poeterey (OPITZ) 24, *25*, 27f, **29f**, 36, **45**, 46, **48**, 57f, **66, 67**, 76

Campagne in Frankreich (GOETHE) 204
Cherubinischer Wanders-Mann (ANGELUS SILESIUS) 77
Christiane (M. CLAUDIUS) 166
Cidli (KLOPSTOCK) *141*, 144
Cidli, du weinest (KLOPSTOCK) 149
Clarissa Harlowe (RICHARDSON) 133
Claudine von Villa Bella (GOETHE) 195
Cours de belles lettres (BATTEUX) 102
Critische Abhandlung von dem Wunderbaren (BODMER) 105
Critische Betrachtungen über die Poetischen Gemählde Der Dichter (BODMER) 105
Critische Dichtkunst (BREITINGER) 105
Critische Dichtkunst (GOTTSCHED) ↗ Versuch einer Critischen Dichtkunst
Curieuse Gedanken von Deutschen Versen (WEISE) 31, 93

Dafne (OPITZ) 30
Dafnis (HOLZ) 82
Daphne an den Westwind (GLEIM) 125
Das Angenehme dieser Welt (HÖLDERLIN) 223
Das Ende / das du suchst (CZEPKO) 77
Das Gastmahl (PLATON) 211
Das Gewitter (SCHWAB) 267

Das Glück von Edenhall (UHLAND) 267
Das Göttliche (GOETHE) 229, **231**
Das grosse ist im kleinen verborgen (ANGELUS SILESIUS) 77
Das Herz von Douglas (STRACHWITZ) *127*
Das Ideal und das Leben (SCHILLER) 247f
Das ist Lützows wilde Jagd (KÖRNER) 266
Das Landleben (KLOPSTOCK) 138, *142*, **159ff**, 188, 191
DAs Leben so ich führ (WECKHERLIN) 59
Das poetische Genie (KLOPSTOCK) 135
Das Rosenband (KLOPSTOCK) 123, 124, *141*, **144**, 186
Das Schenkenbuch (GOETHE) 285
Das schlafende Mägdchen (KLOPSTOCK) ↗ Das Rosenband
Das Schreien (GOETHE) 182
Das Schweigen (KLOPSTOCK) *143*
Das Sonett (GOETHE) 249f
Das Sonett (A.W. SCHLEGEL) 282
Das ungleiche Verhältnis (GOETHE / SCHILLER) 258
Das verlängerte Leben (KLOPSTOCK) *143*, 149
Das verlorene Paradies (MILTON) 133
Das Wasser rauscht' (GOETHE) 251
Das Wiedersehn (KLOPSTOCK) *127*, 133, 138, *143*, 144, **145**
Das zerbrochene Ringlein (EICHENDORFF) 273
De arte poetica (HORAZ) 29, 73, 101
De imitatione Christi (THOMAS A KEMPIS) 84
De iure naturae et gentium (PUFENDORF) 97
De rerum natura (LUCREZ) 73
Dem aufgehenden Vollmonde (GOETHE) 221
Dem Erlöser (KLOPSTOCK) 138

Dem Unendlichen (KLOPSTOCK) *142*
Den ersten Tag im Monat May (GLEIM) 130
Den Rock von Regen, Wind und Schnee (GÖTZ) 131
Den schwachen Flügel reizet (F.L. v. STOLBERG) 155
Den Teutschen Pegasus (WERNICKE) 79
Denkst du des Schlosses noch (EICHENDORFF) 272
Denn du lässest mich erfahren 49
Der Biedermann 100
Der Bräutigam (GOETHE) 221
Der Cid (HERDER) 279
Der du von dem Himmel bist (GOETHE) 215
Der Eislauf (KLOPSTOCK) 136, *142*
Der Erbarmer (KLOPSTOCK) *142*
Der erste May (GLEIM) 130
Der erste May (HAGEDORN) 129
Der erste Tag im Monat May (HAGEDORN) 129
Der Fischer (GOETHE) *127*, **251**
Der Freiheitskrieg (KLOPSTOCK) *143*, 150
Der Friede (LOGAU) 78
Der frohe Wandersmann (EICHENDORFF) 273
Der Frühling (E. v. KLEIST) *108*, **114ff**
Der für die Sünden der Welt (BROCKES) 108
Der gestirnte Baum (BROKKES) 109f
Der Gott, der Eisen wachsen ließ (ARNDT) 266
Der Gott und die Bajadere (GOETHE) 255
Der Hügel und der Hain (KLOPSTOCK) 139
Der jetzige Krieg (KLOPSTOCK) *143*
Der Jüngling (KLOPSTOCK) *142*, 151
Der Kamin (KLOPSTOCK) *142*
Der Kampf mit dem Drachen (SCHILLER) 253
Der Kühlpsalter (KUHLMANN) 86

Der Küster zu Plumpe (WEISE) 93
Der Lehrling der Griechen (KLOPSTOCK) *141*, 149
DEr Mensch hat nichts so eigen (DACH) 53f
Der Messias (KLOPSTOCK) 134, 148, **155**, 156
Der Mond ist aufgegangen (M. CLAUDIUS) 164
Der Nachahmer und der Erfinder (KLOPSTOCK) *143*
Der Patriot 100
Der Reiter und der Bodensee (SCHWAB) 267
Der Ring des Polykrates (SCHILLER) 253
Der Schuster Franz (LESSING) 118
Der Schweden Außzug (LOGAU) 78
Der Segen (KLOPSTOCK) *143*
Der Spaziergang (SCHILLER) 158, **239ff**, 247
Der Spinnerin Lied (BRENTANO) 271
Der Taucher (SCHILLER) 253
Der Tempel Der Wahren Dichtkunst (PYRA) *108*, 134
Der Tod (KLOPSTOCK) *142*, **165**
Der Tod und das Mädchen (M. CLAUDIUS) 165
Der Umbkraiß ist im Punckt (ANGELUS SILESIUS) 77
Der ungetreue Knabe (GOETHE) 195ff
Der Wandrer (GOETHE) 191
DER Weltraum fernt mich weit von dir (KLOPSTOCK) 145
Der Winter (GISEKE) 118
Der Wirrwarr (KLINGER) 171
Der Würdigste (GOETHE / SCHILLER) 258
Der Zauberlehrling (GOETHE) 253
Der Zürchersee (KLOPSTOCK) *141*, 148, 213
Des Deutschen Vaterland (ARNDT) 273f
Des Knaben Wunderhorn 269
Des Künstlers Vergötterung (GOETHE) 198
Des Menschen Seele gleicht dem Wasser (GOETHE) 230

Des Pfarrers

Des Pfarrers Tochter von Taubenhain (BÜRGER) 171
Des schönen Frühlings Hoffurier (GÖTZ) 131
DEs schweren Krieges Last (OPITZ) 74f
Deutsche Chronik (SCHUBART) 196
Deutsche Geschichte (MÖSER) 178
Deutsche Grammatik (J. GRIMM) 31
Deutscher Nationalcharakter (GOETHE / SCHILLER) 258
Deutscher Sinn-Getichte Drey Tausend (LOGAU) 78
Deutsches Wörterbuch (GRIMM / GRIMM) 31
Dich, verwirret, Geliebte (GOETHE) 245
Dichtung und Wahrheit (GOETHE) 185
Die Allgegenwart Gottes (KLOPSTOCK) 138, *142*
Die Alpen (HALLER) *108*, **111ff**
Die Alster (HAGEDORN) 122
Die Begeisterung (F.L. v. STOLBERG) 161f
Die Blätter vom Wetter sehr lieblichen spielen (KLAJ) 55f
Die Bürgschaft (SCHILLER) 253
Die Christenheit oder Europa (NOVALIS) 269
Die deutsche Gelehrtenrepublik (KLOPSTOCK) 135, 137, **175**
DIe Deutschen haben ein bsonder art (HOCK) 26f
Die Dichtkunst (BOILEAU) 31, 73, **91, 101f**
Die Dichtkunst (HORAZ) 29, 73, 101
Die Engelburg (SCHALLENBERG) 22
Die Erinnerung (KLOPSTOCK) *143*
Die Etats généraux (KLOPSTOCK) *143*, 148
Die Falschheit menschlicher Tugend (HALLER) 114
Die Fischerin (GOETHE) 252
Die frühen Gräber (KLOPSTOCK) *142*, 151, 156, 157
Die Frühlingsfeyer (KLOPSTOCK) 138, *142*, **159ff**, 188, 191

Die Fürstengruft (SCHUBART) 196
Die Geharnschte Venus (STIELER) 67
Die Gestirne (KLOPSTOCK) *142*
Die Göttliche Komödie (DANTE) 21, 278
Die gute Galathee! (LESSING) 118
Die Heimat (EICHENDORFF) 272
Die Heimat (HÖLDERLIN) 226
Die höheren Stufen (KLOPSTOCK) 133, *143*, 146, **153f**
Die Horen **201**, 235, 236, 240
Die Jahreszeiten (THOMSON) 109, 114
Die Jakobiner (KLOPSTOCK) *143*, 148
Die Klage oder Nachtgedanken (YOUNG) 132f
Die Königin Luise (KLOPSTOCK) *141*
Die Kraniche des Ibykus (SCHILLER) 253ff
Die künftige Geliebte (KLOPSTOCK) *141*, 155
Die Landlust (E. v. KLEIST) 114
Die Leiden des jungen Werthers (GOETHE) 159, 173, **193**
Die Lieb ist Leben vnd Tod (WECKHERLIN) 59
DIe Liebe lehrt im finstern gehen (STIELER) 68
Die Liebeskunst (OVID) 73
Die Mainacht (HÖLTY) 154
Die Metamorphose der Pflanzen (GOETHE) 245
Die Nacht (GOETHE) 182
Die Nacht (HÖLDERLIN) 242
Die Natur der Dinge (WIELAND) *108*
Die neue Héloïse (ROUSSEAU) 133, **175**
Die 8. Ode (WECKHERLIN) 47
Die 14. Ode (WECKHERLIN) 52f
Die Oden Davids (LANGE) 107
Die Räuber (SCHILLER) 196, 209, 222
Die V. Römische Elegie (GOETHE) 236

Die schlafende Laura (LESSING) 124
Die schönheit ist ein Blitz (ZESEN) 40
Die Schweden ziehen heim (LOGAU) 78
Die Sommernacht (KLOPSTOCK) *142*, 146, **151f**
Die Sprache (KLOPSTOCK) *143*
Die Sternseherin Lise (M. CLAUDIUS) 166
Die Stunden der Weihe (KLOPSTOCK) *141*, 146, **147**
Die tiefste Erniedrigung (H. v. KLEIST) 266
Die unbekannten Seelen (KLOPSTOCK) *143*
Die vernünftigen Tadlerinnen 100
Die Verwandelten (KLOPSTOCK) *143*, 149
Die Weisheit der Brahmanen (RÜCKERT) 268
Die Welt ist nicht aus Brei (GOETHE) 259
Die Welten (KLOPSTOCK) *142*
Die Zukunft (KLOPSTOCK) *142*
Die Zweige, welche sonst (BROCKES) 109f
Diese Gondel vergleich' ich (GOETHE) 256
Dieses Baums Blatt (GOETHE) 220
DIR nur, liebendes Herz (KLOPSTOCK) 155f
Dis Leben ist ein Kürbs (LOHENSTEIN) 76
Discourse der Mahlern 100
Diß alles ist ein Spiel (ANGELUS SILESIUS) 77
Dithyrambe (SCHILLER) 234f
Dornburger Gedichte (GOETHE) 221
Dreifach ist der Schritt der Zeit (SCHILLER) 259
Dritte Ode [an meinen Freund] (GOETHE) 183
Du edle Keyserin (FLEMING) 60
DV machst dreyhundert vers (GRYPHIUS) 78
Du, o schönes Weltgebäude (FRANCK) 90
Du schöne Tyndaris (OPITZ) 58

Gedichte

Du Schwert an meiner Linken (KÖRNER) 266
Du siehst / wohin du siehst (GRYPHIUS) 40
DV willst sechs Worte nur (GRYPHIUS) 78
Duineser Elegien (RILKE) 157

Edel sei der Mensch (GOETHE) 231
Edone (KLOPSTOCK) *142*, 144
Egmont (GOETHE) 205
Ein brandt pfall vnd ein raadt (GRYPHIUS) 38
EIn Brief aus frembder Luft (HOFMANNSWALDAU) 71f
Ein freies Leben führen wir (SCHILLER) 222
EIN getreues Hertze wissen (FLEMING) 54
Ein Gleiches (GOETHE) 215
Ein Ringel-gedichte (ZESEN) 80
Ein Versuch über den Menschen (POPE) 109
Einsam wandelt dein Freund (MATTHISSON) 158
Einsamkeit (GRYPHIUS) 62f
Elegie (GOETHE) 112, 187, 209, 235, **237f**
Elegie (HÖLDERLIN) 243
Elegie (1747) (KLOPSTOCK) *141*, **155f**
Elegie (1748) (KLOPSTOCK) *141*
Elegie (SCHILLER) 240
Elegie auf ein Landmädchen (HÖLTY) 157
Elegie auf eine Nachtigall (HÖLTY) 162
Elegie, geschrieben auf einem Dorfkirchhof (GRAY) 157
Elegy Written in a Country Churchyard (GRAY) 157
Emblematum liber (ALCIATUS) 15
Empfang mich, schattiger Hain (E. V. KLEIST) 115f
Enthvsiasmvs (BALDE) 87
Epigrammata (GRYPHIUS) 78
Er ist gehorsam (HOFMANNSWALDAU) 41
Er redet die Stadt Moskaw an (FLEMING) 60

Er scheut sich / Katharis Liebe (SCHOCH) 42
Erklärung eines alten Holzschnittes (GOETHE) 198
Erlkönig (GOETHE) 251, **252**
Erlkönigs Tochter 252
Erneuter Schwur (SCHENKENDORF) 274
Erotica Romana (GOETHE)
↗ Römische Elegien
Erstes Rondeau (GÖTZ) 131
Erwache, Friederike (GOETHE) 60, **187**
Erwache, schöne Schläferin (HAGEDORN) 123
Es fallen und falben die Blätter (HARSDÖRFFER / KLAJ) 80
Es geht rund üm (ZESEN) 80
Es hat der Schuster Franz (LESSING) 118
Es ist alles eitel (GRYPHIUS) 40
Es ist schon spät (EICHENDORFF) 276f
Es klingt ein heller Klang (SCHENKENDORF) 266
Es liegt an eines Menschen Schmerz (PLATEN) 285
Es sang vor langen Jahren (BRENTANO) 271
Es schlug mein Herz (GOETHE) 187
Es war, als hätt der Himmel (EICHENDORFF) 273
Es war ein Buhle (GOETHE) 195f
ES wird der bleiche tod (HOFMANNSWALDAU) 65f
Es zogen drei Burschen (UHLAND) 267
EUCH Stunden, grüß ich (KLOPSTOCK) 147
Europa *264*
Ewigklar und spiegelrein (SCHILLER) 247f

Fetter grüne, du Laub (GOETHE) 213
Fingal (MACPHERSON) (↗ a. Ossian-Lieder) 174
Fliegende Blätter 269
Frage (LOGAU) 78
Fragmente altenglischer Lyrik (PERCY) *127*, 167, **174**

Frankreich schuf sich frei (KLOPSTOCK) 150
Freiheit, die ich meine (SCHENKENDORF) 266
Freiheitslied eines Kolonisten (SCHUBART) 196f
Freude, schöner Götterfunken (SCHILLER) 233f
Freundliches Begegnen (GOETHE) 249
Friedensfeier (HÖLDERLIN) 233
Friederike-Lieder (GOETHE) 183, **185ff**, 191
Friedrich der Fünfte (KLOPSTOCK) *141*, 149
Frisch auf, mein Volk! (KÖRNER) 275
Frisch bey der Liebe! (STIELER) 68
Froh empfind' ich mich nun (GOETHE) 236
Froh kehrt der Schiffer heim (HÖLDERLIN) 226
Füllest wieder Busch und Tal (GOETHE) 214
Füllest wieder's liebe Tal (GOETHE) 214
Fulgura non metuo 16
Furcht der Geliebten (KLOPSTOCK) *141*, 149

Gaistliche und Weltliche Gedichte (WECKHERLIN) 24
Galgenlieder (MORGENSTERN) 82
Ganymed (GOETHE) 191, **192f**, 210
Gedancken / Vber den Kirchhoff (GRYPHIUS) 75
Gedanken über die Nachahmung der Griechischen Wercke (WINCKELMANN) 202
Gedanken über Vernunft (HALLER) 114
Gedicht eines Skalden (GERSTENBERG) 176
Gedicht über die Ewigkeit (HALLER) 159
Gedichte aus dem Griechischen übersetzt (CHR. V. STOLBERG) 140
Gedichte nach den Minnesingern (GLEIM) 126

303

Gedichte

Gedichte nach Walter von der Vogelweide (GLEIM) 126
Geh aus / mein hertz (GERHARDT) 89
Geh! Ich reiße mich los (KLOPSTOCK) 150
Geharnischte Sonette (RÜCKERT) 268, **282**
Geistliche Lieder (NOVALIS) 269
Geistliche Oden und Lieder (GELLERT) 107
Geistliche Sonette (GREIFFENBERG) 33, **63f**, 86
Geistliches Blumen-Gärtlein Inniger Seelen (TERSTEEGEN) 132
Geistreiche Sinn- und Schlussreime (ANGELUS SILESIUS) 77
Genius (F.L. v. STOLBERG) 155
Georgica (VERGIL) 73
Germania an ihre Kinder (H. v. KLEIST) 266
Germanien (HÖLDERLIN) 233
Gesang der Geister über den Wassern (GOETHE) 113, 229, **230**
Geschichte der Kunst des Alterthums (WINCKELMANN) 202
Geschichte des Herrn William Lovell (TIECK) 262
Gespräch über die Poesie (F. SCHLEGEL) 263
Gingo biloba (GOETHE) 220
Glauben (LOGAU) 78
Glosse (TIECK) 283f
Godwi (BRENTANO) 275
Göttinger Musenalmanach 139
Götz von Berlichingen (GOETHE) 173
Gorm Grymme (FONTANE) *127*
Got waidet mich (MELISSUS) 19
Gott (HERDER) 202
Gott der Weltschöpfer (UZ) 159
Gott-lobende Frülings-Lust (GREIFFENBERG) 64
GOtt spielt mit dem Geschöpffe (ANGELUS SILESIUS) 77

Gott unterm Menschen (CZEPKO) 77
Grabschrifft eines gehenckten Seilers (GRYPHIUS) 78
Grenzen der Menschheit (GOETHE) 229, **230**
Gründliche Anleitung zur Teutschen accuraten Reim- und Dicht-Kunst (OMEIS) 31
Grundlegung einer Deutschen Sprachkunst (GOTTSCHED) 31, 103
Guerre ouverte (GOETHE / SCHILLER) 257

Hälfte des Lebens (HÖLDERLIN) 222
Hans Sachsens poetische Sendung (GOETHE) 198
Harzreise im Winter (GOETHE) 191
Heidelberg (HÖLDERLIN) 228f
Heidenröslein (GOETHE) 194f
Heilige Seelen-Lust (ANGELUS SILESIUS) 85
Heimweh (EICHENDORFF) 273
Heinrich der Vogler (KLOPSTOCK) ↗ Kriegslied
Helden-Briefe (HOFMANNSWALDAU) 70ff
Heldenbriefe (OVID) 70
Hermann und Thusnelda (KLOPSTOCK) *141*, 150
Heroides (OVID) 70
Herrn von Hofmannswaldau und andrer Deutschen auserlesene und bißher ungedruckte Gedichte (NEUKIRCH) **38**, 57, 91
Hertzliebster Jesu (HEERMANN) 88
Hie ruht das schöne Haupt (HOFMANNSWALDAU) 79
Hier leg ich, teurer Meister (GOETHE) 198
Hier liegt das schöne Kind (FLEMING) 60f
Hier schmieg ich mich (ARNOLD) 90
Hinaus! hinaus ins Ehrenfeld (SCHUBART) 197
Hochdeutscher Helicon (ZESEN) **31**, 33
Hochzeitlied (GOETHE) 253

Hohes Lied 73, 85, 86, 88, **90**
Homeros: Ilias (F.L. v. STOLBERG) 140
Homeros Ilias (VOSS) 140
Homeros Odüßee (VOSS) 140
Horazens Satyren (WIELAND) 140
Hugenottenpsalter (MAROT / DE BÈZE) 19
Hymnen an die Nacht (NOVALIS) 280f

Ich bete an die Macht der Liebe (TERSTEEGEN) 132
Ich danke Gott (M. CLAUDIUS) 165
Ich hatt' einen Kameraden (UHLAND) 267
Ich saug' an meiner Nabelschnur (GOETHE) 213
Ich Schäfer / Baur / Soldat (WECKHERLIN) 83
Jch schliesse das Feld! (HARSDÖRFFER / KLAJ) 80
Ich sehe dich in tausend Bildern (NOVALIS) 270
Ich steh an deiner Krippe hier (GERHARDT) 89
Ich weiß nicht / ob ich euch (NEUKIRCH) 91
Ich will dich lieben (ANGELUS SILESIUS) 86
Ideen (F. SCHLEGEL) 261
Ideen zur Philosophie der Geschichte der Menschheit (HERDER) 203
Idyllen (GESSNER) 111
Jhr lichter die ich nicht auff erden (GRYPHIUS) 41f
Ihr Schlummer (KLOPSTOCK) *141*, 148
Jhr schwartzen Augen (OPITZ) 45
Jhr Teutschen wenn die Lieb (WERNICKE) 79
Im Atemholen (GOETHE) 258
IM Frühlingsschatten fand ich sie (KLOPSTOCK) 144
Im Gegenwärtigen Vergangenes (GOETHE) 218f
Im holden Tal (GOETHE) 213
Im weiten Mantel (GOETHE) 249
Immer strebe zum Ganzen (GOETHE / SCHILLER) 258

304

Marienlied

In des ernsten Tales Büschen (BRENTANO) 279f
IN dieser Einsamkeit (GRYPHIUS) 62f
In Effigiem (ZINCGREF) 28
In einem kühlen Grunde (EICHENDORFF) 273
In seiner Fülle ruhet (HÖLDERLIN) 226f
In seiner Werkstatt Sonntags früh (GOETHE) 198
Iphigenie auf Tauris (GOETHE) 205
Irdisches Vergnügen in Gott (BROCKES) *108,* **108ff**
Jst dieses schnee? (HOFMANNSWALDAU) 42f
Ist nicht heilig mein Herz (HÖLDERLIN) 225

Jagd auf den Cheviotbergen (ADDISON) 127
Jauchzet / Bäume (GREIFFENBERG) 64
Jerusalem du hochgebawte Stadt (MAYFART) 88
JEsu du mächtiger Liebes-Gott (ANGELUS SILESIUS) 85f
Jesu, geh voran (ZINZENDORF) 132
Jetzt mustu blühen (ANGELUS SILESIUS) 77
Johann Miltons Verlust des Paradieses (BODMER) 133
Judith (OPITZ) 30
Jüngst schlich ich meinem Mädchen nach (GOETHE) 182
Julie oder Die neue Héloïse (ROUSSEAU) 133, **175**
Julius von Tarent (LEISEWITZ) 167

Kaiser Heinrich (KLOPSTOCK) *142,* 148
Kaplied (SCHUBART) *127,* 196
Kennet euch selbst (KLOPSTOCK) *143,* 150
Kennst du das Land (GOETHE) 216f
Kindertotenlieder (RÜCKERT) 268

Kleine Blumen, kleine Blätter (GOETHE) 185f
Kleines Bestiarium (KLAJ) 37, **55f**
Kleines Ding (LENZ) 190
Kleinigkeiten (LESSING) *121*
Komm / Echo / komm (OPITZ) 82
Komm, Zephir, komm (GLEIM) 125
Kreuzzüge des Philologen (HAMANN) 176f
Krieg ist mein Lied! (GLEIM) 126
Kriegslied (KLOPSTOCK) *127, 141, 142,* 144, 145
Kritik der ästhetischen Urtheilskraft (KANT) 206
Kritik der praktischen Vernunft (KANT) 206
Kritik der reinen Vernunft (KANT) 97, 203, **206**
Kritik der Urtheilskraft (KANT) 205f
Kritische Wälder (HERDER) 178
Kursus über die schöne Literatur (BATTEUX) 102
Kurtzweilige Deutsche Lieder zu dreyen Stimmen (REGNART) 20

L'art poétique (BOILEAU) 31, 73, 91, **101f**
La Divina Commedia (DANTE) 21, 278
La Nouvelle Héloïse (ROUSSEAU) 133, **175**
La Strage degli Innocenti (MARINO) 108
Lady Johanna Gray (WIELAND) 133
Lange lieb' ich dich schon (HÖLDERLIN) 228f
Lange neckt ihr uns schon (GOETHE / SCHILLER) 257
Laokoon (LESSING) **116,** 135
Laßt uns in den garten gehen (WECKHERLIN) 52f
Laura-Oden (SCHILLER) 210, **222,** 224
Laura — Sonnenaufgangsglut (SCHILLER) 222
Le Cid 279
Le premier jour (RANCHIN) 129

Legende vom toten Soldaten (BRECHT) *127*
Lenore (BÜRGER) 166, 167, **168ff**, 194
Lenore fuhr ums Morgenrot (BÜRGER) 168ff
Les beaux-arts réduits à un même principe (BATTEUX) 102
Lettres de deux amans (ROUSSEAU) 133, **175**
Letzte rede eines gelehrten aus seinem Grabe (GRYPHIUS) 39
Letztes Lied (GLEIM) 130
Liebe, die du mich zum Bilde (ANGELUS SILESIUS) 86
Liebe zwischen Graf Ludwigen von Gleichen und einer Mahometanin (HOFMANNSWALDAU) 71f
Liebesfrühling (RÜCKERT) 268
Lieder für das Volk (GLEIM) 126, **128**
Lieder mit Melodien (GOETHE) *121,* 182
Lieder nach dem Anakreon (GLEIM) *120*
Lissaer Sonettbuch (GRYPHIUS) 61
Lob der Gottheit (E. v. KLEIST) 118
Lob- und Gedächtnißrede auf den Vater der deutschen Dichtkunst (GOTTSCHED) 28
Lore Lay (BRENTANO) 275f
Loreley (HEINE) 277
Lucinde (F. SCHLEGEL) 262
Luthrisch / Päbstisch vnd Calvinisch (LOGAU) 78
Lyrische Gedichte (UZ) *121*

Mahadöh, der Herr der Erde (GOETHE) 255
Mahomets-Gesang (GOETHE) 191, 192
Mailied (GOETHE) 187
Mariae Magdalenae (HOFMANNSWALDAU) 79
Marien-Ode (BALDE) 87
Marienbader Elegie (GOETHE) ↗ Elegie (GOETHE)
Marienlied (NOVALIS) 270

305

Martial

Martial (GOETHE / SCHILLER) 257
Martini Opicii Teutsche Pöemata ↗ Teutsche Pöemata
Maximen und Reflexionen (GOETHE) 208
Mayfest (GOETHE) 187f
Meditationes philosophicae (BAUMGARTEN) 102
Mein Auge ließ das hohe Meer zurücke (PLATEN) 283
Mein Eigentum (HÖLDERLIN) 226f
Mein hüter vnd mein hirt (LOBWASSER) 20
Mein Irrtum (KLOPSTOCK) *143*
MEIN Kummer weint allein um dich (GÜNTHER) 94
Mein Vaterland (KLOPSTOCK) *142*
Mein Wäldchen (KLOPSTOCK) *143*, 149
Mein Wissen (KLOPSTOCK) *143*
Meine Blumen sind verblüht! (GLEIM) 130
Melancholie (SCHILLER) 222
Menon-Elegien (HÖLDERLIN) 243f
Menons Klagen um Diotima (HÖLDERLIN) 157, **243**
Mensch werde wesentlich (ANGELUS SILESIUS) 77
Mensch / wie sich Gott in dich (CZEPKO) 20
Menschenbeifall (HÖLDERLIN) 225
Metamorphose der Tiere (GOETHE) 246
Metamorphosen (OVID) 155
Mich hat ein kleiner Ort (HOFMANNSWALDAU) 79
Mignon-Lieder (GOETHE) 216ff
Mignonne, allons voir (RONSARD) 52
Min Moderspråk (GROTH) *127*
Minna von Barnhelm (LESSING) 114
Mir nach, spricht Christus (ANGELUS SILESIUS) 86
Mit dem Pfeil und Bogen (SCHILLER) 222
Mit einem gemalten Band (GOETHE) 185f

Mit gelben Birnen hänget (HÖLDERLIN) 222
Mondnacht (EICHENDORFF) 273
Morgen-Glantz der Ewigkeit (KNORR VON ROSENROTH) 90
Morgenröthe im Aufgangk (BÖHME) 84
Morgenrot (HAUFF) 267
Motetto als der erste Zahn durch war (M. CLAUDIUS) 166
Mund! der die seelen (HOFMANNSWALDAU) 39
Musenalmanach für das Jahr 1796 257
Musenalmanach für das Jahr 1797 257
Musica boscareccia (SCHEIN) 20
Muß immer der Morgen wieder kommen? (NOVALIS) 281

Nachläßig hingestreckt (LESSING) 124
Nachtgedanken (YOUNG) 132f
Nachtgesänge (HÖLDERLIN) 222
Nänie (SCHILLER) 239, **241**
Nänie auf den Tod einer Wachtel (RAMLER) 162
Nah ist und schwer zu fassen der Gott (HÖLDERLIN) 232
Nathan der Weise (LESSING) 133, 202
Neue Beiträge zum Vergnügen des Verstandes und Witzes 155
Neue Lieder (GOETHE) *121*, 182, 184
Neue Teutsche Gesang (HASLER) 20
Neues deutsches allgemeines Commers- und Liederbuch (SCHWAB) 267
Neukirch-Sammlung **38**, 57, 91
Nicht doch! Aber es schwächten (GOETHE / SCHILLER) 257
NICHT in den Ocean (KLOPSTOCK) 160f

Nicht schäme dich (BESSER) 92
Night Thoughts (YOUNG) 132f
Nil fulgura terrent *16*
Nimmer, das glaubt mir (SCHILLER) 234f
Noten und Abhandlungen zu besserem Verständnis des West-östlichen Divans (GOETHE) 103
Nun dancket alle Gott (RINKKART) 88
Nun laßt uns gehn und treten (GERHARDT) 89
NUn sih ich mich an dir endlich gerochen (REGNART) 20f
Nur Einen Sommer gönnt (HÖLDERLIN) 224f

Ο ΒΙΟΣ ΕΣΤΙ ΚΟΛΟΚΥΝΘΗ (LOHENSTEIN) 76
O Häupt voll blut und wunden (GERHARDT) **88f**, 168
O Täler weit, o Höhen (EICHENDORFF) 273
Ode XVII (RONSARD) 52
ODE über die ernsthaften Vergnügungen des Landlebens (KLOPSTOCK) 138, *142*, **159ff**, 188, 191
Oden an meinen Freund (GOETHE) 182f
Oden aus dem Horaz (RAMLER) 140
Of Dramatick Poesie (DRYDEN) 102
OFT bin ich schon im Traume dort (KLOPSTOCK) 153f
Opitzens (HOFMANNSWALDAU) 79
Orpheus (BUCHNER) 31
Osnabrückische Geschichte (MÖSER) 178
Ossian-Lieder (↗ a. Fingal) 173, 176, 178, 180

P. Virgilius Maro: Werke (VOSS) 140
Paradise Lost (MILTON) 133
Pastor / arator / eques / etc. (WECKHERLIN) 83

Pastor Fido (GUARINI) 57
Pastor Fido (HOFMANNSWALDAU) 57
Pater Brey (GOETHE) 197
Patmos (HÖLDERLIN) 232
Pegnesisches Schäfergedicht (HARSDÖRFFER / KLAJ) 80
Petrarca und Laura (KLOPSTOCK) *141*, 149
Pfeile fliegen flügelschnell (HARSDÖRFFER) 38
Pflicht für jeden (GOETHE / SCHILLER) 258
Phantasien über die Kunst (TIECK) 283
Philosophische Studien (BAUMGARTEN) 102
Physico-Theology (DERHAM) 109
Poëticismen (NOVALIS) 263
Poetik (ARISTOTELES) 102
Poetische Gedanken über die Höllenfahrt Jesu Christi (GOETHE) 181
Poetische Grab-Schriften (HOFMANNSWALDAU) 78f
Poetische Uebersetzung der Psalmen (CRAMER) 107
Poetischer Trichter (HARSDÖRFFER) **31**, 38, 55
Polenlieder (PLATEN) 268
Preis des Schöpfers (GELLERT) 118
Preisend mit viel schönen Reden (KERNER) 267
Preussische Kriegslieder (GLEIM) *121*, **126f**, *127*
Prometheus (GOETHE) 191, 192, 231
Pseudoanakreontische Sammlung (STEPHANUS) 119f

Qu. Horatius Flaccus: Werke (VOSS) 140

Recht schön an Geists- vnd Leibs-gestalt (WECKHERLIN) 67f
Reiffe Gedancken (WEISE) 92
Reiß erde! reiß entzwey! (GRYPHIUS) 48f
Reliques of Ancient English Poetry (PERCY) *127*, 167, **174**

Rings um ruhet die Stadt (HÖLDERLIN) 242
Römische Elegien (GOETHE) 205, 207, 209, 218, **235ff**, 238, 256
Romanzen (GLEIM) *121*, 126, **128**
Romanzen vom Rosenkranz (BRENTANO) 279f
Rondel (TRAKL) 81
Ros' und Lilie morgentaulich (GOETHE) 218f
Rosablankens Traum (BRENTANO) 279f
Rothschilds Gräber (KLOPSTOCK) 156

Sag es niemand (GOETHE) 219f
Sage, tun wir nicht recht? (GOETHE) 257
Sah ein Knab' (GOETHE) 194f
Salas y Gomez (CHAMISSO) 277f
Sammlung Geist- und lieblicher Lieder (ZINZENDORF) 132
Sammlung Neuer Oden und Lieder (HAGEDORN) *120*, *121*
Satyros (GOETHE) 197
Schlachtlied (KLOPSTOCK) 144
Schleswigsche Literaturbriefe (GERSTENBERG) 106, **175**
Schön ist, Mutter Natur (KLOPSTOCK) 148
Schönheit nicht wehrhaft (WECKHERLIN) 52f
Schönste! Du hast mir befohlen (UHLAND) 284
Schutzschrift für die Teutsche Spracharbeit (HARSDÖRFFER) 55
Schwäbische Kunde (UHLAND) 267
Schweigend sahe der Mai (KLOPSTOCK) 151
Schwermuthsvoll und dumpfig (HÖLTY) 157
Sechshundert Einzel-Sinnsprüche (CZEPKO) 77
Sechster, oder, Stände (WECKHERLIN) 68f
See / Himmel / Lufft und Wind (SCHOCH) 42

Seefahrt (GOETHE) 191
Sei gefühllos! (GOETHE) 183
Sei mir gegrüßt, mein Berg (SCHILLER) 239f
SEind es haar oder garn (WECKHERLIN) 50f
Selige Sehnsucht (GOETHE) 219f
Sesenheimer Lieder (GOETHE) 183, **185—188**, 191
Sexcenta monodisticha sapientium (CZEPKO) 77
Shakespeare (HERDER) 178
Sich in erneutem Kunstgebrauch zu üben (GOETHE) 249f
Sie (KLOPSTOCK) *143*
Sie begehret verwundet zu seyn (ANGELUS SILESIUS) 85f
Sie haben wegen der Trunkenheit (GOETHE) 285
Sie ist da! (F.L. v. STOLBERG) 161f
Sie ist dahin (HÖLTY) 162
Sie, und nicht wir (KLOPSTOCK) *143*, 150
Sind es Spieße oder Blicke (DESPORTES) 50
Singet leise, leise, leise (BRENTANO) 270f
Sol ich in Lybien (HOFMANNSWALDAU) 41
Soll ich von Deinem Tode singen? (HALLER) 117f
Sommergesang (GERHARDT) 89
Sonette aus Venedig (PLATEN) 283
Sonnet (OPITZ) 58
Sont-ce dards ou regards (DESPORTES) 50
Spectator 100
Sprüche des Konfuzius (SCHILLER) 259
Spude dich, Kronos! (GOETHE) 192
Steh' ich in finstrer Mitternacht (HAUFF) 267
Stella (GOETHE) 213
Stimmen der Völker in Liedern (HERDER) **180**, 269
Sturm und Drang (KLINGER) 171
Süße Liebe denkt in Tönen (TIECK) 283f
Symbolorum et Emblematum (CAMERARIUS) *16*
Symposion (PLATON) 211

Täglich

Täglich geh ich heraus (HÖLDERLIN) 243
Täglich zu singen (M. CLAUDIUS) 165
Tändeleyen (GERSTENBERG) *121*, 176
Tändeleyen und Erzählungen (M. CLAUDIUS) *121*, 163
Talismane (GOETHE) 258
Tasso (GOETHE) 205
Tatler 100
Teutsche Pöemata (OPITZ) 27
Teutsche Rede- bind- und Dicht-Kunst (BIRKEN) 31
Teutsche Vers- oder Reim-Kunst (SCHOTTEL) 31
The Complaint, or Night Thoughts (YOUNG) 132f
The Seasons (THOMSON) 109, 114
Theodizee (Uz) 118, 159
Theologia deutsch 84
Threnen des Vatterlandes (GRYPHIUS) 61f
Thuiskon (KLOPSTOCK) *142*
Traktat über Erziehung (MILTON) 102
Trauer-Ode Beym Absterben (HALLER) 117f
Trawerliedt vber das absterben (OPITZ) 48
Trawrklage des verwüsteten Deutschlandes (GRYPHIUS) 61
Treatise of education (MILTON) 102
Treu und freundlich, wie du (HÖLDERLIN) 231f
Tröst Einsamkeit (ARNIM) *264*
TrostGedichte In Widerwertigkeit Deß Krieges (OPITZ) 74f
Trvtz Nachtigal (SPEE) **85**

Über allen Gipfeln (GOETHE) 215
Über Anmuth und Würde (SCHILLER) 202, **207**
Über das Epigramm (HERDER) 258
Vber den frühen tod Fräwleins Anna Augusta Markgräfin zu Baden (WECKHERLIN) 39
Über den Ursprung des Übels (HALLER) 114
Über die aesthetische Erziehung des Menschen (SCHILLER) 202, **207**
Über die Dichtkunst (HORAZ) 29, 73, 101
Über die Lehre des Spinoza (F.H. JACOBI) 202
Über die neuere Deutsche Litteratur (HERDER) 178
Über dramatische Dichtung (DRYDEN) 102
Über eben dieselbe (HALLER) 118
Über einfache Nachahmung der Natur (GOETHE) 208
Ueber Kunst und Alterthum (GOETHE) 208
Über meiner Myrten Tod (WECKHERLIN) 68
Über naive und sentimentalische Dichtung (SCHILLER) **207f**, 210, 235, 239
Über vorgemelten Tod (WECKHERLIN) 68f
Über Wahrheit und Wahrscheinlichkeit der Kunstwerke (GOETHE) 208
Ueberflüßige Gedancken der grünenden Jugend (WEISE) 92
Vberschrifte Oder Epigrammata (WERNICKE) 79
Übersetzungen nach dem Griechischen (HÖLTY) 140
Um Mitternacht (GOETHE) 221
Und als der Krieg (BRECHT) *127*
Und wenn der Mensch in seiner Qual (GOETHE) 237
Unsre Poeten sind seicht (GOETHE / SCHILLER) 258
Unsre Sprache (KLOPSTOCK) *142*
Unter Blumen, im Dufte (KLOPSTOCK) 152
Unterricht Von der Teutschen Sprache und Poesie (MORHOF) **31**, 59
Unvollkommenes Gedicht über die Ewigkeit (HALLER) 114
„Ur-Meister" (GOETHE) ↗ Wilhelm Meisters theatralische Sendung

Urfaust (GOETHE) 173, 183, **188f**, 197
Ursprung und Fortgang der Teutschen Poësie (WERNICKE) 79
Urworte (GOETHE) 246

Vaterlandslied (KLOPSTOCK) 144
Venedig-Sonette (RILKE) 283
Venezianische Epigramme (GOETHE) 218, **256f**
VEnus du vnd dein Kind (REGNART) 23
Vergänglichkeit der schönheit (HOFMANNSWALDAU) 65f
Versuch die Metamorphose der Pflanzen zu erklären (GOETHE) 245
Versuch einer Critischen Dichtkunst vor die Deutschen (GOTTSCHED) 102, **103f**
Versuch einer Übersetzung des Anakreons (GOTTSCHED) *120*
Versuch eines vollständigen grammatisch-kritischen Wörterbuchs (ADELUNG) 31
Versuch eines Wormsers (GÖTZ) *121*
Versuch einiger Gedichte (HAGEDORN) *121*
Versuch in Scherzhaften Liedern (GLEIM) *121*
Versuch Schweizerischer Gedichten (HALLER) **111**, 114
Versuch über die gotische Baukunst (FRISI) 178
Verteutschter Bethlehemischer Kinder-Mord (BROCKES) 108
Victoria! Victoria! (M. CLAUDIUS) 166
Volkslieder (HERDER) **180**, 269
Vom Natur- und Völkerrecht (PUFENDORF) 97
Von Art der deutschen Poeterey (HOCK) 26f
Von den Knechten (KLOPSTOCK) 175
Von den Madrigalen (ZIEGLER) 70

Von den Zünften (KLOP-
STOCK) 137
Von der Darstellung (KLOP-
STOCK) 135
Von der Nachfolge Christi
(THOMAS A KEMPIS) 84
Von der Natur der Dinge
(LUCREZ) 73
Von der Sprache der Poesie
(KLOPSTOCK) 137
Von der Wortfolge (KLOP-
STOCK) 138
Von deutscher Art und
Kunst (HERDER) 178
Von deutscher Baukunst
(GOETHE) 178
Von jhrer Schönheit Wun-
dern (WECKHERLIN) 37,
50f
Vor seiner Hütte (HÖLDER-
LIN) 227f
Vorüber! Ach, vorüber!
(M. CLAUDIUS) 165

Wach auf / du mein Gaist
(WECKHERLIN) 47
Wach auf / meine sehl
(WECKHERLIN) 47
*Wachet auff / rufft vns die
Stimme* (NICOLAI) 88
Waldgespräche (EICHEN-
DORFF) 276
Wallensteins Lager (SCHIL-
LER) 222
WAn morgenröth sich zieret
(SPEE) 85
Wandrers Nachtlied (GOE-
THE) 215
Wandrers Sturmlied (GOE-
THE) 191
*Was bedeutet das Erschrek-
ken* (WEISE) 93
Was bistu Galathee? (ZIEG-
LER) 70
WAs diesen leib erhält (GRY-
PHIUS) 78
*Was ist des Deutschen Vater-
land?* (ARNDT) 266, **273f**
Was machst du an der Welt?
(GOETHE) 259
Was schmiedst du, Schmied?
(RÜCKERT) 282
*Was soll ich nun vom
Wiedersehen hoffen* (GOE-
THE) 237f

Weissagung (KLOPSTOCK)
142
Welchen König der Gott
(KLOPSTOCK) 149
*Wem Gott will rechte Gunst
erweisen* (EICHENDORFF)
273
Wenn alle untreu werden
(NOVALIS) 270
Wenn alle untreu werden
(SCHENKENDORF) 274
WENN der Schimmer
(KLOPSTOCK) 151
Wenn der silberne Mond
(HÖLTY) 154
Wenn ich, o Schöpfer (GEL-
LERT) 118
*Wer in die Fremde will wan-
dern* (EICHENDORFF) 273
Wer ist das würdigste Glied
(GOETHE / SCHILLER) 258
Wer reitet so spät (GOETHE)
252
*Wer wollte sich mit Grillen
plagen* (MILLER) 146
West östlicher Divan (GOE-
THE) 103, 209, 218, 256,
258f, 285
Wie an dem Tag (GOETHE)
246
*Wie herrlich leuchtet mir die
Natur!* (GOETHE) 188
Wie im Morgenrot (GOETHE)
192f
*Wie mancher Mißwillige
schnuffelt* (GOETHE) 259
Wie schön sind deine brüste
90
Wie soll ich dich empfangen
(GERHARDT) 89
Wie wenn am Feiertage
(HÖLDERLIN) 233
Wie wilstu weisse Lilien (LO-
GAU) 78
Wiegenlied (BRENTANO) 270f
Wilhelm Meisters Lehrjahre
(GOETHE) 203, 216
Wilhelm Meisters theatrali-
sche Sendung (GOETHE)
173, 216, **217f**
Wilhelm Tell (SCHILLER) 222
Willkomm[en] und Abschied
(GOETHE) 118, **187**
Willkommen / Lenz! (BIR-
KEN) 67
*Willkommen, o silberner
Mond* (KLOPSTOCK) 151

*Willst du dich am Ganzen er-
quicken* (GOETHE) 259
*Willst du mich sogleich ver-
lassen?* (GOETHE) 221
Winckelmann und sein Jahr-
hundert (GOETHE) 208
Winterfreuden (KLOPSTOCK)
143, 150
Wir haben Friede nun
(LOGAU) 78
*WIr sindt doch nuhmer
gantz* (GRYPHIUS) 61f
Wo bist du itzt (LENZ) 190
WO find ich mich? (GRY-
PHIUS) 75
WO sind die stunden (HOF-
MANNSWALDAU) 41, **56f**
*Wohlauf, Kameraden, aufs
Pferd* (SCHILLER) 222
Wohlauf noch getrunken
(KERNER) 267
Wunderbar wars, war neu
(KLOPSTOCK) 152

Xenia (MARTIAL) 257
Xenien (GOETHE / SCHILLER)
208, 209, 256, **257f**
Xenien nennet ihr euch?
(GOETHE / SCHILLER) 257

Zeitung für Einsiedler *264*
Zerstreute Anmerkungen
über das Epigramm (LES-
SING) 118
Zu Bacharach am Rheine
(BRENTANO) 275f
Zufall und Wesen (ANGELUS
SILESIUS) 77
Zur Nation euch zu bilden
(GOETHE / SCHILLER) 258
Zurückführung der schönen
Künste (BATTEUX) 102
Zweites Rondeau (GÖTZ)
131
Zwey Bücher Von der Kunst
Hochdeutsche Verse und
Lieder zu machen (TITZ)
82f
Zwinger (GOETHE) 189

C. Sachregister

Zur leichteren Handhabung wurde bei einigen umfangreichen Zahlenkomplexen eine **chronologische Gliederung** vorgenommen. — Bei *zweigliedrigen Stichwörtern* ist in Zweifelsfällen unter *beiden* Begriffsbestandteilen zu suchen.

(Abkürzungen und Zeichen →S. 5)

Abendlied 163, **164**
Abgesang 22, *46, 123*
Abhandlung 106, **137**
Absolutismus **11**, 12, 96, **98**, 204
Adel **11**, 32, 119, 120, 139
Ästhetik (17.Jh.:) 35; (18.Jh.:) 95, 97, **105**, 119, 133, 135, 173, **175**, 176, 179, 182, **202**, 203, 204, **206f**, 210, 213, 219, 241, 247, 248, 251, 253, **260f**, 282
Affekt 16, 104, 138, **207**
Akrostichon 54
Akzentuierung 19, 27, **29f**, 31, 45, 46, **47**, 52f, 59
Alexandriner[-Dichtung] (17.Jh.:) **19f**, 30, 40, 43, 44, **45**, 46, **50f**, 57, 58, 59, **66**, **70ff**, **74f**; (18.Jh.:) 110, **111ff**, 133, 134, 268
Alicante 39
Alkäische Strophenform *141ff*, **147**, 148, **155**, **224f**, **226ff**
Allegorie 32, **81**, *108*
Alliteration 55, **63f**, 130
Alpen *108*, **111f**, 158, 161, 175, 204, 232
Alster **122**
Alternation 21, 23, **29**, 30, 31, **45**, 46, **135**, 159
Altes Testament ↗ Bibel
Amplifikation **37**
Anagramm 60
Anakreontik 70, *106*, 107, **119—131**, *120*, 132, 144, 157, 159, 176, 181, **182**, 184, 185, 186, 187, 203, 209, 222
Anapäst 31, 130
Anaphorik **39**, 41, 88, 123, 126, 145, 152, 217
Ancien régime 204
Andachtslied 88
Anlaßgedicht **116ff**
Anmut 119, 202, **207**, 248

Antike [Lyrik], Einfluß (17.Jh.:) 13, 15, 17, *25*, 28, 29, 31, **37**, 46, **66**, 67, **70**, 72, **73**, 78f, 82, 86, 87; (18.Jh.:) 101, 102, 106, 107, 116, 118, **119f**, *120*, 133, 134, 136, **138f**, **140**, **147—155**, 159, 174, 176, 178, 179, **191**, **200**, **202**, **205**, 209, **210f**, 215, 223, **224—229**, **231—236**, **242f**, **246ff**, **253ff**, **256—259**, 260, 265, 268
Antistrophe 40, 46, **47f**, 49
Antithesenhäufung **40**
Antithetik 16, 21, 22, **40**, **48f**, 50, **59**, 63, 70, **76ff**, 118, 145
Anweisungspoetik ↗ Poetik
Arabische Lyrik 267
Aristokratie 11, 97, 101
Arkadische Poesie ↗ Madrigal; Schäferdichtung
Askese 16, 17, 35, 73
Asklepiadeische Strophenform *141, 143*, **148f**, **154**, 224, **225**, **228f**
Assonanz ↗ Reimlosigkeit
Asyndetische Worthäufung **38**, 50, 70
Auerstedt 262
Aufgesang 22, *46, 123*
Aufklärung, lit. (17.Jh.:) 14, 17, 18, 36, 37, 73, 90, 92; (18.Jh.:) **95—118**, *99, 106, 108*, 131, 135, 136, 163, 171, 172, 178, 200, 204, 244, 251, 257, 265
—, philosophische **95—98**, 100
Aufrichtige Tannengesellschaft **33**
Aufweitung 40, 88
Ausdrucks-Haltung 104
— -Lyrik 163
— -Sprache 104, 106, **137**

Bacharach 275
Bänkelsang 128, 166
Ballade *106*, 107, 127, *127*, 128, 163, **166—171**, 174, 180, 185, *185*, **194—197**, 208, 209, 210, 212, *212*, 217, 218, **250—256**, 265, 266, 267, 268, *268*, **275—278**, 279
—, Helden- 174
—, Ideen- 167, 210, 212, *212*, 250, **253—256**, 275
—, Kunst- 128, 163, **166—171**, 194
—, numinose **167—171**, *185*, **195ff**, *212*, 217, 250, **251ff**
—, politische *185*, **196f**
—, Volks- ↗ ⇄
Balladenjahr **250**, 253, 256
Bardendichtung 139, 140, 176, 196
Barock (17.Jh.:) **11—90**, *25, 34, 44;* (18.Jh.:) 101, 109, 112, 118, 120, 124, 144, 146, 165, 205, 212, 269
Bastille 204
Bauern[tum] **11f**, 43, 98, 112, 204, 263, 282
— -Lied 163
Befreiungskrieg ↗ Freiheits-Krieg
Berlin 96, 126, 128, 178, 263, *264*
Berliner Aufklärer 96
Bern 111
Betonung ↗ Akzentuierung
Bibel[-Thematik] (17.Jh.:) 13, **19f**, *25*, 30, 43, **48f**, 52, **61f**, 73, 79, 81, **85f**, **88—90**; (18.Jh.:) 107, 108, 132, 133, 134, 159, **176**, 177, 180, **181**, 189, 191, 263
Biedermeier *264*, **266f**, 282
Bild (↗ a. Allegorie; Metapher; Symbol; Topos; Vergleich) **13**, 14, **15**, 48, 50, 61f, 65, 116, **138**, 177, 272

310

Bild-Emblem 15, *16*
— -Gedicht *44*, **81f**
Blankvers **133**
Bodensee 267
Bordeaux 211
Boston 197
Braunschweig 204
Bremen 155
Brief-Gedicht 122, 199
— -Roman 175
Bürger[tum] (17.Jh.:) **11**, 32, 33, 43, 68, 91, **92f**; (18.Jh.:) 97, 98, **100**, 119, 120, 139, 163, 172, 198, 199, 203, 204, 258, 267
Bürgerliche Dichtung 91, **92f**, 133
Bürgerlichkeit ↗ Bürger
Bukolik ↗ Madrigal; Schäferdichtung

Calvinisten **19**, 78
Carmen (↗ a. Lied; Ode) 26, 44, 48, 57, 81
Chaos 211, 219, 242, 260, 261, **265**
Cheviotberge *127*
Chevy-Chase-Strophe **127**, *127*, 145, 167, 168, 174, **196f**, 251
Chinesische Lyrik 267
Christentum (↗ a. Katholizismus; Protestantismus; Bibel) (17.Jh.:) 11, 18f, 35, 38, 62, **66**, 73, 74, 77, 78, **81**, **83—90**; (18.Jh.:) 96, 101, 108, **131f**, 134, 139, 140, 148, 154, 164f, **181**, **233**, 262, 265, 266, **269f**, 279, 280f
Christus-Minne 73, 84, **85f**, **90**
Comédie larmoyante 133
Commersbuch 267
Concetti-Poesie 18, *25*, 36, **42f**
Conclusionsschema 39

Dämon[ie] 217, **246**, 251, **253**, 277
Dänemark 252
Daktylus 27, 31, 46, 149, 152, 158, 213, 256
Darstellung 106, 135f, **136ff**, 175, **207**

Décima espinela 284
Denkendorf 211
Desillusionierung **261**
Despotismus 172, 196, 266
Deutsche Sprache ↗ ⇄
Dezime **283f**
Dialekt ↗ Mundart
Dialog[-Gedicht] *44*, **67**, **82**, 126, 170, 195, 197, 235, **245**, 250
—, innerer 253
Diastole 194, 245, **258**
Dichter (17.Jh.:) 13, **14**, 26, 32, 35, 37, 39, **79**, 91; (18.Jh.:) **103f**, 105, 118, **134ff**, **137**, 148, 161, 172, **175**, 198, **207f**, 211, **224f**, 234f, 258
— -Kreis (17.Jh.:) *25*, 26, 29, 31, **33ff**, *34*, 53, **55f**, 63, 91; (18.Jh.:) 101, **139**, **263**, *264*, **266f**
— -Sprache ↗ Sprache, Dichtungs-
Dichtungstheorie (↗ a. Poetik) (17.Jh.:) 24, **29ff**; (18.Jh.:) **101—106**, **134—139**, **175—180**, **205—208**, **261**, **263ff**
Didaktik, didaktische Dichtung (↗ a. Epigramm; Lehrgedicht; Spruch) **102**, *108*, 109, 114, 268
Didaktische Tendenz ↗ Pädagogisch-didaktische Tendenz
Diesseitigkeit (↗ a. fortuna) 35, 36, **64**, **68**, 97, **100**
Distanz[-Haltung] 104, 202, 209
Distichon, distichische Strophenformen (↗ a. Elegie) **66**, *141*, *143*, **149f**, **155**, 223, 233, 234, 235, **236**, **239**, 241, 244, **245f**, 258
Dithyrambe 120, **234f**, 240
documentum 15, *15*
Dominikaner 87
Dornburg 221
Drama[tik] (17.Jh.:) 12, 13, 17, 35, 43, 57, 66; (18.Jh.:) 99, 101, 102, 104, 106, 107, 114, 133, 166, 167, 170, **171**, **173**, 174, 176, 179, 183, **188f**, 190, 196, 197, 202, 205, 209, 213, 217, **222**, 250, 253
Dramolett 253

Epigramm

Dreißigjähriger Krieg **11f**, 17, 32, 35, 46, **61f**, **74f**
Dresden 11, 59, *264*

Echogedicht *44*, **82**
Einbildungskraft **105**
Einkreisung **37**, 88
Eisenach 218
Eitelkeit ↗ vanitas
Ekloge ↗ Schäferdichtung
Ekstase 16, 122, 191, 208
Elbschwanenorden **33**
Elegie (↗ a. Distichon) (17.Jh.:) 30, 43, *44*, **66f**; (18.Jh.:) *106*, 107, 112, 140, *141*, **155ff**, 162, 179, 187, 205, 207, 209, 210, 211, *212*, 218, 223, 231, **235—244**, 247, 256
—, erotische **235f**
—, threnetische **66f**, 156
Elegische Ode *106*, 132, **157f**
Elegisches Distichon ↗ Distichon
Elsaß 185
Emanation 219, 229, 246
Emanzipation 172, **262**
Emblem[atik] 13, **14ff**, *16*, 35, **75**
— -Sammlung 15
Empfindsamkeit 37, 60, **99**, *99*, 101, 105, 106, *106*, 107, 125, **131—162**, 140, 145, 172, 173, 174, 187, 244, 260
Empfindung **103f**, *106*, 107, 116, 159, 176, 206
Emphase 91, 134f, 138
Empirismus **96**
Endbeschwerung **41**, **62**, 63, 76, 112, 126, **182**, 224, 238
England [Einfluß; Dichtung] (17.Jh.:) 12, 18, 24, 79, **83**; (18.Jh.:) **96**, 100, 101, **102**, 105, 108, 109, 114, 119, 120, 127, **132f**, 156, 157, 167, **173ff**, 178, 180, 201
Enjambement 138, 216
Enthusiasmus **87**, 128, 136, 159, **161f**, 204, 269, 280
Entselbstigung 194
Enzyklopädisten 204
Epigramm[atische Dichtung] (↗ a. Spruch) (17.Jh.:) 12, **15f**, 41, 43, *44*, 57, 70, 73, **76—79**, 91;

311

Epik
(18.Jh.:) *106*, 112, **118**, 122, 163, 165, 209, 210, 211, *212*, 218, **256ff**, 268
Epik 70, 102, 107, 132, 166, **173, 174**, 179, 250, 253, 263, 272
Epipher 145, 152
Epochenstil 99, *99*, 200
Epode 46, **47f**
Epos 101, 108, 155, 156, 179, 279
Erbauungslied 88
Erhabene, das 107, 136, **206**, 248
Erhebung 136
Erlebnis-Lyrik ↗ ⇄
Erotik (↗ a. Lyrik, galante) (17.Jh.:) 16, 53, **56**, 65, 68, **73**, 79, 85, 90, **91f**; (18.Jh.:) 119, **123f**, 156, 172, 207, 220, **235f**
Erotische Elegie ↗ ⇄
— Ode ↗ Galante Lyrik
Erwachende Geliebte **60f**, **123f, 144**, 187
Erzählgedicht ↗ Volks-Ballade
Ethik **84**, 97, 100, 167, 178, **203**, 210, 231, 250, 253, **262**, 282
Ettersberg 215
Europa (17.Jh.:) 18, 28, 37, 67, 70, 83; (18.Jh.:) 98, 132, 133, 157, 197, 201, **263**, *264*, 269, 271, 279
Evangelisches Kirchenlied ↗ Kirchenlied, protestantisches
exemplum 14
Expressionismus 86, 209

Fabel 107, 122
Faller 29
Fehrbellin 98
Figurengedicht ↗ Bild-Gedicht
Fiktionsdichtung **120**, 172
Flüchtige Dichtung ↗ Poésie fugitive
Flugblatt 87
Form[-Begriff] (17.Jh.:) **13**, 15, 29, **35**, 73; (18.Jh.:) **120, 173**, 176, 181, 183, 202, 205, **207**, 219, 244, 246, 248, **260**, 261, 263, 268, 269

Formel[haftigkeit] **37**, 68, 152, 196, 202, 209, 271
fortuna **16**, 17
Fragment 114, *127*, 167, 174, 203, **260f**, 263, 265, 280
Frankfurt a.M. 171, **181, 183**, 184, 191, 197, 211, 212, 235
Frankreich [Einfluß; Dichtung] (17.Jh.:) 11, **12**, 18, **19**, 20, 22, **24**, *25*, 29, 31, 36, 38, 46, 47, 50, 58, 68, 73, 79, 80, 82, **91**; (18.Jh.:) **96, 101f**, 119, 120, **129**, 130f, 132, **133**, 150, 173, **175**, 201, **204**, 211, 263
Franziskaner 84
Französische Revolution 96, *143*, 148, 150, 203, **204**, 211, 242
Frau 33, 63, 93, 101, **262**
Freiberg 281
Freie Rhythmen 106, 138, 140, *142*, **159f**, 161, **180**, 181, **182f**, 186, 188, **191ff**, 198, 208, **230f**, 233, 235
Freiheit 98, 140, 175, 179, **196f**, 201, 204, 205, **207**, 216, 229, 231, 239, **275**, 283
Freiheits-Krieg *143*, 150, **263**, *264*, **266, 273**, 282
— -Lied **196, 266, 273ff**
Freundschaft[s-Kult] **53f**, 101, 113, **120**, 123, 136, **139**, *141*, *143*, 148, 152, 172, **233f**
Friedhof-Poesie ↗ Kirchhof-Poesie
fronte 22
Fruchtbringende Gesellschaft **32f**
Frühbarock 11, 17, **18**, *25*, **26—35**
Frühromantik 133, 145, 200, **260f**, **262**, **263**, *264*, 265, 269, 272

Galante Lyrik 36, 43, 53, **56f**, 64f, **91f**, 100, 119
Gattungstheorie ↗ Dichtungstheorie; Poetik
Gebärde 13, **14**, 35, 49, 169, 205
Gedankenlyrik ↗ Lied, Gedanken-

Gefühl[s-Kult] (↗ a. Freundschaft) 99, 100, **101**, 132, 133, 136, 172, 175, **178**, **206, 260, 262**
Gegenreformation **11, 17**, 18, 84, 86
Gegensatz ↗ Antistrophe
Gegenstrophe ↗ Antistrophe
Geist 63, 84, 135, 172, 178, 202, 203, 205, 206, 209, 210, 219, **260f**, 282
Geistliche Lyrik ↗ ⇄
Geistliches Lied ↗ ⇄
Gemeindegesang ↗ Kirchenlied
Gemeiner Vers ↗ Vers commun
Genie[-Kult] (↗ a. Originalität) 105, 135, 136, 155, 161, **172, 174**, 175, 176, 180, 191, 198, 199, **206**, 208
Genre melé ↗ Mischgattungen
Gesang (↗ a. Lied; Melodie) 19, **20—24**, 52, **176**, 178, **179**, 227, 263
Gesangbuch 19, **107**, 270
Geschichte (↗ a. Politik) (17.Jh.:) **11f**, 17; (18.Jh.:) 97, **98**, 126, 167, 178, **179**, 180, 196, 197, **203f**, 205, 211, 242, 248, **262f**, 265, 266, 273, 279
Gesellige Ode *44*, 46, **51ff**
Gesellschafts-Dichtung **14**, 43, **46—53**, **91f**, **120**, 122, 133, **283f**
— -Kritik ↗ Kritik, Zeit- und Gesellschafts-
— -Lied ↗ ⇄
— -Struktur **11ff**, 96, 100, 172, 175, 199, 203, 257, 283
Ghasel 268, *268*, **285**
Glaube ↗ Religion; Christentum; Gott; Götter
Glosse *268*, **283f**
Glykoneus 149
Gnosis 83
Görlitz 84
Götter (↗ a. Gott) 191, **192f**, 211, **224—228**, 231, **232ff**, 238, **241**, **242**, **247f**, 253f
Göttingen 111, 139
Göttinger Hain 134, **139f**, **146**, **154f**, **157f**, **161f**, 163, 166, 196, 203, 235

Gongorismus 33, **36**
Gott[es-Begriff] (↗a. Götter)
 (17.Jh.:) **14f**, 16, 19, **48f**,
 62f, **64**, 74, 77, **83—86**,
 88f; (18.Jh.:) **108ff**, *108*,
 115, 116, **118**, **132**, **136**,
 138, *141, 142*, 148, 159,
 160, 165, **176f**, 180, 181,
 192ff, 199f, **201f**, 210,
 211, 225, **231**, **232f**, 237f,
 253, 255f, 258, 266
Grab-Poesie (↗a. Kirchhof-
 Poesie) **78f**, 132, *142*, **145**,
 151f, 156, 158, 167, **169f**
Graf-von-Gleichen-Motiv
 71f
Grammatik 31
Griechenbild (↗a. Antike)
 200, **202**, **210f**, 242
Griechenland, Griechentum
 ↗Antike
Gute, das 174, 206, 256
Gymnasium 12

Häufung **37—40**, 50, 61, **65**,
 70, 88
Halle 120, *121*, 132, 134
Hamburg 11, **33**, 100, 108,
 120, *121*, 122, 123
Hamburger Dichterkreis **33**,
 34
Harmonie **173f**, 200, 201,
 202, 205, **206**, **207**, 211,
 229, 260, 270
Harz 191
Hebräische Dichtung 107,
 134, 177, 178, 185, 218
Hebung 19
Heidelberg **228**, *264*
Heimholung der Braut **167ff**
Helden-Ballade ↗⇄
 — -Briefe ↗Heroides
 — -Epos 179
 — -Sage 174
Heroides *44*, **70ff**
Herrnhuter Brüdergemeinde
 132, 269
Hessen 204
Hexameter[-Dichtung] **116**,
 149f, **152f**, 156, 161, 179,
 181, 231, **245ff**, 257
Hirtendichtung ↗Madrigal;
 Schäferdichtung
Hochbarock 11, 17, **18**, *25*,
 35

Hochdeutsch 19, 26, 27, 31,
 32, 33, 80, 101
Hochklassik **200**, **209**
Hochromantik **262**, 264, **265**,
 275, 280
Hof[-Kultur] (17.Jh.:) **11f**,
 32, 35, 43, 51, **91**; (18.Jh.:)
 97, 98, 100, 119, 120, 200
 — -Dichter **12**, *25*, **91f**
Hohenasperg 196
Hoher Stil **43**
Holland ↗Niederlande
Holstein-Gottorp 59
Homburg 211, 229, 232, 235
Horazische Ode *44*, 46, **49ff**,
 87, 176
Hubertusburg 98, 204
Hugenotten 11, **19**
Humanismus 11, 12, 17, **18**,
 25, 29, 73, 86, 210
Humanität 97, 202, 203, 210
Humor **92f**, 165, **166**, 253
Hymne (17.Jh.:) 66, 88;
 (18.Jh.:) 106, *106*, 107,
 140, *142, 143*, **159—162**,
 173, 174, 183, *185*, 186,
 191—194, 202, 208, 210,
 211, *212*, **229—234**, 268,
 268, **280f**
Hymnus, lat. 88
Hyperbaton 138
Hyperbolik **40**, **48f**, 64, 65f,
 137

Idealisierung 112, 200
Idealismus 200, **203**, 205,
 207, 210, **247f**, 260
Ideenballade ↗⇄
Idylle 107, 111, 122, 236, 268
Idyllik 16, 24, 98, *108*, **112f**,
 120, 158, **235**
Illusionismus 14
Ilmenau 215
imago 15, *16*
Impressionismus 110
Indien [Einfluß; Dichtung]
 82f, 218, 255, 267, 268
Individualismus 13, 14, **134f**,
 172, 246, 260
ingenium 104
Inschrift 15
inscriptio 15
Insistierende Nennung 37,
 70, 88
Inspiration 148, 172, **177**
Intuition **172**, 178

Klangspiel

Invokation **42**, 148
Ironie 65, 119, 253, 256
 —, romantische **261**
Irrationalismus 96, **134f**,
 178, 180, 200, **201**
Italien [Einfluß; Dichtung]
 (17.Jh.:) 11, **12**, 18,
 20—24, *25*, 30, 31, 33, **36**,
 38, 42, 57, 58, **64**, **68**, 70,
 91; (18.Jh.:) 101, 108, 120,
 182, 183, 200, **205**, 208,
 209, **216ff**, **235f**, 244, 248,
 256, 269, 278, 283

Jamben[-Dichtung] 21, **29**,
 45, 100, **133**, 136, 159
Jena 211, 229, 250, 262, *264*
Jerusalem 88
Jesuiten[-Dichtung] **17**, 20,
 84, **86f**
Jesus-Minne ↗Christus-
 Minne

Kanzone **273**, 284
Kanzonette 20, **22f**, *25*
Kategorischer Imperativ 200,
 206
Katholisches Kirchenlied
 ↗⇄
Katholizismus (↗a. Gegen-
 reformation) **11**, 17, 78,
 83, **84ff**, *84*, 87, 96, **262**,
 279
Kehrreim ↗Refrain
Kelten 174
Kickelhahn 215
Kinderlied 269
Kindsmord-Motiv 171
Kirche (↗a. Katholizismus;
 Protestantismus; Religion)
 13, 96, 262
Kirchenlied (↗a. Lied,
 geistl.) 14, 26, 36, 43, *44*,
 75, **107**
 —, katholisches **18f**, 83, **86**,
 269, 270
 —, protestantisches **18f**, 33,
 83, *84*, **87—90**, **132**, 163,
 269, 270
Kirchenväter 86
Kirchhof-Poesie (↗a. Grab-
 Poesie) **75**, 132, **157**, **169f**
Klangspiel, Klangmalerei
 ↗Lautmalerei

313

Klassik

Klassik, dt. 14, 70, 133, 163, 171, 173, 178, 181, 194, **199—259**, *212*, 228, 265, 268, 269
—, frz. 91, 103
Klassizismus 210, 256, 268
Kling geseng 58
Klosterschule 211
Knittelvers[-Gedicht] 181, *185*, **197ff**, **258f**
Koalitionskriege 204, 211, 262, 273
Königsberg 11
Königsberger Dichterkreis 26, **33**, *34*, **53**
Komponist **26**
Konservativismus 262, 263
Kontrafaktur 26
Konversion 262, 265
Korrespondierende Häufung **38f**
Kosmogonie 161, 260
Kosmopolitismus ↗ Weltbürgertum
Krieg[s-Thematik] (17.Jh.:) 11f, **17**, 35, 46, **61ff**, 68, **74f**, 78; (18.Jh.:) 98, 119, *121*, **126**, *127*, 128, *141*, *142*, *143*, 144, 145, 167, **197**, **204**, 211, 262, **266**, **273ff**
Kriegslied *121*, **126f**, *127*, 128, *141*, *142*, *143*, 144, 145, **197**, **266**
Kritik, Kritizismus 31, 95, **96f**, 102, **103f**, 116, 178, 200, 203, **205f**, 249, **256ff**, **261**, 263
—, Zeit- und Gesellschafts- (17.Jh.:) **11f**, **78**, **79**; (18.Jh.:) **97**, 98, 172, 173, **175**, **197**, 201, **257f**, 262, 268, 269
Künstler 13, 14, 95, **177**, **198**, 205, **206**, 248, **261**
— -Gedicht 198f
Kunst[-Theorie] (17.Jh.:) 14, **15f**, 17, 91; (18.Jh.:) 95, 99, 102, 104, 105, 110, **116**, 119, 147f, **178**, 182, 184, 199, 201, **202**, **203**, 204, 205, **206**, 207, **208**, **217**, 236, 260, **261**, 263, **265**, 283
— -Ballade ↗ ⇄
— -Lied (↗ a. Lied) **20—26**, **44**, 269
— -Lyrik **19**, 24, **26ff**, 29

Landschaft[s-Schilderung] (17.Jh.:) 42, **62f**, 64, 89; (18.Jh.:) 113, **115f**, 122, 158, 159, **188**, **193**, 213, **216f**, 218f, **228f**, **239**, **272f**, 283
Langemarck 275
Lateinische Lyrik ↗ ⇄
— Sprache ↗ ⇄
Lauban 94
Lauterbrunn 113, 229
Lautmalerei 31, **55f**, **63f**, 67, 130, 138, 171, 251, **270f**
Legende *127*, 262, 279
Lehrgedicht (17.Jh.:) *44*, **73—76**; (18.Jh.:) 100, 101, *106*, **107**, **108—116**, *108*, 134, 140, *143*, 159, 209, 210, *212*, 218, 235, **244—248**, 256, 259, 268
Leidenschaft **104**, 135, 138, · 167, 175, 208, 249
Leipzig 11, 59, 100, 103, 120, *121*, **182**, 184, 185, 205, 263
Leipziger Dichterkreis **33**, *34*
lemma 15, *16*
Lenoren-Motiv **167ff**
— -Strophe **168ff**
Leyden 61
Lied (↗ a. Carmen; Ode; Volkslied; Kunstlied; sowie unter den speziellen Lied-Bezz.) (17.Jh.:) 18f, **19—26**, 33, 41, **44—57**, *44*; (18.Jh.:) *106*, **107**, *120*, *121*, 122, 140, *141ff*, **144ff**, 163f, 174, **179**, 180, **185—190**, *185*, 208, 256, 266, 267, **268—275**, *268*
—, anakreontisches *106*, 119, *121*, **122—128**
—, Gedanken- 209, **212—223**, *212*
—, geistl. (↗ a. Kirchenlied; Lyrik, geistl.) **19f**, 33, *44*, **57**, **84ff**, 105, 107, 163, 168, **269f**
—, Gesellschafts- **33**, **44**, **51ff**, **122f**, 212
—, politisches (↗ a. Kriegslied; Ballade, politische) **126**, 128, *143*, 172, **196f**, **266**, 268, *268*, **273ff**, 282
Lissa 61
Liturgie 19, 88
Lobgedicht ↗ Preislied
locus amoenus ↗ Lustort

Löblicher Hirten- und Blumenorden (↗ a. Nürnberger Dichterkreis) *25*, **33**, 35, 67, 80, 82
Lorelei-Motiv **275ff**
Lübeck 33
Lustort **37**, 112, 139
Lyrik, antike ↗ Antike
—, Ausdrucks- 144, 163, 172, **185—188**, **194f**, 208
— des Barock ↗ Barock
— -Begriff 101, **102—106**, 166, **175f**, **179**, 263
—, bukolische ↗ Schäferdichtung
— der Empfindsamkeit ↗ Empfindsamkeit
—, Erlebnis- 63, 94, 120, 145, 158, 172, **186ff**
—, galante ↗ ⇄
—, geistl. (17.Jh.:) 12, 14, **18f**, **19f**, 24, 26, 33, 36, **43**, *44*, **57**, 60, **63f**, 75, **77f**, **83—90**, *84*, 92; (18.Jh.:) 105, **107**, 132, 136, 163, 168, **269f**
—, Gesellschafts- ↗ Gesellschafts-Dichtung
— des Göttinger Hain ↗ Göttinger Hain
— der Klassik ↗ Klassik
—, lat. 13, 17, 18, **19**, 21, *25*, 27, 29, **37**, 38, 60, *84*, **86f**
— der lit. Aufklärung ↗ Aufklärung, lit.
—, Marien- ↗ Marien-Thematik
—, moderne 265
—, Natur- ↗ Natur
—, nlat. ↗ Lyrik, lat.
—, philosophische 60, **107**, *108*, 112, **114**, **116ff**, 135, 282
— des Pietismus ↗ Pietismus
—, politische ↗ Ballade, politische; Lied, politisches; Kriegslied
—, prosanahe ↗ Rhythmische Prosa
—, religiöse ↗ Kirchenlied; Lyrik, geistl.
—, Rezitations- 29
— des Rokoko ↗ Rokoko, lit.
— der Romantik ↗ Romantik
— des Sturm und Drang ↗ Sturm und Drang

Madrigal (↗ a. Schäferdichtung) 20, **23f**, *25*, 43, *44*, **70**, 91, 216
Madrigalische Verse **30**, 57, 70, **123**, 130, **182**, 197, **216**
Mädchenlied 163
Märchen 260, 262, 267
Märtyrer-Drama 17
Magie 152, 177, **251**, 265, **271**
Malende Dichtung *108*, 113, 114, **116**, 135
Malerei 14, 110, 119, 177, 182, 198, 202, 261
Manier 208
Manierismus (↗ a. Marinismus) 22, 64, **76**, 79, **86**, 92
Mannheim 233, 234
Marien-Thematik **87**, 189, **270**, 279f
Marienbad 112, 237
Marinismus (↗ a. Manierismus) 14, 18, 33, **36, 64**, 101, 108
Materialismus 96
Mathematik 96, 265
Maulbronn 211
Meistersang 12, 18, 26, 27, 30, 119, 199
Melodie (↗ a. Musik; Gesang) **19**, 20, **33**, 67, 68, 89, *120, 121*, 182
Memento mori 17, 35
Menschenrechte 98, **204**
Merkantilismus 12, 98
Metamorphose 155, 194, **244ff**, 281
Metapher, Metaphorik (↗ a. Bild) (17.Jh.:) 22, *25*, 35, 36, **37**, 42f, **50f**, 55f, **64f**, 70, 79, 91; (18.Jh.:) 95, 119, 136, 160, 165, 182, 189, 221, 228
Metaphysik **83f**, 96, 103, 154, 165, 282
Metrik ↗ Metrum; Strophe; Strophenformen; Reim; Rhythmus
Metrum (17.Jh.:) 18, 19, **21**, 23, 24, 27, **29f**, 31, 35, 44, **45,** *46*, 48, **51,** 53, 58, 70, 80; (18.Jh.:) 113, 123, *123*, 125, 127, 130, 133, 135, 140, *141, 143*, 144, **147–153**, 155, 156, 158, **159**, 161, *168*, 179, 181, 186, 213, 216, 231, 233, 234, 235, 236, 239, 241, 245, 246, 256, 257, 258, 273, 279, 282, 285

Mimik 169
Minnesang 126
Mischgattungen 107, **122, 166**
Mitteilungsrede 106
Mittelalter 12, 15, 73, **83f**, 96, 97, 174, 262, 265, 280
Mitteldeutschland **11**, 219
Mittlerer Stil **43**
Monadenlehre 96, 97, 100
Mond[-Poesie] 132, 139, 149, 151f, 154, 164, 173, 182, **214f**, **221**, 271, 273
Monolog[-Gedicht] 51, 170, 217, 250, 253
Moral[isierende Tendenz] (↗ a. Sittlichkeit; Tugend) (17.Jh.:) *25*, 72f; (18.Jh.:) **100**, 103, **112**, 118, 135, 164, 173, **175**, 196, 205, **207, 247**, 253, 265
Moralische Wochenschriften **100f**, 102, 119, 133
Moskau **60**
Motiv[e] (17.Jh.:) 12, **37**, 39, 43, 54, **60f**, 68f, **71f**, 73, 83, 88, 93; (18.Jh.:) 108f, 112, 119, 123f, 130, 139, 144, **165**, **167ff**, 187, **196**, 198, **220**, 241, 253, 256, 266, 272, **275ff**, 277f
Motto **283**
München 11
Mundart[liche Dichtung] 19, 24, 26, 27, 30, 87, 114, *127*, 180
Musik (↗ a. Melodie) (17.Jh.:) 18, **19—26**, 29, 30, 31, **33**, *34*, 44, **53**, 59, **70**; (18.Jh.:) **138**, 158, 251, **260, 261**, **266**, 269, 270, 273
Muttersprache ↗ Sprache, National-
Mystik, mystisch 16, 20, 63, **77, 83ff**, 90, 132, 166, 177, 180, **262**, 265, 269, 280
Mythos, Mythologie 24, **120**, 125, 128, 155f, 174, **192ff**, 200, **210**, 224, 228, **231f**, **246**, 251, 279

Nachahmung[s-Prinzip] (↗ a. Wirklichkeit) (17.Jh.:) 29, 59, 91; (18.Jh.:) **101ff**, **104**, 105, 135, 137, 175, 176, 206, **208**
Nachstrophe ↗ Epode
Nacht[-Poesie] **132**, 151f, 182, **211**, 215, 219, **221**, 222, 233, **242**, **251f**, 260, 267, 273, **280f**
Nänie ↗ Totenklage
naiv **207f**, 210, 235, 250
National-Gefühl 98, 139, **262**, 263, 266, 269
— -Sprache ↗ ⇄
Natürlichkeit 125, **137**, 164, **172, 185**
Natur (17.Jh.:) **29**, 37, 42, 55f, 62, 64, **67, 89**, 91; (18.Jh.:) 102, **103, 105**, 106, 109, **111—113**, 114—116, 119, 148, 158, 159, 160f, 175, 176, **178**, **187f, 192f**, 194, 199, 201f, 205, **206**, 207, 208, 210, **213ff**, 218f, 221, 228f, **230ff**, **239ff**, 242, **244ff**, 251, **252**, 253, **260**, 261, 265, 270, 272
Naturalismus 171, 189, 205
Naturform 103
Naturrecht **97**, 98
Naturwissenschaften **12**, 98, 109, 111, 161, 203, 204, 229
Neckar 229
Neigung 173, **207**
Neues Testament ↗ Bibel
Neulateinische Lyrik ↗ Lyrik, lat.
— Sprache ↗ Sprache, lat.
Neuplatonismus 83, 202
Nibelungenvers **45**
Niederdeutsch[e Dichtung] 26, **32**, 62
Niederer Stil **43**
Niederlande [Einfluß; Dichtung] 11, **12**, 18, 19, *25*, 29, 36, 57, 80, 84, 201
Nischni-Nowgorod 60
Nominalstil 38f, 42
Nord-Amerika **204**
— -Deutschland 33, **163**
Novalia Semblia 41
Nürnberg 11, *16*, **33**, 262
Nürnberger Dichterkreis (↗ a. Löblicher Hirten- und Blumenorden) 31, *34*, **35, 55f**, 63, 67, **81f**
Nürtingen 211
Numinose Ballade ↗ ⇄

Ode

Ode[n-Formen, -Strophen]
(↗ a. Carmen; Lied)
(17.Jh.:) 12, 24, 33, 43, 44,
44, **46—53**, 63, 66, 87, 88,
91; (18.Jh.:) 105, 106, *106*,
107, 111, **116ff**, *120*, *121*,
132, 138, 140, *141ff*,
146—155, 156, **157f**,
159ff, 176, 179, 182f, 191,
210, 212, *212*, 222,
223—229, 268
—, elegische ↗ ⇄
—, erotische ↗ Galante
Lyrik
—, gesellige ↗ ⇄
—, Horazische ↗ ⇄
—, Pindarische ↗ ⇄
—, vaterländische 224, **233**
Österreich [Einfluß; Dichtung] **21f**, 33, *34*, **63f**, 86,
87, 98, 204, 262, 285
Österreichischer Erbfolgekrieg 98
Offenbarung 61, 176, **180**,
263
Oper 30, 31, 99
Optimismus 97, 100, **103**,
111, 112, 136, 265
Ordensschule 12
Ordnung 12, 29, 103, 202
Ordo **12f**, 38
Organische, das 203, 205, 244
Orient [Einfluß; Dichtung]
59, 71, 107, **134**, 177, 178,
181, 185, 209, 218, 220,
255, 256, 267, 268, *268*,
285
Original-Genie ↗ Genie
Originalität (↗ a. Genie)
13, **134ff**, 172, **174**, 175,
178
Orthodoxie 83, 84, 96, 131,
181
Osnabrück 178
Ossian-Lieder, -Briefe 173,
174, 176, 178, 180

Pädagogisch-didaktische
Tendenz (↗ a. Lehrgedicht; Epigramm; Spruch)
(17.Jh.:) *25*, 31, 73, 87,
92f; (18.Jh.:) **97**, **100**, 102,
103, 106, **109**, 110, *143*,
163, 172, 202, 207, 221,
246, 253, 257
Palmenorden ↗ Fruchtbringende Gesellschaft

Pantheismus 201f
Pantomime 169
Parallelenhäufung **39**, 145
Paraphrase ↗ Psalmen-Übers.
Paris 12
Parodie 43, 66
Pastoraldichtung ↗ Schäferdichtung
Pathos **14**, 16, 51, 66, 72,
133f, 136, **209**, **223**, 234,
275
Patmos **232**
Patriotismus 128, 140, 144
Patrizier 33, 35
Pegnesischer Blumenorden
↗ Löblicher Hirten- und
Blumenorden
Pegnitzschäfer ↗ Löblicher
Hirten- und Blumenorden
Pentameter **149f**, 257
Periphrase **41f**
Persische Dichtung 218, 256,
267, **285**
Petrarca-Typ des Sonetts 58,
59
Petrarkismus 18, 33, **54f**, 56,
94, 249
Pflicht 173, **207**
Phantasie 99, 103, 133, **260**,
261, **263**, 265
Pharus 197
Pherekrateus 148
Philologie 176, 187, *264*, 267
Philosophie 12, 102, 103,
115, 116, 263, 282
—, Aufklärungs- **95—98**,
100, 103
—, engl. 105, 108, 119, **173f**,
201f, 203
—, gr. **73**, **83**, 211
—, idealistische 200, **203**,
205, 206, 210, 240, 247,
248, 253, **261**, 262, *264*
—, ma. **83f**
—, pantheistische **201f**
—, Popular- ↗ Philosophie,
Aufklärungs-
Philosophische Lyrik ↗ ⇄
Physikotheologie 109
pictura 15, *16*
piedi 22
Pietismus 20, 83, 90, 96, 100,
101, 105, 120, **131ff**, 136,
163, 269
Pindarische Ode *44*, **46—49**,
63, 176, 191
Pléi(j)ade 18, 24, *25*, 38, 50

Poésie fugitive 119
Poetik ↗ a. Dichtungstheorie
—, antike *25*, 29, 73, 101,
102
—, Aufklärungs- 13, **91**,
102f, **105**, 135, 172
—, Barock- 15, 24, *25*, 26,
27—31, 33, 35, **36**, 38, 43,
44f, 46, **48**, 55, **57f**, **66**,
67, 70, **76**, 82f, 93
—, frz. **31**, 73, **91**, **101f**, 103,
201
—, Renaissance- **18**, 29
—, Sturm- und Drang- **106**,
175f
Pointe 21, 22, **41**, 70, 79,
118, 125, 128, **182**
Polarität **40**
Polen 268
Politik (↗ a. Geschichte) **98**,
100, 111, 113, **172**, 196,
201, **203f**, **262f**
Politische Lyrik ↗ Ballade,
politische; Lied, politisches; Kriegslied
Popularphilosophie ↗ Philosophie, Aufklärungs-
Portugal, Dichtung 269
Prag 167, 168
Preislied 40, 43, **46f**, 91
Preußen **98**, 100, 114, *121*,
126f, *127*, 128, 204, **262f**,
266
Preziosität 41, 80, 91
prodesse et delectare 22, **73**,
119
Prosanahe Lyrik ↗ Rhythmische Prosa
Protestantisches Kirchenlied
↗ ⇄
Protestantismus (↗ a. Reformation) **11**, 18f, 35, 78,
84, *84*, **87—90**, 96, 101,
131f, **181**
Psalmen[-Übers., -Paraphrase] **19f**, *25*, **48f**, 52, **86**, 88,
107, 159, 191
Pseudoanakreontische
Sammlung 119
Psychologie 105
Psychologischer Roman
↗ Roman, empfindsamer

Rätsel 210
Ratio[nalismus] (↗ a. Vernunft) 76, **96f**, 99, 101,
103, 132, 178, 201, 203

Realismus 92, 204, 208
Realistik 31, 240, **255**
Rechtschreibung 31, **33**
Reformation[s-Zeit] (↗ a.
 Protestantismus) **11**, 17,
 18, 19, 84
Refrain 21, 23f, 54, **80**, 131,
 167, 195, 217
Reihung 39, **83**, 110, 125,
 126
Reim (17.Jh.:) 20f, 22, 27,
 30, 31, 38, 45, *46*, 50, 54,
 57f, 63, 66, 68, 70, 80, 82;
 (18.Jh.:) 110f, 123, *123*,
 125, 127, *127*, 129, 130,
 131, 133, **135**, 144, 156,
 159, 163, 168, *168*, 189,
 195, 199, 211, 215f, 256,
 271f, 277f, 282, 284, 285
Reimlosigkeit 120, **124f**, *127*,
 133, 134, **135**, 140, 144,
 156, 159, 198, 279, 285
Religiöse Lyrik ↗ Kirchenlied; Lyrik, geistl.
Religion (↗ a. Theologie)
 (17.Jh..) **11**, **17**, 62f, *13*,
 75, **83**—**90**; (18.Jh.:) 96,
 97, 98, 101, 105, 108, **109**,
 116, **118**, **134**, 136, 148,
 159, 180, 199, 201, 202,
 210, 220, 224, 229, **233**,
 238, 251, **262**, 279
Renaissance[-Dichtung] 11,
 15, 18, 29, 31, 70, 96, 120
Repräsentation 12, **13f**, 16,
 35
Restauration 263
revocatio 50
Revolution, frz. ↗ ⇄
Revolutionäre Tendenz 27,
 97, **172**, 196, 202
Rezitationslyrik 29
Rhein 204, 277
Rheinfranken 218
Rheinsberg 98
Rhetorik (17.Jh.:) **13f**, 26,
 29, 37, **41**, **42f**, 49, 51, 72,
 76, 86; (18.Jh.:) 114, 209,
 257, 259, 263
Rhythmische Prosa 31, 93,
 110, 137, 171, 191, 280
Rhythmus (17.Jh.:) 48, 51,
 63; (18.Jh.:) 113, 130, 136,
 138, *142*, 152, **159f**, 166,
 186, 187, 188f, 191, 197,
 215, 228, 230, 244, 251,
 269, 270ff, 273
Ringelgedicht ↗ Rondeau

Ritornell 21
Robinson-Motiv **277f**
Römischer Einfluß ↗ Antike
Rokoko, frz. 98
—, lit. 60, **99**, *99*, 100, 105,
 106, *106*, 107, **119**—**131**,
 120, *121*, 133, 140, 163,
 172, 175, 182, 244
Rom 73, 79, 205, 207, 209,
 218, **235**, 238, 256
Roman 35, 111, 133, 173,
 174, 175, 200, 201, 203,
 216, 217f, 262, **263**, 275
—, empfindsamer (sentimentaler; psychologischer)
 133, **174**, 200, 201
Romanische Einflüsse
 ↗ Frankreich; Italien;
 Portugal; Spanien
Romantik 13, 21, 70, 128,
 129, 132, 152, 174, 180,
 199f, 201, 203, 209, 210,
 211, 218, 219, 223, 228,
 233, 246, 248, **260**—**285**,
 264, 268
—, ältere ↗ Frühromantik
—, jüngere ↗ Hochromantik
Romantische Ironie ↗ ⇄
Romanze *121*, 126, 128, 167,
 265, 268, *268*, 277, **279f**
Rondeau 24, *25*, *44*, **67**, **80f**,
 130f
Rondel 81, *106*, 122, **130f**
Ronsard-Typ des Sonetts 58,
 59, **61**
Rousseauismus **178**
Rührung 136
Rund-umb ↗ Rondeau
Rußland 59

Säkularisierung 96, 109
Sage[n-Stoff] 174, 251, 267,
 279
—, Helden- 174
Salon, lit. **262**, *264*
Sanssouci 98
Sapphische Strophenform
 46, 88, *141*, *143*, **149**, **158**,
 224, 284
Satire 43, 76, **78**, 92, 140,
 197, 235
Satz 48, 49, **137f**
Schäferdichtung (↗ a. Ma-
 drigal) (17.Jh.:) 12, **23f**,
 30, **35**, 43, *44*, 52, **67f**, 80,
 85, 94; (18.Jh.:) 109, **112**,
 116, 119, **120**, **125**, 158, 182

Scherz-Sonett 65
Schlafende Geliebte ↗ Erwa-
 chende Geliebte
Schlesien 30, **35**, 91
Schlesische Kriege 98
Schlesischer Dichterkreis *34*,
 35, 91
Schleswig 175
Schöne, das **174**, 178, **206**,
 241, 260, 283
Schönheit 40, 42f, **50**, **52f**,
 105, 111, 205, 210, 229,
 233, 248, 261
Schottland [Einfluß; Dich-
 tung] 127, *127*
Schulpflicht 100
Schwaben 30, **266f**
Schwäbischer Dichterkreis
 264, **266f**
Schweden 78
Schweiz [Einfluß; Dichtung]
 19, **101**, **105**, **111**—**114**,
 126, 132, **133**, 134, 161,
 171, 211, 213, 229
Schwulgedicht 39
Schwulststil (↗ a. Manieris-
 mus; Marinismus) 13, 14,
 18, 36, **40**, 43, 79, **101**, 128
Sechster ↗ Sestine
Sehnsucht 217, 232, **241**,
 260, 283
Senkung 19
Senkungsfüllung ↗ Taktfül-
 lung
Sensualismus **96**, 203
sentimental ↗ Empfindsam-
 keit
Sentimentaler Roman ↗ Ro-
 man, empfindsamer
sentimentalisch **207f**, 210,
 235, 239, 250
Sequenz 88
Sesenheim 185
Sestine 24, 25, 43, *44*, **68f**
Siebenjähriger Krieg 98, **126**,
 167
Silbenzählung 19, 21, **29f**, 70
Sinnbild ↗ Emblem; Symbol
Sinnspruch 258
sirima 22
Sittlichkeit (↗ a. Moral; Tugend) 32, 62, *108*, 112,
 206, **207**, 231, 248, 260,
 262, 266
Sonett(17.Jh.:) 12, 30, 33, **41f**,
 43, *44*, **58**—**65**, 86, 91 ;
 (18.Jh.:) 179, 209, *212*, **248ff**,
 265, 268, *268*, **282f**, 284

Sozialkritik

Sozialkritik ↗ Kritik, Zeit- und Gesellschafts-Soziologische Aspekte (17.Jh.:) **11f**, 14, 29, **32**, 43, 51; (18.Jh.:) 99, **100**, 119, 120, 139, 158, **163**, **172f**, 199, 203, 262

Spätbarock 11, 14, 17, **18**, *25*, **36**, 42, 70, 79, **86**, **90f**, 92, 101, 108, 111

Spätklassik **200**, **209**, 249

Spätromantik 261, 262, *264*, **265ff**, 275, 280

Spanien [Einfluß; Dichtung] (17.Jh.:) 11, 18, *25*, 33, **36**, 38, 42, 82, 91; (18.Jh.:) 128, 269, 279, 283

Sparta 126, 128

Spiel[-Trieb] **207**, 260, 261

Spondeus 27, 284

Spontaneität **104**

Sprach-Gesellschaft *25*, 29, **32f**, 35, 101, 108
— -Reform **24**, 26, 31, 32

Sprache (17.Jh.:) **12**, 18, **19**, **24**, **26—29**, **31ff**, **36—43**, 55; (18.Jh.:) 97, 101, **103**, 104, 106, 114, 119, 134, **136ff**, *142*, *143*, 159, **164**, 172, 175, **177**, 178, 179, **180**, 202, 204, **228**, 265, **267**, 271

—, dt. (17.Jh.:) 12, 19, **24**, **26—29**, **31ff**, 35, 36, 43, 55; (18.Jh.:) 97, 101, **103**, 137, *142*, 267

—, lat. (↗ a. Lyrik, lat.) **12**, **19**, 26, 29, 31, 83, 97, 179

—, National- 18, **24**, **27f**, 29, 32, 114, **177**

—, nlat. ↗ Sprache, lat.

—, Volks- ↗ ⇄

Spruch[-Gedicht] (↗ a. Epigramm) 14, 165, 199, 209, 210, *212*, **246**, **258f**

Staat 13, 96, 97, **98**, **203f**, **262f**

Stabreim ↗ Alliteration

Städtegedicht **60**, **228f**, 283

Stände **11**, 17, 43, 98, 199, 204, 262
— -Lied 197

Stanze 50, 112, **238**, **246**

Steiger 29

Stil **43**, 202, 205, **208**
— -Höhe **43**
— -Mischung **43**

Stollen 22, *123*

Straßburg 33, 95, 118, 171, **183**, 184, 185, 186, 187, 194

Strophe **20f**, 40, 46, **47f**, 57, 123, 144, **147—153**, 159, 160, 163, 189, 191, 195

Strophenformen, antike ↗ Alkäische Strophenform; Asklepiadeische Strophenform; Distichon; Sapphische Strophenform

—, germanisch-dt. 93, **127**, *127*, 145, 167, 168, 174, **196f**, 251

—, rom. ↗ Dezime; Sestine; Stanze; Terzine

Sturm und Drang 14, 60, 99, *99*, 128, 133, 136, **139f**, 155, 158, 159, 161, 163, 167, **171—199**, *185*, 200, 201, 202, 203, 204, 208, 209, 210, 212, 215, 231, 250, 251, 266

Stuttgart 11, 211, 222

Subjektivität, Subjektivismus 104, 173, 176, 200, 221, **261**

subscriptio 15, *16*

Süddeutschland 11, 26

Summationsschema 39

Symbol[ik] 15, *16*, **81**, 158, 177, 187, 202, **211**, 217, 218, 220f, 241, **242**, 252f, 260, 261

Synthese 21

Systole 194, 245, **258**

Taktfüllung 21, 23, 24, **30**, *127*, 191, 197

Tanzlied **20f**

Technopägnion ↗ Bild-Gedicht

Teilbares Gedicht **40**

Teleologie *108*, 109

Terzine[n-Strophe] **21**, 278

Teutschgesinnte Genossenschaft **33**

Teutschübende Gesellschaft 108

Theodizee 114, 118, 159

Theologie (↗ a. Religion) **12**, 14f, 84, 96, 97, 100, 172, 173

These 21, 40

Thüringen 221

Tierklaggedicht *106*, **162**

Todes-Motiv (↗ a. Vergänglichkeit) (17.Jh.:) 39, 59, **65**, **66f**, **68f**, 75, 79, **81**, **88f**; (18.Jh.:) 117, *127*, 132, *142*, **145**, 151f, **157**, **162**, **165**, 167, **168—171**, **195f**, **241**, **243**, 247f, 268, 275, **285**

Toleranz 97

Topos **37**, 65, 85, 112

Totenklage 39, **66f**, **68f**, **88f**, **117**, 162, **239**, **241**, **243**

Totentanz **165**, 167, **168—171**

Trauerspiel 35, 66, 166

Traum 113, 124, **153f**, 260, 265, 279f

Triadische Einteilung der Dichtung 73, **101ff**, 166f, **179**, 250

Triadischer Strophenbau 46, **48f**

Trinklied 163, 267

Triolett *106*, 122, **128ff**, 284

Trochäus **29**, **45**, 110, 130, 256

Trutzlied 88

Tübingen 211, 223, 229

Tugend (↗ a. Moral; Sittlichkeit) 100, 111, 114, 115, 174

Typus **14**, 202, 205, 209, 221, **246**, 260

Überschrift 15, *16*, 26

Übersetzung (17.Jh.:) **19f**, 21, **23**, *25*, 30, **52**, 57, **66**; (18.Jh.:) 102, 107, 108, 109, 118, 119, 120, *120*, *127*, **129**, 133, 138, **140**, 174, 178, 252, 265, **267**, 269, 273, 279, 282, 285

Übersteigerung ↗ Hyperbolik

Unabhängigkeitskrieg, amerik. 197, **204**

Unendliche, das **260f**, 262, 271

Unio mystica **84**

Universalpoesie **263**, 272

Urei **167**, 195, 250

Urform 103

Urpflanze **244ff**

Utopie 112

Valmy 204
vanitas (↗ a. Vergänglichkeit) **16**, **40**, **62f**, 65, 68, 75, 87, 109, 120
Variation[s-Gedicht] 39, 48, 70
Vaterländische Ode ↗ ⇄
Vaterland 61f, 97, 136, *142*, 144, 149, 172, 224, 233, 262, 266, **273ff**, 282
Venedig 218, **256f**, **283**
Vereinigte Staaten von Nordamerika 197, **204**
Vergänglichkeit (↗ a. vanitas; Todes-Motiv) **16**, 18, 36, 38f, 40, **48f**, 56f, 59, 62f, **65**, 75, **76**, 87
Vergleich (↗ a. Bild; Metapher; Topos) 14, 22, **42**, 65, **67**, 76
Vernunft (↗ a. Rationalismus) (17.Jh.:) 31, 43, **91**, **92f**; (18.Jh.:) 95, **96f**, 100, **101f**, 103, 105, 108, 114, 118, **203**, **205f**, 260
Vers ↗ unter den einzelnen Vers-Bezz.
— commun **30**, 41, 45, 57, 67, 110, 113
— libres 110, 111
— -Maß ↗ Metrum
— -Schluß **30**, *46*, 57f, 70, 82, *123*, 129, 144, *168*, 215, 224
— -Überschreitung ↗ Enjambement
Versailles 12
Verselbstigung 194
Vertonung ↗ Melodie; Musik
Verweisungscharakter **14f**
Villanella **20f**, *25*
Völkerrecht 97, 98

Volk 126, 128, 176, **178**, 180, 185, 269, 275, 282
Volks-Ballade 166, 167, 174, 180, 185, *185*, **194f**, 217, 250, 252, 265, 267, 268, 275, 279
— -Buch 262, 267
— -Dichtung (↗ a. Volks-Ballade; Volks-Buch; Volks-Lied; Volks-Märchen; Volks-Sage) 174, **180**, 185, 205, 251, **269**
— -Lied (17.Jh.:) 12, 18, 22, 26, 36, **46**, 88, 90; (18.Jh.:) 128, 146, 174, **180**, 181, 185, 191, 212, 223, 224, 262, 265, 267, 268, **269f**, **272**, 273
— —-Strophe 93, 168
— -Märchen 180
— -Sage 167, 181
— -Sprache (↗ a. Sprache, National-) 114, 208
Vorbarock 11, 17, **18**, **19—26**, *25*, 32, 70
Vorklassik **200**, **208**, 231
Vorsokratiker 73, 211

Wahrscheinlichkeitsprinzip **103**, 105, 208
Wartburg 218
Waterloo 263
Wechselsatz *44*, 64, **83f**
Weimar 32, 183, 200, 204, 205, **208f**, 210, **212—220**, 221, 229, 235, 237, 244, 250, 251
Weimarer Hochklassik ↗ Hochklassik
Weinsberg *264*, 266

Zweck

Weltbürgertum **97**, **204**, 262, 269
Widerruf 50
Wiegenlied 163
Wiener Kongreß 263
Wirklichkeit (↗ a. Nachahmungs-Prinzip) 14, 63, 73, **103**, 210, 260, 261, 263, 270
Wissenschaft **12**, 97, 98
Witz 65, **104**, 119, 155, 163, 164, 182, 261
Wolga 60
Worms *121*
Wort-Betonung ↗ Akzentuierung
— -Häufung **37f**
— -Neubildung 14, **36**, 64, 67, **137**, 144, 145, 151
— -Spiel ↗ Concetti-Poesie
Würde 202, 205, **207**, 210, 248, 253
Württemberg 196, 204
Wunderbare, das 103, **105**, 133, 209

Xenien 208, 209, 256, **257f**

Zäsur 30, **40**, 44, **45**
Zeit-Kritik ↗ Kritik, Zeit- und Gesellschafts-
— -Stil 99, *99*, 171
Zeitschrift **100f**, 102, 119, 133, 139, 155, 196, 201, 203, 235, 236, 240, 257, **263**, *264*, 269, 280
Zeugnis **15**
Zürich 100, 111
Zürichersee *141*, 148, **213**
Zusatz 48, 49
Zweck **109**, 206

HIRTs STICHWORTBÜCHER

Poetik in Stichworten

Literaturwissenschaftliche Grundbegriffe
von Prof. Dr. Ivo Braak, Kiel

Der nachhaltige Erfolg dieses einführenden Werkes beruht auf den gleichen didaktischen Grundprinzipien, nach denen die Gattungsgeschichte konzipiert wurde.

Gattungsgeschichte und Poetik

zwei unentbehrliche Helfer für alle, die sich mit Dichtung und Literaturwissenschaft beschäftigen!

So urteilt die Fachpresse:

Die vom pädagogischen Standpunkt aus diktierte Methode der Darstellung: systematische Anordnung statt lexikalischer, um im Zusammenhang des Begriffsfeldes zu bleiben, hat sich als praktikabel und nützlich erwiesen. Die Kürze und Prägnanz der Darstellung mit eingestreuten Tabellen, optisch durch ein typographisch gut gegliedertes Schriftbild veranschaulicht, sind die ins Auge fallenden Vorzüge des Werkes, das auch bei intensiver Beschäftigung den Vergleich mit anderen poetischen Grundlagenwerken, auf die es sich in den ausgiebigen Literaturangaben zu den einzelnen Abschnitten bezieht, durchaus standhält, ihnen in der Übersichtlichkeit, die der schnellen Information entgegenkommt, oftmals überlegen ist.

Die methodisch bis ins kleinste durchdachte Form der Darbietung des eigentlich sehr umfangreichen Stoffes erlaubt dessen Raffung. Vom rein Normativen setzt sich die Darstellung insofern ab, als sie stets die fließenden Übergänge, auch zwischen den Gattungen betont und sich für verschiedene Ausdeutungsversuche offenhält.

Börsenblatt für den Deutschen Buchhandel

● *5. Auflage 1974, 276 Seiten, 24 Tabellen, ISBN 3 554 80001 5*

VERLAG FERDINAND HIRT · KIEL/WIEN